“十三五”国家重点图书出版规划

— 大学之道 —

The Shaping of American Higher Education

美国高等教育通史

［美］亚瑟·科恩　著
李子江　译

北京大学出版社
PEKING UNIVERSITY PRESS

著作权合同登记号　图字：01-2006-0775
图书在版编目(CIP)数据

美国高等教育通史/(美)亚瑟·科恩(Arthur M. Cohen)著;李子江译.
—北京:北京大学出版社,2019.5
(大学之道丛书)
ISBN 978-7-301-29837-4

Ⅰ.①美…　Ⅱ.①亚…　②李…　Ⅲ.①高等教育—教育史—美国
Ⅳ.①G649.712.9

中国版本图书馆CIP数据核字(2018)第199139号

The Shaping of American Higher Education: Emergence and Growth of the Contemporary System by Arthur M. Cohen
ISBN:9780787910297

书　　名　美国高等教育通史
MEIGUO GAODENG JIAOYU TONGSHI
著作责任者　[美]亚瑟·科恩　著　李子江　译
丛书策划　周雁翎
丛书主持　周志刚　张亚如
责任编辑　刘　军
标准书号　ISBN 978-7-301-29837-4
出版发行　北京大学出版社
地　　址　北京市海淀区成府路205号　100871
网　　址　http://www.pup.cn　新浪微博　@北京大学出版社
电子信箱　zpup@pup.cn
电　　话　邮购部010-62752015　发行部010-62750672
编辑部010-62767346
印 刷 者　北京中科印刷有限公司
经 销 者　新华书店
965毫米×1300毫米　16开本　28.5印张　332千字
2019年5月第1版　2023年5月第2次印刷
定　　价　115.00元(精装版)

前　言

本书的写作源于我多年在洛杉矶加利福尼亚大学教育系讲授的高等教育史课程。每学期选课的学生中没有几个曾经对美国历史有充分的了解，更少有学生知道美国院校的渊源。随着课程的开展，很显然课程内容必须既涉及整个殖民地时期的高等教育，同时还要介绍殖民地学院建立的历史背景。这一切又必须在十周的时间内完成。此外，课程内容必须涵盖美国高等教育350年发展历史进程中的学生、教师、课程、财政以及其他方面的内容，这样才不至于让学生不知所措。前言的主要任务就是为了说明这个目的。

本书有助于高等教育各个领域的实践工作者了解美国高等教育的总体情况，有助于他们获取目前所从事工作的有用知识。这本书也可以作为社会科学专业从大学新生到研究生层次的学生一学期或两学期的课程教材。因为其他教材已经非常详细地介绍了早期美国高等教育的发展情况，本书主要侧重过去50年的情况。课程学习过程中可以本书为基础，同时参考其他介绍早期美国高等教育发展情况的著作，以及其他有关某个专题文献的补充阅读材料。

本书的主要贡献在于把大众化时期(1945—1975)的高等教育和当代(1976—1998)高等教育有机结合起来。以前高等教育所出现的某些特点在这个时期已经发展得比较成熟了。本书写作所需要的大部分资料来源于当代期刊、美国教育统计中心(National Center of Education Statistics,缩写NCES)的数据以及一些重要的著作。本书所使用的许多事例都来自于加利福尼亚州,因为我的整个学术生涯都是作为加利福尼亚大学教授在此度过的,对于加利福尼亚州的情况最为熟悉。此外,过去50年美国高等教育发展所呈现的某些特点最初也是在此出现的。

许多人都对本书的出版做出了贡献。洛杉矶加利福尼亚大学教育与信息技术研究生院的一些学生给予了帮助。山崎(Erika Yamasaki)帮忙绘制了本书中的表格。丹·泽德曼(Dan Zeidman)审阅了过去50年来影响美国高等教育的立法和法院判决。我的两个博士生做了大量的工作,他们帮助搜集相关的著作和文献,准备文献索引,认真阅读书稿并提出了各自的看法。高等教育研究领域有像他们这样的人,一定能够发展好。

还有其他一些人参与了本书的工作。艾米·佩普(Amy Pape)把录音带原稿转换成了文字。约翰·特里(John Terry)、伯顿·克拉克(Burton R. Clark)以及约翰·特林(John Thelin)审读了原稿并提出了建设性的意见,我非常感谢他们所给予的帮助。美国社区学院教育资源信息中心以特罗尼·雷弗尔金(Tronie Riflkin)为首的职员们做了最后的统稿工作。洛杉矶加利福尼亚大学给我学术休假的机会以便我能够全身心地投入到本书的写作。

我特别要感谢我的妻子和合作者包尔(Florence B. Brawer),她是我在个人生活和学术生活各个领域的忠实合作者。她帮助构思了写作计划,共同讨论了书中的观点,仔细审读书稿并提出批评和修改意见。没有她的鼓励、参与和支持，我不可能完成本书的写作任务。本书献给她，以表示对多年来我们风雨同舟的感激之情。

亚瑟·科恩
洛杉矶加利福尼亚大学

目　录

导 言

美国高等教育史的学习脉络

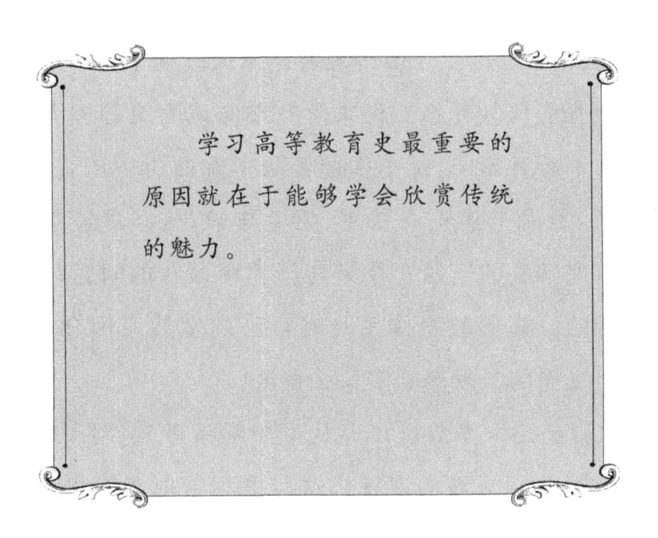

学习高等教育史最重要的原因就在于能够学会欣赏传统的魅力。

学习高等教育史最重要的原因就在于能够让你学会欣赏传统的魅力。事实上,当代高等教育的各个方面都可以追溯到19世纪后半期建立的大学,其中许多方面可以追溯到殖民地时期的学院,还有一些方面甚至源于欧洲中世纪的大学。高等教育形式的这种稳定性与那些试图从某些方面改变高等教育的人之间容易产生冲突。

学习历史对于那些希望进行高等教育改革的人来说十分重要。发表的学术专著和演讲报告经常要求对高等教育的管理、教学、财政进行彻底的改革。工业改革的成绩是显而易见的。但是令人欣慰的是高等教育的改革也取得了一些小的成绩:不时增加一些新课程,调整入学招生条件,改变教师聘用模式等。高等教育冷静地面对改革要求,时而加以抵制,时而吸取合理的要求并最终加以改革,从而有效地捍卫了高等教育的神圣地位。

自学院创立以来,关于高等教育基本问题的争论一直没有停止过。高等教育应该教什么?谁来学?谁应该为高等教育买单?每个问题之间都相互影响,每个问题都与学院的历史传统密切相关。课程的设置、教师的遴选与任用、招生与毕业、办学经费等一直是高等教育需要解决的问题。今天高等教育存在的问题与以前的实践是分不开的。高等教育体系具有自己的发展原因和轨迹,高等教育是如何发展的?发展到了什么程度?

高等教育史是大多数以培养从事中学后教育实际工作者为目的的研究生教育所必需的课程。这门课程有时单独开设,但常常是穿插在高等教育管理、高等教育系统或高等教育专题课程之中。我们回顾高等教育史文献(Miller and Nelson,1993;Goodchild and Stanton,1987;Thelin,1986)就可以看出这门学科主要是按照编年史体例来组织内容的,学生先学习殖民地时期的内容,再到美国建国时期，直到现在。主要的参考书包括：鲁道夫的《美国的学院与大学》(Rudolph，1962)、布鲁贝克和鲁迪合著的《美国高等教育的转型》(Brubacher and Rudy，1976)以及卢卡斯最近出版的《美国高等教育史》(Lucas，1994)，这些著作开始揭示欧洲的大学是如何影响了美国殖民地学院的产生。他们推动了高等教育史研究的发展。霍夫施塔特和史密斯所主编的《美国高等教育文献史》(Hofstadter and Smith，1961)以及其他发表在高等教育研究协会会刊(ASHE Reader)(Goodchild and Wechsler，1997)上的相关论文也都运用了编年史的体例。1998 年盖格(Geiger)把美国高等教育的发展划分为十个时期。

大多数的文献和教科书也采用专题史的写法，反映诸如入学学生的类型是如何变化的，教师的工作条件是如何改善的，除了古典文科以外的课程是如何得到扩展的，学校财政如何转变为公共财政等方面的专题。此外，相关的专题还有女子学院的兴起，非裔美国人的教育，院校之间的体育运动会，职业教育等。

这些文献关注各种重大事件。各种类型学院的建立，包括州立学院、研究生院和专业学院以及社区学院，在文献中可能安排专门的章节进行讨论。立法，包括《莫里尔法案》(Morrill Acts)和《退伍军人再安置法案》(Servicemen's Readjust Act)，以及其他重要的法院判决如保护院校自治的达特茅斯学院案(Dartmouth College Case)，也会列为专题讨论的内容。当然有些领域的内容是相互交叉的，例如生源竞争，职业化课程，世俗化管理，高等教育的州际合作等。

如何在浩如烟海的高等教育史料中组织素材非常重要。主题必须十分宽泛，能够全面反映自殖民地学院建立以来高等教育的主题、现象和事件，但必须保证不能混淆主题，同时重要的是要避免因为关注少数主题而忽略其他内容的局限性。

本书的写作方法是在专题的统领下按照时间顺序反映高等教育的发展趋势和重要事件。发展趋势主要指长期以来始终如一的发展方向。事件主要是指那些影响发展趋势的重大事件。专题是发展趋势和事件的统一。时期主要指发生重大事件的那段时间。

因此，本书形成了以专题和发展趋势为经，以时间为纬的矩阵，并按照所发生事件的种类来组织事件。表 I.1 展示了本书主要的写作计划。

表 I.1　美国高等教育发展的主题与趋势

时期	Ⅰ 殖民地时期 1636—1789	Ⅱ 建国时期 1790—1869	Ⅲ 大学转型时期 1870—1944	Ⅳ 大众化时期 1945—1975	Ⅴ 当代 1976—1998	
主题						**趋势**
社会背景	——	——	——	——	——	国家经济发展；社会需求增长
院校	——	——	——	——	——	类型；多重目标
学生	——	——	——	——	——	入学条件
教师	——	——	——	——	——	专业化
课程与教学	——	——	——	——	——	职业化与多样化
行政管理	——	——	——	——	——	世俗化；管理队伍的扩大
财政	——	——	——	——	——	公共资金
研究与成效	——	——	——	——	——	个人流动性；社会经济发展

每个专题至少要展示一个与之相关的发展趋势。许多发展趋势具有较长的历史。学院逐渐发展壮大，办学目的越来越多元化，专业也越来越多；高等教育招生朝着不断扩大美国人的入学机会的方向发展，18岁青年和成年人入学的数量逐步增长；教师也不断地向专业化方向发展；随着越来越多的职业要求入职者必须接受过学校教育，课程变得越来越关注劳动力市场需要；管理体制更加多元化，教会的影响力不断削弱；学院财政比任何时候更加依赖公共资金；在开发人力资源、提高人们的社会地位、开展能够产生有价值的产品和方法的科学研究方面，高等教育发挥着重要作用。

并非每个主题都具有非常明显的发展趋势。社会背景随着公众看法的变化而变化，公众的看法往往反映了当时的社会需要。公众始终对高等教育促进经济增长抱着极大的期望。但是，由于受到国家、媒体以及政府机构追逐短期利益的影响，导致产生了那种认为高等教育能够而且应该促进社会问题的解决以及尽力满足所有人上大学愿望的看法。

五个历史时期反映了美国高等教育发展趋势的变化。殖民地时期(1636—1789)，建立了旧式的学院；美国建国时期(1790—1869)，建立了成百上千个小型学院，开始出现不同类型的高等教育形式；大学转型时期(1870—1944)，研究型大学开始出现，教师专业化有了很大的发展，州政府在高等教育中的作用进一步扩大；高等教育大众化时期(1945—1975)，高等教育的规模和数量扩大了，学生入学人数增长了，对联邦政府资金的依赖性越来越大；1976年以来，教师专业化发展的速度、新建院校的数量以及国民人均经费的增长都趋于平缓，然而州政府对高等教育的控制开始加强，高校对学费的依赖性增强了。

对于某些主题来说，划分各个历史时期的主要依据就是所发生的重大历史事件。1790 年标志着高等院校数量和类型的迅速增长。之后不久，就产生了第一批州立学院和第一批工程技术学院。课程更加多元化，除了传统的文科课程以外，还出现了大量的其他课程。1869 年前后，先后通过了《莫里尔赠地法案》，建立了研究生院和非裔美国人的学院。此外，第一批大量慈善捐赠用于建立大学。1945 年标志着美国高等教育大众化的开始，这期间国会通过了《退伍军人权利法案》，发布了《总统特别委员会关于高等教育的报告》(*The President's Commission on Higher Education Report*)，并建立了国家自然科学基金委员会(the National Science Foundation)。1976 年作为划分这个历史时期的时间，主要不是因为重大事件的原因，而是因为此前所出现的发展趋势到此时开始发生转变。

本书对八个研究主题给予同等重视，但是对于不同的历史时期则有所区别。因为其他的文献对于第二次世界大战以前的那段历史已经给予了非常详细的研究，因此本书只有 40%的篇幅涉及这个时期，其中殖民地时期和建国时期各自占了 10%的篇幅，大学转型时期占了 20%的篇幅，大量的篇幅主要用于讨论从高等教育大众化时期到 20 世纪 90 年代后期这五十年间高等教育所发生的重大事件以及发展趋势。

本书如其说是历史研究，不如说是综合性研究。虽然从麦克马斯特(McMaster, 1909)到乔丹与里瓦克(Jordan and Litwack, 1994)，已有许多历史学文献研究了 1945 年以前美国的社会背景，但是对于那些有争议性的问题很少有人提出新的看法。关于美国的社会改革，移民政策的背景和影响，领土扩张主义者的思想根源，美国土著人所受到的压迫以及与奴隶制相关的经济、政治、社会问题等方面的文献非常丰富。正如纳什、克拉伯雷与邓恩

(Nash,Crabtree, and Dunn,1997)所指出的,虽然不断有人对这些问题进行重新阐释,但是仍然长期无法达成共识。在高等教育领域的一些主要问题上同样存在争论,例如:达特茅斯学院案是否真正改变了州政府与私立院校之间的关系?在1862年国会通过的《莫里尔法案》过程中,谁起了关键性的作用?美国内战在多大程度上阻碍了南方高等教育的发展?20世纪早期所形成的高等教育多样化具有什么作用?在保护通识教育方面,哪几所大学最值得称道?上述这些问题在其他文献中都作过深入细致的探讨。

本书通过总结已有研究成果,追溯了三个世纪以来美国高等教育的发展,在这个过程中尽量避免陷于对动机、原因或主要提议人等方面问题的重复争论。对早期美国高等教育情况的叙述,主要是为了给那些不了解最近50年来美国高等教育发展情况的读者提供历史背景。叙述过程中重点强调过去的情况如何,现在的情况怎样,而尽量避免应该怎样。尽管如此,存在偏见也在所难免,因为真正做到绝对的客观是不可能的。

本书并没有涉及高等教育的所有方面。人们大多通过非正规教育获取知识和技能,当学徒、进画室或学院,曾经是美国历史上比较普遍的接受非正规教育的形式。今天,在主要的公司企业周围遍布公司培训中心、远程教育、私立学校、网络大学等教育形式,吸引了数以百万计的学习者。本书主要涉及美国教育统计中心所指的高等教育形式以及大多数人所说的大学和学院这种形式。

以下几本著作对于全面了解美国高等教育历史是必不可少的。鲁道夫(Rudolph,1962)所著的《美国学院和大学》是一本详细介绍18世纪、19世纪美国学院和大学的著作,他为了完成这本著作阅读了大量院校的校史、反映学院生活的逸事以及论述学院和大学功能的文献。关于大学转型的文献包括:1976年布莱德斯坦

(Bledstein)所著的《专业主义文化》,探讨了大学制度形成的重要基础。1965年维塞(Veysey)所著的《美国大学的崛起》,研究了美国学院的转型以及新的大学的发展。盖格所著的两卷本反映大学的研究职能的著作《促进知识增长》(Geiger,1986b)以及《研究与相关知识》(Geiger,1993),分析了大学的科学研究职能是如何产生的,以及自19世纪以来大学如何进一步促进了科学研究的发展。

关于高等教育的作用,人们从许多不同的角度进行了研究。鲍恩所著的《高等教育成本》(Bowen,1980)展示了各种不同的分析成本的方法,他写的《学习上的投资》(Bowen,1977)一书通过对院校的大量研究反映了高等教育对个人和社会所产生的积极作用。费尔德曼与纽科姆(Feldman and Newcomb,1969),帕斯卡莱拉与特伦西尼(Pascarella and Terenzini,1991),以及阿斯廷(Astin,1977)等人研究了高等教育对学生的影响。卡普林(Kaplin)先后三次再版的《高等教育法》(1980,1985,1995,与Lee合著)回顾了影响高等教育发展的法院判决和立法。他简要揭示了立法是如何深入地影响了高等教育的方方面面。

自1960年以来,美国教育统计中心已经开展了大量的高等教育调查,调查内容涉及学生、教师、课程、财政等方面,调查方式主要是高等教育一般情况调查(Higher Education General Information Survey, HEGIS)以及后来的统一中学后教育系统(Integrated Postsecondary Education System, IPEDS)。美国教育统计中心每年发布一次年度调查报告,可以在《教育统计摘要》(*Digest of Education Statistics*)、《教育概况》(*Condition of Education*)、《教育统计规划》(*Projections of Education Statistics*)等杂志上查阅。美国教育统计中心有时也发布专题报告,内容涉及大学教师、远程教育、国际比较以及有关特殊课程和学生种类的专题,这些内容也十分有价值。所有这些资料均可以在网上查阅(网址为：http://nces.ed.gov)。

20世纪末高等教育的复杂性影响了我们对其中每个领域的深入理解。然而,本书所采用的时期、专题和发展趋势相结合的写作方法不仅有利于我们的理解和记忆,而且读者通过浏览每个时期的相应内容就可以了解每个主题的整个发展历史。例如：如果要了解学生入学条件的发展变化,可以阅读每章的第三部分内容;了解教师专业化的发展变化,可以阅读每章的第四部分内容等。这种写作方法对于那些希望阅读自己感兴趣的专题的读者特别有用。那些希望全面了解每个时期高等教育发展情况的读者,可以按照章节的顺序阅读。无论选择采用哪一种阅读方法,其优点显而易见,每个年轻读者都可以根据自己的阅读需要进行选择。

第一章

殖民地学院的建立：1636—1789

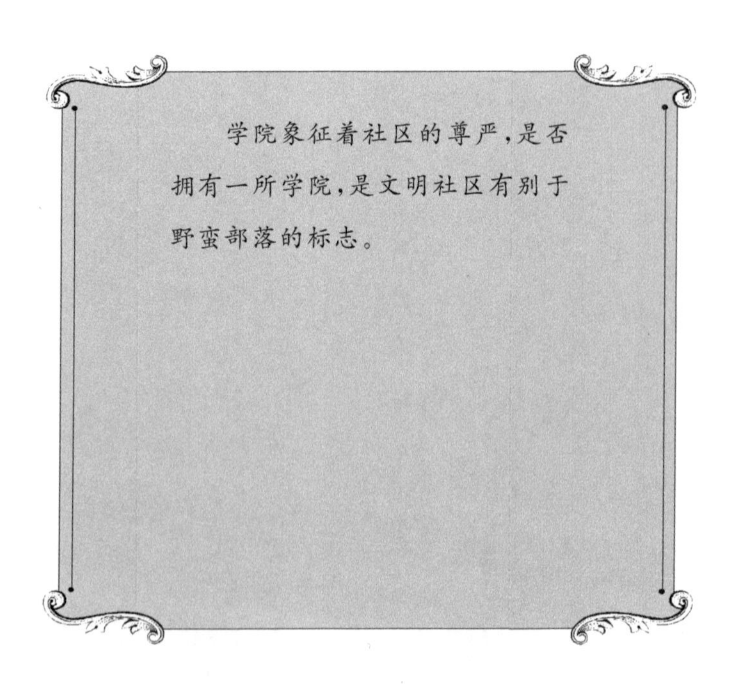

学院象征着社区的尊严，是否拥有一所学院，是文明社区有别于野蛮部落的标志。

英属北美殖民地的发展受到北美殖民地三大特征的深刻影响。第一，殖民者决心要摆脱欧洲刻板僵化的政府和家庭的束缚，从而建立一种与之完全不同的生活方式。第二，北美有广袤无垠的土地，当持不同政见者和新移民厌倦了以前的居所时，他们拥有可以无限拓展的疆域。第三，宗教所体现的时代精神。新教和英国国教刚刚从天主教中分离出来，就不断地进行改革，通过对自然神论（后来的唯一神教派）礼仪的改革，激发了教徒们狂热的宗教虔诚。

一、社会背景

表1.1是关于殖民地时期美国高等教育情况的统计表。

表1.1　1700—1789年殖民地时期美国高等教育情况统计表（估算）

年　　份	1700	1789
人　　口	250 000	3 800 000
高等教育注册学生数	150	1 000
教师人数（教授和助教）	5	133
学院数	2	9
授予学位数	15	200

资料来源：Rudolph，1962；Snyder，1993。

北美殖民地远离欧洲有利于自身的发展，因为殖民地人民在建立自己的社会制度过程中，可以不同程度地免受欧洲宗主国的干扰。虽然早期探险家和移民已经到达西半球一百多年了，但直到17世纪初才开始出现永久性的英属殖民地。1607年弗吉尼亚建立了第一块英属殖民地，除此以外，其他殖民地几乎直到17世纪末才建立。最初建立的13个殖民地中最后一个殖民地佐治亚，建立于1732年。由于各个殖民地具有不同的管理风格、风土人情，以及殖民模式、后续移民的差异，各个殖民地之间有很大差别。

来自英国和欧洲大陆的移民很快就遍布从新英格兰到卡罗来纳的大西洋沿岸。早期殖民地居民之间的冲突源自宗教信念，第一批移民中的清教徒受到了寻求宗教自由的新移民和早期殖民地内部持不同政见者的挑战。但越来越多的移民来此的目的是为了发财或者开创新的生活。17世纪晚期农业出口贸易开始发展，工商业的发展需要大量的工人，导致大量的劳工涌入殖民地。

虽然17世纪以英国人、冒险家和契约奴以及被贩卖来的非洲人的流入为特征，但到了18世纪，大量的德国人、苏格兰人和爱尔兰人也来到殖民地。在1700年，殖民地人口大约250000人左右，到18世纪中叶殖民地人口翻了四番，其后以每10年30%～40%的速度增长。殖民地分布广泛，最大的城市波士顿在1700年只有7000人，到18世纪末也只有3个城市人口达到10000人。越来越多的欧洲移民到来，就需要更多的土地。移民在征服蛮荒的艰难过程中，不断占据本地土著的居住地。

对于大多数移民来说，新大陆标志着新的机遇。有些是挣脱了主人的控制来到新大陆的逃犯，他们承诺到达新大陆后给农场主打几年工来抵消路费。有些则是因为丧失了继承权，他们来到新大陆是为了寻求新的希望，因为这里土地便宜，他们可以重建农场，建立新的家庭。在这个宗教骚乱和冲突的时代里，对宗教自由的渴望把大批的人从英国和欧洲大陆带到这里来。

从社会和文化背景来看，殖民地绝对是英国式的。自从建立詹姆斯顿殖民地和从普利茅斯港登陆后，有六代移民保留了自己祖国的特性。德国人带来了他们自己的语言和习俗，但是殖民地的法律、服饰、文化、宗教、职业、政府、子女养育和教育实践都是模仿英国的。不过，在美洲，若干年后，生活的各个领域都发生了变化。由于新移民居住在蛮荒地区，他们周围还潜伏着伺机报复的具有敌意的本地土著，因此有些是生活方式上的变化。另外一些变化主要是思想观念上的转变，开始形成独特的美国观念。因为与自己的祖国距离遥远，在英国和美国海岸间传递信息要花几个星期的时间，不同的宗教仪式和年轻人的文化观念得以形成。

特别值得关注的是宗教和教堂，因为它们与殖民者的日常生活和思想观念密切相关。英国国教和各种新教在17世纪的英国一直占主导地位，在英属北美殖民地的情况也一样。《圣经》就是教科书，通常也是家里最合适的读物。对于信徒来说上帝和魔鬼都是真实的。就像塞勒姆审巫案所证实的那样，人们既可以被超自然的力量所支配，同时也可以拥有超自然的力量。人们可以感受到善与恶、光明与黑暗的力量。虽然新英格兰的清教徒来到新大陆的初衷主要为了逃避英国国教的束缚和王权的控制，因为他们厌恶神权统治的观念，但他们建立的世俗政权仍然与他们的教会存在牢固的联系，并且在一些领域所实行的社会控制比他们所逃避的欧洲大陆还要苛刻。

18世纪中叶，欧洲的启蒙运动和自然神论思想改变了殖民者的思想观念。许多出生在18世纪前半叶的领导者，如华盛顿、杰斐逊、富兰克林，坚持理性主义思想，阅读推崇人权的政治哲学书籍，很少参与有组织的宗教仪式。对于他们来说，《圣经》只是文本而不是神的启示。伴随着对18世纪启蒙运动的批判，18世纪50年代开始了以宗教复兴为目的的第一次“大觉醒运动”，此后以不同的形式重新登场。这种宗教热情导致现有的教会不断分裂成各种各样的教派。

北美大陆的主要特点——广袤无垠的土地——影响了殖民地

的形成,并最终影响到国家的发展。辽阔的疆域为殖民地不断尝试生活各个方面的变革提供了便利条件。新的宗教仪式、新的建筑风格和孩子养育方式等方面的各种新观念得以在殖民地广阔的天地中实行。无垠的边界也影响了殖民地的家庭生活。特别是在新英格兰殖民地,人们普遍认为每个人都应该以家庭为单元来生活。但是因为家长对孩子的叛逆缺乏耐心,进而激发了躁动不安的孩子对家长控制的反抗,并且孩子们总能达到自己的目的。新的疆域、新的机遇、新的环境总是在吸引着人们。在财产极度匮乏的国度,年轻人没有理由去期待继承遗产,即便附近的农场也不是可以免费获得的,但是随着新的疆域不断扩展,年轻人仍然可以通过努力得到家园田产。因此,产生了一种乐观主义精神。年轻人可以期望得到比他们的父辈更多的财富,即使期望比自己的父母的事业干得更好,也是切实可行的。任何人想要做什么几乎没有什么障碍。即使自己的父亲是农民,你也可以成为专业人员。妇女的角色仍然受到更多的限制,除了继续以妻子、女佣或者老年人护理员等身份从事家庭服务活动之外,妇女仍没有从事其他工作的机会。

地域的开放性同样反映在人们如何塑造自己方面。进入行业基本没有限制。律师、医生和神学家偶尔尝试控制进入他们行业的入职者,但是行业中极少有人热衷于调查新来的从业者的资格。行业执照很少见。当学徒是进入特定职业的主要方式。律师可以招收年轻的学徒,学徒期满就随时可以悬挂营业执照并且开始营业。在医学界,少数医师试图组成团体去评判谁有资格成为医生,但没有对学徒年限以及学徒期满后的开业进行规定。依照汉德林(Handlin,O. and Handlin,M. F. 1971)的说法,"事实上,只有新泽西殖民地于1772年通过法律规定了不是任何人都可以使用医生这个头衔”(p. 39)。传教士和教师都属于神职人员，教会往往重视这些受过教育的人。许多传道士没有经过正规的学校教育就登上了讲道坛，但是“张口可以说出希伯来语和希腊语原著中的引文，以及能够证明他们非常熟悉《圣经》的大学毕业生占有重要的优势”(Handlin, O. and Handlin, M. F., 1971, p. 43)。教学不需要特殊的准备，只要会读写的人就可以教别人怎么去做。

读写能力的发展并不依赖学校教育。今天的孩子受到电视、广告牌、杂志、报纸的语言的影响，甚至是食品和玩具盒子上面的广告语言的影响。不管在他们家中怎么强调，他们都被这些文字包围着。虽然沿海城市的殖民地居民能够看书看报纸，但许多生活在文明社会边缘的人，除了在家里读读《圣经》以外，是无缘接触到其他印刷品的。他们熟悉由传道士或巡回传播者的话语中传递的观念。对于绝大多数年轻人来说，家庭是社会风俗、道德和行为方式等方面教育的源泉。在这种家庭环境下，他们读写能力的程度是不错的。虽然他们拼写字母不够漂亮，但他们对语言的熟悉程度超过了欧洲与之社会地位相当的人。

随着殖民地居民不断增强的独立意识，美国爆发了独立战争。从马萨诸塞到佐治亚的东部海岸，对面就是移民曾横跨过的大西洋，殖民者都把英国当做自己的祖国。所有主要城镇都坐落于适于航行的水域附近，殖民地居民、西印度群岛和不列颠的英国殖民者之间的绝大多数商贸都是水运贸易。美国独立战争的起因已经被讨论了无数次。因为商业利益的冲突所引起？还是英国统治者所犯的错误所导致？抑或是英法敌对的产物？独立战争的特殊意义在于北美殖民地赢得了摆脱英国王权压迫的自由地位。不过，同时代的塞缪尔·约翰逊(Samuel Johnson)对这种看法却不屑一顾，他说：“为什么我们听到的对自由振聋发聩的呼声来自于黑人的役使者?”(Bate, 1975,p. 193)大部分殖民者倾向于对自由的概念做两种理解——一种解释是对他们自己来说的,另一种解释是针对他们的奴隶和仆人来说的。人们在解释贫富之间以及男女之间的天生差别时,对于平等的看法也存在类似的情况。《独立宣言》中“人生而平等”的说法可谓掷地有声,然而在新大陆的历史中仍然不断地被争论和阐释。

二、院　校

殖民地九大学院是以五百年前欧洲的教育模式为基础建立起来的。拉什达尔(Rashdall,1936)和后来的卢卡斯(Lucas,1994)对此做了非常清晰的描述。最初的大学是由学生团体建立的,他们建立自己的组织和机构,雇用和任用教授,决定如何使用经费,制定有关课程设置、考试和颁发学位的规则。这种大学组织最早出现在12世纪的意大利,后来在西班牙、葡萄牙和欧洲中部也建立了大学。课程涉及人文科学教育,以及文科和自然科学学习。大学授予学士学位,如果毕业生愿意继续学习一到两年,那么授予硕士学位。毕业生获得了学士或硕士学位以后可以被授予教师资格。学生管理的大学制定了毕业典礼仪式,包括穿戴学院礼服,举行学位授予典礼。

欧洲另一种类型的大学是从教会中发展来的。由于这种类型的大学与教会联系紧密,主要培养教会的神职人员。课程以教会教义为基础,学习宗教权威的教义和神学理论。它们是由教会统一开办并且为其服务的专业学校。巴黎大学是这种形式的典型例证。

追溯历史，殖民地学院和随后产生的高等教育就是以欧洲这两种类型的大学为模式建立的。殖民地学院注重概念的严密性，为以后开展实证调查研究奠定了基础；强调阅读古典原著以增强求知欲；弘扬人文主义精神以推进教育的世俗化。殖民地学院的各种思想精髓在今天的高等教育中仍然能够找到。然而，在殖民地学院的建立过程中，课程模式和师生关系仍然明显带有教会大学的痕迹。欧洲大学的自然科学发展迟缓，殖民地学院直到殖民地时期末期仍然与科学没有发生多少关系。教师和学生在学院事务管理中没有话语权，学院董事会和校长把持了整个学院的管理大权。课程以古典文科和基督教义为中心。人文学科要像文学、艺术一样成为古典文学作品研究的对象，还需等些日子。同样，只有科学家们摆脱了对教义和先贤的迷信，以及不再从古典文学作品中寻求普遍真理，实验科学才能成为科学探究的领域之一。

18世纪的启蒙运动没有立刻产生影响。反教权主义的思想逐渐渗透到了欧洲人的思想观念之中，并影响了法国和英国的哲人以及具有读写能力的普通人，后来慢慢渗入大学。然而，大学作为学术中心的想法逐渐地在牛津和剑桥成为现实，后来在大洋彼岸的新大陆产生了大学作为政府代理机构的观念。尽管如此，科学作为一种通过实验和验证来认识世界的方法，直到19世纪一直在大学之外得到发展。无论在欧洲或者英国殖民地，除了神学家，极少有科学家、哲学家或有影响的思想家在正规高等教育机构中工作。

美国殖民地学院以欧洲大学模式为蓝本，在综合吸收欧洲大学的办学理念和模式的基础上创立了自己的学院。布尔斯廷(Boorstin，1991)评论道，殖民者来到新大陆时还没有一套现成的制度供他们遵循。因此，他们必须确立新的政治制度和教育制度。

设立大学董事会的想法移植于苏格兰的大学，课程模式和寄宿制来源于剑桥大学。没有哪个学院采纳欧洲大陆学生管理大学的模式，也没有哪个学院接受某个教会的严格控制。所有殖民地学院都秉持这样一种理念，即通过教育帮助年青一代适应文化的需要，通过教育传承人文知识，不仅把年青一代培养成为神职人员，而且也培养成为国家的公职人员。

在第一批移居马萨诸塞湾殖民地的移民中大约有130人接受了大学教育，其中35人毕业于剑桥大学伊曼纽尔学院。当他们按照伊曼纽尔的模式建立哈佛学院时，年长的教士掌控了学院，课程与剑桥课程类似，学院实行寄宿制便于未成年人的教育。学院以教学而不是知识的进步为中心。教会和政府结成紧密同盟，在培养年轻人成为公职人员或者教区牧师的问题上没有任何分歧。因为任何机构都可以建立自己的学院并且决定授予什么学位。哈佛在还没有取得办学特许状之前，就开始授予学位了。

其他殖民地学院借鉴了哈佛模式，但是也存在明显的不同。弗吉尼亚殖民地建立不久，就从英国王室那里获得了用来建立学院的土地，但威廉玛丽学院直到1693年得到了王室特许状之后，才开始办学。这个学院主要致力于培养英国国教会的牧师，教化印第安人以及培养公职人员。威廉玛丽学院的发展受到苏格兰大学的影响，董事会掌管校务，董事会成员中世俗人士的代表多于教士。

将教会的影响和外行控制结合在一起成为殖民地学院管理的模式。在已建立的教会和道德教育（即虔诚的生活）之间存在一定的联系。当新的教会形成时，随之而来的就是建立自己的学院，以便对年青一代进行适当的教育。每一块殖民地都是这些人所建立，“他们在欧洲大学接受了大量的文科教育，自他们踏上北美大陆土地的那一刻起就希望重现这种文明”（Ten Brook，1875，p.17）。达特茅斯学院和耶鲁学院是由从马萨诸塞州清教徒中分离出来的公理会教友建立。另外一些主要的宗教团体也在其他殖民地建立了自己的学院：新泽西学院即后来的普林斯顿大学由长老会建立；罗德岛学院即后来的布朗大学由浸信会教友建立；皇后学院即后来的罗格斯大学（Rutgers）由荷兰归正宗建立；国王学院即后来的哥伦比亚大学由英国国教徒（但学院的第一届董事会中出现了少数有势力的其他教派代表）建立。费城学院即后来的宾夕法尼亚大学主要是由殖民地非教派机构建立的。

关于学院已经写得够多了。鲁道夫（Rudolph，1962）概括得好，每一所学院都有它自己的历史。总的来说，殖民地学院借鉴了英国和苏格兰大学的某些做法。学院管理、财政、师生关系、课程和教学实践等方面的制度在这一时期都确立起来了，因此美国建国后，数以百计的新学院纷纷成立，他们仍仿效殖民地学院的管理模式，即使他们学院的目标发生了变化。虽然他们与教会有关联，但是创建学院的主要目的是培养有知识的人，因此学院的教育意义远远超过了宗教上的意义。学院培养神职人员，是因为大多数神职人员是社区的领袖，他们极有可能成为政治家。特罗（Trow，1998）描述了建立学院的其他原因：希望在边缘地区延续社会文明；对在法律、医学、神学、商业、航海业领域受过良好教育的人的日益增长的需求；社区的自豪感；部分社区领袖的理想主义和慈善行为。由于不受任何政治力量的干预，也不存在中央政府来制定统一的标准，因此有利于每个殖民地自由地制定自己的规则。虽然由于相互仿效，每个殖民地学院在某些方面与其他殖民地学院类似，但是学院可以自由地发展自己的特色。殖民者可以送他们的孩子回英国上大学，并且有许多人是这么做的，但是路程太远，也不安全，花费也很大。因为殖民地学院把建立具有较强的宗教性的社区，以及把年青一代培养成为为政府合格的公职人员的愿望有机结合起来了，因此学院得到了发展。起初，其他学院仿效哈佛，但哈佛从未为他们制定规则。

新的教派能轻易地从现有的教派中分裂出来，也影响了殖民地高等教育的发展。九个殖民地学院代表了六个不同的宗教团体的利益，因此宗教派别之间的斗争也就不可避免。九个殖民地学院都与某个教派有关联，虽然有两个学院其实是教派间共有的。教会的影响从不是绝对，而且学院很早就已建立了非神职人员管理学院的传统。

如果学院不用为学生就业做准备，就没有必要建立学院了。一般而言，殖民者想建立宗教与社区融为一体的社会。宗教依赖于受过教育的世俗人士，他们需要学校来帮助感化年轻人，最直接的想法则是教化印第安人。此外，学院也是为了在社区赢得威信，以表明自身是文明的中心，而不是野蛮的村落。再次，迫切希望建立具有较强宗教性的统一社区，以及坚信政府机构需要受过教育的领导者。殖民地学院不仅培养了牧师，而且培养了公务员。出于以上各种原因，在18世纪中叶前建立了3所殖民地学院，此后直到建国前建立了6所学院。虽然殖民地学院的数量有限，但是却对公众认识究竟何为一所真正的学院产生了深远的影响。

到了殖民地时期后期，宗教影响开始削弱，从已有的教会中分离出来的以道德准则和公共服务为中心的文明社会观念得到发展。学院（见表1.2）重视公共服务，年轻人的教育，以及公民社会的教育观念。本杰明·富兰克林［Benjamin Franklin（1749）1931］在他的《关于宾夕法尼亚青少年教育的提案》中详述了这些目标，并大致描绘了即将成立的宾夕法尼亚大学。大学的目的就是教育年青一代，把他们培养成为能够为公众忠诚服务的合格人才。这些年轻人将学习写作、绘画、算术、地理和历史，包括自然史和商贸史。校长是博学之人，能用优美的准确的英语演讲写作，还有一批同他一起工作的教师。学者和学生住在一起，靠经常锻炼保持身体健康。英语取代拉丁语成为教学语言。学院的一切都以有益于学生的健康生活和社区改善为中心，而与教会教义无关。这正是学院能够保持其他学院最好的教育宗旨而又不与教义发生关联的基础。威廉·史密斯是费城学院的首任院长，他也提出了一个类似的基于广博课程的学院建设计划。它似乎比其他所有殖民地学院都更集中地体现了美国学院的风格。

表 1.2　九所殖民地学院

原　名	现用名	建立年代	所属教会
哈佛学院	哈佛大学	1636	清教徒
威廉玛丽学院	威廉玛丽学院	1693	英国国教
耶鲁学院	耶鲁大学	1701	公理会
费城学院	宾夕法尼亚大学	1740	无派系
新泽西学院	普林斯顿大学	1746	长老会
国王学院	哥伦比亚大学	1754	英国国教
罗德岛学院	布朗大学	1765	浸礼教
皇后学院	罗格斯，新泽西州立大学	1766	荷兰改宗教会
达特茅斯学院	达特茅斯学院	1769	公理会

三、学　　生

美国殖民地的年轻人很少有人进学院学习。一方面是他们没有必要到学院去学习，另一方面对于他们来说进入学院也不是很容易。学院的办学目的和课程并不能满足大多数年轻人的兴趣和愿望。尽管学费低廉,也很少有家庭可以付得起学费,以支持他们的孩子学完课程。他们更希望孩子们帮助家里经营农场或是做生意。除了在新英格兰,即便初等教育也不是义务的,因此没有进一步学习的必要,上了几年小学后很少有学生还继续上学。

因为很少有职业是需要继续接受学校教育才能够胜任的,所以学院作为一种职前教育的途径也就没多大的吸引力。大多数的行业,包括手工业和贸易,也包括农业和商业,都可以通过模仿或做学徒的方式来学习。刚出现的职业——律师和医生——也采用类似的方式来学习。只有神学要求进一步接受学校教育,但即便如此,绝大多数的传道士也没有受过学院教育训练。对于女孩子来说,她们最初从母亲那里,后来从丈夫那里学习所有她们需要知道的事情。

注册入学人数很少,到殖民地时期末期只有将近1/1 000的人进入过学院学习。任何一所殖民地学院的在校生总数通常不到100人,毕业学生数以个位数计。最大的学院哈佛学院1771年仅毕业了64个学生,仍远远多于其他学院。鲁道夫谈道,“直到1759年,才有少数殖民地学院每年毕业生超过100人”(Rudolph,1977,p.25)。有些富裕一点的家庭——尤其在新英格兰——送他们的孩子回欧洲接受高等教育,但即便把这些人算在内,接受过高等教育的总人数仍然非常少。

曾经接受过学院教育的毕业生所从事的职业,表明了学生入学的目的。大部分毕业生成为牧师、医生、教师或公职人员,或者同时兼任其中几种职业。然而,由于人数太少了,以至于没法组成校友会或根据他们毕业的大学建立联系。他们更愿意参加在波士顿和费城组成的文学社团,成员是从美国或英格兰的学院毕业或者根本没上过大学的人。

公立学校的缺乏意味着大多数年轻人是通过家庭教师接受的正规教育，这些家庭教师受过教育，他们通常招收几个学生以维持生计。在弗吉尼亚，种植园主的孩子有时寄住在传道士家里，由他们指导孩子学习英语语法、拉丁语、数学和自然科学。梅里韦瑟·路易斯(Meriwether Lewis)评论说，找一个有家庭教师的地方很难，因为他们刚办起来的学校一次只能招收极少数学生。他必须忍受长时间远离家庭，才不会失去在家庭教师家中做学生学习英语语法和数学的机会(Ambrose，1996)。路易斯作为种植园主家庭的成员，其经历很典型。大部分学生是农场主家庭或专业人员家庭的孩子，少数来自手工业者家庭或者商人家庭，还有极少数来自小农场主家庭。

学院制定了一套学院生活制度，对精力旺盛的年轻人进行管制，并对他们反复进行纪律、道德以及人格方面的教育。每个学生必须去听课和接受教师的指导，遵守学院的规则，避免与卑鄙的人为伍。耶鲁学院颁布的一套规定，反映了学院对学生生活方式要求的严苛："除非得到政府当局或校长的批准，学院的所有学生不得在安息日或其他任何一天参加任何宗教集会，无论是公开的还是秘密的……如果学生因为无关的事情亵渎了安息日，或是制造出任何有伤风化的事端或骚乱……那么他将受到惩罚……除了早餐后半个小时和晚餐后一个半小时，学生不能走出室外或离开禁闭室。"(Dexter，1896，pp. 4-5)更多的规定则反映了因为学生谩骂、诅咒、亵渎神明、玩纸牌、大声喊叫、结交违法乱纪的人之类的事情，而被惩罚、罚款，或最终被开除。如果高年级学生要新生帮他们做事，新生必须照做。规则中没有关于冤情申诉程序的规定。

家长送年轻人入学希望学校可以照顾孩子的生活。父母一直认为十四五岁的孩子应该接受远比他们自己能够实施的更为严格的教育。学院也确实扮演了父母代理人的角色，帮助父母们端正孩子们的品行。如果年轻人拒绝接受学院实施的教育，可能会被开除回家。

殖民地学院的招生入学条件，进一步限制了可以入学的人数。哈佛要求申请人能够朗读拉丁文诗篇和散文，能够列出希腊语法的变化规律。威廉玛丽学院规定申请人必须年满15岁，如果以前没有进行过古典语言知识的学习，那么必须在学院预科部学习拉丁语和希腊语。耶鲁的入学要求与哈佛一样，学生能够"熟练解释并合乎文法地分析拉丁语和希腊语作品，能够写出优美和正确的拉丁文"(Broome，1903，p. 28)。到殖民地时期末期，入学条件才发生变化。1745年，耶鲁的入学条件中增加了对算术理解力的要求，同时还要求提供"能够充分证明生活清白无邪的证据"(Broome，1903，p. 30)。1760年，普林斯顿在入学条件中加入了算术；1754年，国王学院开始要求拉丁语、希腊语和算术。

学院入学考试中没有笔试，由校长或者教师对学生进行口试。学生有时会被减免一些入学条件，尤其因为所有的学院都缺少学生，因此往往不能够严格实行他们声明的入学标准。使用的大部分书籍是用拉丁语写的，因此对拉丁语知识的要求是必然的。但是学院在执行要求学生只能用拉丁语交谈的规定时非常失败。布鲁姆(Broome，1903，p. 23)引用了1680年一位哈佛访学者的记录，他发现学生们几乎根本不说拉丁语。不过，在正式场合还是使用拉丁语。

殖民地学院时期建立起来的学生生活模式，有些很好地保持到了大学变革时代。高年级学生有权利戏弄新生；学院要对学生行为负责；学院实行寄宿制，学生必须遵守学校管理者制定的规则；学生可以与教师开玩笑；学院可以处罚蓄意搞破坏的学生。在孤寂的学院生活中的学生发泄了青春期的所有萌动。只有在教会开办的实验学校和修道院里，我们才可以发现最典型的行为准则。

鲁道夫概括了如何才能称得上生活和学习融为一体的独特的学院生活："学院生活的含义在于，仅仅有课程、图书馆、教师和学生并不足以构成一个学院。学院还必须坚持寄宿制的教育理念，注重闲适的田园式生活，因此就离不开宿舍、食堂以及弥漫着的家长制作风。这曾经是每一所美国学院的生活方式，这种学院生活方式曾经受到专门抵制，也曾经失去过，后来又试图恢复过。"(Rudolph，1962，p. 87)他指出殖民地时期人口分散，学院要想发展就必须形成自己的文化，以此来解释这种学院生活形成的原因。但是他也指出，"到费城和纽约的学院建立的时候，因为已经有了城市，这种学院模式虽然不再是必不可少的了，但此时却已经变成了传统"(p. 88)。虽然年轻人住在一起过于喧闹，但是这被不断证明是最好的安排，因为这有助于影响青少年的发展，促进正式课程与课外课程的融合，增进人们相互之间的联系，以及后来提到的，可以兼顾认知和情感的发展。另外，认为相对封闭的学院生活有利于学生发展的观点仍然存在。"美国人对土地神话的依恋，以及他们认为热爱国土是美德之源，是推动历史发展的巨大力量的世界观，也支持了这种观点"(Rudolph，1977，p. 95)。对这块土地的痴迷非常难得。

四、教　师

整个殖民地时期教师职业的发展非常艰难，因为教师人数太少很难组成志趣相投的同行团体。大部分教师担任助教，他们往往刚刚毕业，以期有朝一日能够担任牧师。他们薪水很少，但也能勉强维持生计。刚开始，校长和他聘任的两三个助教给所有的学生教授所有的科目。后来，开始出现专门从事某些领域或学科研究的教授。

回顾一下主要的学院就能反映当时的情况。国王学院的校长在 1755 年雇用了 1 名助教，两年后雇用了 1 名教授，他们 3 个人讲授全部课程。皇后学院在 1771 年开办时只有 1 个助教，后来雇用另一位助教时甚至还没任命校长。一位助教离开之后，另一位助教只好教授全部课程，并且在 1773 年组织了学生文学社团。威廉玛丽学院 40 年间只有 10 位教授。费城学院的 5 位主要教师教授自然哲学、道德哲学、雄辩术、语言和数学。

耶鲁和哈佛，这两所历史比较悠久规模较大的学院，雇用的既有教授，也有助教。1702 到 1789 年间，每年大约有 4 个助教在耶鲁工作，他们的任期一般是 3 年。1746 年设立了神学教授职位。哈佛在 1721 年到 1783 年间设立了 6 个教授职位，分别是神学、数学、自然科学、希伯来语和其他东方语言、修辞学与雄辩术，解剖学与外科医学，还有理论和应用物理。另外从 1643 年起哈佛共雇用了 63 位助教，他们全部都是哈佛的毕业生。校长和教授住在自己家中，但是助教是不允许结婚的，必须住在学院内一天 24 小时监督学生。

在早期这些学院中，认为教师是种职业的观念在不同的时期逐渐发展。但是没有一个学院认同欧洲学院的观念，认为教师是一个享有威信和特权、自主履行职责的法人团体。芬克尔斯坦（Finkelstein，1983）将学术职业概念分为三个方面：学科的、制度的和外部的。直到 18 世纪中叶，学科方面没有发挥实质的影响。在学院管理中涉及自治理念、终身聘任以及构成学术职业的其他要素问题上，很少有教师成员的参与。到了18世纪末期，随着由教授组成的永久性教师团体的出现，学术职业的制度开始形成。然而，教师职业与外界的联系，即教师为政府提供咨询、参与工业发展，在一个多世纪以后才出现。

教授和助教都往往来自专业人士的家庭，他们的父亲有可能是律师、医生或牧师。教师扮演着教员和学生行为监护人两种角色。助教通常教一个班所有科目，而教授只教特定的科目，他们通常在该领域接受过研究生教育。另一个突出的特点是教授的职位相对持久。教授可能在某个学院干一辈子，但很少有助教能够在一个学院待到他所教班级的学生毕业。个别情况下，助教晋升为教授，但更多的是，直接从学院外聘任教授。

直到20世纪下半叶，教授和助教的工资一直较低。教师是为了享有所任职学院的特权，才从事教师职业的，这一点与牧师相似。与律师或医生因为提供服务而希望得到报酬不同，教师更像投身于公共服务的志愿者。除了教会，极少有社会机构能够具有这种忠诚。无论如何，对于一些人来说，教育和塑造年轻人比干农活更有吸引力。

五、课　　程

克拉克·科尔（Clark Kerr）在为鲁道夫1977年出版的《课程：1636年以来美国本科生课程史研究》一书所写的前言中为课程下了一个定义，课程“就是学院提出的在人类不断发展的知识和经验中那些被认为是对某个时期受教育者的生活有用的、适当的或相关的知识和经验”（p. xxi）。无论课程被解释为一系列学科，还是被解释成学院为学生设计的总体经验，它总是实践经验的合理化。课程要适应社会的需要，反过来也塑造社会，课程有时滞后于社会的发展，有时领先于社会的发展。

课程的目的在于教育年轻人，帮助他们形成健全的人格，做好就业前的准备，更好地融入社会，以及学习使用语言和礼仪。在不同时期和不同的学校，究竟强调其中的某个目的或几个目的是不一样的。除了极少数的科目外，为学习而学习并不能解释课程的合理性。不管是为了增强学生的成就感，还是通过训练使他们得到工作或者挣更多的钱，实用性和有效性始终是课程的目标，课程永远是有目的的。

实用性的含义时时在变。殖民地时期要想成为律师、牧师和政治家必须掌握修辞学知识、人文学科知识和《圣经》。殖民地时期末期，因为有许多学生准备从商，因此科学和数学进入了实用性课程。学院课程的调整并不是很迅速。当学生上大学是出于其他的目的而不是大学本身的目的，而学院课程又不能够迅速作出调整时，这种没多大变化、相对稳定的课程的缺陷就显现出来了。例如，如果学院课程是设计用来培养神职人员或者公职人员的，而学院却培养出了商人，是这种课程有问题呢？还是社会改变了看法？在殖民地时期末期，古典课程的拥护者尽力为他们偏爱的古典课程辩护，但是相应的愿意当牧师的毕业生却越来越少。尽管如此古典课程仍又持续存在了好几个时代。

殖民地学院课程的数量并不多，有几门供所有学生学习的课程就足够了。课程的迅速增加并不一定是因为知识的增长（我们经常为当前学院课程目录的华而不实辩护，殖民地时期反而有很多值得我们学习的地方）。殖民地学院课程受到以下因素的限制：学生人数少，大部分年轻人进入社会时是在学院之外接受的教育；学习的目的不是为了促进知识的发展而是为了保留已有的知识；没有多少职业要求特殊的教育训练；学院是由知识范围有限的宗教组织来管理的。

科学调查的原理慢慢渗入了课程。梅里韦瑟在他1907年的文章开篇写道："现今科学统治了我们的学院。我们殖民地时期的前辈们在中世纪延续下来的宗教氛围中从事教学和研究活动。几个世纪以来，教学的目的一直是为了指明通往天堂之路。"（Meriwether，p. 13）教育是一种权威，真理来源于上帝——个性或是创造性并不是教育的内容。因为古典文学和《圣经》具有严密的理论体系，所以在整个殖民地时期的学院课程中占统治地位。

古典课程的学习被认为是培养各种职业人才的有效途径。因为学徒训练是人们进入各种职业的途径，那些经过学徒训练进入职业领域的人，希望借助于上大学的方式进一步提升他们在职业中的地位。对于从事律师、医生、牧师职业的人来说，修辞学、希腊语和拉丁语的知识被认定是有用的。没有人上大学是为了接受职业训练，偶尔限制人们进入某些行业的做法几乎没有效果。贴上实用性的标签很容易，但很难去检验。所有职业都不要求考试。现代语与希腊语、拉丁语和希伯来语的用处一样。化学的实用性也跟修辞学相当。

殖民地学院的课程是直接从欧洲引入的，直到18世纪下半叶都几乎没有改动。鲁道夫（Rudolph，1977）将它追溯到文艺复兴和宗教改革时期，而卢卡斯（Lucas，1994）将它带回了罗马帝国以及亚历山大时期的图书馆和学者群体。从文艺复兴时期开始学院教授希腊语，并且打算通过教师提供的教学服务收取学费。当时医学和神学是职业教育。从宗教改革时期开始，学院向准备当牧师的人教授拉丁语。剑桥大学把两种不同的培养目标有机结合起来了，不仅把年轻人培养成为牧师或学者，也培养他们成为政府公务员。“清教徒创立的剑桥伊曼纽尔学院，是哈佛的模板；牛津的皇后学院是威廉玛丽学院的模板”(Rudolph，1962，p. 24)。从欧洲还引入了四年制的学士学位，大学一年级新生、二年级学生、大学低年级学生和高年级学生之类的名称，将课程组织成为具有固定时间单元的教学科目，以及教师是可以发号施令的观念。

课程源于七艺，即文法、修辞、逻辑、天文、算术、几何和音乐。这七门科目并不包括古希腊和罗马所有的知识，甚至不完全包括当时学校教授的课程，但它们确实对中世纪教会有吸引力，主要是因为它们特别适于智力和精神的发展，以区别于世俗或现实的需要。巴茨(Butts，1939)认为七艺的形成应追溯到公元前 2 世纪罗马学者瓦罗(Varro)。卢卡斯(Lucas，1994)、拉什达尔(Rashdall，1936)和其他学者则认为七艺课程最早源于中世纪和宗教改革时期，后来在大西洋彼岸的北美大陆得到进一步发展。

值得注意的是，为了使文科的学习满足宗教目的，对课程进行了调整，增加了哲学和伦理等方面的课程，并且规定所有自称为博学的人都必须学习这些课程。牛津 4 年学士学位的课程包括文法、算术、修辞、逻辑和音乐。学生攻读硕士学位必须阅读几何、天文和哲学方面的指定书目，哲学包括自然科学、伦理学和玄学。在殖民地时期之前，必修课程的传统就已经确立了。

因为科目名称的含义不断变化，要想准确描述课程比较困难。算术、逻辑、医学和哲学在殖民地学院课程中都出现了，但这些科目所包含的内容与它们产生之初所包含的内容完全不同。在 17 世纪，人们学习拉丁语还是作为语言交流工具，到了 18 世纪拉丁语学习变为训练写作和文法。科学当然也不是现在解释的那样：一个包含通过构建理论、检验假设和实验等方法来发现知识的归纳过程。殖民地时期，科学教师留下来的笔记显示了他们要在观察世界和依靠教条二者之间保持中立是多么痛苦。他们在粗略观察的基础上，更为依赖以前的学说来解释天气、感觉以及诸如空气和水之类的元素。到了18世纪中期，哈佛拥有了教授科学课程的各种仪器，包括刻度尺、滑轮、直尺、反射镜，以及圆柱体，两个世纪后在中学教室也开始有这些仪器。科学教师可以演示重力作用、真空状态和行星的旋转。因此，通过展示如何做实验和如何观察促进智力发展的方法出现并被普遍使用。测量声音和电的装置很缺乏，但是测量空间、时间和光学的装置使用很广泛。梅里韦瑟写道："我们殖民时期的祖先对于今天所提倡的科学态度，以及探究自然规律不迷信权威和宗教的冷静客观的立场，是一无所知。"(Meriwether，1907，p. 224)

开设跨校通用课程的障碍源于学院创立初期。每所学院的职员都认为由于教师、学生和他们所属学院的特殊偏好，学院应该体现自己的特色。然而，在课程结构方面模仿很多。这两股力量——独创和模仿——一直争执不下。但不管学院是模仿还是走自己的路，殖民地学院的课程都是很严肃认真的。课程目录中没有安排供年轻人消遣的无关紧要的课程。他们来学院上课是为了学习。他们课余时间干什么可能并不重要，但大学对于教师认为那些适合学生的方面的要求是非常严苛的。鲁道夫详述说，"1734年耶鲁图书馆官方目录中'消遣书目'包括了莎士比亚、蒲伯和斯宾塞的著作"(Rudolph，1977，p. 25)。

大约在1638年，哈佛最早出现的课程表上可以看出殖民地课程的梗概。它展示了学生在第一、二、三学年中周一到周六的课程。第一年包括逻辑、医学、修辞、神学、植物学史与种类、希腊语源学和希伯来文法；第二年学习伦理、政治、希腊散文和辩证法，还要学习修辞学、神学和植物分类学；第三年当学生们能用希腊文熟练写作时，向他们介绍算术、天文和几何（Meriwether，1907，p. 52）。虽然哈佛开始学制是 3 年，但到 1654 年他们的学制变成了 4 年。

耶鲁的课程以哈佛为模板，威廉玛丽学院也采纳了这种课程计划，但增加了更多的科学和数学课程。但是费城学院（后来的宾夕法尼亚大学）1756 年设置了一个与此稍微不同的三年制课程。其中，学生学习了更多的算术课程，包括代数学；学习了更多的科学课程，包括建筑学、力学、光学和天文学；学习了更多的自然科学课程，包括植物史、动物史；还学习了更多的化学课程。此外，还在航海、测量、国民史、法律、政治和商贸等领域开设了新的课程。虽然如此，课程的核心仍是希望学生们通过阅读希腊文和拉丁语文献学习古典文学和修辞学。辩论术仍然很重要，课程计划显示，在第三学期的某天下午高年级学生要进行"关于道德和医学科目的写作和辩论"（Snow，1907，p. 71）。

在美国独立革命前 30 年中创立的所有殖民地学院，都保留了古典课程和《圣经》的学习，但也对课程做了一些调整。课程的大部分变化是在自然哲学课程方面以及更为强调数学这一点上。威廉玛丽学院首先建立了科学教授职位。到了殖民地时代的末期，所有学院都建立了数学、自然科学或医学的教授职位。伦理学成为重要的学习领域，它始于道德哲学课程，是神学学习的核心内容。但是随着殖民地的发展，理性和人性的重要性开始取代了《圣经》的学习。伦理学课程通常由校长向高年级学生讲授，内容包括科学理论和宗教学说，所有内容都是关于人们要遵守的行为规范的问题。伦理学的存在必须不断反对那些主张信仰和宗教教条是正确的行为规范的观点。尽管如此，现代哲学家如约翰·洛克的作品仍被纳入课程，而且在殖民地末期，哈佛设立了道德哲学的教授职位。

当位于纽约并对商业有特殊偏好的国王学院开办时，课程进一步演变。独立战争爆发不久后，作为威廉玛丽学院的校友及董事会成员的杰斐逊，准备通过废除神学教授职位并在课程中增加医学、自然史和现代语言来重组学院。他的计划甚至包括引进选修课程，但是收效甚微。整个殖民地时期，科学的捍卫者都在同具有宗教倾向的学院创办人及其继任者作斗争。重组整个课程计划经常遭到失败，新课程的开设只有等到建立了相应的教授职位才能进行。于是，后来的争论集中于哪些课程才是全体学生必须学习的课程。

总之，以上对殖民地时期学院课程的概述说明了学院是怎样努力摆脱教会的影响和坚持古典教育的传统。即使在哈佛也有文学和历史课程。逻辑学曾是学习《圣经》的钥匙，但是逐渐演变成为更好地服务于处理世俗事务的学科。早期的科学研究受到权威们的支配，亚里士多德的著作是研究自然现象的主要参考书。然而随着时代的发展，科学课程的教师更愿意把自己的课程建立在观察和实验的基础上。语言课程由原来学习文学和哲学的工具发展为具有自己研究领域的学科。18 世纪中期，古典课程仍是学院教育的核心，但是政治学、天文学、数学、医学、化学和地质学都出现了。各种学科教授职位的建立反映了课程的不断分化。耶鲁既有供科学课程教学使用的仪器，也设有神学教授职位，表明学院领导认识到了学科课程分化的必要性。

整个时代课程斗争的核心是思想自由和经验超越权威的价值问题。在整个 18 世纪，苏格兰大学一直在进行改革，并且开始影响到殖民地学院的发展。苏格兰大学要求教授们从事特定学科的教学和研究，从而奠定了学科专业化的基础。他们也放弃了那种每个学生都要学习相同科目的必修课程的观念，并且增加了科学课程。威廉玛丽学院虽是英国国教徒建立的，但他们的第一任校长来自爱丁堡大学，所以他们的课程从没有像新英格兰地区的学院那样严格。费城学院的第一任院长也受到了苏格兰大学的影响，他曾经上过阿伯丁大学。他提出课程的价值在于实用性，正是这种看法影响了学院其他方面的发展。在国王学院和费城学院，航海学、地质学、政治学和数学课程成为中心，取代了神学和古典课程的地位，从而产生了相对于依赖逻辑推理更为宽泛的课程。

教学方法是课程学习的核心。大学教育的中心任务不仅在于教什么，更在于怎么教。虽然不可能对教学方法进行完整描述，但可以从学生讲述课堂经历的传闻、教学管理制度和教师回忆录反映这个时期的教学情况。

文法是通过记忆和类比推理来学习的。单词种类、词格和词形变化、句法结构都得用心去学。学生要背诵较长的文章段落甚至是著名演说家的完整演讲。程度好的学生要独立完成演讲。修辞学的学习包括训练确定合适的主题，安排辩论，默记素材，训练演讲的风格和形式。学生可以从他们使用的教材中摘录相关的句子来构思自己的演讲稿。修辞学的学习是通过写作和演讲的方式衡量阅读和记忆的效果。

直到殖民地时期后半期，专门供学院教学使用的教材还很少。凡是能够在学院小图书馆中找到的任何书籍，都被用来供教师的教学或学生的背诵和阅读使用。有些教授在教学中使用实验室实验法，少数可能使用苏格拉底教学法。由于书籍的缺乏，刚开始是助教，后来是教授，成为传播知识的主要载体。校长也讲课。当教材开始出现并且反映启蒙运动的观念时，这些用英语写作的课本也就颠覆了拉丁语作为教学语言的地位。

每所学院都有图书馆，其中的藏书常常是当地的图书收藏家捐赠的。除了哈佛图书馆藏书达到了12 000卷，一般学院图书馆藏书平均都在2 000卷左右。大部分藏书是古典文学著作的再版。肖斯(Shores，1966)估算图书馆藏书平均每年增速不到100卷，其中部分藏书是用学费购买的。火灾或水灾对图书的危害很大。

虽然在大多数时候教学语言使用拉丁语，尤其在殖民地时期早期，但是很少有学生在课外讲拉丁语。大多数学生所讲的拉丁语还不如那些学过一两年现代外国语的学生所讲的。用拉丁语写作对学生来说也一样困难。虽然期望学生能读古典文学原著，但是通常借助于英文翻译才能阅读。学生们被认为可以把希腊文翻译成拉丁语、希伯来语、英语等，但他们至多只能用各种语言学舌。哈佛在1764年设立了希伯来语教授职位，但“到了1775年，这门课基本只在耶鲁存在了”(Meriwether，1907，p. 108)。

经院哲学，一种以传统的学说和教义为中心的中世纪哲学，其教学方法强调基于权威的辩论。辩论，这种古老的教学形式，与以实验和自由探究方式发现知识的观念发生了冲突。但是它在整个殖民地时期持续存在，它之所以很流行，可能因为它满足了年轻人热衷于在教室里唇枪舌剑的需要。他们引经据典、语词华丽奔放，满脸的孩子气，高谈阔论(今天我们称之为咄咄逼人法)，目的是看谁的争辩最令人信服。

他们争论的最奇妙问题是：“洗礼仪式能使用空气、沙子或者泥土吗？用啤酒、鱼汤、玫瑰香水进行洗礼与用水一样吗？天堂里面是什么结构？亚当为什么吃苹果而不吃梨？”(Meriwether，1907，p. 231)哈佛要求一至三年级的学生每周辩论两次，四年级的一周一次。辩论甚至还是入学考试的一部分，辩论规则明确具体，就是要准确详细地说明双方应该如何注意自己的品行。

随着殖民时代的发展，辩论的主题转向了社会问题：“市民政府是人们必需的吗？受过大学教育的人不适合经商吗？人类的声音是上帝的声音吗？”(Meriwether, 1907, p. 239)科学也成为辩论的主题：“星空是火构成的吗？地球是宇宙的中心吗？美国土著人的祖先是亚伯拉罕吗？”(p. 249)主题也涉及生理学(“心脏造血吗？”)和法律(“靠敲诈才能成为律师？”)，还有伦理(“对国家安全来说，结婚必要吗？”)(p. 250)。学生辩论是毕业典礼的特色。一个典型的辩论是给两个学生一个论题，让他们通过辩论来证明自己观点的正确性。比如这样的论题——“谨慎是最难的美德”——会先被提出来，学生在毕业典礼开始时展开辩论。

随着学生们开始学习经验主义方法，以经院哲学为中心的教学法在殖民地时期持续减弱。在学生开始学习哥白尼的理论之后，天文学也发生了变化，哥白尼认为地球绕轴自转，行星围绕太阳旋转，而不是托勒密理论所认为的那样，地球是宇宙的中心。但是传统的学习方法很难消亡，在实验科学产生之后的一个多世纪它们仍然存在。此外，经院哲学方法是以严密的逻辑学和修辞学为基础，这两种组织展示知识的方法仍然适合那个时代的需要。

渐渐地，新的实验和实证教学法占据了主要地位。人们开始学习笛卡儿、培根、牛顿、洛克和休谟。学院有了显微镜和其他科学仪器。数学变成了测量和航海的基础。早期的电学实验出现了。殖民地时期末期，经验主义哲学和科学实验使经院哲学失去了地位，如果不是因为宗教传统，它可能消失得更早。教学语言开始使用英语，即使在长期使用拉丁语教学的哈佛学院和耶鲁学院，也开始使用英语。古典语言对教师和学生的作用都减弱了，如果不是许多有用的书是用拉丁语写的，它可能会彻底消失。教学也不需要使用希伯来语了，后来这种语言只用于某些典礼仪式。

虽然科学课程在殖民地时期末期很明显占据了统治地位，但是古典课程幸存了下来。希腊语和拉丁语著作仍被学习，不过阅读它们的理论基础变化了。用古希腊语和拉丁语学习古典课程取代了教会散发的课本。人文主义者是当时的进步人士，他们强烈反对宗教学习。他们对时代产生了很大影响，甚至工程、航海和现代外语也被引入学院课程。从以宗教教义为基础的课程，变为以希腊语和拉丁语著作为基础的人文主义课程，到最后变为以科学取代基督教《圣经》课程，这展现了殖民地时期课程的变革。当时的每一种课程都被证明是实用的：权威的学说代表了正统，在帮助年轻人理解教义和引导他们过清白的生活方面是很必要的；人文学科、古希腊和拉丁语的著作对于人们了解新教是如何摆脱中世纪正统的控制是必不可少的，同时对于那些想要展示自己渊博的学识的人也是很重要的；科学是工程的基础，因此对那些将要进入新的职业的人来说很需要科学；学习语言和文学很适合那些准备当政治家和律师的人。相信科学的力量和社会机构的变革，以及人性本善的思想观念正在深入人心。

六、管　理

殖民地学院的管理预示了整个高等教育历史中的管理问题。学院建立之初由公私共同控制，后来逐步发展成为由私人控制。学院董事会及其由殖民地法院或立法机关任命的董事会成员所发挥作用的范围始终是争论的焦点。同样，虽然董事会掌控了学院所有重要事务，但董事会发挥作用的范围，相应地学院其他成员发挥作用的范围,也一直是个问题。从殖民地时期开始,校长就占支配地位——校长由董事会任命并只对董事会负责。

这些管理特征的出现是由于殖民学院建立的时代和殖民地的特性所决定的。欧洲的大学是从教师或学生的自治团体发展而来,或从宫廷、宗教机构内部发展而来。在自治机构中,教师和学生获得了与中世纪行会类似的特权。大学的性质和管理相当简洁。殖民地不是根据教员、教师、导师或教授来建立他们自己的学院。殖民地学院是由院外人士,即由牧师和地方法官组成的董事会进行管理。董事会中唯一的教师代表就是校长,他也为董事会服务。因此,学院建立之时,人们提出在董事会中增加教师成员的代表。然而,教师从来没有掌过权,更谈不上获得自治的地位。早期殖民地学院建立后,实行外行董事会管理,院长的权力很大,教师的影响力很弱,在整个美国历史上不存在一个集权的高等教育管理部门。这种管理模式一直延续至今。

对殖民学院管理原则的短暂回顾是为了说明管理的本质。马萨诸塞湾殖民地州议会(即立法机构)同意建立哈佛,并在1639年成立了董事会作为初始的管理机构。董事会成员包括州长、副州长、殖民地财务总管,以及3位地方法官和6位牧师。董事会并不是实质上的管理机构,而是服从于州议会,州议会任命了学院的第一任院长。由于没有明确的章程,院长自己教授全部课程并主持了学院第一届毕业生典礼,直到1650年州议会才颁布了学院章程。

根据学院章程的规定,学院成立由院长、同事和司库组成的院务委员会。院务委员会作为一个法人团体,享有确定继任者、掌管资产、任命学院其他官员和免税的权力。但是,只有经过董事会讨论同意后,院务委员会才能行使权力。1642年后董事会由殖民地州长、副州长、学院院长、9个州法官助理、9个牧师和附近镇上的教师们组成。因此，虽然哈佛有两个管理机构——一个由院外人士组成的董事会，另一个由学院行政管理人员和教师成员组成的院务委员会——但是主掌学院大权的是院外人士组成的董事会。

17世纪末，在弗吉尼亚建立的威廉玛丽学院，采用了一种略微不同的管理模式。弗吉尼亚是由英国政府掌控的皇家殖民地，主要由种植园主统治，他们大多数人并不把公共教育列为优先考虑的事务。1691年，弗吉尼亚英国国教徒的领袖去伦敦游历，并代表弗吉尼亚州议会请求主教批准建立一所文法学校和一所学院。詹姆斯·布莱尔(James Blair)带着授权18位弗吉尼亚绅士组成学院董事会的特许状回到了弗吉尼亚。董事会成员被称为董事，可以通过董事会大会提名增加新的董事会成员。董事会被授权为学院立法和确定学院的继任者。他们也成立了由学院教师们组成的教授会。但董事会可以选举教授会成员，而且与欧洲大学传统相比，董事会实际上比教授会拥有更大的权力。像哈佛学院的外行董事会一样，威廉玛丽学院的外行董事会对其所属的教授会拥有最终的裁决权。

第三个殖民地学院，耶鲁学院，由公理会牧师在康涅狄格建立。康涅狄格州议会任命了10位神职人员组成的董事会，负责组建学院。他们被授权管理资金和财产，任命学院的校长和官员，颁发学位或证书。1701年新颁布的《耶鲁学院章程》规定，世俗的政府官员不直接插手学院的管理。虽然如此，州议会仍然承诺每年拨一笔钱来维持学院的运转。

到了18世纪中期，根据《学院章程》建立了由"耶鲁院长和同僚"组成的董事会，同时给予州议会监察学院规章的权力，并对那些他们认为不合适的规章拥有否决权。《学院章程》支持州议会的终极权力，但也在一定限度内保护学院的自治。因为10位董事会成员仍是教会牧师，章程通过防止世俗权威直接插手学院管理，重申了学院创立者最初确定的保护既定宗教信仰的目的。

罗德岛学院即后来布朗大学的章程，也给予了由神职人员组成的董事会相同的权利，只不过语气不是那么肯定。董事会大多数成员来自浸礼教会，但也为贵格会、公理会和圣公会教徒预留了位置。校长是浸礼会教徒。浸礼会教徒占统治地位不是因为他们是罗德岛的官方宗教，而是因为他们的数目比其他教派多，而且是学院的最初赞助者和主要的支持者。罗德岛学院章程也声明绝不会对任何一个想来学院教书或学习的人进行宗教考试。据此，学院发展为具有普世基督教精神的联合体(a blend of religious ecumenicalism)，强烈抨击董事会成员以及校长人选为单一教派所独占的做法。

新泽西学院，即后来的普林斯顿大学，是由英国国王颁发特许状，并被殖民地立法机构批准建立的学院。它提倡宗教自由，声明教师和学生可以来自任何宗教教派。董事会要宣誓效忠英国国王，他们有权收取田产和资金，用于支付他们自己的薪金以及校长、教师、学院工作人员的工资。董事会负责雇用职员并有权授予学位。职员不仅指校长，还包括助教、教授、一位出纳、一位秘书、一位看门人和一位伙夫。

本杰明·富兰克林建立费城学院的计划没有被严格遵行，但建校计划中有关管理权力的内容以及学院功能的详细陈述，特别值得注意。学院不是由教会创办，而将由一批捐赠者募集资金而建立。首先由学院的捐赠者物色董事，然后董事制定章程。其次，提出新建的学院不需要得到任何外界政府机构的许可。此外，计划还对从学费缴纳到任命教师和校长，从图书馆计划到学生行为规范，从基金管理到职员薪酬等方面的事务，都做了详细的规定。董事会将掌握所有这些职能权力，也可以雇用教授现代外语、写作、数学以及自然哲学和机械论哲学的教师[FrankLin，(1749)1931，p.29]。另外，富兰克林的建校计划也提供了一个平行课程计划，一种是建立在拉丁和希腊文基础之上的课程计划，另一种是建立在英语基础之上的课程计划。在同一所学校中既承认传统课程存在的重要性，又承认现代课程存在的重要性，这在美国历史上是比较早的。

殖民地学院反映了殖民地时期社会机构的一些特征：这些社会机构或隶属于某个教派或隶属于几个不同的教派；如果没有通过任命董事会成员继续掌权，那么这些机构至少在成立之初要依赖立法机构；资金来源包括捐赠、赞助和立法机关拨款，以及向学生收取的所有学费。有些学院获得了皇家特许状，其他学院根据殖民地当局颁发的章程开办。哈佛、威廉玛丽、布朗这三所学院有双重管理结构，外行董事会与由校长和教师成员组成的学院内部同行团体分享管理权力。其他六所学院的董事会拥有所有权力。宗教组织对董事会成员构成的影响是很明显的。有些学院章程就规定董事会成员必须来自某些宗教教派，但是没有哪个章程要求学院仍掌控在创建学院的教派手中。只有三所学院的章程明确规定校长必须是某特定宗教教派的成员。

与欧洲大学相比，可能最明显的差别就是美国学院的校长拥有无可置疑的权威。校长是教授会和董事会之间的联络员，并对学校各方面的事务负责。大部分校长是牧师，他们要授课，负责筹款，招收和教育学生，掌管学院所有事务。他们大部分精力都放在保证学院有足够的学生和资金方面，以维持学院的发展。许多校长是自己所在的学院培养的。哈佛最初50年中的6位校长，有4

位是哈佛校友。其他学院的许多院长在苏格兰接受教育，包括威廉玛丽学院、费城学院和新泽西学院的创始人。

无论哪一个教派是否在殖民地中占统治地位，学院都倾向于强调教派间的宗教信仰自由。哈佛、威廉玛丽、耶鲁建立的主要目标是培养牧师，但他们最初的章程中有一些也提到了教派共存的重要性："每一个教派都享有自由、平等的教育权利"（普林斯顿），"这里的所有成员都将永远拥有完整的、自由的、绝对的、不被干扰的自由良知"（布朗）（Hofstader and Smith，1961，pp. 83，135）。赫布斯特写道："事实上是人们的宗教信仰，而不是统治者的宗教信仰，决定了学院的宗教信仰。"（Herbst，1981，p. 46）

总而言之，无论学院是自发建立还是通过授予皇家特许状而建立，外行董事会的概念都是这个管理体系的组成部分。在后来的学院管理史中，主要的变化是董事会成员的社会组成由神职人员变为商人和政治家。虽然，教师们后来获得了一定程度的自治，负责课程和招生条件，但是除了他们成为董事会成员中象征性的代表以外，从来没有赢得其他更多的权力。当美国建国后不久，第一批州立大学成立时，遵照了以前的管理模式：外行董事会负责财务和校长任命，校长对委员会负责并管理学校的日常事务。州立大学的主要区别是废除了教会对董事会和课程的影响。在其他方面，这些学校的运转与以前的私立院校相同。

七、财　政

学院如何维持自己的运转？一般来说，他们依靠自愿捐赠和各种其他来源的资金。资金来源于教会团体的赞助、捐款和私人捐赠，以及政府机构的拨款。鲁道夫为这种由公、私资金共同资助创立的学院杜撰了一个新词，即“国家—教会学院”，来描述哈佛、威廉玛丽还有耶鲁这三所最早的学院（Rudolph，1962，p. 13）。

哈佛从马萨诸塞州议会获得建校资金，包括税金和捐赠的土地。州议会还从查尔斯敦码头（Charles town Ferry）的年收入拿出一部分资金。几年以后该港口被一架收费桥取代，哈佛仍旧从过桥费中得到拨款。学院以受人尊敬的约翰·哈佛命名，他向学院捐款并捐赠了数量可观的400本个人藏书。17世纪后期，哈佛年收入的一多半都由政府提供，而学费所占比例少于10%。

1693年，弗吉尼亚立法机构授权威廉玛丽学院从烟草税和皮草出口税中筹集建校资金。随后，对小贩征的税也给了学院。州议会为了进一步表明支持建校的立场，规定学生可以免税和免服兵役。

耶鲁的学生也获得了免税和免服兵役的特权，目的是为了吸引更多的年轻人到耶鲁上学。康涅狄格州议会也不时地赠予特殊基金。学院的名字是为了纪念伊莱休·耶鲁（Elihu Yale），他向学院捐赠了500英镑左右，在那个时代这可是个大数目，当时五六十英镑就可以维持耶鲁所有职员一年的开销。

新泽西学院（普林斯顿）和皇后学院（罗格斯）没有得到州议会长期的财政支持，虽然他们和18世纪中期成立的其他学院都可以时不时地申请特别捐赠。但州议会的支持是多变的，因为当州议会对学院不满意时，它可能会减少或取消年度拨款。但殖民地仍在援助大部分学院，有时通过捐赠剩余土地的方式，有时通过其他方式帮助学院，比如准许学院经营彩票。

费城学院是靠接受个体捐赠资金而开办的。25位捐赠者承诺前5年每年共捐赠400英镑左右，本杰明·富兰克林就是其中的一位。但尽管这样,大部分殖民地还是很难吸引丰厚的捐赠,学院还得依靠学生的学费维持生存。一个家庭能够负担孩子上学,通常都拿出一些钱来交学费。学费、住宿、膳食从10—15英镑不等。在那个时代,一个熟练机械工人每年挣50英镑,而一个富足的律师挣200—300英镑。很明显,学院不是为穷人的孩子开办的。然而,很少有学生因为交不起学费而被开除,勤工助学的概念很早就出现了。

于是,资金来源多元化的模式建立了。慈善事业,包括州议会定期或不定期的资助、学费、学院自己的募捐,发挥了重要作用。没有学院完全依靠捐助。总是不断地募集资金,然后花掉所有募集到的资金,过着贫穷而文雅的生活,这种模式成功地延续到这个国家后来的几乎所有学院。

八、成　效

由于现存数量不多的学院在校学生人数很少,占人口中的比例极小,它们的影响力没有当时教会的影响力大,但是在有些方面的作用是显而易见的。这些作用包括:开展职业教育,促进个体发展,教育培养儿童,以及大学作为保存文化知识的场所和提高社区自豪感等无形的作用。

职业教育在两个领域特别明显:培养牧师和公职人员。虽然许多毕业生既不做牧师也不做公职人员,但进入这些职业的毕业生比例很高。哈佛和耶鲁在早年间有一多半的毕业生成为牧师,这个比例在殖民地末期降到大约1/3。虽然这个群体不能代表大多数从事牧师职业的人,但是非常有分量,因为许多校友在等待被任命为牧师之前往往回校担任助教，原因是在学院受过训练的牧师通常可以选择有威望的教会职位。随着新开办的学院越来越多，以及新课程的不断增加，学院培养学生做牧师的职能从整体上看减弱了，但它仍然意义重大。直至南北战争爆发，耶鲁仍有20%的学生准备做牧师。

其他学院的毕业生不太愿意从事牧师职业。据一份有关国王学院学生情况的档案材料记载，学院早期每年招收6—11名学生。这些学生很少有人完成学业，有的去经商或者当兵，有的因病离开或转学去其他学校。一个学生“三年后落得一场空”(Schneider and Schneider，1929，p. 224)。这些不同的职业取向反映了国王学院不同的培养目标，以及其他一些学院不像哈佛和耶鲁那样与教会保持那么紧密的联系。

许多毕业生成为非常有影响力的公务员。在九所殖民地学院整个发展历史上总共有将近5 000个毕业生，但在56个美国独立宣言签署人中有25人是律师，在55个制宪会议成员中有31人是律师。此外，在第一届29位国会参议员中有10人，在第一批65位国会众议员中有17人，都是律师。不是所有律师都从学院毕业，有些是在英格兰接受的教育。在当时，学院每年授予的学士学位占人口的比例大概在1/25 000，但是他们的影响远远超过了他们的规模。美国前6位总统中有5位总统受过大学教育，其中有2位亚当斯总统毕业于哈佛，杰斐逊和门罗毕业于威廉玛丽学院，麦迪逊毕业于普林斯顿。康涅狄格州最高法院的一些法官是耶鲁的毕业生。威廉玛丽学院培养了大陆会议的第1任主席、1位独立宣言的主要起草人、1位制宪会议的代表、北美大陆军队的几位高级军官、1位首席法官、1位马里兰州的总督、弗吉尼亚第1任总督和几位早期的国会议员。这不仅表明了早期学院的重要性，而且表明这个国家是由少数受过良好教育的精英建立的,他们的作品显示了他们对于古典的和当代的政治哲学的专精。

毕业后当公务员、牧师或从事其他职业的毕业生在许多方面很相似。不同职业之间的差别,以及某些职业的人与那些经营地产或商业的人之间的区别,并没有后来那么明显。课程并没有因为学科间的界限加以区分。年轻人学习文科,也学习科学、古典文学和古典语言。在这里没有对社会职业角色进行严格区分,不同职业人才的培养方式也没有什么区别。

人们必须是多面手。准备当牧师的人可能会当公务员或者是经营地产。大多数人会随着机会来临或者环境变化改换职业。学院通过人文课程培养有知识的人,学习人文课程被认为是能够使人们适应任何社会生活的最好准备。试图使课程分科的努力进展缓慢。以修辞、古典文学和文法为主的课程对牧师、律师和政治家非常有用,这些人经常引经据典来使他们的观点更加有说服力。修辞学对于那些准备从政或布道的人来说是必不可少的,其重要性不言而喻。

大学教育促进了个体发展。殖民地学院教育年轻学生适应社会的方式,与学院后来履行的职能非常相似。在教育孩子的适宜方法问题上一直存在分歧。家庭能给孩子提供作为一个有抱负的社会精英所必需的所有技能和社会关系吗?许多家庭可能不行,所以他们只有完全依靠学院培养他们的孩子。

为了教育学生,早期的学院做了很多准备。宿舍安排了助教作为男性角色的示范。因为学生们住在一起,同伴之间的相互影响很大。学生之间相互接触,能够帮助他们加强社会联系。例如,普林斯顿学院、费城学院和国王学院的学生中大约有 1/4 的人与同学的姐妹或是学院董事或校长的女儿结婚。当学生认识了专业人士，这些专业人士帮助他们联系适合拜师学习的医师或者律师，进而这种人际关系导致了有益的师生关系（Vine，1997）。精心打造的毕业典礼是学生与社会联系的另一种方式。毕业典礼是一种通行的仪式，殖民地后期建立的新学院都把如何举行毕业典礼写进了章程。

殖民地学院对知识发展的作用有限。因为学院有图书馆，以及他们的课程也倾向于保存知识，所以学院实际上发挥着保存知识的作用。学院还远没有成为学术研究的中心。不同学校的教授之间交流很少。关于科学研究或哲学的讨论，更可能在诸如波士顿哲学学会和费城美国哲学学会之类的学术团体中进行。殖民地时期其他各种专业社团也在学院以外成立，其中最著名的是波士顿和塞勒姆的航海协会。

学院一直努力向公众展示它们的价值。它们不断申请公共经费，并把将培养年轻人成为公务员的承诺写入学院的章程或规章。当然学院是有价值的，因为那些精通古典著作的精英为学院赢得了声望，社会为学院中那些博学的人感到骄傲。但即便如此，也不是每个特殊行业都要求有大学学位。有一定数量的毕业生做教师、牧师、律师和市议会议员的社区就被认为有很高的社会地位。通识教育与社区价值观联系到了一起。

因此，在那个缺乏对公务员、教师、图书管理员或医生进行专业训练的时代，学院为年轻人的发展提供了一条渠道，学院发挥了培养牧师或公务员，以及培养储备一批公务员精英群体的作用。总之，学院象征着社区的尊严，是否拥有一所学院，是文明社区有别于野蛮部落的标志。

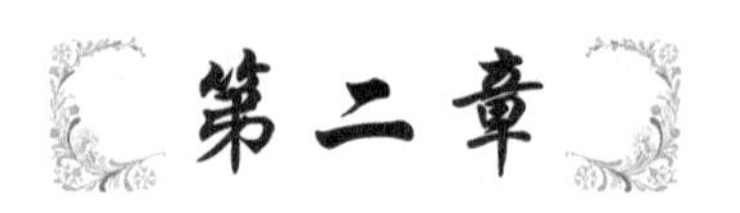

第二章

美国建国时期小型学院的发展：1790—1869

大学改变了人类成长的观念。在大学里，生活在一起的青少年形成了各自不同的价值观和行为方式。大学充当着代理家长的角色，从而形成了一种青少年文化，这种文化被视为美国建国时期高等教育的一大贡献。

美国建国过程中发生的几个事件标志着殖民地时期的结束，以及新兴国家的开始。最著名的事件就是西进运动，其次是1783年签署美国独立战争停战协议，以及20年后美国购买路易斯安那。接着是美国在新领土上迅速组建了大量新学院，并在美国宪法生效后不久建立了第一所州立学院。

一、社会背景

表2.1是美国形成时期高等教育状况统计表。

表2.1　美国形成时期高等教育统计表(1790—1869年)(估算)

年　　份	1790	1869
人　　口	3 929 214	38 558 000
高等教育注册学生数	1 050	61 000
教师人数	141	5 450
学院数	11	240
授予学位数	240	9 200

资料来源：Herbst，1981；Snyder，1993。

西进运动是美国发展的里程碑。在英国统治后期，殖民者是不允许在阿巴拉契亚山以西定居的。但是英国人被逐出北美后，甚至在1783年签署的把新大陆西北部的领土划给美国的《巴黎和约》生效之前，就已经有人口开始向西部迁移。到1800年第二次全国人口普查时，530万美国人口中已经有100万人在阿巴拉契亚山脉以西居住。

19世纪初，美国于1803年购买了路易斯安那的领土，这使得美国的版图几乎扩大了一倍。1820年，在西部居住的人口有250

万,到1830年时,已经达到了350万,占美国总人口的37%。后来,佛罗里达、得克萨斯、俄勒冈,以及1848年《墨西哥条约》所割让的土地相继归入了美国版图,使其领土面积大增,以至于没有任何力量能阻止个人或是家庭到西部去寻找新的生活。领土的扩张与乐观主义精神如同是相互依存的。

这个新兴的国家开始意识到作为美国人将面临与欧洲移民融为一体的问题。虽然很多新来的移民受到歧视,特别是爱尔兰天主教徒,但是也只有非裔美国人仍然承受着种族隔离的痛苦,他们没有分享到国家发展所带来的好处和快乐。他们的奴隶身份成了整个时代的标记,从宪法规定按人口数选举众议院代表时,黑奴按3/5个人计算,到美利坚合众国形成时他们所处的境地,直到美国内战,这种持续敌对的状态达到高潮。

美国在政治上是统一的,但是各个州独立发展。从殖民地时期开始,北方就注重制造业,而南方则注重种植业,这是因为弗吉尼亚州的经济以种植烟草为主,而新英格兰和大西洋中部各州的经济发展则以捕鱼、海运和制造业为主。到1810年,美国每年生产出价值超过12 500万美元的产品,其中大多数是在北方各州生产的。在19世纪20年代,仅仅在马萨诸塞州,纺织厂的产量就增长了10倍以上。在同一时期,因为农场主和种植园主们迁移到土地肥沃的阿拉巴马和密西西比三角洲,南方的棉花产量也增长了2倍以上。农产品的出口量很大,并且用棉花取代了殖民地时期种植的烟草、大米和染料植物等农作物。

随着连接西部和东北部地区的铁路主干线的建设,这些地区的联系日趋紧密。铁路修到哪里,人们和学院也跟着到哪里。到19世纪中叶,电报和铁路变得非常普遍,以至于在人类文明历史上,人的流动和思想传播第一次超过了用动物运输的速度。国家其他方面的基础设施也在不断发展，建立了美国银行（The Bank of United States），全国实现货币统一，同时还建立了邮局，制定了著作权法、专利法和破产法。因为与欧洲各国处于敌对状态，而且还有大量土地需要开拓，美国人没有精力考虑其他外部事情。同时，美国北方和南方的矛盾也在不断激化。在欧洲移民大潮的冲击下，北方正在建设城市，发展工业。而南方则在大力发展农业，出口农产品，并集中精力考虑奴隶制——这种南方的特殊制度。

联邦政府的权力因为南方各州坚持独立而受到了限制。即使如此，联邦政府还是通过赠地给私人机构来帮助修建运河和铁路。1824年成立的工程师军团（Army Corps of Engineers）大大推进了修建运河的进程。虽然当时的投资家宣称是私人企业创建了国家，但是大约运河花销的70%和铁路花费的30%都是由联邦政府和地方政府提前支付的。政府拥有大量的土地，她所拥有的土地的价值或许比民间私人所拥有的全部财产的价值都要多。购买路易斯安那就充分说明了这一点。政府出卖小块的土地，也经常把大量的土地卖给投机商，投机商再把土地分成小块卖出去，从而推动了人口向西迁移。最后，1862年通过了《住宅法案》（Homestead Act），上百万亩的土地就划给那些居在这些土地上面的人所有了。

19世纪初期因扩张而著名，不仅仅是因为在这一时期美国的人口、领土和制造业都有了很大的增长，还因为这时宗教教规也在不断地改进。联邦宪法禁止在国家与宗教之间建立任何联系。《联邦宪法》第六条规定：任何政府机构都不能把宗教信仰的审查作为任职的条件。《宪法第一修正案》指出：国会将不会制定任何有关建立国教的法律。各州也在它们的宪法中制定了相似的条款，但是在少数州仍然存在一种宗教占据主导地位的情况，这些州的政教分离还需要较长时间。除了在殖民地时期新英格兰以清教为主要宗教以外，到美国建国时，最大的主流教派是圣公会、长老会和公理会教派。

宗教教徒从 19 世纪初每 15 个人中有 1 人是教徒，到 19 世纪末增加到每 7 个人中就有 1 个是教徒。由于教徒数量发生了变化，导致在 19 世纪中期以后，在基督教徒中，卫理公会和浸礼教会的人数最多，其次是长老教会、公理教会和路德教会。主教派教会（Episcopal church），继曾经盛极一时的英国圣公会之后，如今下降到第八的位置。每艘抵达美国的轮船上都有来自爱尔兰或是欧洲中部的新移民，这些人源源不断地补充到天主教会中来了，使得天主教会在 19 世纪末成为最大的教派。

不仅教徒的数量在增长，而且教派也在不断分化，导致产生了许多新教派，特别是在西部地区。随着人们翻过阿巴拉契亚山脉，他们逐渐割断了与以前的文化机构以及所属的组织和宗教的联系。由于人们加入哪个教派取决于他们的移居地以及他们与某个群体的关系是否融洽，所以教派逐渐多元化，教徒的流动性增强了。此外，教派的分化还有另一种影响。因为许多教派都强调宗教热情以及阅读《圣经》，所以妨碍了人们接受新的科学发现，特别是进化论。这一时期建立的大多数学院，以及所有教会建立的学院，在加强现代科学课程方面都进展缓慢。

社会改革运动在整个 19 世纪得到了发展。要求废除奴隶制的声音越发强大。禁酒（Temperance）运动轰轰烈烈地展开，与此同时还要求改善童工境况以及改进监狱和精神病院条件。各地区、各州要求延长义务教育年限的力度也有所不同。虽然美国政府也建立了一所陆军学院和一所海军学院，并且还资助了史密森学会（Smithsonian Institution）——另外一种类型的教育机构，但是美国政府仍然放任各种水平的学校自主发展。

总之，由于在国家有关农业或制造业利益的政策问题上存在不同的看法导致南北双方的冲突，以及在奴隶制存废问题上敌对双方形同水火，是这个时期的主要矛盾。国会通过的任何法案都要考虑对奴隶制的发展是起促进作用还是阻碍作用。美国注定要在东部海岸到太平洋地区迅速崛起，这个目标是明确的，是不可抗拒的。美国是否能够发展奴隶制，以及奴隶制将来的命运如何，这些问题最终挑起了南北双方的军事冲突。

自我实现的观念及其相伴产生的自由企业制度在这一时期也得到了进一步的发展。这一时期人们比他们的父母更加富有，不断发展的经济必然使他们获得更多的财富。人们可以摆脱与生俱来的阶层和社会地位。他们可以选择加入任何一个职业群体。政府对个人自我实现的动机的干预越少越好。那种认为人们是自愿到西部定居的看法，忽略了这样一个事实，即政府为修建铁路和开挖运河捐赠土地并且提供了大量的资助。另外，这种看法带来了消极影响。如果所有人都有自我实现的机会，那么那些不能做到这一点的人就是一个失败者。那些没有能够改变自己出生时的社会地位的人一定自身有问题。由于这对于大多数人来说无法忍受，人们开始产生对外在因素的抱怨，助长了仇视“富人”的心态，有时也把这种不满情绪发泄到“政府”身上。

总的来说，1790 年到 1869 年这段时期的主要特征是：首先，除了少数岛屿以外，美国领土的扩张已经形成了现在的版图；其次，持续激化的南北矛盾，最终升级为军事冲突；再次，是社会改革运动；最后，是一种激发思考，鼓励创业，促进各州商业、宗教和教育机构发展的乐观主义精神。

二、院　　校

在美国建国以后的75年里，已经建立了近百所学院。仅仅在前20年间，新建学院就是整个殖民地时期学院的两倍。到19世纪60年代，已经建立了500多所学院，而且还有210—250所学院正在建设之中。由于缺乏统计数据，很难准确回答究竟建立了多少学院。当谈到一所学校的建校时间时，我们应该以学校获得特许状的时间为准？还是以正式招生授课的时间或是颁发第一个学位的时间为准？对于那些获得特许状却又没开办起来的学校，或是那些开班授课却又从未授予学位的学校，我们又将如何看待呢？赫布斯特（Herbst，1981）是一位研究这一时期建立的学院的资深学者，他列出了从1636年到1820年获得特许状的52所可授予学位的学校名单。他还追溯了大多数学院所经历的校名变更和重建过程，并且指出为什么其中一些学校获得了特许状却没有开办起来，而其他一些学校在授予学位之前就倒闭了，还有一些学校缺乏任何数据证明它们在1820年是否存在。

对于学院称呼的不同理解也增加了准确统计学院数量的难度。被称为学院的学校或许实际上是一所专科学校、技术学院、专业学校、专业培训中心、工作室、研究组或是一群师从开业者的学徒。这些多样的学校形式预示了现代中学后教育的各种形式，除了文理学院、综合性大学和研究型大学以外，还包括了技术学校、成人学习中心、初级学院和社区学院、研究中心、研究院等其他形式。现在美国又有多少所“学院”呢？

大量的学院迅速建立有以下几个原因：居民定居地之间距离

遥远，宗教教派还在继续分裂出新的教派，并且每个教派都要建立自己的学院；在每个新建立的社区，城镇建设者也认为一所大学可以使他们的居住地更加合理；所有的慈善团体、教会和社区的开拓者都拥有土地。但是最主要的原因是美国独立后第一代美国人中盛行的一种扩张思潮。美洲东部沿海地区接受了长达150多年的英国殖民统治。当西进运动开始后，由于人口的大量增长和征服新大陆的强烈愿望，美国的疆域得到了拓展。大量的移民促进了这种发展。人们认为一切都有待去开拓，人们能够建造任何东西，能够战胜一切困难，能够达成一切理想。越过山脉，到达太平洋海岸的同时也要带着你们的学校，即使第一代人没有做到，那么一定会在第二代人身上实现。人们效仿成熟社区做法的愿望十分强烈。

这些学院建立时没有受到任何上级机构发号施令的干预，对学院进行认证更是以后的事。有些学院主要是注重训诫那些家里管不了的孩子，其他的学院则提供学徒制教育的辅助学习。一些学院有专门的职业教育课程，其他的学校则以培养工程师、律师和牧师等为主。正如詹克斯与里斯曼所指出的："上百所学院的建立都要归功于某个人的全身心投入，他不仅认识到建立学院的重要性，而且能够发动一些人支持他的事业。"(Jencks and Riesman，1968，p. 3)由于受到东部的学院"改宗运动"的强烈影响，普林斯顿和耶鲁大学都特别派遣校友、热心宗教的人士和福音传教士到西部去建立基督教学院，他们在传播信仰的同时，也向西部传播了殖民地学院的课程设置、教学方式和管理模式。

宗教团体最热心于建立学院。随着各种教派日益发展壮大并且分裂出新的教派，更多的学院被建立起来，而且相互竞争生源。1810年，仅仅公理会、长老会和主教教会三个教派所招收的学生人数就占整体招生人数的85%以上。到1860年,上述那些教派开办的学校的入学人数下降到原来的1/2,这是由于浸礼会、卫理公会、天主教会等其他教派的院校和州立院校竞争生源的结果(Burke,1982,p.87)。新建立的学院中也出现了一些女子学院。1823年在佛蒙特州还建立了第一所教师培训学校。1819年在辛辛那提市,1847年在纽约市,开始出现了城市学院。

由于没有规则,建立学院很容易。任何群体都可以筹集资金,提交办学章程,申请办学执照,雇用几个有学识的人,然后就可以办学了。只要他们具有稳定的缴纳学费的生源,能筹集到足够的捐赠来支付员工工资和购买食品和木柴,他们就能够维持办学。这些在很大程度上取决于办学者的创业能力和说服力。大多数学校经常挣扎在破产边缘。

联邦政府从两方面推动了自由、开放的教育市场的形成:第一,在宪法中没有明确提及教育的相关条款,并且没有规定建立全国的教育管理部门或是国立大学。第二,最高法院在1819年达特茅斯学院案的判决中强调了法人团体不可侵犯的原则。虽然前六届总统都支持建立国立大学的想法,而且其中四位总统曾经向国会提出建立国家大学的请求,但是国立大学始终没有建立起来。一些赞成建立国立大学的人甚至提出了具体的设想。1788年本杰明·拉什(Benjamin Rush)提出一个建立国立大学的建议,他指出国立大学将把年轻人培养成为国家的公职人员,甚至还指出在国立大学建立30年后,只有该大学的毕业生才能进入联邦政府机构工作。华盛顿在提交给国会的第一个和最后一个报告中都提到国立大学,他说国立大学能起到推动国家统一的作用,而且通过集中资源可以聘任最好的教授。他也认为大学的基本目标是进行政府管理科学研究。麦迪逊总统要求国会建立一个能够传播乐观主义精神和强化政府管理的大学。在门罗总统执政期间，国会的代表委员会通过了一项建立国立大学的议案，议案指出可以动用国库的结余和大量空闲土地来建立一所这样的大学。委员会断定这项事务在国会立法权限之内，但是门罗总统和国会的很多议员都认为出台宪法修正案是非常必要的。众议院投票反对修改宪法。如果建立了国立大学，它将会对高等教育产生显著的影响。它将会成为一个指向标，制定出大学的课程标准、学位标准、教授资格认证标准，或许还制定出入学标准。没有国立大学，各大学可以任意发展，自由选择那些著名大学的办学模式。由于不受国家教育部门的干预，任何规则都能引导大学的发展。

达特茅斯学院案件也影响了学院的发展。案件焦点就在于新罕布什尔州是否可以根据立法机关批准的议案来改组达特茅斯学院。支持这个议案的理由是：这所私立学院建立的目的是为了公众的利益，所以政府应该有权经营管理它。反对的意见是一旦授予了它特许状，州政府就不能更改或撤销它。1819 年，联邦最高法院认为(达特茅斯学院)原来获得的殖民地特许状是一份神圣不可侵犯的合同。虽然教育是公共事务，但教师不是政府官员，并且立法规定捐赠给学校的资产不是公共财产。(联邦最高法院判决中)最根本的条款是一旦一个法人团体已经成立，它就享有处理自身事务、拥有资产和永久生存下去的权力。这个判决实际上赋予了所有教会或慈善团体一种许可，他们可以申请法人特许状，在自己建立的董事会下运行，不用担心政府会通过指派董事、撤回特许状或者是其他危害学校自治的行为来进行干预，也不用考虑学院在什么程度上触犯了政府官员。不只是学院，还有教会或者私法人也都受到保护，使他们免受反复无常的立法机构不履行正当程序的肆意干预。

联邦政府拒绝通过建立国立大学来影响高等教育，而且联邦最高法院也限制州政府对于私立院校的权力，(这些措施)“赋予了个人和团体积极创立各种规模、各种形式和各种信仰的学院而不受任何限制的权力”(Trow，1898，p.12)。于是竞争开始了，每个州都建立了学院。在内战之前，俄亥俄州建立了43所学院，田纳西州建立了46所，佐治亚州建立了51所，密苏里州建立了85所。由于财政危机、地理位置不好、火灾等原因，或者教师、校长和董事之间发生纠纷等方面的原因，大多数学校未能生存下来。但是也有许多学院生存了下来，因此各个学院的类型和特点仍然千差万别，正如这些学院处于不同的社区，具有不同的建校目的和不同的建校团体。

随着州政府支持高等教育原则的逐步确立，各州在建立学院方面成效显著。1791年，佛蒙特州加入联邦的同时就授权建立了一所州立大学。1785年，田纳西州还没有更名，仍叫做富兰克林州，就通过了一项促进高等教育发展的法案。1780年，当肯塔基州还隶属于弗吉尼亚州时，州议会批准划拨8000英亩土地作为支持建立公立学院之用。佐治亚州和北加利福尼亚州在进入19世纪之前也曾授权建立州立大学。密歇根州在还没有加入联邦之前，就建立了第一所公立大学。总之，在这一时期，有17个州建立了州立大学。建校最大的困难是筹集资金。大多数州都赠予土地。达特茅斯学院曾被赠予44000英亩土地。缅因州赠给鲍登(Bowdoin)学院115000英亩土地。然而，卖土地的钱很少。通常，大学的经营者不得不时常请求立法机构给予更多的资金支持。要使大多数州都有充足的资金并且愿意通过立法来支持各种公立院校，还需要经过几代人的努力。

联邦政府也通过赠地的方式来帮助州立大学的初期建设。

1787 年，国会委员会与俄亥俄公司商议买卖 75 000 英亩土地的合同中有这样一个条款："两个完整的镇区……将永远用来建立大学……州议会将划拨同样数量的优良土地用于建立大学。"(Peters，1910，p. 40)卡特勒(Manasseh Cutler)，俄亥俄公司的负责人，按照他的母校耶鲁大学的模式建立了俄亥俄大学。虽然俄亥俄大学直到 1809 年才正式开学，但是它是第一所国会捐赠建立的学院。

由于学院的资金十分匮乏，以至于不能提供广泛的课程计划；由于学院太穷，只能付给员工仅能维持生活的工资，甚至在大多时候，学院都挣扎在倒闭的边缘。霍夫施塔特指出："1840 年的统计数字表明，当时已有 173 所学院，16 233 名学生，平均每所学院有 93 名学生。到 1860 年，平均每所学院的学生数上升到 120 名。很难想象一个学院只有 93 个或者更少的学生，教师的情况会是什么样子。"(Hofstadter，1952，p. 119)这时的学院还不是社会机构的组成部分。学院的董事会成员和办学资金来自那些他们承诺为之服务的群体。学院对美国人的生活所发挥的作用，并没有学院赞助者所期望的那样大，或许他们发挥的作用还没有教会大。

因为学院之间竞争很激烈，所以每所学院都必须做出某种承诺以此来吸引学生。这时学院开始使用展示自身特色的小册子和一览表，上面所描绘的学院通常坐落在小山顶上，学院周围被美丽的景色所环绕，目的在于告诉人们他们的孩子在这所学校中将会远离城市的不良影响。每所学院都宣扬自己校友社会地位的显赫。每所学校都强调本校校长和教师博学多识。每所学院都极力吹捧学生生活的优点，以及学生将会建立的良好社会关系和学生能够从中获得的好处。所有这一切都来源于道听途说的传闻。那些独立的专业学校或专门学院或许可以这样宣扬一下，但是文理学院似乎不适合做出这种宣传。对毕业生所具有的美德的吹嘘已经达到了无以复加的地步。在一个重视商业和推崇赚钱行业的国家，进行专业技能训练的学校得到了迅速发展。然而，社会声望和独特人格的魅力仍然受到人们的极力推崇。虽然很多学院由于缺乏资金倒闭了，其他学院仍然坚持保留人文课程，并一直认为年轻人从中受益匪浅。

总的来说，学院的发展和传播都是典型的美国模式：没有任何限制，不断探索创新，以及时不时受到欧洲的影响。早在1779年，哥伦比亚学院就提供法语教学，而且还建立了法式风格的文科和理科学院。1784年建立的纽约州立大学也受到了法国的影响，这所大学引领了全州各种类型的高等教育机构的发展，即使在它本身不进行教学和不授予学位的时候。杰斐逊主张建立不与教会保持任何联系的弗吉尼亚大学模式，就是因为受到了法国哲学家的影响。然而，由于美国人无法接受法国的自由主义思想，以及德国大学的兴起，影响一时的法国思想逐渐消失了。法国和英国的高等教育本质上都十分忽视科学，而德国人却非常重视它。

到18世纪末，德国大学制度越来越成为美国大学制度的典范。自然科学和人文科学的许多分支学科都设立了教授职位，希望教授们能够从事研究并把研究成果融入教学。虽然到1850年为止，只有几百名美国学生到德国大学留学，但是他们中大部分人都回到美国大学中任教授。美国大学越是注重自然科学，就越是需要学习德国大学。德国大学还努力吸收著名思想家，而在法国和英国，这样的学术大师很少与大学有任何联系。德国大学比较早就希望把哲学博士学位作为大学教师任职的必要条件，而此时的英国大学甚至还没有提供高级课程。在美国，科学研究以及德国式的研究生教育，是对英国过去实行的年轻男子寄宿制学校的补充。

除了建立学院以外，人们也曾试图去建立大学，但是没有成功。

那些专门学院，如工程学院和军事学院，都是专业院校，而不是以开展研究生教育和科学研究为基础的大学。虽然在殖民地时期，宾夕法尼亚大学和国王学院都有医学教授，但19世纪早期，许多医学院校是独立存在的。18世纪40年代、50年代，许多受宗教影响的中西部的学院曾试图开设农学课程，但是没有成功。伊利诺伊州某所学院的一个教授建议建立一所工业大学，从而可以为本州从事农业、机械和工业行业的工人服务，但是他的提议还是被保守的传统思想所扼杀。即便如此，新的尝试还是层出不穷。虽然建立或倒闭的学院成百上千，人们仍然尝试各种不同的办法寻求办学资助。各种不同类型学院的出现，使得美国高等教育开始呈现出多样化的特点。

三、学　　生

学生来源朝着多元化的趋势发展。19世纪初期，大概有1 000名学生，而且全是白人男子。1880年以后，学生人数达到63 000名，其中包括一些女学生和少数非裔美国人。学生的平均入学年龄也有所变化。早在18世纪初，1/3～1/2的入学者的年龄小于17岁。但是到18世纪50年代，年纪小的入学者的比例下降到15％左右。另外，学生的家庭背景也更加多元化。即使是在东部历史悠久的学院，来自于中低阶层的学生人数远远超过来自富裕家庭的学生人数。学院收费较低，因此即使部分贫困家庭的子女也能入学。除了哥伦比亚学院每年90美元的学费以外，哈佛学费每年只有55美元，普林斯顿每年40美元，耶鲁每年33美元，其他学院每年学费也在25美元至40美元之间。虽然这些学院需要收取食宿费，他们也都为学生提供勤工助学的机会。

与美国人口增长相比，学生数量的增长也显得十分可观。美国人口初始只有390万人，到1860年人口增长到原来的8倍，达到了3140万人。此外，学生也分散到许多学院就读，因此学院规模仍然较小，许多学校会为学生人数达到100名而感到骄傲。授予学士学位的比例始终保持在大约每100万人中有50人具有学士学位。直到1820年前后，这个数字才有所上升。总之，19世纪前60年，18岁青年人口中大学生所占比例大概总是徘徊在2%左右，直到大学出现后，大学生人数的比例才有了实质性增长。

公立中学发展缓慢，因此申请上大学的学生主要来自私立高级中学、拉丁文法学校和私立学校，以及接受家庭教师指导的学生。一些成绩好的学生经常在学习一些补习课程后跳过大学一年级，直接升入大学二年级学习。这一时期后期，预备学校发展迅速，从1860年到1870年增长了4倍。虽然高中不是专门以为学生升入大学做准备为目的，但是高中的确激发了学生继续学习的愿望，接纳那些年龄达不到上大学要求的学生，从而提高了大学入学的平均年龄。

19世纪初期，大学入学条件除了拉丁语和希腊语之外，通常还包括算术。代数在19世纪中期被一些很有声望的东部学校列入入学要求，而英语语法也成为入学要求的一项。到1841年密歇根大学建立时，地理也被列入进去。1847年，哈佛大学又加入了历史。到这一时期末期，几乎所有学院把“地理、英语语法、代数、几何、古代历史、自然地理、英文写作和美国历史”等科目都列为入学要求科目（Bwone，1903，p. 46）。普遍的入学学科要求表明随着学院课程的增加，入学的专业要求也在增加。但是大多数学院都不是十分严格地强制学生达到这些要求，因为他们需要学生，所以不能对录取学生太过苛求。

19世纪初期的特点不仅仅反映在居住风格的变化上，而且也表现在教育孩子的观念的变化上。人们不断从农场迁向城市，希望能从不断扩展的工厂中寻找就业机会。与此同时，人们可以选择的职业范围大大拓宽了，贫富之间的差别也扩大了。在工业化社会之前，子女在某种形式上为父母提供了社会生活保障，但是在19世纪初，越来越多的年轻人变得更加独立，并且离开父母独立生活。

在学院里，年轻人的这种独立意识经常转变成其他粗鲁的行为。高年级的学生欺负年纪小的学生，骚扰教师。学院孤寂的住宿方式形成了每个学院的学生亚文化，从而催生了各种形式的青年享乐主义思想。(学院里)经常能听到关于学生和教师争斗以及随后对无礼学生进行处分的相关报道。在殖民地时期，学生有什么不满只能离开学校，以此获得解脱。但是后来，年轻人自觉聚集起来组成正式的或非正式的学生团体。

学院教育注重遵守秩序。“代理父母”(in loco parentis)这个概念并没有准确反映学院试图建立的纪律规范，因为大多数学院的教育要求都比家长的要求严格得多。学生们总是处于反叛之中，他们拒绝告发自己的同学。他们从人权思想的角度认为：为什么学生就应该处于受限制的地位，而教师们能够随意制定规则？虽然学院颁发了一系列规定，但是学生们仍然我行我素。虽然他们承认学院的等级性，但他们又不愿意接受学院的控制。学院已经尽了最大努力来维持秩序，学院离不开学生。即使当管理者以停课或开除威胁学生时，学生也愿意冒这个险，因为失去学生对于学院来说是一个很大的损失。1807年，后来成为美国总统的詹姆斯·布坎南(James Buchanan)进入迪金森学院(Dickinson College)

三年级学习时，非常叛逆，以至于在第一学年期末，学院校长就写信告诉他父亲，让他不要再回学校学习了。一位校董事会成员从中协调，他才继续回到大学四年级学习，并于1809年毕业。1851年，迪金森学院的学生和教师发生冲突，大学所有三年级学生都因为淘气和叛逆被学校停课，詹姆斯·布坎南成为该事件的调解人。即使是非常著名的哈佛学院，也偶尔采取开除学生的手段，以此警示其他叛逆的学生。

究竟因为校长和教师对学生的要求过于严苛引起了学生的抵制，还是因为充满活力的青年人被迫过修道士一样的生活导致了他们的叛逆行为，这不得而知。但是并不是所有的学生都是恶棍，也不是所有的学院都弥漫着反叛的气氛。在州立学院和中西部的小型学院的学生，特别是那些同教会联系紧密的学校的学生，他们比较遵守规矩。那些出身中等收入家庭的学生学习更加勤奋努力，学习目的更加明确。他们没有多余的钱，更愿意靠兼职打工来补贴上学的花销，而不是去惹是生非。即使如此，在那些历史比较悠久的学校仍有很多学生的行为不够检点，他们不关心学习，不尊重教授。学院在青少年文化发展中具有重要作用。

虽然学院曾经是家长把难以管教的孩子送来接受教育的地方，但是学院的办学目的也在发生变化，而且学生的家庭背景也变得更加复杂，再对学生实行强制性的管理似乎已经没有必要了。一般来说，学院向学生展示了一种不同于家庭生活的生活方式。学生们的宿舍比较简朴——与军营没什么太大的不同。他们在饭厅吃饭，由学生把饭菜送给高年级学生和助教。在大多数学校，学生必须参加早晨的祈祷和周日礼拜活动。通常，学院没有医务室，一旦有传染性的疾病，很多人都会被感染。一个年轻人能够在校坚持学习整整四年，一定要拥有很强壮的体魄才行。

东部的学院有很多喜欢惹是生非的学生，同样也有很多专心学习的学生。为了显示学生对高深知识的追求，他们建立了文学社、辩论会以及其他具有严肃目的的组织。这些学生社团从18世纪就开始建立了，大多数都取了希腊语名字。到殖民地时期末期，威廉玛丽学院、哈佛学院和达特茅斯学院都成立了美国大学生联谊会分会（Phi beta kappa）。到19世纪初期，这种组织已经在十几所学院建立，例如：威廉姆斯学院成立了语言学家研究会（Philologian），北卡罗来纳学院成立了辩论学会（Dialectic），联合学院成立了文学社（Adelphic），鲍登学院成立了雅典娜研究会（Athenaean），汉密尔顿学院成立了凤凰文学社（Phoenix）。这些社团为那些希望学习学院课程以外的知识的学生提供了一个场所，并且为那些希望真诚地结交朋友的学生提供一个互助友爱的组织。

大学生联谊会表明同伴关系的重要性，有些大学生联谊会成立的目的更多是为了把同龄人聚集起来，而不仅是为了学习。对于大多数学生来说，学院是他们离开家后第一个住所，在这里他们和同龄人一起建立热衷于体育和各种活动的团体，通过参加各种活动分享彼此的经验。由于大学生联谊会能够对团体成员起到一定的约束作用，校长往往采取支持态度，这样学院就能够把精力放在其他地方。但是大学生联谊会的发展不是一帆风顺的。当学校必须对学生的人格和道德发展负责时，一些学校校长害怕这种秘密社团对其成员产生不利影响。董事会不时就会通过一些取缔秘密社团的决定。例如，1849年，密歇根大学教授会“对两个社团的成员宣布，除非他们能断绝与各自社团的联系，否则他们将在下个学期开学时被开除学籍”（Ten Brook，1875，p. 196）。学院对年轻人不端行为的容忍也是有限度的。许多学院的管理者不能容忍学生有组织的胡闹行为。当大学生联谊会发展成为校际体育运动队时,可能会增强学生对母校的忠诚感。但是,大学生联谊会经常与教师和管理者作对,并且攻击其他学院的体育运动队及其支持者。

虽然女子进入大学的人数不是很多,但是足以影响到学校的发展。奥伯林学院是第一个实行男女同校的学校。19世纪末以前,实行男女同校的学校不超过6所。实行男女分校的学院更加普遍,第一所这样的学校成立于1839年的佐治亚女子学院(虽然此前存在一些女子"习明纳")。随后,随着州立大学的发展,他们也开始招收女学生,衣阿华大学在1855年招收女学生,而威斯康星大学在1863年也开始招收女学生。

女学生并不是广泛地受到欢迎,而且对女性的歧视更是普遍。从殖民地时期开始,那些走出家门的女性就受到人们的质疑。帕克写道:"女性似乎具有偏执的弱点,因此被认为不适合从事理论研究工作……而教育并不能弥补她们存在的这些缺陷。"(Park,1978,p.14)在19世纪后半时期,高等教育的评论家们反对招收女性。1870年密歇根大学招收女生后不久,布鲁克在撰写的密歇根大学校史中的观点颇具代表性,他说:"有智慧和有独立见解的女性已经过多地把精力用在努力证明自己与男子平等这件事情上……但是这将会产生一个问题,那就是公众是否应该承担某类人接受专业教育的费用,而这类人的工作根本不需要接受专业教育……长期以来,各种社会职业几乎都掌握在男性手中,因为人们认为女性结婚后不能胜任这些职业……或许人们对性别和职业的关系是否从此要发生根本变化心存疑虑。女性力气小,缺乏耐力,不容置疑地表明了造物主的意志。"(Ten Brook,1875,pp.359-362)

学院建立起来了,但是年轻人却不愿进入学院学习。学生人数的增长与人口增长不相协调。在广泛建立初等和中等义务教育体系之后，实行中学后义务教育还是件很遥远的事情。殖民地时期建立的住宿模式仍然存在，但是大量的学校争夺很少量的学生，而且很多人都被排斥在高等教育系统之外。

四、教　师

19 世纪初，教师专业化的趋势日趋明显。虽然助教仍然占大多数，但是在一些著名的学院，经常通过慈善捐赠来设立一些全职教授职位。到 1800 年，在大多数学院都出现了终身教授。教授有教学任务，但是他们却比助教年龄更大，而且所受的教育水平更高。他们从事某个学科的专业教学，并且把教授当做是一个终身职业而不是一个等待更好机会的跳板。到 1825 年末，教授人数超过了助教，比例达到了 3∶1。

教授职位的兴起产生了很多影响。特别是在数学、自然科学以及人文学科引入高级课程以后，相对于那些刚毕业来的新教师或是那些临时或兼职授课的牧师，要求授课教师受到过更好的教育。学校的任务也增加了，除了要履行对青年的监护责任和对他们进行思想道德价值观教育外，还要承担一些世俗的责任，例如：除了培养牧师以外还要为其他职业培养人才；为“开民智”提供普及教育；传播以美国精神和民主共和政体为核心价值理念的共同文化遗产。洛维特指出这些目标“很少是通过课程改革来实现的，因为课程仍然是以西方经典著作为中心，它在很大程度是通过对教师的角色和责任的重新定位来实现的”(Lovett，1993，p. 28)。

这一时期也具有其他方面的特征。第一是学院规模、学生人数和教师数量都有所增长。第二就是人们普遍接受了这样一个观念,即教授本身是一个非常值得追求的职业目标,也是人们可以期望终生从事的职业。爱默生(Emerson,1938)就非常肯定地表达了这种看法。第三就是殖民地时期的许多牧师原来抱定一生为教会服务,现在却发现不要几年时间他们就会被别人所取代。因此,一些牧师就抓住在学院能够成为教授的机会而留在学校,这与从前正好相反。助教们一有机会成为牧师就会离开学院。大多数教授来自于非学术性的职业,主要是牧师,也有律师和医生,而且都没有接受过专门的学士后教育训练。

19 世纪前 25 年开始,许多美国大学生到德国留学深造,回国后也就把德国教授的观念引入了美国。德国的教授是一个独立的研究者,他们负责指导某一专业领域的学生,根据自己对所研究课题价值的判断选择进行相关领域的研究。学校或许任命助教为教授,然后派他到欧洲(自费)接受某个专业领域的研究生教育。到 19 世纪 30 年代,哈佛大学几乎一半的教师都接受过这种教育。在 19 世纪 50 年代,布朗学院一些教师请假到外国留学。到这一时期末,威廉玛丽学院和达特茅斯学院一半以上的教师都在某个专业领域接受过研究生教育。

19 世纪初期,很少有教师有足够的学术热情加入学术社团或发表学术著作。即使教授发表作品,也不怎么像后来我们所说的学术研究成果,更像在公共场所所做的布道或演说。许多教授仍然时不时地去布道,而其他教授则积极参与社区事务。然而,到 19 世纪中期,一些主要的学院有一半或一半以上的教师都在自己研究领域内发表文章,并且参加专业组织活动。此外,这一时期第一次出现教师对学科专业的忠诚度要大于对某个学校的忠诚度。一位高级教师可能会为了一个职位离开自己的学院到另外一所竞争对手的学院去工作。随着越来越少的教师去巡回布道,越来越多的教师把自己的专业知识应用于社区或州的事务上时，更加表明了专业知识在教师职业中所起的重要作用。大体上，这些校外活动以公开演讲为主，在这些演讲中教师向公众表达了自己的观念，向听众和读者介绍他们最近的研究发现。

芬克尔斯坦(Finkelstein，1983)总结指出这一时期初期学术职业产生的原因是传统职业的不断分化，有些执业医师或临床医师们继续从事他们原来的工作，而另外一些人则逐步减少甚至不再出诊接待病人，从而成为全职的医学研究人员。到19世纪末期，长期聘用的高级教授人数增加了，专业学科的教授成为学院教师的主体，这早于1870年大学开始出现的时间。教授成为一个受过大学教育的人渴望得到的职业，这个职业要求从业者对学科的忠诚度要超过对学校的忠诚度，而且要不断参加学术团体和发表专业文章，还要受过研究生教育。在学校准备给教授提供住所和设施、支付薪水、赋予他们在群体中的地位以前，教授职业的概念就已经非常清楚了。这样一来，教师专业化为大学的形成奠定了基础。即便如此，大部分教授仍然在校外兼职，许多人做牧师，这主要是因为学校工资很低。不过，教授从为学院服务的荣誉感中获得了很大的心理满足。另外，学院总能找到一个刚刚毕业的大学学生来教课，他们的工资只能勉强维持食宿。这一时期学院工资"从来不够维持一个中产阶级的生活方式"(Lovett，1993，p. 28)。

19世纪末出现了职业发展阶梯。少数学院聘用讲师作为初级教师，并希望他们能晋升为高级教授。这样大学教师具有一个职业特点即职业晋升的概念。另外，大学教师还有一个特点就是对学科专业的忠诚开始影响到教师对学校的忠诚。大多数教授仍然是社区的主要成员，他们参与公众事务，参加当地的文学社团和俱乐部。

五、课　　程

虽然课程继续向多样化、职业化的方向发展，但是古典课程的倡导者与那些主张学习实用性课程以满足各种人的不同学习目的这两派之间的争论并没有停止。整个时期，课程在不断分化，显得有些支离破碎，并且还在不断地趋向专业化。殖民地时期残存下来的很普遍的综合课程学习形式也只能在自然科学、社会科学和美术等新兴学科才有所体现。课程主要是为那些将来从事工程学、农业、机械和制造业以及所有进入实用性学科学习的人设计的。这不仅为专业学习和专业学院的发展以及选修制度打下了基础，而且为所有的专业教育或职业训练以及培养各种业余爱好奠定了基础，形成了一种为任何人提供能够学习任何科目的课程体系。

造成课程多样化发展的主要原因，可以归结为哲学与宗教的分离、科学方法的兴起，以及打破了课程只是为少数将成为政府官员的人设计的特权观念。一种思想方法不会被另一种思想方法完全取代，所有思想方法的转变都是对原有思想方法的继承和发展。哲学家们可以提出不同的方式解释人类事务，但无法取代宗教家借助权威的方式来揭示这一问题。他们所做的一切为社会科学的发展开辟了道路，而社会科学本身是由经济学、社会学、心理学等分支学科构成的。自然科学继承了天文学和地理学的观察方法，但是增加了物理学和化学的实验方法。统计学是作为一种用来证实和预测的方法引进来的。科学研究方法应用到研究人类事务产生了道德研究——不再是争论善恶是非标准，而是揭示各种因素所造成的影响。科学思想开始挑战宗教观念。通过实验和研究方法获取的知识完全不同于依靠神启所获取的知识。社会科学能够用来解释人类的行为。人本主义最初是以反教权主义形式出现的，这时已经转变成为对人性的研究。人们呼吁思想自由以反对教条主义和正统观念。在学院和社区里，人们已经学会允许不同的思想观念与宗教观念同时存在。

这些不断变化的思想方法，随着人们对自己和周边环境的看法的改变而变化，并且在无数社会组织中发生作用。因为学院在迅速发展壮大，现在学院已经有数百所，所以学院有足够的空间来容纳各种科学思想、哲学思想和人类学思想，并使这些思想进一步精炼。学院不仅成为发展知识的中心，而且成为塑造青年人思想的场所。虽然自然科学的充分发展和选修制的全面推行是在大学出现以后，但是这个时期的学院已经明显地为此打下了坚实的基础。

没有一所学院有足够的教师以至于可以允许教授只讲授一门专业课程，而不讲授其他课程。大多数学院主要开设化学、数学、自然历史和地理课程，但是任何精于某个学科的教师通常还要同时教授其他课程。随着社会科学的发展，一个讲师可以教其他所有的社会科学课程。有人提议实行选修制，即让教授们专门讲授自己所研究的学科，让学生选择他们想要学习的课程，但是这种建议并没有产生多大影响。同样，有人提出注重学术研究或者在某一领域进行深入研究的想法，但是也没有太大进展。教师开始为专业化做准备，但是由于当时学生数量不够，学生不仅数量少，而且还分散到各个学院，因此无法保证全面实施专业化课程。在新建的技术学院，特别是在美国军事学院即西点军校（the United States Military Army）和伦斯勒理工学院（Rensselaer Polytechnic Institute，RPI）中，科学课程得到了显著的发展。西点军校的课程以数学、化学和工程学为中心。RPI运用实验室试验和野外实践来教授科学课程。这些学院毕业的学生后来都投身于 19 世纪 50 年代和 70 年代迅速发展的铁路建设、煤矿开发和制造业之中。

课程扩展还表现在现代外语课程的开设上，这种课程很流行，在很大程度上不是由于该课程的实用性（虽然它们对于出国旅行和去欧洲学习很有用），而是因为它很好地替代了不再受人们欢迎的拉丁语和希腊语。大多数学院都有现代语言学教授，然而很少有学生愿意跟随他们学习，除非他们要求学生这样做。古典语言课程还在继续开设，这一时期大部分学院还在开设希腊语和拉丁语课程。

很自然，有人支持扩展课程，也有人反对。例如，耶鲁学院学生通常要学习希腊语和拉丁语，同时还要学习调整后的文科课程，包括数学、天文、文法和修辞学。他们也要学习化学、实验物理、地质学、法语和德语。新老课程的混合导致教师和管理人员分裂成对立的两派，一派维护传统课程，另一派提倡科学课程。两派争论的最终结果是发表了著名的《1828 年耶鲁报告》（再版于 Goodchild and Wechsler，1997）。在这份报告中，学院院长和教授会探讨了学习古代语言和人文学科的问题。报告认为应该要求年轻人学习各种知识，这样他们的各种能力才能够得到锻炼。各个学科可以促进人的不同能力的发展，有的有助于发展理解力，有的能提高感知觉能力，有的能锻炼准确的表达能力，等等。报告还阐述了学院不再以宗教为中心的教育思想。针对上述这些问题，古典课程的捍卫者从心理学、人类思想和行为发展特点的角度进行了激烈的讨论。

在全国范围内，直到下一代，教育者们还经常引用《耶鲁报告》来为他们的课程计划辩护。《耶鲁报告》不断地被引用和解释，报告所提出的基本原则已经成为很多学院课程设置的基础。事实证明，《耶鲁报告》对小型的教会学院来说非常有用，它为这些学院实行的课程体系进行了有力的辩护，认为学院在开设人文学科和实验科学课程的同时，坚持拉丁语和希腊语课程的学习，这种课程体系对于培养有教养的人来说是非常合适的。当西储学院（Western Reserve College）在俄亥俄州建立时，其课程设置就以耶鲁学院以前的学院课程为模式，被称为"西部的耶鲁"（Snow，1907，p. 145）。1854年，阿拉巴马大学教授会引用《耶鲁报告》来论证他们所设置课程的合理性，认为他们的课程能够"提供最好的思维训练，并且对于所有接受自由教育的人来说是不可或缺的"（Goodchild and Wechsler，1997，p. 142）。这种课程通过思维训练使学生具有很强的思维能力。除非整个课程体系都被否定，否则每个学科都要学习。即使新课程引入以后，所有学生都必须学习完整的课程体系在这一时期仍然保持着它的吸引力。

杰斐逊为弗吉尼亚大学制订的课程计划就与其他学校有所不同。在杰斐逊去世前的1824年，弗吉尼亚大学正式成立了，根据学科专业不同分别设置语言学、数学、历史学以及其他专业学院，但是该校没有设置神学教授职位。这个计划要求各个学院各自拥有自己的教授、学生以及教学大楼，但是弗吉尼亚大学开学不久就放弃了一些意义深远的改革，如允许各个学院独立颁发毕业文凭，以及决定成为一所在各学科授予学士学位的大学。

其他学院的课程改革或多或少也取得了一些成绩。随着新型学士学位的产生和独立课程体系的形成，以及为那些不愿读完四年大学的学生提供课程，选修制逐渐被应用到学校课程中来。但是由于传统人士的反对，大多数的改革措施即使没有被直接否定也被进行了一系列的修改。学院无法进行彻底的改革，但也不再严格遵循古典的课程模式。他们尝试着使这两种课程体系相兼容，正如鲁道夫所说："在19世纪20年代、30年代，任何课程如果要固守过去的传统或进行彻底变革，似乎注定要面临失败。"(Rudolph，1977，p. 80)

整个19世纪，学院都在为维持生存而斗争。每个新建立的学院都必须努力寻求资助。如果学院比较幸运地碰上一位比较开明的校长，学院有时可以进行课程改革，并坚持下去。例如：联合学院有一位能力很强的校长，这位校长从1804年到1866年一直担任该校校长职务，长达62年。诺特(Eliphalet Nott)校长的任期几乎贯穿整个这一时期，为了使学院得到更好的发展，他对学院进行必要的改革并使之坚持下去。联合学院允许学生修习那些并非学位课程所要求的课程，并为那些不愿学习古典语言的学生开设平行课程。学院非常重视科学，设置了一套鼓励学生学习数学和现代语言的课程计划，其形式酷似一个世纪以后在通识教育的庇护下，大多数美国学院针对不同学生特点而制定的课程学习计划。学院打破了传统模式，学生只要修完古典课程计划和科学课程计划中的任何一种课程计划就可以获得文学学士学位。诺特校长教授最高级的伦理学课程和各种综合课程。这所学院是成功的。在诺特任职期间，该校的入学人数和毕业生质量都排在全国前五名之列。

虽然联合学院取得了成功，但是哈佛、耶鲁、普林斯顿对高等教育发展的影响更大。他们为全国其他学院培养了大批校长，这些校长按照母校的课程模式来设置自己学院的课程。虽然人们也尝试去改变课程的重点和结构，但是课程统一化现象十分明显。在这个世纪中期，布朗学院的校长宣称，"所有北方的学院课程设置是如此相似，以至于一所学院里成绩优秀的学生要进入另一所学院没有任何困难"(Snow，1907，p. 141)。古典文学、数学、科学、历史和哲学仍然是学院的主要课程，很少有校长敢于建议取消其中任何一门传统课程。由此可见传统力量的影响。每门课程都有它的支持者，几乎找不到理由取消任何一门课程。因此，至多只能削减学习某门课程的时间。

既然人们的思想和学生的抱负发生了改变，因此教育模式也应该随着改变，持这种观点的人与认为坚持传统很重要的人之间的争执一直在继续。一些学院的校长认为，为了保持较高的入学率，就必须设置符合年轻人需要的课程。于是人们提出为那些将来不准备成为专业学者的年轻人制定一种新的课程计划，使他们修习那些对实现自己的理想和抱负更有帮助的课程（Snow，1907，p. 155）。1827 年，当教学还没有发展成为一种职业以及教师教育专业学位的观念还没有多少人赞成时，阿默斯特学院（Amhest College）的教授会就建议成立教育系来培养教师。

不同课程的发展轨迹表明课程的变化不是通过彻底的改革而是渐进的变革方式。1829 年，哈佛大学校长昆西（Josiah Quincy）在其就职典礼的演讲中指出，从前的课程模式已经无法满足现代学院的需要。为了体现“时代精神”，他建议应该允许更多的学生学习专门课程或是平行课程，这样长期以来建立的“学院教育标准才不会被颠覆”。他还提出了一套以科学为中心的课程体系，这种课程体系对各种类型的学生和具有不同学习目的的学生都很有帮助（Snow，1907，p. 168）。但是，哈佛大学并没有取消古典课程，经过激烈的争论，只是在课程体系中增加了科学课程。

经过半个世纪的努力，平行课程体系解决了新课程的引入以及吸引更多学生这些问题，通过保留古典课程避免了传统教育标准的下降。哥伦比亚学院从 1830 年开始实行被称之为“科学和文学课程”的平行课程体系。这种课程要学习三年，但却不能获得学位。只要学生会法语语法、数学和地理就可以学习该课程。在1833年,联合学院设立了一种与古典课程的要求相似的科学课程。最后,该校设立的科学课程只要求学生有英语语法和算术基础即可。

在许多学院,平行课程的实施导致了新学位的产生。布朗学院和哈佛学院于1851年授予新的学位。耶鲁学院、达特茅斯学院和罗彻斯特学院(Rochester College)也在1852年开始实行。1853年密歇根学院和1864年哥伦比亚大学也先后授予新的学位。康奈尔学院在1869年成立时就授予新的学位。人们创造了新的学位名称来表明该学位与修习古典课程所获得的学位的不同。理学士和哲学学士经常是终极的学位。平行课程体系也并不是单一的,例如康奈尔学院同时提供9种不同的能获得学位的课程。

这样,课程仍然保持着流通性。这一时期建立的500多所学院都采用了现代的课程体系,包括开设各种科学课程以及各种应用数学课程,但是大多数学院仍保留了拉丁语和希腊语、道德哲学、英语语法以及一些殖民地时期形成的课程。由于学院还不够大,无法提供各种类型的课程以保证让一些学生学习自然科学课程,另一些学生学习人文课程,同时还有其他学生学习基本的文化知识。很少有学生能够做到独立思考问题,例如如何选课和接受现代思想。很多学生年纪还小并且入学基础很差。学生们普遍抱怨课程枯燥无味。麦克拉克伦指出:"先前的课程为什么不能引起学生兴趣这个问题并不是由单独某一个原因造成的,这个结论是显而易见的。"(McLachlan,1974,p.467)

当学生的人数足够多,能够形成文学社团时,他们就能够创设自己必需的课程。这些社团通过提供阅读资料、组织辩论活动以及帮助培养文化氛围来激发学生的兴趣。在许多学院,学生精心地组织起来并实行自我管理，形成了“院中院”。他们吸收大多数学生，颁发荣誉证书，经营他们自己的图书馆。文学社经常搜集很多最新的期刊以及历史、文学、科学和公共事务等方面的书籍，这些最新的资料可能在班级教室或学院图书馆中都找不到。这些社团从18世纪中期到19世纪中期一直很兴盛，19世纪中期以后逐渐被大学联谊会所取代。到这一时期末，为了适应学生社团的许多要求，(学院)修改了正式课程和教学方法。大学生联谊会根据各自的社会活动制定了不同的议程。

传统课程被保留下来，不仅仅因为它是传统，还因为它是有目的的，它适应了一时间席卷美国各地并且在学院中拥有大批信徒和追随者的宗教复兴运动。一些学院是以宗教复兴为目的的牧师建立的，而且许多校长发现这股复兴思潮能把年轻人的激情引向积极的方面，这对学院是有利的。伦理学课程也能够发挥这种积极的引导作用。此外，古典课程也开始容纳科学、美术和社会研究课程。拉丁语和希腊语或许在大学一二年级是主干课程，但是到了高年级主干课程就更加广泛了。古典课程仍然发挥着培养律师、医生和牧师等专门人才的功能。

总之，新兴国家时期的课程是以古典课程为中心的传统课程，以及后来产生的科学课程、职业课程以及各种其他课程在内的课程集合体。概言之，它是这个时期课程的缩影并为后来的学院所仿效。学院逐渐开始发挥以前由文学社、科学院、研讨班、图书馆以及学徒训练机构等其他教育机构所具有的职能。学院倾向于为不断增加的各类不同学生开设课程，尤其是那些入学基础比较差的大学生。科学和宗教的矛盾不再是一个很严重的问题，因为科学家和伦理学家们都赞同“科学家们通过研究自然规律，来证明上帝(造物主)的存在，并通过它们的著作来赞美上帝”(Sloan，1971， p.236)。随着科学的不断分化,科学本身也在发生巨大的变化。学院的变化速度永远也赶不上社会的变化速度,可能是因为它们“本来就不是经济生活的有机组成部分”。在择业过程中,虽然大学毕业占有优势,但是在19世纪早期,当医生、律师甚至是教师不一定非要上大学,更不用说做一个成功的政治家或商人了(Hostadter,1952,p.21)。此时,高等教育仍旧是一种奢侈品。

19世纪50年代,布朗学院一位很有远见的校长弗兰西斯·韦兰德(Francis Wayland,1850)批评当时的课程设置单一,入学要求太低,教学内容简单以及管理制度僵化。他提出,虽然需要大量的土木工程师来帮助修铁路,建工厂,开煤矿,但是学院在培养这类人才方面几乎没有任何帮助。因此,他建议学院应该开设更多的课程,包括为那些不愿意或不需要学完四年课程的学生开设专业课程和结业课程,学院全面实行选修制,废除固定的四年制学习计划,学位授予以顺利通过考试为前提。上述这些措施的实施使学院招收学生的数量迅速增长。如果拉丁语和希腊语不能吸引足够的学生入学,这样的课程就不值得开设。韦兰德校长提议学院开设15门课程,为想要学习拉丁语和希腊语的学生开设拉丁语和希腊语课程,另外开设英语、修辞学、数学、农业、历史和现代语言课程。他还对纽约州和马萨诸塞州考虑建立农业学院表示赞同。虽然学院管理者并没有积极推行他所提出的课程计划,但是他的确提出了如何通过设置不同的课程计划以满足每个学生的不同需要。

教学方法也在不断改进。殖民地时期依靠背诵和辩论为主的教学方法让位于讲授法和实验法。随着教师从助教这种临时性的工作转变成为教授和专家这种专门性的职业,他们最初在低层次学校运用的背诵和辩论的教学方法很快就消失了。教授们用讲授法来传递知识，促进学生对知识的理解，激发学生的学习兴趣，有意无意地向学生传递思想观念和价值观，以此弥补教材的不足。讲授法很快成为科学课程最普遍的教学方式，讲授法通常也伴随着实验演示。综合运用讲授法和实验法，通常是首先阐述某个特定的原理，然后举例说明。教授通过自己的专业热情来激励学生，展示自己研究的最新成果。

实验法也是在这一时期成为科学课程的一种教学方法。在实验课上，学生听老师讲课，看演示实验，然后自己动手进行实验。另一个变革就是笔试，它取代了在公众前进行背诵或者是用已知知识进行辩论的考核形式。因为所有学生都必须回答同样的问题，从而导致了教学的统一性。众所周知，大学的初始时期必须保持一定数量的学生（才能生存下来），这是很显然的。

六、管　　理

在殖民地时期就已经形成了由非专业人士组成的董事会来管理学院的模式。因为没有足够的学者来组成自治性的团体，所以只能由一群非专业人士组建学院并聘用一位校长来管理它。校长根据董事会的喜好而定，只要董事会支持他，他可以在学院内做任何他想要做的事。他可以聘用助教，设计课程。在美国建国时期建立的其他学院也都采用了这种管理模式，并成为大学一直沿用的管理模式。

有三种典型的学院形式。第一种是民事法人（civil corporation）。这种形式的学院就是一个团体获得了特许状——实质上是从州议会获得营业许可证。当各州开始建立公立学院，州议会往往要对学院的一些方面作出规定，例如规定董事会成员如何产生，要求董事会成员中必须包括州长、检察长或州的其他官员。

第二种是宗教团体所建立的私立学院。通常，教会就能建立一所学院。首先，要从教会内部或外部聘用董事会成员，并向州议会申请特许状或是营业执照。这种特许状很容易获得。然后，由董事会去筹集资金，聘用校长并开始正式授课。在建国时期建立了大量这种形式的学院，因为当教会向西部地区扩张时，他们在每个人口密集的地区都建立了学院。

第三种学院“依赖有组织团体的支持所建立的学院，这种团体包括民事法人或专业团体，可能还包括一个或者多个基督教派”(Herbst，1980，p. 15)。这种形式的学院包括由地方政府赞助的学院、私立的学院以及非教派建立的学院。

私立学院除了具有不同的资助者以外，其他方面很相似。如果学院完全从属于一个教派，那么教会成员将会负责提供经费。如果学院是非教派组织建立的，它们可能受到那些具有公民责任感的人们的支持。在任何情况下，私立学院都不必向州议会要求资金支持，因此可以免受年复一年地接受州议会发号施令的干扰。赫布斯特指出，政敌经常“阻止议会批准成立新的公立学院的要求”，因此给私立学院留下了发展空间。热心的赞助者对于学院的发展是非常重要的，因为“在美国，任何具有足够资本或热情的人都能创建学院。资本主义在建设城镇、开凿运河、修建桥梁、经营私立企业财团的过程中，也对高等教育的发展提供了资金支持，影响了高等教育的发展”(Herbst，1980，p. 18)。

校长越来越被看成是董事会的代表，而不是教师队伍中的一员。很多校长也继续教课，但是他们更多的时间都用来筹集资金和处理各种社会关系。教师们逐渐获得了独立意识和自尊心，特别是当教授取代了助教以后。专业学院的教师，例如医学院校的教师，最早在课程和学院内部事务上获得了一定的控制权。但是教师在学术管理上的地位还没有确立起来。当然，学生在学院事务上也没有发言权。

在教师成为一个自治的专业团体之前，这种学院管理模式已经根深蒂固了。到了高等教育形成了具有内部等级的教师职位制度，并且开始重视学术研究时，特别是当教授群体要求自治时，试图改变学校的组织模式和获得像欧洲大学教授一样的地位，已经为时过晚。教授会获得了聘用教授和决定课程的权力，但却从来没有获得分配资金、管理学院甚至是决定是否录取学生的权力。他们没有像中世纪行会那样成为自治的团体，甚至也没有取得美国其他专业组织所具有的地位。

因为几乎所有的管理权都集中在校长身上，所以其他所有的学院行政管理人员也都归校长管理。从长远来看，这种管理形式有助于保持学院的自治，因为那些只知道迎合州政府的学院官员从来都不为学院所欢迎。特罗总结说："校长和学院行政管理人员的主要作用在于追求学院的自身利益，而董事会可以保证学院能够广泛适应社会的需要，积极应对生源市场和就业市场的变化，而不仅仅是为了满足州政府或专业组织自身的利益。"（Trow，1988，p.15）然而，教师和管理者的兴趣仍然继续朝着不同的方向发展。在教授看来，校长是董事会的代言人和代表，而不是教师团体的领袖。

随着董事会成员中牧师比例的下降，商人和专业人士逐渐进入董事会成员之列。校友和捐赠者也开始影响到董事会的成员组成。虽然大多数学院名义上保持着与教会的联系，但是学院管理开始变得世俗化。学院世俗化的主要推动力之一就是事实上很少有学院是完全由一个教会所控制的,大多数学院都是几个教派共建的学院或者是非教派学院,一切有利于学院生存发展的人都可以成为学院的董事、教师或学生。

区分公立学院和私立学院的一个显著的特点就是:公立学院董事会经常特别排斥牧师,除非这些人是社区杰出成员,才会不顾忌他们的牧师身份而吸收他们进入董事会。私立学院的校长几乎不言而喻都是牧师,很多学院的章程中都有这一规定。在州立大学,有一位能够为学院寻求财政支持的著名人物是很重要的。

对于小型学院来说,付给一个有声望的校长很高的薪水,是司空见惯的,以希望他能够提高学院的声誉和为学院争取更多的支持。亨利·塔潘(Henry Tappan),一位神学院的毕业生,在担任密歇根大学校长之前,曾在纽约大学任过教授。他曾经到欧洲考察,写了一些关于哲学方面的著作,并且发表了关于大学教育的论文集。1852年,他任校长的第一年,大学的总预算还不到13 000美元,而他的年薪达到1 500美元,这还不包括出差补助。到他任校长的第二年,他的年薪达到2 000美元,大约占到大学年预算的12%。付给有影响力的大学校长高额薪酬对大学发展来说是一种有益的投资。

总之,在殖民地时期建立起来的学院管理模式就这样固定下来,这种管理模式通过自行选举或州议会任命的方式组成的董事会执掌学院管理大权。一些著名的大学校长引导学院为社会作出了新的贡献。大学教师初步形成了自己的职业规范,却没有取得学院管理的发言权。在学院中,以企业家为主体的学院董事会掌管校务,校长是学院的改革家,而教授为实现他们的学术理想孜孜以求。

七、财　　政

学院的财政管理也沿用了殖民地时期的模式，资金主要来源于私人捐赠和州政府。学生的学费很低，相反他们还能得到低薪教师的捐助以及学院所筹集到的各种资金资助。学院资金匮乏，即使学院能生存下来，几乎所有的学院也都勉强维持生存。私立学院和新成立的州立学院也一样没有多少可供支配的经费。

在学院每年的收入中，私人捐赠占了很大比例，并且大部分私人捐赠不过是些少量的抵押品。许多学院都是先通过创办者争取资助者的支持并募集到足够的办学资金后才建立起来的。费城学院就是这样建立起来的。后来的大多数学院也都如此。威廉姆斯学院靠小额捐赠筹集了 14 000 美元办学经费。阿默斯特学院筹集到 50 000 美元才建立起来。当时存在的学院都在尽可能地争取捐赠者的资金资助。普林斯顿学院在 19 世纪 30 年代开展了一项较大范围的资金筹集活动，所接受的最大一笔捐赠达 5 000 美元。哥伦比亚学院获得了一笔 20 000 美元的捐助。

筹集资金的活动有很多种形式。最普遍采用的形式是依靠校长或教师单独劝说捐资者进行捐助。任何捐赠都是受欢迎的。现金捐赠最受学院欢迎，但是学院也愿意接受农产品供学生和员工食用，或者是接受图书捐赠来充实图书馆。学院也经常通过出售手工艺品以及举行义卖会和抽奖活动来筹集资金。有些学院预售长期奖学金，购得该奖学金的人享有一人永远免费上学的权利，但是这种形式从来没有普及。因为学院经常将价格定得很低，然后在该学生入学后又不得不向他收取其他费用。很少有学院能如此幸运拥有像诺特这么富有的校长，他向联合学院投资了 50 多万美元，使之成为这一时期获得捐助最多的学院。总的来说，小额现金捐赠是比较普遍的捐赠形式。到1870年，美国学院每年总共获得的私人捐赠大约有800万到900万美元。

那些附属于教会的学院同样也要筹集资金。鲁道夫介绍了1815年成立的美国教育学会(American Education Society)，目的是“在公理会中筹集资金，资助那些有培养前途的牧师候选人进入合适的学院学习”(Rudolph，1962，p. 183)。其他教会也建立了类似的组织，以资助具有相同宗教信仰的学生，有时也筹集资金。一些天主教学院从欧洲教会组织那里获得资金。但不管是附属于教派的学院还是非教派学院，几乎所有的学院都非常穷。

各州向私立学院提供了一些支持。免税就是一种持续资助形式，一些州还提供资金资助。从1814年以来的10年时间，哈佛学院从马萨诸塞州议会总共获得了100 000美元的资助。威廉姆斯学院和鲍登学院(Bowdoin College)也分别获得40 000美元资助。纽约州对哥伦比亚学院的资助超过了100 000美元。费城大学从所在的州获得将近300 000美元的资金，而迪金森学院(Dickinson College)得到的更多。在上述情况下以及那些公立学院发展缓慢的州中，私立学院能够得到公共财政的帮助。赫布斯特曾经对此模式进行了详细研究(Herbst，1982)。

各州都有土地，而且他们也愿意捐赠土地，但是通常情况下这些土地并不是太值钱。无论出卖土地的收益归私立学院还是新建立的公立学院所有，都很难变成现金。在各州中，由于土地买卖管理不善以及存在欺诈行为，使之失去了原有的意义。加之，土地丈量通常不准确，经常因此引起诉讼。每英亩土地预计售价20美元，最后可能以不到2美元的价格出售。国会捐赠给西北地区各州的几百万英亩的土地都被以1美元或者不到1美元的价格出售。

到1821年，由于国会划拨了大量的土地给西部各州，引起了古老的东部各州的强烈不满，它们提出国会应该划拨同等价值的土地支持东部各州建立公立学院。但是，直到40年以后才开始实行这个计划。国会可以更加挥霍西部的土地，它有更多的理由这么做。在东部各州，公共土地被认为属于各州政府所有。

有时公立学院能获得更多的资助。新建立的密歇根大学第一次出售土地的收益只有几千美元。但是到1837年密歇根成为联邦的一个州时，土地价格上涨，州政府可以把土地卖到每英亩20—25美元。总之，这一时期，公立和私立学院一样都依靠州议会的支持维持学院的生存。单一教派的学院在争取政府资金支持方面最不成功。因为州议会在对教派学院进行资助时非常谨慎，防止造成偏向某个教派的误会。

一个关于19世纪中叶学院图书馆藏书量的报告可以反映出学院财政的紧张和物质设施的缺乏。在整个东部地区，只有8所学院有10 000册左右的藏书，虽然如果把文学社团的图书也算在内，还有另外10所东部学院的总藏书量也能达到这个数量。在19世纪40年代，据可查的数据显示，只有3所学院年购书花费大约超过1 500美元。除了极少数情况以外，图书馆经常每周只开几个小时(Hamlin，1981)(见表2.2)。

资金匮乏的学院实际上是由员工来支撑的。规模较大的学院，也很少有高级教授的年薪能达到1 500—2 000美元，大多数年薪都少于1 000美元，这种收入水平与熟练工人的年收入水平差不多。即使这样，教授也不是总能够领到工资。有时学院会关闭一年，让教师们到外面去赚钱，或者等到学院有资金才支付教师工资，而最后基本上不了了之。有时学校聘用教授时双方就达成协议，教授的一半工资将以他朋友捐赠的方式来支付，或者教授同意根据学费

表 2.2 1849 年美国的学院图书馆

院校	藏书量			年度图书花费
	学院图书馆	社会图书馆	总量	(1840—1849,$)
哈佛学院	56000	12000	68000	—
耶鲁学院	20000	27200	47700	1620
布朗大学	23000	7200	30200	2500
乔治城学院	25000	1100	26100	350
鲍登学院	11600	9900	21500	200
南卡罗来纳学院	17000	1400	18400	2000
弗吉尼亚大学	18400	—	18400	550
新泽西学院	9000	7000	16000	400
迪金森学院	5100	9500	14600	100
联合学院	7800	6800	14600	400
阿默斯特学院	5700	8000	13700	300
哥伦比亚学院	12700	—	12700	200
佛蒙特大学	7000	5300	12300	60
北卡罗来纳大学	3500	8800	12300	—
维斯廉大学	5600	5500	11100	100
威廉姆斯学院	6600	4600	10600	190
汉密尔顿学院	3500	6800	10300	60
富兰克林学院(佐治亚)	7300	3000	10300	600
瓦特维尔学院(缅因州)	5200	3300	8500	—
密度伯瑞学院(佛蒙特)	5000	3400	8400	—
艾默利与亨利学院	2600	5400	8000	75
西储学院(俄亥俄)	4600	3100	7700	50
乔治城学院(肯塔基)	6500	800	7300	—
阿拉巴马大学	4500	2600	7100	300
迈阿密大学(俄亥俄)	3500	3300	6800	200
马里亚塔学院(俄亥俄)	4300	2100	6400	—
宾夕法尼亚学院	1800	4600	6400	90
日内瓦学院	2000	3700	5700	—

续表

院校	藏书量			年度图书花费（1840—1849,$）
	学院图书馆	社会图书馆	总量	
玛丽维尔学院（田纳西）	3 200	500	3 700	—
俄亥俄大学	1 300	1 500	2 800	—
艾默利学院（佐治亚）	1 000	1 700	2 700	—
贝色尼学院（弗吉尼亚）	1 200	1 100	2 300	—
诺威治大学（佛蒙特）	1 000	—	1 000	25

资料来源：Hamlin，1981，pp. 230—231，部分数据缺失。

收入情况不定期领取工资。如果教授在外面有其他收入来源，学校将期望他无偿为学校服务，以此获得一种学院的归宿感。

因为学院不仅要为公众服务和培育学生成长，而且对社区来说还发挥着十分重要的作用——所有这些理由与几个世纪以来教会惯用的理由相似，所以学院对教师的剥削也变得名正言顺。学院不能向学生收太多学费，以免失去生源。这样做的原因也是因为社会有教育年轻人的义务，多少年来社会也一直在履行这种责任并使人们从所受的教育中获益匪浅。很少有学校希望自己被看成是有钱人的学校，也不希望人们指责他们拒绝家里很穷却有发展潜力的学生入学。此外，教师资源的供应一直比较充分，总是能找到刚毕业的学生到学校来教课，薪酬只要足够吃住就可以了。

从殖民地学院时期开始，一直到美国建国时期，尽管在成为教授之前他们接受了长达几年的教育，但是教授的薪酬相当低。然而，并不是只有他们是这种情况，牧师同样生活在贫困之中。在高尚的名义下对教授所进行的剥削是延缓教授自身专业化的原因之一，直到下个世纪中叶，学校教授和教师的薪酬一直很低。只要教师资源供过于求以及没有合同来保证薪酬的支付，学院就靠剥削它们的员工生存下去。

八、成　　效

在美国建国时期与殖民地时期,学院发挥着大致相似的作用,主要表现在:促进了个体社会地位的提高,培养了各种职业人才,帮助进行儿童教育,激发了社区荣誉感。然而,国家的扩张和经济增长对学院提出了更多的要求和期望,学院应该能够取得更多的成果,特别是要为新出现的职业培养人才,不断形成学院的办学风格,以此来影响那些具有自己独特行为方式和思想观念的年轻大学生。

高等教育作为职业准备的重要部分在这个时期发展起来。没有接受大学教育而从事律师和医生职业的比例逐年下降,因为仅仅依靠学徒制已不能满足人们希望很快在自己的行业领域内出人头地的需要。然而,由于教派分裂和新教派形成的加速,受过大学教育的牧师的比例实际上下降了。新的教会组织开始物色具有感染力的宗教领袖,他们能够感染教徒的情绪,激发教徒的宗教热情——这些素质在大学课堂上是学不到的。与之相比,具有上述素质的牧师更多地集中在南部和西部地区,因为在新英格兰地区,传统教会仍占主导地位。

在教会资助下建立的大部分学院都试图通过直接讲授《圣经》知识来培养学生的信仰。民粹主义与原教旨主义之间结成了联盟,相互妥协形成了那种普通人心灵的直觉比知识分子的理性更可信的观点。宗教复兴运动在不同时期、不同地区重现,不仅导致了教会的分裂,而且延误了科学思想的发展。艾斯利总结道:“尤其是在1750—1859年间,万物永恒的观念似乎进一步强化了宗教本来就具有的顽固性。”(Eiseley,1970,p. 70)教会大学当然不会去发展归纳推理法，因此有人认为，高等教育实际上延误了作为知识组织形式的科学的普及。

高等教育作为一种促进社会福祉的途径也经历了一些变化。去大学深造继而增加个人财富和社会流动机会的年轻人的数量增加了，那种认为大学是一种很好的个人投资的观念取代了大学作为一种社会投资的意识。教育培养精英群体的功能一直得到普遍认可，但是没有多少大学毕业生进入政府机构工作。尽管美国最初 6 位总统中的 5 位都是大学毕业，但后继的 11 位中仅有 4 位上过大学。那些建国元勋们都是科学家和古典主义者，他们运用历史和政治知识来解决问题。但是到 1828 年杰克逊当选为美国总统时，大众民主占据优势地位以至于此后任何一位政治家都不会主张知识分子身份是成为政府机构工作人员的条件之一。他们应该是普通大众的一员，是一位自学成才的成功人士。虽然他们出身卑微，家庭贫穷，但能从逆境中奋起。那种认为来自人民群众的天生的智慧超过了后天教育智慧的观念变得更加强烈。普通人所具有的一般能力成为进入政府机构工作的理想条件，这就如同魅力和激情成为成功的教会领袖的基本特质一样。

人们倾向于通过自学成为成功人士，进而提高自身的社会地位，但这并不能完全代替高等教育的社会价值。大学里仍在教授伦理学，这门课程在改变社会改革家和社会活动家的思想方面发挥了十分重要的作用。这门课程涵盖了逻辑学、修辞学、自然法、政治学以及哲学方面的知识，目的是为了培养一批道德高尚的人，从而抵制那些对公众事务的影响力越来越大的卑鄙政客和粗俗的商人。大学里的学术社团鼓励学生思考社会问题，例如性别平等、普选权、废除黑奴制度、禁酒运动、童工和社会机构改革等问题。那个时代最有影响的作家中的大部分人，包括爱默生、霍桑（Hawthorne)和梭罗(Thoreau),都是大学毕业生。随着商业人士和自学成才的政治家的兴起,旧的社会上层人士逐渐衰落,但他们中的许多人并不放弃对社会改革的关注。事实上,正如纪安诺所说:“在禁酒运动和普选运动的主要领导人中,超过半数的人接受了同等水平的大学教育。”(Giele,1995,p. 80)作者列举了妇女运动的杰出领袖,包括伊丽莎白·凯蒂·斯坦顿(Elizabeth Cady Stanton)和莉莲·沃尔德(Lillian Wald)以及奥柏林大学毕业的露茜·斯通(Lucy Stone)、衣阿华州立大学毕业的凯瑞·查普曼·凯特(Carrie Chapman Catt)以及罗克福德大学毕业的珍妮·亚当斯(Jane Adams)。

当时修建运河、铁路和公共设施的著名工程师大都来自专门培养这类专业人才的大学,其中大多数工程师毕业于美国军事学院和伦斯勒理工学院。西点军校不提供学士学位,但它拥有丰富的技术类藏书以及大量的军事类出版物,成为国家的科研中心。伦斯勒理工学院允许来自不同背景的年轻人使用实验室做试验和实地考察学习工程技术。受过良好训练的科学家来自许多大学,尽管大多数较古老的大学仍坚持古典课程,然而科学课程取得了与古典课程同等重要的地位。到这个时期末,又增加了新的学校,包括布鲁克林理工学院(Polytechnic Institute of Brooklyn)、麻省理工学院、伍斯特理工学院(Worcester Polytechnic Institute)。

在这些精英大学中,科学研究的风气也在增长。物理学家约瑟夫·亨利(Joseph Henry)在普林斯顿大学任教授时,在电磁学研究方面取得重大进展,之后他成为史密森学会的第一任会长。哈佛大学自然史教授亚萨·格雷(Asa Gray)成功地使哈佛成为美国植物学研究中心。许多大学即使推迟建立研究生院,也要尽力引进科学家。沃尔弗利(Wolfle,1972)报告说,在1800年至1860年间,1 600名科学家在美国期刊上发表了9 000篇论文,最多产的作者主要来自耶鲁大学、哈佛大学和宾夕法尼亚大学的理科院系。总之，尽管这些大学在建立实验室、成立专业院系方面动作迟缓，而且实际上德国大学仍是学生能够接受科学研究或学术研究训练的最理想的地方。但是，这些大学所进行的科学研究，对于促进具有商业价值的产品和方法的应用创新具有十分重要的作用。

大学改变了人类成长的观念。在此前几个世纪，从孩童到成人的过渡是自然进行的。那时年轻人到十岁或十二岁就离开学校去工作了。然而，随着学校教育年限的延长，年轻人的自然发展被中断了。在大学里，生活在一起的青少年形成了各自不同的价值观和行为方式。懒惰、暴力和目无尊长的不良社会风气到处蔓延。对于逃避成年人所应履行的责任和义务的现象，人们也能熟视无睹。大学充当着代理家长的角色，从而形成了一种青少年文化，这种文化被视为美国建国时期高等教育的一大贡献。

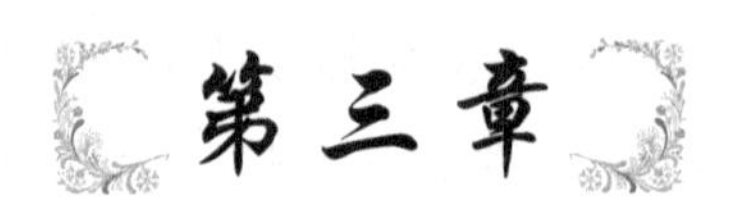

第三章

工业化时期大学的转型：1870—1944

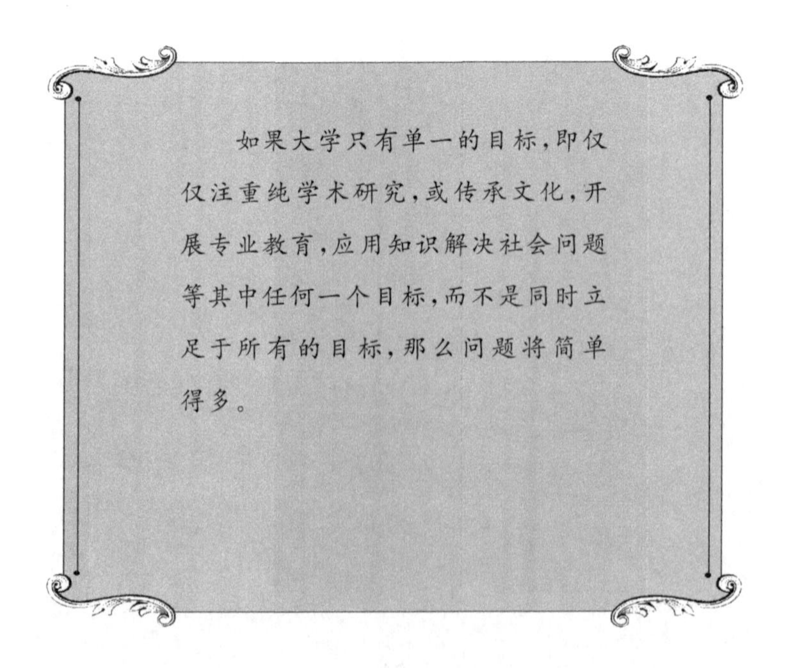

如果大学只有单一的目标，即仅仅注重纯学术研究，或传承文化，开展专业教育，应用知识解决社会问题等其中任何一个目标，而不是同时立足于所有的目标，那么问题将简单得多。

在美国漫长的区域性冲突史上，美国内战的爆发是美国大学进入转型时期的标志性事件。内战期间通过的《赠地学院法案》(College Land Grant Act)以及第二次世界大战期间通过的《退伍军人安置法案》(Servicemen's Readjustment Act)是美国国会通过的影响高等教育发展的两个最为重要的法案。《赠地学院法案》推动了赠地学院的兴起，扩展了高等教育的服务领域，而《退伍军人权利法案》(the GI Bill)使数百万退伍军人进入大学学习，揭开了高等教育大众化的新篇章。

一、社会背景

表 3.1 中的数据显示了大学转型时期美国高等教育的状况。

表 3.1　大学转型时期美国高等教育统计表(估算)

年　　份	1870	1945
美国人口	39 818 449	139 924 000
高等教育注册学生数	63 000	1 677 000
教师人数	5 553	150 000
学院数	250	1 768
授予学位数(本科、硕士、博士)	9 372	157 349
年收入(以千美元计算)	14 000	1 169 394

资料来源：Snyder，1993。

自从美国建国以来，一直存在着建立统一的联邦国家的趋势，但是南方各州要求宪法允许保留南方特有的奴隶制延缓了这种趋势的发展。美国宪法起草之初没有明确规定联邦和各州之间的关系，那时美国南北双方的冲突已经十分明显，南北战争只是上述冲突所引发的最直接的后果。这期间联邦在政治上达成了包括接纳其他的州成为联邦新成员以及批准通过一些法院判决和立法等一系列协议，这些协议有时引起了南北一方的不满，有时遭到南北双方的反对。这些协议的通过是美国内战时期的重要事件，同时也促进了内战后美国的发展。到1867年，阿拉斯加州归入美国版图，美国领土扩张已经圆满结束。在建国以来的80多年中，美国领土从阿巴拉契亚山脉扩张到白令海峡，全国人口也翻了十倍。而且，这种扩张心态一直持续到19世纪末，当时已经延伸到太平洋和加勒比海地区。美国的人口还在持续增长，仅仅在1850—1879年间，就以令人难以置信的速度增长了72%。

大学转型初期，美国的工业化进展十分顺利。工业化影响了美国农业的发展，新型农业机械的发明不仅增加了农产量，而且扩大了农产品的出口量。在宾夕法尼亚州发现了石油，西部地区发现了金属矿藏，一部分人因此发了大财。仅仅修建铁路一项就使不少人暴富。很明显这与联邦政府的扶持有关，为了修建太平洋铁路，联邦政府给铁路公司划拨了1.3亿英亩土地作为报酬，这还不包括1860年前联邦政府就已经划拨了的2亿英亩土地。

在工业、资本和人口的增长方面，西部与北部地区明显高于南部地区。当南部地区还在墨守农业传统时，北方正在迅速朝着重工业和城市发展方面转变。内战使南部各州受到了巨大损失，至少损失了一半的财富。这使得南部各州的工业发展、资本积累和教育水平都没法跟上全国的发展水平。内战使南方土地的价值降低了15亿美元，而且所有的银行和保险公司也都变得毫无价值。战时银行资本损失近10亿美元，而奴隶的解放又相当于另外20亿美元的损失（Adams，1931）。《宅第法案》颁发后，南方人很少从中获利。在《宅第法案》通过的前两年中，250万英亩的土地主要被来自北部和东部的移民所占有，而到1870年为止，被占用的土地达到1 200万英亩。

内战后随着财富的增长和工业的扩张，产生了疯狂投机和敛财等许多令人厌恶的现象，例如：西部在出售和丈量土地中的欺诈行为，以及通过武力和欺骗的手段胁迫当地人；联邦和州高层的丑闻及贪污受贿事件；工业领域中的价格欺诈、行业垄断以及不顾公众安全的现象。肉类生产商、铁路拥有者、石油生产者、钢铁制造者、服装生产商、银行家，以及各类商人都富裕起来，而且在获得经济权力的同时也获得了政治权力。在对外出口增长的同时，人口每10年就增长20%—30%，使得国内市场迅速壮大。

贪婪并非仅仅体现在内战中人们疯狂投机牟利。1837年至1857年金融危机之后，紧接着于1873年至1907年又发生了类似的金融危机。这一切都源于投机、信贷过热以及金融系统失灵，并进而导致了资本主义经济危机的爆发。即使在内战之前，由于大量移民对住房和土地的需求，大量修筑铁路以及扩大对欧洲农产品出口等方面的疯狂扩张，最终导致了后来的短暂的金融危机。

工业家的过分贪婪遭到了人们的抵制。公用土地划拨给铁路建造商或许最终导致了一些法令的出台。政府试图采取措施抑制资本家的过分贪婪的行为，并且在19世纪末开始初见成效。1887年，联邦政府通过了《州际贸易法案》(Interstate Commerce Act)保护农场主和制造商的利益免受因为铁路运输价格暴涨所带来的灾难性影响。《谢尔曼反托拉斯法案》(Sherman Anti-trust Act)(1890)、《食品卫生法案》(Pure Food Act)(1906)的颁布，以及联邦储备委员会(Federal Reserve)和联邦贸易委员会(Federal Trade Commission)的建立都是试图对工业家和银行家的行为进行控制。宪法修正案在1913年正式批准征收个人收入所得税，使政府能够限制个人财富的过度集中。当然，它也促使了慈善基金会的发展，为财富提供了一个安全的储备所。后来,这些基金会在支持研究以及促进高等教育其他领域发展方面发挥了积极作用。

废奴主义者发起的道德改革运动并没有随着奴隶的解放而停止,所谓的重建时期就是该运动的延续,在此期间南方各州必须接受处罚才被允许重新加入联邦。奇怪的是,道德改革运动对美国本土人几乎没有产生多大影响:“例如,虽然激进主义者愿意摧毁美国社会的一切,如果有必要,他们也愿意解放黑人,但是他们对废奴主义者没有兴趣。”(Adams, 1931,p. 243)同样,为了声援他们所奴役的教友们,北方人和部分南方人不时发起反对天主教徒和外国人的运动。捍卫道义的事业从来都不是一帆风顺的。

虽然内战带来了奴隶的解放,但是它并没有彻底解放广大黑人。《吉姆·克劳法》(Jim Crow Laws)使南方长期以来实行的种族隔离政策合法化,并持续达100年之久,奴隶及其子孙仍然处于社会的最底层。在北方,虽然黑人奴隶在法律上获得了解放,但是他们的经济状况并没有多大好转。黑人很少有机会提高自己的社会地位,充其量不过成为经济地位最低下的工人阶级。事实上,那些拥有大企业的黑人更多住在亚特兰大、伯明翰或新奥尔良,而不是在纽约、波士顿或费城等地。内战期间,北方许多州都有关于限制黑人财产和投票权的相关规定。美国人的种族偏见并没有随着奴隶的解放以及南方的战败臣服而消失,直到100年后的《公民权利法案》(Civil Rights Act)通过后,才有所消减。

在内战以前,由于人们一直不满意高等教育狭隘的服务理念,从而阻碍了学院的发展壮大。第一代边境移民用一生的时间来建设自己的社区。当时高等教育并非人们生存所必需,也不是对人们发展起主要作用的因素。人们建立学院的主要目的是为了体现社区的尊严。当初,美国人口中大学生所占比例比建国初要低得多。当时没有研究生院，而且《莫里尔法案》所授权建立的农业和机械学院也都还没有投入建设。学院规模很小，少数学院教授宗教教义，很少有学院成为探究的场所。

然而，到1870年情况发生了变化。在大学转型期的75年中，学生数量从63 000人增长到1 500 000人，教师人数从5 500人增长到150 000人。19世纪70年代初，每年仅授予9 000多个学士学位，到19世纪末，每年学士学位的授予量已超过135 000个，博士学位授予量从0增加到3 300个，高等教育的捐赠基金从5 000万美元增长到17.5亿美元。学院每年的收支增长到9亿美元。美国高等教育的迅速发展得益于人口和财富的增长，同时也因为高等教育对于美国人来说变得越来越重要。学院不仅进行本科生教学，承担科学研究和社会服务的职能，开设专业学院，还大力发展研究生教育，开始形成美国高等教育的特色。

第一次世界大战以来美国逐步成为世界舞台上一个富裕、强大的国家。由于直到第一次世界大战爆发三年后美国才参战，此前美国通过向参战国出口农产品、工业品以及炸药等物资获取了巨额利润，因此可以偿还19世纪后半叶欧洲国家为了帮助美国修建铁路和发展工业所提供的大部分借款。甚至在后来美国积极参战的情况下，仍然相对容易地逃过一劫。在内战中，美国3 500万人口中大约有60万人丧生，而在“一战”中，美国1亿人口中丧生人数还不到12万，到“一战”结束时，美国产生了两万多百万富翁。

这个时期私有资本主义和公共福利之间的关系变得更加紧张，经济富裕是否就能代替精神上的满足呢？谁赚钱谁就拥有决定如何花钱的权力吗？所有的人，包括技术工人在内，不也对商业的繁荣做出了自己的贡献吗？如何协调精神需求与市场规律之间的冲突？在大学转型期，上述所有问题都影响着高等教育的发展及其所应扮演的角色。但是,不容置疑的是:山巅之城犹在,太阳每天都在升起,然而殖民地许多杰出的建设者所期许的精神灯塔却被完全抛弃在阴影之下。

二、院　校

大学转型的 75 年间,高等教育发生了巨大变化。在前 40 年间,大多数学院的形式发生了变化。而在后 30 年内,入学率发生了巨大的增长。在 1870 年至 1944 年间,学院数量扩大了 5 倍,学生入学人数增长了几十倍。虽然,这种情况的发生源于人口的增长,但其主要原因是高等教育和中等教育扩大了招生和开设了新的课程,从而吸引了更多的学生接受高等教育,而他们以前因为高等教育质量低下而不愿意上大学。美国建立了各种新型的学院,包括专业学院、初级学院以及满足不同兴趣、能力和种族学生的学院。但是,这次转型中最重要的就是大学的产生,大学建立了本科生学院、专业学院、研究生院,并且提供广泛的服务项目。

1. 大学

在学院盛极一时之前,人们就强烈要求大学进入高等教育系统。教师已经发展成为专业群体,科学研究也开始发展起来。但是,在学院转变成大学之前,在能够体现大学所有特点的新型学院成立之前,高等教育体系必须改变自殖民地时期就一直沿袭下来的一些观念。总体来说,高等教育需要完成下列任务:减少与宗教之间特别是教派主义的联系;建立与现有专业团体的有效联系;积极参与社区服务;鼓励或至少允许建立专业化的教师团体;推崇以研究和知识探究为最终目的的活动;提升农业、机械和工业等研究领域的价值；提升自然科学的地位，并使之处于人文学科之上；从坚守传统教条的教学观念向知识不断发展的教学观念转变；通过建立研究生院和颁发高级学位，把高等教育学习年限从四年延长至更长的时间；吸纳公共资金和私人捐赠，拓展资金来源渠道。大学所有的这些特征在19世纪60年代到世纪末已经基本形成了。

将学院转变为大学的理念可以追溯到那些直接受到德国高等教育影响的人们身上。乔治·提克纳（Geogre Tilknor）是早期留学德国的学者之一，于1825年回到哈佛学院。随后，出现了丹尼尔·吉尔曼（Daniel Gilman）、安德鲁·怀特（Andrew White）、查尔斯·艾略特（Charles Eliot）、西奥多·维尔西（Theodore Woolsey）和斯坦利·霍尔（G. Stanley Hall）等一批杰出人士，他们深受德国大学的影响，对霍普金斯大学、康奈尔大学、哈佛、耶鲁和克拉克大学的建立和转型发挥了重要作用。19世纪50年代，密歇根大学校长亨利·塔潘曾经试图通过引进学者开展科研以及让优秀学生参与这些科研活动的方式来进行研究生教育。布朗大学校长弗兰西斯·韦兰德在10年前就不断尝试致力于提供更广泛的课程，最大限度地满足各种学生的需要。事实上，大学的概念可以追溯到托马斯·杰斐逊，他的弗吉尼亚大学建校计划中包括了设立高级课程和根据学术专长组建系科的想法。

美国大学以1869年康奈尔大学的建立为开端，它是一所完全具有综合性大学组织特征的大学，并为后来的大学所效仿。1876年建立的约翰·霍普金斯大学，从一开始就注重科研和研究生教育，因此必然成为这类大学中的佼佼者。其他一些大学也紧随其后，很多老式学院也都通过增设研究生院和专业学院，强化大学的研究、教学和公共服务职能，进而转变成为大学。

随着大学的形成，研究生入学人数迅猛增长。在大学转型初期，全国大学约有200名研究生，20年以后，将近2400人，此后20年将近10000人，到1930年，注册研究生达到50000人左右。正如霍夫施塔特所言："在一个人一生的时间内，美国形成了完整的研究生教学和科研体系。"(Hofstadter,1952,p.64)至于学位颁发方面，在1876年，25所学院授予了44个哲学博士学位；1930年，授予了2000多个博士学位。到1939年，16所处于领先地位的大学平均每年授予博士学位100个。

19世纪后期，那些致力于专业化发展的高等教育专业组织发展十分迅速。大学仍然进行法律、医学和神学这些一直备受尊重职业的专业教育，但是同时也成立了商业学、新闻学、工程学、建筑学、药剂学、牙医学、农学、矿业学和林业学、图书馆学、教育学、哲学以及社会学等各个学院。入职前需要经过专业训练的观念越来越深入人心，这主要受到以下三方面因素影响：(1) 每个群体都希望看到自己所从事的职业经过了长期的专业训练；(2) 知识的发展促使自身不断向实践转化；(3) 成立了专门进行学徒训练的学校。斯坦福大学的第一任校长戴维·乔丹这样总结了学院所发挥的作用："我们无论怎样强调目前学院在职业训练方面的价值都不为过。不管你准备从事什么职业，不接受学院的职业训练并不能为您节省时间和金钱。"(Jordan,1903,p.36)

大学成立之初最重要的特征就是重视研究。研究性大学的主要任务就在于：发现、整理知识，进行高深学问的研究，促进知识的实际应用，以及为学生将来的职业提供准备。19世纪40年代、50年代，自然科学在哈佛和耶鲁的科学学院中站稳了脚跟。1865年建立的麻省理工学院，是一所与其他学院所不同的致力于科学研究的学院。在这所学院，以专业训练为主要任务的自然科学教育与以研究为基础的研究生教育相互促进，从理论上讲，这就是现代大学的标志。人们对宗教的重视，对权威的依附，以及对古典学科学习的重视程度都有所下降。大学并不仅仅是拥有一些专业学院，大学最高的荣誉是独创性的研究，大学是学者和学术的家园。

到1900年，美国大学协会（AAU）成立时，研究性大学已经成为美国教育机构中的一个特殊组成部分。盖格（Geiger，1986b）指出，美国大学协会的创立者中有5个州立学院、5个前殖民地学院，以及5个致力于研究生教育的大学。这些大学创立了研究和研究生教育的标准。加利福尼亚大学、俄亥俄州立大学、密歇根大学、明尼苏达大学和威斯康星大学迅速发展壮大，它们接受的捐赠越来越多，图书馆的藏书量和授予博士学位的数量不断攀升，著名教师的数量也在不断增加。耶鲁、普林斯顿、哈佛、宾夕法尼亚大学和哥伦比亚大学都是由前殖民地学院转变而来的。那些建校之初就致力于研究生教育的大学包括芝加哥大学、康奈尔大学、霍普金斯大学、麻省理工大学、斯坦福大学等，包括后来的加州理工大学，它是在美国大学协会成立10年后才建立起来的。

著名的研究性大学发展迅速。1876年，大学图书馆平均藏书量在50 000册左右。19世纪末期，大学图书馆平均藏书量达到171 000册，其中以哈佛大学图书馆藏书549 000册为最。20年后，大学图书馆平均藏书量将近750 000册，而哈佛图书馆藏书已超过200万册。1892年建立的芝加哥大学，成立7年后共授予43个哲学博士学位（Ph. D.），是全国博士学位授予最多的大学。1891年建立的斯坦福大学，成立8年后，所接受捐赠数目达到1 800万美元，为全国之首。到1930年，几所研究性大学的入学人数在全国大学中名列前茅，其中入学人数最多的几所大学分别是：哥伦比亚大学，拥有全日制学生15 000人；加利福尼亚大学17 000人；明尼苏达大学和俄亥俄大学各在12 500人左右。

大学刚开始就获得如此迅速的发展是因为他们吸引了(大量)资金。因为《莫里尔法案》所得到的公共资金与内战前后获取的私人捐赠资金共同促进了大学的发展。1862年《莫里尔法案》规定，根据各州所拥有的国会议员数量划拨土地，每拥有1位国会议员就可以获得30 000英亩的联邦土地，联邦因此共划拨土地将近1 750万英亩(Nevins，1962)。各州从划拨土地中获得的资金作为建设大学之用，于1867年建立了俄亥俄大学，1868年建立了加利福尼亚大学。1900年以前，共在30多个州建立了赠地学院。1876年，运用私人捐赠资金建立了霍普金斯大学。康奈尔大学获得埃兹拉·康奈尔(Ezra Cornell)500 000美元的捐赠并且分得了纽约州从《莫里尔法案》中所获得的资金资助。《莫里尔法案》所带来的直接影响就是学院对科学和研究的重视。《莫里尔法案》规定："资金必须用于资助至少一所具有学科领先水平的学院从事农业、机械等相关学科领域的教学研究，当然也不排斥其他科学和古典学科的教学研究，包括军事战略学。"(Hofstadter and Smith，1961，p. 568)虽然私人捐赠并没有这样的限制，但是铁路、钢铁、石油及纺织业巨头并不希望他们所捐赠的大量资金用来资助少数喜欢研究哲学和宗教的青年人。

相互模仿总是很明显。全国其他学院纷纷效仿那些处于领先地位的大学。哈佛大学的选修制几乎普及到所有的大学，同时学院也成为各学院组织的基本结构。大学内部普遍设立研究生院和专业学院，但是它们与本科生教学相对独立，这已经成为一种常规。在美国大学协会成员要求统一学位标准之后，博士学位授予的要求也越来越标准化。事实上，在美国大学协会成立后的几年中，它通过承认持有哪些院校的学士学位才具备研究生学习的资格，从而有效地对其他院校进行了认证。然而，并非这些处于领先地位大学的所有措施都被效仿。哈佛大学实行三年制的本科学位实验就很少被其他学校采用，而霍普金斯大学注重研究生教育理念的程度也远非其他学校所能及。

学校之间的竞争成为学校发展的动力。大学把扩大规模作为提升声誉的手段。而"扩大规模"就意味着要向学生收取更多的学费，因为在私立大学，学费要占学校年收入的一半以上。在大学为地位而竞争的同时，它们开始添设专业设施，如图书馆、足球馆、学生公寓、放映室等作为大学校园中的娱乐休闲设施。除了加州理工大学、麻省理工大学和一些专门研究院以外，当时全国每所著名的研究性大学都拥有一支知名的足球队。

竞争和模仿使得大学彼此相似。每所大学都宣称自己与众不同，但是大学都采用相同的选课规则、相同的学制和学位要求，以及相同的师生行为方式。20世纪初期，一些大学成立了公共关系办公室来宣扬本校的优点，但是总体上各校学生和教师都差不多，他们都来自于同样的社会阶层。学生们在校时间都是短暂的，而且没有政治权力。教师们能够在学校间自由流动，已经令他们比较满意了。大学已经形成了基本的特征，包括：建立了大学董事会，其成员中商业人士多于牧师；实行科层制管理组织；形成了系统的教师晋升机制；制定了相对统一的入学标准和学生培养计划；建立了学院。

大学所宣扬的探索知识和追求学术卓越的使命，总是服从于学校对目前流行价值观念的迎合。大学不能太过偏离社会的习俗以免失去社会的支持。因此，大学不是为了培养社会的改革者，而是培养安于现状的青年人，以增进社会福祉。大学在招生政策中对种族、性别和宗教弱势群体的歧视，就是那个时代精神的写照。

大学最主要的贡献就是他们所开展的科学研究，19世纪40年代大学科研的质量和范围都处于世界领先地位。特别是在20世纪20年代以后,在物理和自然科学方面,美国大学超越了曾经在世界上占有领先地位的欧洲大学。1917年,美国大学开始致力于服务于战争需要的研究,这已经偏离了大学追求学术自由和真理的初衷。1916年大学成立了预备役军官训练队(Reserve Officer's Training Corps),1918年大学成立了学生军队训练队(Students' Army Training Corps),两者都招收大学男生入学,在校接受军事训练。政府捐资资助学院进行与战争相关的炸药和工业加工方面的研究,学院也欣然接受。科研和军事训练预示着"二战"前后很长一段时间内,与战争的紧密联系成为这一时期高等教育的标志。

2. 其他院校

并不是所有的学院都能够发展成为大学所具有的规模、地位,及其所开设的课程和提供的各项服务。很多学院规模太小,无法提供很宽泛的课程,更不用说建设现代化的实验室和图书馆了。如果这些学院想要吸引资金和教师,从而扩大招生数量的话,他们就要朝纵向发展,增设研究生教育项目。克拉克指出:"一所学院可能在本科课程中很方便地增加科学课程,但是高深的研究很难与希腊语或拉丁语等古典课程的学习同时进行。"(Clark,1995,p.120)一些世纪之交的评论家们提出,如果那些小型学院无法转变成具有更广泛功能的学院,它们就应当关闭。特温认为,"弱小学院的存在是整个学院体系的缺陷"(Thwing,1910,p.140)。芝加哥大学校长哈珀(Harper)建议将弱小的学院降级为初级学院,主要为学生进入大学提供准备。截止到1940年,1900年时学生人数在150人左右的学院中,有15%的学院已经转变为初级学院,而另外40%的学院或倒闭或与其他学院合并。然而还有很多小型文理学院生存了下来,它们仍然是美国教育体系中的一部分。

其他学院随着服务领域的拓展而发展十分迅速，并非在科研和研究生教育方面，而主要在开展专业教育、提供广泛的本科课程，以及参与公共服务方面有很大的发展。很多学院，特别是城市学院主要招收非全日制学生和暑期学生，以至于到1930年，当哥伦比亚大学、纽约大学和纽约城市学院学生人数位于全国之首时，他们的全日制学生还不到学生总数的一半（Geiger, 1980b, p. 112）。另外一些学院，包括纽约的亨特学院（Hunter），芝加哥的西北大学（Northwestern），洛杉矶的南加利福尼亚大学，波士顿的东北大学（Northeastern）以及克里夫兰的西储大学的所有入学学生中，全日制学生只占少数。

因为大学无法录取所有希望通过高等教育提升自己的人进入大学学习，因而建立了其他形式的学院。黑人学院就是典型的例子。尽管在1825年，获得自由的黑奴人数已接近250 000人，在内战爆发时，达到500 000人，但是在内战之前，美国仅有20多个非裔美国人从大学毕业。不管是南方还是北方，几乎没有学院愿意招收黑人。宾夕法尼亚州的林肯大学、19世纪50年代俄亥俄州成立的威尔伯福斯大学（Wilberforce），以及美国国会于1867设立的霍华德学院（Howard），都是专门招收黑人的学校。在内战结束后不久，一些教会和慈善基金会资助建立了一些私立学院，专门招收刚刚获得自由的黑奴家庭的孩子。这个时期建立了50多所招收黑人学生的四年制私立学院。有些学院比较著名，如塔斯卡极学院（Tuskegee）和费斯克学院（Fisk），但是也有一些学院直到20世纪中叶也没有得到认可。1890年《第二莫里尔法案》通过后，公立的黑人学院有了很大的发展，因为该法案规定“如果各个州在没有为黑人单独建立同等的教育设施的情况下，因为种族原因拒绝招收黑人学生入学，将得不到联邦拨款。17个州因此遭到动议”（Rudolph，1962，p. 254）。

女子学院在这一时期也开始出现，有些女子学院是从女性研究会发展而来，另外一些是通过慈善捐赠建立起来的。直到19世纪60年代、70年代，瓦瑟学院（Vassar）、史密斯学院（Smith）和威尔斯利学院（Wellesley）等学院建立以后，女子学院才最终定型。由于文理学院和州立大学开始招收女子，特别是在中西部地区的那些学院，女子接受高等教育的人数猛增。但是，很显然，很多学者和学生家长都认为年轻女子最好在女子学院读书。女子学院也采用了男子学院的传统，如专业的教师群体、四年制课程以及寄宿制等，但是却更加注重文学、语言和人文方面的教育。到19世纪末，哈佛、耶鲁、布朗、哥伦比亚等一些历史悠久的学院仍然没有打算招收女生，所以组建了拉德克利夫学院（Radcliffe）、彭布罗克（Pembroke）和巴纳德学院（Barnard）等附属女子学院，为女性提供同等的课程和考试。

初级学院的建立是一次成功的尝试。它起初作为提供两年制大学课程的机构而存在，后来因为得到了一些大学校长的支持发展起来。这些大学校长坚信如果大学仍然以一二年级新生的教学为重点，就永远不会成为真正的研究和专业发展中心。由于高中毕业生数量增长所带来的升学压力是初级学院迅速发展的最主要推动力。到1922年，在207个初级学院中，有137个是私立学院，分设在37个州内。大部分初级学院都很小。初级学院全部入学人数大约20000人。到1930年，除了5个州以外，450所初级学院遍布其余各州，总入学人数在70 000左右。到大学转型期末，有600多所初级学院在招生授课，大多数初级学院规模仍然很小，平均每所学院有400个学生左右。加利福尼亚州公立初级学院的发展处于领先地位，另外在俄亥俄州、得克萨斯州、密苏里州也建立了大量公立初级学院。许多东部和中西部的私立初级学院为那些不能进入大学学习的年轻女子提供进修教育。另外一些初级学院允许学生在居住地学习大学一、二年级的课程，最后再转入授予学士学位的学院学习。20世纪30年代、40年代，初级学院开始大量开设职业领域课程，初级学院具有双重功能，既为学生继续接受大学教育做准备，也为学生就业做准备。

州立学院作为另外一种成功的学院形式，有时也呈现出综合性大学的特征。随着各种专业或准专业组织要求候选人必须接受博士学位以下的专业训练，州立学院迅速发展壮大。19世纪后30多年间所建立的大约100所公立师范学校，大多数转变成能够授予学士甚至是硕士学位的州立学院，培养立志成为教师的青年人。这些综合性学院开设了许多专业教育课程，包括护士、会计、商业、贸易和技术，此外还开设了家政学，以及一些农业领域的专门课程，如农场管理、畜牧业和农作物生产等。

总之，由于学院入学人数的剧增，任何高深学科都能招收到学生，即使那些实验学校或风格怪异的学校同样能够生存下去，也能够招到认可其价值的学生入学。但是，这些学院大多不是独立创办的，通常是大学下设的实验学校，或者大学内设的独立学院。这样，学生和教授可以接触更广泛的学习研究领域，体验各种不同的课程和教学模式，而不会影响学院的整体环境。1927年，威斯康星大学实验学院的建立主要为了满足少数师生希望摆脱固定的课程或教学模式的束缚，建立教师和学生互相影响的教育模式的要求，这所学院前后持续了5年时间，反映了20世纪60年代许多类似的实验学院的总体情况。1932年建立的明尼苏达大学普通学院是成功的初级学院的典范。该学院对学生进行测试分类，为学生提供中学后教育，培养学生进一步深造，或为学生提供当时所谓的终结性普通教育。圣约翰学院(St. John's College)也于20世纪30年代进行了重组,这次重组围绕的主要目的就是推广名著学习计划。其特征就是研讨班,包括非专门课程教师组成的教师队伍以及一套完整的指定课程。整个学院都以培养学生创造性为核心理念。在这些人当中,本宁顿(Bennington),莎拉·劳伦斯(Sarah Lawrance),巴德(Bard),罗林斯(Rollins)和布莱克·蒙田(Black Mountain)等人都充满了艺术表现的热情。

20世纪初期,高等教育已经形成了基本的模式。这些都发生在哈佛校长艾略特任期的40年中,他在1896年明确提出高等教育体系的许多基本原则。各所大学都或多或少地侧重于不同的功能,但是无论公立大学还是私立大学的许多特征都沿袭了早期大学的模式。美国大学的本科生教育沿袭了英国学院寄宿制的模式,研究生教育和科学研究则受到了德国大学的影响,而服务社会以及为学生提供更广泛的职业教育等功能则是(美国大学)自己的独创。正如科尔所描述的,"这种大综合看起来似乎没有道理,但它却为美国了创造了一个高效的学院教育(模式)"(Kerr,1963,p. 18)。

三、学　生

在大学转型期初,全国年满18岁的青年中进入大学学习的比例不到2%。在入学的63 000名学生中,1/5是女生。随着全国人口的增长,上述数字也随之增长,到1900年,有250 000名学生进入大学学习,女生比例上升至2/5,到1920年,大学女生数量则占到一半左右,但是到这一时期末,女生比例又下跌至1/3。总之,18

岁青年入学率稳步上升，到1890年达到3%，1900年达到4%，1910年达到5%，1920年达到8%，到1940年达到16%。

20世纪20年代，入学人数增长最多。虽然学生人数的增长主要是在原来的学院，但是，新建的初级学院以及从师范学校转型而来的本科生学院也发挥了重要的作用。1920—1930年，高中毕业人数增长了150%，这也是大学入学人数剧增的因素之一。学院和课程以不同的速度发展。工程学、法学、医学的总体比例下降，而非专业性的研究生教育的比例增加了。同时，课程修习年限的延长也是导致总体入学人数增长的原因之一。法律修习年限增长到3年，医学和师范教育则需要4年。总之，造成入学人数猛增的因素有：学院的数量增加了；课程修业年限的延长；高中毕业生增多，以及因为越来越多的职业希望新员工受过大学教育导致对职业教育需求的增长。

越来越多的人认为高等教育是促进人们从社会底层流动到社会中层和上层的途径。布莱德斯坦指出："在一个既没有建立有效的学徒制也不存在世袭贵族的国度，学校毕业证书越来越被看作是人们进入报酬优厚、受人尊敬的职业的许可证。到1870年，美国有更多的学院颁发学士学位，其法学院和医学院的数量比当时整个欧洲还要多。"(Bledstein，1976，p. 33)

1. 入学条件

在这个阶段早期，大学入学条件增加了。如果学生家长是本校校友或家长十分富裕可能会让大学招生人员另眼相看，但是学习成绩一直是招生的重要标准。如果要进入大学至少要熟悉几门学科知识，但是并不是各个大学所有学科的入学要求都是一样的或要求是同一个水平。在大学的转型期的前几年，物理、自然地理、英语写作、自然科学、英语文学和现代语相继成为大学招生考试的科目。哈佛大学带头进行了一系列的考试科目改革，其中也有一些学科是普林斯顿和密歇根大学带头发起的。

一流大学文科学士的招生主要侧重各学科的综合考察。虽然各学院的学科要求大致相似，但是其对学科知识要求的深度和广度则有所不同。哈佛大学最注重考察数学能力，而密歇根大学最不重视的学科是希腊语。英语在这个阶段的初期并没有列入入学考试学科，大概因为英国文学原本没有古典文学那么普及。此外，因为英文是本地用语，学院领导们估计学生应该具备足够的英语能力，特别是在公立学校系统扩大之后。1870 年，普林斯顿大学将英语写作列入入学要求，随后哈佛大学、密歇根大学、哥伦比亚大学分别于 1874 年、1878 年、1882 年将英语写作列入入学要求。大学通常要求申请入学的学生写一篇英语短文，这种做法以后一直延续下来。物理和自然科学也列入入学要求。1870 年，哈佛大学和密歇根大学首先引入了自然地理。1877 年，康奈尔大学开始将哲学列入入学要求。1890 年，密歇根大学开始将植物学和自然哲学列入入学要求之中。到 20 世纪末，物理已经成为各个大学本科入学考试的基本学科之一。

课程类型的增多导致出现了不同的入学要求。1874 年，哈佛大学设立了劳伦斯科学学院（Lawrance Scientific School），要求入学学生掌握物理和化学知识。但是奇怪的是，耶鲁和普林斯顿大学的科学学院当时并不要求学生在入学前掌握一些自然科学知识。直到 1888 年，普林斯顿大学的约翰·格林科学学院（John C. Green）才开始要求学生阅读 5 本恺撒的书和 4 篇西塞罗的演讲。直到 1895 年，耶鲁大学谢菲尔德科学学院才把植物学列入入学要求。这些学院一直相信古典学科和数学训练可以为学习自然科学提供良好的准备。并且，当时的中学并不开设很多科学课程。

随着大学转型期的推进，学校期望更多地提高学生学习的质量，而不仅仅是学科上的改革。那些致力于促进高深研究的一流大学，提高了对入学新生的要求。他们也对中学施加压力，要求他们为学生提供各门学科的准备。在外语方面，对语言的应用能力以及阅读原著能力的重视取代了语法技能训练。

到19世纪末，美国联邦教育局搜集整理了475所学院的入学要求的数据，发现其中有432所授予文学士学位，93.0%的学院入学要求具有拉丁语基础，73.6%的学院要求希腊语(见表3.2)。在其他课程中，上述数据按比例下降。授予文学学士或理学士的学校很少有要求学习希腊语，但是其中有38.6%的学校希望学生掌握一门现代语言(Broome，1903，p.82)。

表3.2　攻读四种学位的入学要求(1897年)

学　位	学院数量	学院入学要求的百分比		
		拉丁语	希腊语	现代语
文学士	432	93.0	73.6	14.0
哲学学士	123	81.3	5.6	41.6
文学学士	98	68.3	2.0	38.7
理学士	318	55.3	2.0	38.6

资料来源：Broome，1903，p.248。

20世纪20年代大学入学压力增大，开始成为困扰大学的难题。学校设施和资源无法容纳所有的学生入学。财富的多少和家庭社会地位的高低成为影响学生进入大学的因素，这有悖于教育平等的观念，以及高等教育以人的智力及其学术能力为基础促进人的社会流动的思想。大学千方百计为自己的不公正行为进行辩护。大学校长们，特别是东部的私立大学的校长为了控制学校规模不惜减少招收新生人数。另外一些大学试图通过限制犹太学生的入学人数来控制学校整体规模，而犹太学生恰恰具有良好的智力水平和强烈的学习动力，这些正是大学校长所期许的品质。这样，大学角色的多样性问题浮出水面。大学是人们学习、研究和实现更高追求的地方吗？大学是人们互相交流，培养独立人格，通往成人社会关系网的地方吗？它们是为学生进入研究生院学习做准备的地方吗？所有这些问题，连同反犹主义和歧视黑人及南欧人子女的问题都浮现出来。美国其他地区的大学，特别是中西部的州立大学，仍然继续以最低的入学标准招收大量的学生。对于很多学院来说，只要具有高中毕业水平就可以入学。

学生入学要求的变化反映了对学生期望的提升，但是不能够回答为什么学院以学业成绩为依据选择学生的问题。所有的学院都受资源的限制，因此必须限制招生人数。然而，学业成绩，即入学前的学校成绩或入学测验成绩，到目前为止一直是应用最广的入学标准，原因如下：

- 学院声誉。学生学术能力越强，越有可能取得事业上的成功，因此显得学校教学有方；
- 教学轻松。聪明的学生更能领悟教师的意图，使教师保持高涨的情绪；
- 投资回报高。即使在教学中投入较少的努力，也能获得很高的教学成效；
- 个人动力。最守纪律的年轻人应该获得奖励，因为他们在中学表现良好；
- 社会价值。由于优秀的年轻人受到学者的激励，他们将在发展知识方面作出自己的贡献；
- 保持社会的共同语言。大学的任务就是通过对话、理性的语言以及思想交流促进学术的发展。

在20世纪20年代、30年代，东部的精英大学除了学业成绩以外，还采用其他形式的入学考试。哥伦比亚大学要求入学申请人提供推荐信、个人信息以及志愿书等，以便招生人员可以依据主观标准决定录取与否，当年哥伦比亚大学犹太学生人数因此下降了一半左右。哈佛大学校长洛威尔(Lowell)试图规定犹太学生入学定额，但是遭到教师反对后，在招生过程中增加了主观评价。盖格总结道："哈佛大学的实践使其他学校明白，公开设置招生定额无法被公众接受，而哈佛大学也似乎从其他学校的做法中受到启示，借助招生标准的模糊性来掩饰其歧视性做法。"(Geiger，1986b，p.135)普林斯顿大学毫不掩饰地把社会地位列为优于学习能力的入学条件，其次才是考试成绩。一些私立大学也偏向于那些重点中学的毕业生以及校友子女。

入学选拔有各种标准——不同时期、不同学院均不相同。因为美国学院数量较多，多样性选拔标准对美国来说没有像在其他国家那样导致严重的问题。因为在美国任何学生总是能够进入适合自己学习的大学。此外，由于各种原因，美国从来没有一个全国性的大学入学考试。然而，入学标准的经常变化更反映了一些学院的偏见，特别是在那些校友具有重要影响的学院，以及那些具有相对统一的信仰的学院。它还意味着学院的声誉在一定程度上取决于学院的入学标准。学生入学选拔的基本因素反映了美国各个阶层的相对社会地位以及美国当时社会习俗的变化。

随着20世纪20年代入学选拔标准变得更加重要，出现了多种多样的入学测验，如学术能力测验(Scholastic Aptitude Test)。在20世纪30年代，大学教育考试委员会(College Education Examination Board)开始为精英大学组织入学考试，期间也开始实行研究生入学考试(Graduate Record Examination)。东部的精英大学，特别是那些试图提高入学新生质量的学院经常使用这些测试。20世纪30年代，由于为东部地区的大学提供生源的私立中学开始萎缩，这些大学不得不朝着全国性的而不是地区性的大学发展。1934年，哈佛开始对中西部优秀学生实行奖学金制，耶鲁和普林斯顿大学也以同样的方式在全国范围内吸引学生。学业成绩被认为是主要的入学标准，而标准化测验成为最有效的考核方法。随着课程学习的正规化，大学教育家通过这些不同类型的入学标准逐步使公众认识到，客观化的入学标准更有利于选拔有能力的学生。

总之，种族、宗教、性别、民族、家庭财产和社会地位等因素都曾被作为大学入学要求的条件。但是因为这些因素是个人与生俱来的，而不是基于个人才能和努力的结果，因此，有悖公平和平等的原则，最终这些因素都遭到人们的抵制。随着大学转型期的结束，学业成绩以及入学测验成绩越来越为人们所接受。

2. 学院生活方式

在大学转型时期，把进入大学学习作为一种生活方式的想法十分盛行。住校的经历以及与同学的交往对青年人的成长起到了十分重要的作用，帮助他们建立了受益终生的人际关系。由于一些初级学院以及多科性学院和大学提供了特殊待遇，非全日制和非寄宿制学生人数所占比例不断上升，但是在老式的寄宿制学院的学生不断宣称拥有独特的学院生活模式，而这是非全日制和非寄宿制学生所无法模仿的。

四年制学院生活经历的(巨大)价值受到美国的极力推崇。英国本科寄宿制学院以及英国其他社会机构一起被引进到美国，但是它们并没有因为研究生教育和科学研究的迅速发展而销声匿迹。如果学院要成为一所真正意义上的学院，就必须为学生开设辅导课、提供住宿以及开展课外活动。即使在一所综合性大学，也需要建立一所这样的学院。随着学院人数的增长，能够在学校住宿的学生比例下降，但是许多学院在无法为学生提供住宿条件的情况下，把限制入学人数作为权宜之计。当学生租住在学院附近的社区时，学院又试图制定规则来管理学生的行为。总之，即使学院的规模越来越大，学院要对其本科学生的生活负责的观念也一直都很强。

神话般的四年住校经历对于人们关于什么是真正的学院的看法的影响是如此深刻，以至于一代一代的人不断地研究学院生活对青年人所产生的影响，这种学院生活的典型特征是完全的寄宿制以及课外活动。这种氛围与学院建立的初衷相一致。但是几乎没有人研究学院对非全日制以及非寄宿制学生各自产生了什么影响。到 20 世纪 30 年代，形成了一种学生事务的观念，那就是学院要对年轻人生活的各个方面负责，不仅包括学生的学习和认知发展，还包括学生的情感、心理健康。

在美国高等教育形成之初，四年寄宿制学院的独特性就已经显现出来了。随着学院的扩大，他们建造了新的住宿设施来延续这种特殊的经历。由于课程的僵化保守、脱离世俗的生活，因而产生了课外活动课程。校园活动包括体育活动、戏剧表演俱乐部、辩论会、兄弟会以及宗教仪式等。课外活动课程成为一种形式的代替物——一种参与类似社会活动的代替物。校外活动把学生与其他学院的学生群体联系起来。这时，有组织的体育运动队与辩论俱乐部已经发展成为院际之间的活动。在 19 世纪末，随着学院间基督教青年会（YMCA）的建立，甚至宗教活动也成为学院间的活动。

大学转型期间，学院间体育运动盛行，并成为学院间的主要活动。体育系有自己的预算资金。大学建立了大量的体育馆。随着收音机的普及，体育新闻成为报纸和全国广播的主要内容。体育运动也是英国和德国大学学院生活的一部分，但是它们与美国的商业化程度有所不同。19 世纪后期，学院间的体育运动刚开始出现就得到迅速发展，就像它们要“冲过去填满精神空虚一样”（Hofstadter，1952，p. 113）。体育运动取代了以前学院经常发生的学生暴力，校友也因此加入到学院中来，不仅保持了他们对学院的忠诚而且保证了他们对学校的捐赠。

随着学院模式的确立，学生反抗教师的事件减少了。虽然偶尔发生学生反对学院代理家长地位的事件，但是即使这些对抗也有所缓和，不像 19 世纪中期学生动乱那样具有暴力性和破坏性。一部分原因是因为 19 世纪末学生面临着更多的经济机遇，有更多可选择的职业。“19 世纪 80 年代的学生，特别是那些名校的学生，满怀自信地把高等教育看成是通往光明大道上的短暂停留”（Kett，1977，p. 175）。逐渐地，随着学生入学年龄的增长，学校用来管理年轻人的管理模式也有所改变。

在整个高等教育史上，学生们一直希望学院能有助于他们的社会流动。处于大学转型时期的学生们也是如此。随着课程范围的不断拓展和社会环境的变化，学生们成立了同学会，发展了伴随一生的同学关系。每个学院都是独立的社会，向自己的学生灌输它们的价值观并期待学生一生都忠于本校。在这种与外界隔离的场所中，学生们形成了自己的行为方式。这些行为方式是如此有影响力以至于到 20 世纪 20 年代，“学院人”具有特定的含义，主要指这样一些人：他们非常忠实于自己的学院，穿着独特的服装，对待年轻女性显示出漫不经心的态度；他们很少关注自己的精神生活，是“三流绅士”的典型代表。

学院一直主张平等主义思想，强调任何有学术能力的人都能入学。1869 年，艾略特在哈佛大学校长就职演说中提到，哈佛大学永远都不会拒绝任何才能出众和品质高尚的学生入学学习。然而，他同时也指出哈佛不欢迎女生入学，并不是认为她们天生就能力有限，而是因为学院不能提供独立的女生宿舍。尽管学院校长的演说十分精彩，学院还是屈从于当时的社会习俗，而不是引领社会的发展。

体育运动和社会交往活动并不是学生生活的一切。学生更多地参与社会事务。女学生和教师参与投票选举活动；1908 年，有 15 所学院成立了全国大学妇女平等投票权联盟（National College Women's Equal Suffrage League）。在 20 世纪 30 年代，反战运动中就包括学生反对加入后备军官训练队（ROTC）的运动。学生还参加了煤矿和服装加工工人的罢工运动。一些学生还参加了共产主义运动。禁酒运动的结束消减了对非法饮酒的恐惧，而大萧条则以另一种方式使学生们清醒地认识到要想找到高薪的全职工作并不容易。这一时期的一首十分流行的歌曲描述了一个年轻人好不容易进入了大学，然而所学习的那些知识毕业后几乎根本用不上的懊恼心情。美国加入"二战"对学生生活造成了更大的影响，因为大多数学生都应召入伍，而且大学校园成了培养战争所需要的大量军官的培训基地。但是，无论如何，学院生活模式已经确立了。

四、教　师

在大学转型初期，美国只有不超过 250 所学院，每所学院聘用的教师平均不到 24 人，其中大约一半的人是教师。此时还没有出现学术职务等级的分化，也没有建立不同的学院或学术团体，更谈不上教师的学术自由和学术自治。在大学迅速发展后的近 50 年中,逐步形成了具有上述特征的现代大学教师制度。事实上,19世纪末20世纪初,大学的发展和作为专业群体的大学教师的发展是密切相关的。

一直以来,人们试图为专业化的概念下个定义。但是由于专业角色随着周围环境的变化而发生变化,所以下定义总是很困难。专业在不断地演化,而且不同的社会群体对专业的社会地位也有不同的看法。专业最通俗的解释是:全职并终生从事某一职业。一位专业人士接受了长期的正规教育,并且掌握了大量专业知识。专业群体具有下列特征:服务于特定的客户群,具有独立判断能力,遵循职业道德标准,拥有执业执照或符合正式的入职标准,以及成立了对上述各方面进行监管的专业协会组织。

随着大学转型时期的到来,大学教师逐渐从教授多种科目的短期助教,转变成为长期从事特定专业领域研究的知识渊博的全职教授。由于助教的收入少,社会地位低,以及缺乏职业安全感,因此教师职业的形成比较缓慢。州政府不关心教师的生活,教师从来也没有获得与公务员同等的待遇,院外董事会也根本不关心教师的工资和待遇。大学校长随便雇用和解聘教师,并且付给他们认为符合任职条件的教师尽可能少的报酬。

1870年以后,上述情况发生了变化。哈珀(William Rainey Harper)担任芝加哥大学校长伊始,就采取措施提升教师地位。芝加哥大学是由洛克菲勒(John D. Rockefeller)以及几个芝加哥商业巨头捐资建立的。因此,哈珀就有了可动用的资金,而他的第一个举动就是在全国遍寻最好的教授。他聘用了耶鲁大学教授以及一些学院的前校长,其中包括威斯康星大学校长。哈珀对克拉克大学的偷袭非常引人注目,他背着克拉克大学校长私下与该校很多教师见面,承诺向他们提供双倍的薪酬。当克拉克大学校长提出抗议后，他竟然邀请他也加入芝加哥大学。最终他从克拉克大学聘走了15位教授，挖走了克拉克大学的许多著名教授。此时，克拉克大学成立仅仅三年时间（Hofstadter and Smith，1961，pp. 759－761）。

虽然各个大学的规模和重点有所不同，但是大多数学校都拥有一个本科生学院、研究生院和几个专业学院。大学教师地位的提升主要是靠后两个方面。如果大学教师只从事本科教学，其专业化进程是不会如此迅速的。从一开始，研究性大学和文理学院对于大学教师用于教学时间的要求就不一样。虽然很难估计教师用于教学的确切时间，但是毫无疑问大学对教师教学时间的要求比较低。随着老式学院中研究生院的发展，以及诸如康奈尔、霍普金斯、克拉克、芝加哥和斯坦福等一批大学的新建，他们一开始就建立了研究生院和专业学院，大学要求教师用于教学的时间也不断变化，以至于在一流的学院中，教授花在教学上的时间越来越少。

大学教授仍然不断要求减少教学时间。不那么著名的大学的教师以一流大学的教师为标准，而一流大学的教师则以欧洲大学教授的教学时间为参照标准。然而，即使不同类型的大学，同一所大学中不同的院系，不同职称的教师用于教学和科研的时间都有所不同，也很少有人愿意用全部时间去做某一件事。在美国大学普遍形成这样的观念：教授，至少有部分时间从事教学，部分时间从事科研。他们既是教师，同时也是学者。

教授这一职业的其他特征在不同时期先后出现。在1880年左右，哈佛大学实行教师学术休假制度，这一制度迅速传播开来，以至于到了19世纪末，其他一些研究性大学也开始这样做，教授每工作7年可以享受1年时间的休假，休假期间保留部分薪水。实行学术休假的初衷是为了保证教授有充足的时间进行更高深的研究并保持在专业上的领先地位,这一制度因此也成为教师聘用中的一项福利和协商筹码。在20世纪前20年,大学普遍向教授提供学术休假和校内科研资金。一个为教师提供科研资金的例子发生在1915年的加利福尼亚大学,学校当年的预算中包括了用于教师科研的部分资金。然而,教师薪酬并没有获得相应的增长。在第一次世界大战期间,福特汽车公司生产线工人的工资与密歇根大学副教授的一样多(Kreger,1998)。

教师专业化意味着越来越多有知识的人,特别是科学家,开始成为大学教师。在上一个时代,最著名的学者大概都是自由职业者,随着大学的兴起,他们成为大学教师。1906年进行的一项研究表明,在1 000名美国科学界精英人物中,有400多人受聘于15所一流的研究性大学,而另外200多人则受聘于其他大学(Geiger,1986b,p. 39)。这一切就发生在艾略特就职演讲后的下一代人中。艾略特在就职演说中说道:"大学绝不占用任何一笔资金,目的就是为了保障学者能够拥有闲暇和财力从事原创性的研究。"(Hofstadter and Amith, 1961, p. 613)

无论教师的工作重心如何转变,只有在圆满完成教学任务之后,大学教师才能从事科研。20世纪前10年中,研究性大学的教授用于教学的时间平均是每周6—10小时,比大多数大学的15—18小时要少。到1920年,大学教师用于教学与科研的时间差距进一步扩大,在那些著名的、财力雄厚的、以研究生教育为主的大学,对教师教学时间的要求少一些。然而,由于高等教育系统的不断分化,初级学院和师范学院迅速发展,这一时期的生师比并没有发生变化,仍在10∶1左右。这一平均数据很好地掩盖了研究性大学生师比的下降以及本科生学院入学人数的增长和课堂规模的扩大。

很明显，科研能够提升教师的专业化水平。随着教授科研领域的不断细化，科学研究使教授们变得越来越专业化。到19世纪90年代，大学教师根据自己的专业兴趣，按照不同的学科成立了学系。这主要受到了德国的影响，同时也受到人们对知识本质的主流看法，以及年轻学者想要在新的领域扬名的雄心壮志等因素的影响。此外，随着大学规模的不断扩大，大学没有精力对课程、教学任务和学生学业成绩进行统一的管理。学系开始分担一部分管理责任，从而导致了学系的形成，因为教授们寻求建立能够履行他们的学术权力的组织，以此抵制那些限制他们时间和行为的不正当要求。

学系的建立与大学教师对学术自由的追求不谋而合。现在的大学教师们已经完全接受了德国学生自由选择课程和教师自由进行教学和科研的传统。大学的管理者和董事会则不那么热心于学术自由，特别是当大学教师们把学术自由看作是有权提出与众不同的思想观念时，更是引起他们的反感。这种对立不是因为教育观念的分歧，而是因为出于可能影响学院的公众关系的考虑。学术自由的倡导者把原来自由概念中学与教的自由，扩展为包括保护大学教授发表有关学校管理经营以及其他校外事项的意见的自由。也有很多大学校长持有不同观点，声称自由应仅限在课堂中。

由于发生了一些大学教授因发表不同观点而遭解聘的事件，1915年成立了美国大学教授会（AAUP）。这个全国性的、校际间的协会在其成立初期主要为被解聘或是在学校管理过程中受到不公平对待的成员抱不平。1940年，美国大学教授会发表了一份原则声明，提出终身教职将能够保证教授不仅仅因为持有不同观点而被解聘。同时美国大学教授会还建议大学教师应该参与学院管理，特别是在学校管理人员选举和学校教育政策制定等方面。大学之间存在竞争,每个大学都希望能招聘到最著名的学者,同时由于在不同学院从事相同学科研究的学者之间的相互交流,逐渐地减少了在学者发表文章以及言论方面的限制。

大学教师在推行终身教职和职业权力观念的过程中所遇到的困难之一,就是如何实现教师聘用权力的转移,让大学教师掌控这些方面的重要权力。另一个更加微妙的障碍,就是在评价教师任职标准方面,如何从对宗教和权威的依赖转变为对理性的崇尚。启蒙运动的理想就是要带给公众正义和平等,让追求真理代替墨守成规。大学的科研、试验和理性探索正是这一理想的体现。教师应该追求真理,这是教师职业的基石。秉持这一信念,教师们争取到了坚持自己的观点和对公共政策发表看法的权力。但是,由于忽视了教师个人的信仰和信念,“大学变成一个追求虚无缥缈目标的教育机构”(MacIntyre,1988,p. 399)。当大学为了追求客观公正的理想时,不仅教授的聘任和晋升主要取决于学术竞争力,而不考虑他们的观点和成见,而且由于认为各种学科知识具有同等价值,因此任何事情都变得可以接受。这是大学的最佳状态,最终有助于大学教师的权力以及课程的发展。

大学教师职业与其他大多数职业不同,因为他们不需要接受州政府的强制检查而获得认可。大学讲师不像医生需要获得医生资格考试委员会的审查才能行医,也不像酒吧调酒师需要通过资格考试,也不需要州政府颁发执照。大学教师根据自己学院的情况自行制定自己的专业标准,由于各个学院的重点不同因此教师标准也不同。其他职业依靠公众认可,大学教师在大学中的地位更多依赖于专业同行对他们的认可。因此,如果大学教师认为有机会提升自己的专业地位,他们很快就会在大学之间流动。

由于研究变得越来越专业化,学系的产生进一步促进了大学教师的专业化水平的提高。各种不同的专业协会的成立，把不同学科的成员聚集在一起，因此大家能够进行学术探讨，交流各自的成果，促进现有知识的发展。几乎所有的学院间的专业协会都成立于大学转型初期。从1869年成立的美国语言学学会，到19世纪80年代成立的现代语言协会、美国历史协会、美国经济学协会，以及19世纪90年代的美国化学学会、美国心理学协会。20世纪初的5年间成立的专业协会主要有：美国哲学协会、美国人类学协会、美国政治科学协会和美国社会学学会。事实上，这些协会更注重教学而不是科研，全国英语教师联合会就是一个例子。这样，大学教师除了本校的同事以外还有校外的同行，这些专业协会根据全国的专业标准来评价会员的工作。

在美国大学转型时期中的大部分时间里，一流的研究性大学的教师都是从在本校获得博士学位的人中聘任的。1930年，盖格(Gerger，1986b，p. 224)指出，芝加哥大学、俄亥俄大学、明尼苏达大学、康奈尔大学、威斯康星大学和麻省理工大学教师中有1/2至3/4的人都是在本校获得了全部或部分阶段的学位。这主要有以下几个方面的原因。本校大学毕业生被聘为助教，因为大多数初级教师都是根据院系推荐聘用的。而且当教师职位有空缺时，本校学生也有内部人脉关系。另外，由于本世纪初学生入学人数的增长，导致应聘大学教师机会有所增加，产生很多教师职位空缺，但是学系又不愿给外来应聘者机会。到1940年，一流的研究性大学的大部分教师都在本校完成全部或部分阶段的学位。大多数教授都是毕业后在本校做助教，然后成为讲师，最后晋升为教授。因为一流大学在本世纪初开始要求聘用具有博士学位的教师，又因为本校培养了大量的博士，所以院系也就留自己的毕业生。在教师候选人的来源范围有所扩展以后,人们才对近亲繁殖开始担忧起来。

19世纪晚期,学院才开始实行从讲师到助理教授、副教授、教授的职务晋升制度。芝加哥大学开始实行明确的学术职务体系,而后其他大学也很快相继采用。讲师一级的职务的任职期限通常不确定。逐渐地,产生了这样的观念:教授在一定时间内要么被晋升,要么被解聘。直到1940年,美国大学教授协会的原则声明发表之后,限定初级教师在一所学校的任职时间的做法才被普遍采用。美国大学教授协会的政策规定:在最长不超过7年试用期后,新任大学教师要么进入终身教职教师聘用序列,要么被解聘。大多数学院都在某种不同程度上实行了这一政策,并写入学校法规、规章和教师手册之中。

随着大学教师的更加专业化,他们增加了公众服务的职能。特别是那些大学中的社会科学家们希望更广泛参与社会事务,当著名的社会科学协会成立之初,公众服务就被提到日程上来。康奈尔大学刚成立就率先建立了独立的社会科学系,而后社会科学在霍普金斯大学获得了长足的发展,同时,哥伦比亚大学也建立了政治科学学院。这些早期的社会学家们从历史的角度来探讨社会和政治组织的基本规律,试图把它们沿用下去,并通过学生把这种思想传播出去。随着专业协会的发展,大众教育变得更为重要。这一时期,人类对自然和物理科学的认识有了很大的发展,从而有助于人类更好地控制世界。既然自然科学家们能够认识和改造自然界和物质世界,那么社会科学家们也能认识和改造人类社会。当然,事实证明,他们在验证其发现以及影响公共政策方面并不怎么成功。即使这样,他们又开始与各种政府部门合作,最终列席富兰克林·罗斯福总统的智囊团。20世纪20年代很多社会科学家在州政府任职。20 世纪 30 年代，大学教师在联邦政府任职人数迅猛增加。

大学教师专业化在大学中发展迅速，而在文理学院和专业学院进展则相对较慢。但是，即使在一流的研究性大学，大学教师在职务聘任方面也没有获得应有的权力。教师的完全专业化需要建立优胜劣汰机制，淘汰那些不称职的教授以及若干年后丧失了教学或科研能力的教授。然而，虽然大学教师掌握着教师聘任和晋升的权力，他们从来不愿意解雇任何人，除了那些犯了严重错误的人。而且，即使是要解雇这些人，也要获得学校行政和董事会的批准。大学教师群体所发挥的作用，更像一个保护或维护其成员利益的专业组织，他们依靠初期的社会化和松散的道德规范约束其成员一生的行为。

在早期，很多大学教师掌控着本科招生的权力。1884 年，加利福尼亚大学学术评议会制定了本科生入学考试标准和高中认证标准，这与其他州立大学的措施相似，特别是中西部大学。于是，大学教师开始失去一些特权。他们首先丧失了对大学招生标准的认定权，大学招生标准由校际间的认证机构来负责，虽然仍有大学教师代表列席，但却只是占少数。慢慢地，他们丧失了对学生入学的控制权。随着学院不断壮大，管理职位激增，主管学生工作的院系主任、学生注册主任和其他职能机构都开始执行入学标准。于是，入学标准很快成为公共关系和财政的相关领域，从而超出了大学教师所管辖的范围。

到这一时期末，入学人数有所增长，因此平均每所学院所聘用的教师人数都在 85 人以上。一个专业群体兴起了，而且朝着更加专业化的方向发展。这个群体是一个专业化的组织，拥有专业协会,并且通过建立学系获得了相应的权力。这个群体实行不同等级的学术职务以示区分,自行决定成员的聘用、晋升,并且享有极大的学术自由。虽然除了具有高级职务的教师或在少数学院的教师以外,大部分教师的薪酬相对于他们所受到的教育来说仍然较低。但是这种状况也随着公众对教师职业的看法的改变而改变。

五、课　　程

课程是什么?它是一套学习科目的组合,是教师和学生进行的单元教学活动的总称,是一系列有意义的学习。它是专门为学生设计的各种经验,以及在学院建立的包括从图书馆到宿舍的各种设施。它是为获取某种学位或证书所必须修习的所有科目。此外,还包括本科生学院、技术学院和和专业学院中的课程。奇怪的是课程有各种不同的定义,课程如同高等教育的其他方面一样不断地变化。

随着学生入学人数的增长,课程变得更加职业化和多样化。简单来说,课程爆炸式增长。随着一个个专业课程的引进,大多数通识教育的尝试被迫停止了。让教师教他们所想教的以及让学生选择他们所想学的做法成为衡量自由度的指标。事实上,这种做法心照不宣地承认了大学不是以传授普通知识和价值观为目的,而是以增加入学人数、为青年人从事各种职业做准备、为各个领域有组织的研究提供场所以及提高学校声誉为目的。当全国所有学院的学生总人数不过几千人时,还有可能实行统一的课程体系。但是不可能要求全国100万青年人心甘情愿地学习哲学和古典课程。

1. 课程体系

在各种不同力量的推动下，课程体系向几个方面发展。新学院的组建是其中一个推动力。康奈尔大学以将抽象知识转化成学生在实际中能够运用的知识为荣。它不仅推动了学生向专业化发展，还拓展了专业的概念，使之包括农业、社会服务、教学等专业群体。但是它也保留了哲学和历史等学科，认为学习这些知识对进入政治和社会服务领域的学生来说是有价值的。在各个大学，学科是否予以保留或是否受学生欢迎仅仅看其是否有实用价值。霍普金斯大学以科研、学术和高深知识学习为重。霍普金斯大学中研究生院课程的专业化符合学者们的期望。在本科生学院，他们首先设置了专业主修和辅修课程，为学生向研究生专业化发展提供了方便。霍普金斯大学还通过深入宣传博士学位是大学任教的必要条件这一观点，拓宽了专业教育的概念。

老式学院也在改变它们的课程体系。耶鲁大学的自由教育除了古典学科以外，也包括了科学、文学和其他现代学科。耶鲁大学的谢菲尔德科学学院通过发展职前教育来改变课程，特别是增加了医学预科课程。哈佛大学开始全面实行选修制课程体系，并使之合理化，因为选修课能使年轻人追寻自己的兴趣爱好，学习他们认为有用的东西。此外，选修制课程体系能够使教授按照自己的研究兴趣开设课程。选修课迅速被其他学校所效仿，到本世纪之交，全国一半以上的课程都是选修课。

职业化代表着另一种力量，因为任何一个能够想到的职业的学士学位课程都已经存在了。大学成立了教育系，因为教师培训成为大学课程体系中的一部分。在20世纪初，新闻学和商业学也被列入了课程名单。同时还有工程、林业和农业的各种分支学科等。随着社会工作和公共管理领域职业机会的出现，社会工作和公共管理也变得流行起来。一些职业性科目，如收音机维修、汽车机械、商业广告以及护士等办得不好，声誉差，因此很少有大学愿意围绕这些科目开设课程，但是它们在初级学院中找到了自己的位置。

大学教师是一股推动课程改革的力量。新教师接受了更加专业化的研究生教育，了解了基本的学科规范，而这是从前的校长和助教们所没有接触到的。教师们自己建立了学系，获得了相应的政治权力，为他们将课程更加细化提供了基础。到19世纪90年代，一流研究型大学的学系基本控制了教师的聘任。整个系统自给自足。研究生院培养出专业化学者，这些人又被专业化的学术机构所选聘，去教授他们狭窄专业领域的课程。学院都极力提高自己学科的地位，各个学科领域都具有自己的观念、理论以及收集数据和证实知识的方法。

各个领域的学习都发生了转变。实验是科学教学的特征。社会科学领域的教授们通过归纳推理来抵制对权威、道德判断以及自然科学方法的依赖。过去认为美术学习只适合女子的观念消失了，美术系、音乐系和舞蹈系以及后来的创作系、电影系、戏剧系、美术史和鉴赏系开始盛行。随着宗教教义分离成一个专业领域，哲学和文学开始出现，同时每个学科又分化出很多分支学科。虽然在何种程度上平衡和统一以前的课程问题上还有争议，但是可以确定的是：在大学转型时期，课程已经向各个领域扩展。

课程体系的分化使得伦理学课程的发展举步维艰，这门古老的课程试图把所有的知识都囊括起来，但是遭到各方面的抵制。几乎所有的校长都不教课了，教师变得如此专业化，以至于很少有人能够开设这样一门大一统的课程，哪个学系能声称已经拥有伦理学了呢？科学正朝着完全不同的方向发展，化学、物理和生物结合在一起，只是因为它们都离不开归纳推理的方法，任何学科都不可能单独解释世界。社会科学的分化是如此严重，以至于没有哪个系能够开设一门课程，综合运用经济学、政治学、社会学和历史学来解释社会是如何运作的。人文主义课程特别注重个性和批判主义，以及由作家、艺术家等人创设的分支学科。

人们很早就认识到专业课和选修课导致学士学位的修课要求有些混乱。但是，只在最小型的学院，具体的学位修习要求才以知识的统一为中心。大多数院校不是通过改变学位课程要求来扩展课程体系的，而是通过开设新的课程、新的学位种类，以及提供获得老式学位的途径来达到目的。甚至在"一战"以前，哲学学士学位、理学学士学位、文学学士学位就已经被引进到古老的东部学院中了。在西部，学院引进了音乐学、家政学、农学学士学位，还有师范和工程师等特殊学士学位。在大学转型时期，这些不同类型的学位激增，直到开设了各种专业领域学位为止。

2. 预科课程

随着学位种类和课程要求的增多，学院的入学要求也随之变化。在1900年，大多数学院仍把希腊语作为攻读哲学、文学和理学学位的入学要求，但是后来希腊语逐渐被法语和德语所取代。早已有人指出，攻读其他学位的学生没有那些攻读古典学位的学生基础好。一流大学所授予的非古典学科学位要多于文学学士学位，但是认为学生基础不好的想法还是很普遍。由于攻读不同的学位有不同的知识储备要求，所以入学要求也有所不同。当1891年斯坦福大学成立时，只有英语是必要的入学要求，另外再从其他25种科目中任选10个科目即可。早在1870年，哈佛大学校长艾略特就提出建议：受过高级的数学训练的学生可以以此弥补古典学科学习上的缺陷。很少有学院采用入学测试。大多数学院认为，学生之前的学科学习成绩可以反映其所在学科领域具有的能力。

人们开始把注意力转向高中。高中年复一年地培养更多的毕业生，并把很多学生输送到大学。根据鲁道夫（Rudolph，1977）的统计，到1895年，进入大学学习的学生中有41％来自公立高级中学，40％来自学院的附属中学，还有17％来自私立预备学校。在公立高中承担起为大学输送新生的职责后，大学开始放弃这项工作。但是，却出现了一个困境：公立高中所教的学生中不能上大学的学生数量越来越多，因此它们必须制定更为广泛的课程目标。它们教授现代语、应用科学、农业、家政和手工训练等不为学院所需要的课程。如果高等教育机构建立在中学之后而不是之前，它们所开设的课程就应该是课程自然发展的结果，如同中学为年轻学生所开设的那些课程一样。但是，到19世纪末，由于后来发展壮大的中学系统和已经深入到很多领域的大学课程之间缺乏沟通的现象已经十分明显，所以大学校长决定改变这种状况。如果他们不能遥控指挥，他们就让学院派人去完成这项工作。

在美国教育联合会的支持下，1892年成立了十人委员会（Committee of Ten），成员包括大学校长、美国教育部官员、1名大学教授、2名私立中学校长和1名公立中学校长。委员会提交的报告中提出了一个高中课程模式，包括中学四年每年的课程分配。学生要学习四年的拉丁语、历史、英国文学和写作，以及德语或法语；学习三年希腊语、代数和几何；并且学习一年物理、化学、植物学、地理、天文学、气象学、解剖学和生理学。

但是这个委员会的建议生不逢时。16年义务教育发展迅速，并与禁止童工的法律相互促进。1890年，只有27个州的义务教育年限延长到中学，而到1918年，所有州实行了该规定。但是只有少数人从高中毕业，能上大学的人就更少了。只有极少数的高中校长为所有学生制定了严格的大学预科课程。学院或许因高中作为大学预备机构而欢喜，但是高中颁发的毕业证书却与大学本科课程毫不相关。中学的整体规模比大学更大，也更加普及。1900年，有61000多名学生从公立高中毕业，但是其中只有大约30%的学生学过大学预科课程。

大学试图对高中课程发号施令的做法不断受到指责。大多数人认为要求所有的中学生为进入大学做准备，伤害了大部分不可能继续深造的学生。弗莱克斯纳(Flexner，1908)非常反对这种做法，他指出高中应该自由变革，强制中学生学习那些在大学里他们不会学习的科目(例如拉丁语)是一种浪费，规定大学入学考试助长了填鸭式教育和死记硬背的学习方式，必修课程不是一种教育项目，而是大学内部各种利益群体政治妥协的结果。另外，这种僵化的入学要求并没有为学生适应大学的选修制做好准备。

但是大学仍然继续把它们的期望强加在中学身上。很多大学成为中学教育的认证机构。密歇根、印第安纳、威斯康星和加利福尼亚等州立大学在这方面处于领先地位。1884年加利福尼亚大学董事会宣布：基于州的一些公立学校校长的要求，大学将组织教师委员会到中学访问并提交教学质量报告。到本世纪末，大约有200多所大学承担高中认证工作，这种做法直到中学认证联合会成立后才结束。

随着高中入学人数的不断增长，中学开始实施“双轨制”，一轨为大学教育做准备，另一轨为学生就业做准备，以及为培养学生成为社会的建设者和合格公民做准备。因此形成了年轻人早期的分流教育模式。以前的教育分流主要看学生是否上大学，现在，大多数学生都在中学学习到16岁，教育分流也是在学校里完成的。对于大学来说，即使是接受大学预科课程教育的学生的知识储备也令他们感到不满，这就导致大学采取其他措施，特别是通过入学考试来选择学生。最早的大学入学考试是带有偏好的，它反映了少数出题教授的喜好和专长。很快，学院开始设立入学考试委员会，为各学院的入学考试设定标准。本世纪初成立的大学入学考试委员会发挥了重要作用，因为它尝试在全国不同城市的大学进行统一的入学考试。然而，直到几十年后，才有一小部分入学申请者参与这种考试。大多数学院还是各自进行入学考试。

学院和中学的关系因为中学聘用什么样的教师而变得更加复杂。早在19世纪初，教师培训就成为高等教育的一个独立研究领域，但是在大学转型时期开始时，也只有十几所师范学校。虽然师范学校的数量迅速增长，但是，到本世纪末，也只有20%的中学教师接受过学院培训。早期的师范学校招收两年制高中学生，学习2到3年的课程。因此，师范学校毕业学生比全日制大学的学生差得多。甚至在1940年，全国也只有18%的师范院校毕业生和师范学校接受和开设了四年制课程。大学试图让一些学院强制实施某些课程，因为这些学院中的大部分教师都没有学习过这些课程。

随着中学生数量的增长和大学生数量的增加，上大学的途径也有所分化。只有少量中学接受了十人委员会所提出的课程体系，事实上，本世纪初期以后，这种课程的应用更少了。到20世纪40年代，只有20%的高中学生在学习大学预科课程。例如，1910年，只有不到一半的公立高中学生在学习拉丁语，到“二战”结束时，只有不到10%的学生学习拉丁语了。而学习现代外语、数学和科学的人数则没有这么大的下降幅度。

因为学院不能依靠公立中学给它们提供足够的令它们满意的生源，所以它们只有另辟蹊径。随着高中的发展，大多数学院都减少了对预科学校的依赖，但是它们仍然通过补习教育和提高教育来继续这项工作。特别是东部的许多学院，从依附于大学课程的私立预科中学选拔新生，以此缓解生源危机。其他很多学院把降低入学标准作为权宜之计，结果招到一些基础并不好的学生。很多学院，特别是中西部的公立学院，开始不顾学生基础大量招生，并打算在第一学年末淘汰一半的学生。

3. 选修课程

虽然许多大学校长自己正在实行选修制，但是他们却认为可以强迫中学实行某种课程体系，这种想法暴露出这些大学校长思想的狭隘性。为了推动学院向大学转变，以及进一步提升科研和研究生院在大学中的重要地位，有必要实行选修制以及提出相应的各种入学要求，但是却把本科课程弄得一团糟。关于选修制的主要争议就是获得学士学位是否有固定的学习模式。两个人完全可以在同一时间从同一所学院毕业，而没有学习相同的课程。学位仅仅表明学生修满了120个学分，并且不一定是在同一所大学获得的学分。为什么会出现这样的问题目前还不知道，反而是那些学士学位的获得者完全不清楚自己要从学习中获得什么。选修制使大学教师有理由声称自己与本科生的增长无关，也使得他们在更狭窄的领域中开设自己感兴趣的课程。自由研究、自由学习的想法成为每个教师能够随心所欲的理由。统一的学院生活经历消失了，同时教师或课程对学生的发展具有重要作用的观念也不存在了

把课程体系定义为一系列相互分离的课程成为主流。一所著名的大学或许开设500门不同的课程，这就意味着知识被分割为很多细小的部分。大学在保留古典语言课程的同时，也开设了职业课程，并且让那些接受职前教育的学生和那些没有明确职业定

向的学生坐在一起。在课程不断拓展的过程中，很少有课程被放弃。没有必要去否定那些教授们喜欢开设而学生又喜欢学习的课程。我们所要做的就是使学位标准变得更加灵活，从而使教授的知名度和学生认为有用的课程成为主导的因素。学院把课程组织成结构单元，即每门课程都保证固定学时的学习时间，然后全部学分都记入毕业所得的学分要求。这种组织形式完全取代了让所有学生学习同样课程的模式。

允许学生学习那些能够满足他们的兴趣和需要的课程的想法已经为人们所接受。这很容易证明，还有什么做法比给学生提供满意的多样化的课程更民主呢？同时，选修制主要表达了这样一种抽象思想：大学没有权力指定课程；任何学科都一样有用；任何领域的知识都一样有价值；知识是不断演进发展的。选修制还具有几个强有力的推动力：接受职业教育的学生人数不断增加；院系以学科为中心以保障有学生来选修教授所开设的课程，达到平衡所在领域的财政预算的目的；还有极少数的大学校长承认一些领域的知识比其他领域的知识更有价值，而且认为学生在学校应该学习一些共同的知识。因此大学应该在保护社会共同的价值观念方面作出贡献。

对选修课程体系的反对之声与20世纪二三十年代占主导地位的通识教育观念结合在一起。通识教育有着各种不同的定义，但是比较有影响的定义是：所有的学生都应该学习一些共同的知识，才能成为具有共同思想观念的社会成员。通识教育试图解决在一个知识支离破碎和极度专业化的时代，如何维持一套共同的价值观念。1919年，哥伦比亚大学宣称，受过教育的人至少必须了解一些固有的知识和文化传统。学校开设了综合性的西方文明课程，这种课程综合了已经四分五裂的各种专业知识，并在其他学院盛行起来。例如，名为“社会中的个人”的社会科学综合课程是最出名的，而跨学科的人文课程，如“现代文化与艺术”则位居第二。物理和生命科学在统一知识方面是最困难的。

事实上，以跨学科课程为形式的通识教育反映了随着教授的研究领域日趋专业化，几乎已经消失的伦理学课程开始复苏。大学的学术或行政领导发展通识教育的主要目的是为了抵制由于追求专业兴趣所导致的课程的分崩离析，进而促进了这些大学通识教育的发展。像莎拉·劳伦斯（Sarah Lawrance）以及本宁顿（Bennington）等独立学院就是以综合性的通识教育为中心，一流大学也先后建立了以通识教育为目的的学院，著名的有韦恩州立大学和明尼苏达大学。然而，在大多数大学，校内专业教师与校外专业人士一直反对知识统一的观点。课程设计者们不能强制教师接受课程标准，也不能强制教师离开他们所喜爱的专业领域。

这一时期结束时，大多数情况下通识教育被看成是一套课程分配标准，从而为课程体系提供了理论基础。学生只有广泛学习人文学科、科学、社会科学、数学和美术等课程，才能具有广博的知识。这同时也满足了学系的要求，可以列出一些课程名单，让学生从中挑选。这种课程分配方式，即从每个范围很广而且组织松散的课程集合中选出一两门课程来学习的方式，已经被大多数大学采用，并成为当时的主流。事实上，以前的古典课程体系所提供的通识教育，比这种课程分配标准所提供的通识教育更多。但是，至少这种课程体系具有明确的课程目标和规范的教学秩序，课程有主修和辅修，课程重点突出，各种不同课程的开设井然有序，这一切都显得很合理，但是实际上，它只是大学组织管理妥协的产物。通识教育根本无法撼动教师在院系中的权力基础。

由此，在人文主义者与职业主义者之间引起了一场关于课程体系的争论，职业主义者认为大学的最高使命就是为学生就业做准备。人文主义者作为古典主义者的继承人，强调课程以自由教育的理念为中心，培养学生的反思和自知能力，而职业主义者则认为课程是为学生就业做准备。1828年《耶鲁报告》和20世纪30年代的"名著运动"(Great Books)所倡导的古典主义课程体系，在整个高等教育结构中仅存在于少数学院，大多是像圣约翰学院这样小型的私立学院以及一些天主教学院。在那些规模大并且能够保留古典人文课程的大学，古典人文学科一直是这些大学的重要课程，另外在那些既没有资源、也不想建立研究生院或是不愿意把自己看成职业培训中心的大学，也存在古典人文课程。职业教育成为初级学院以及那些为满足人们特殊需要而建立的职业学校的特点。它们共同存在着，有时在同一所学院里，有时在专业学院里。

4. 学院经历

学院一直都宣称给学生提供的不仅仅是课程，还能决定他们将来的命运。特别是文理学院，认为自己是培养有教养的人，以及帮助年轻学生与自己社会地位相近的同学建立持久联系的场所。他们视自己为传统的维护者和人格的塑造者。忠诚母校、班级聚会以及一代代校友等观念都证明了学院经历并不仅仅限制在教室之内。社会事务、学院风格、战斗歌曲以及校内活动都是学院经历的表现。

无论是独立的专业学院还是附属于大学的专业学院都建立了一套专业以外的课程经验，包括独特的校风和思想行为方式以及对行业协会的忠诚。它们不是很注重建立学院间的联系，它们与具有相近专业理念的同行建立联系。它们制定各种仪式和测验来测试入学申请人的知识以及应变能力。它们安排实习，发起召开专业协会大会，出版期刊，为毕业生提供就业服务，所有这一切都具有仪式象征意义。学生最终被输送到上流社会。在哪里上大学的意义绝不仅仅在于其所具有的象征意义。

同一时期的其他专业学院也开设了那些从更广泛的意义上发展学生个性的课程。黑人学院也效仿文理学院，为学生提供类似的一整套课程，以及成立联谊会，举办体育活动和典礼等一系列活动，试图复制学院生活方式。然而，由于进入学院的大部分学生基础都比较差，所以学院主要注重加强学生的基本技能。由于这些学院毕业生对将来职业的期望有限，它们也只能继续开设那些四年制学院不再开设的手工技能培训和工业技术培训课程。

早期的女子学院所开发的课程适当地考虑到女子的要求。一方面，它们在人文科学、自然科学和社会科学等方面沿用了男子学院的教学模式，另一方面，它们也提升了传统上专门适合女子的学院教育和专业领域的地位。家政和社会工作成为主流，同时还开设音乐、美术、儿童看护和初等教育等专业。这种课程与人们希望女子所从事的职业和活动相吻合。例如：在图书管理员、社会工作者、护士、教师等职业领域，女性从业者达到90%以上。正如在男子占绝大多数的专业学院主要发展学生的个性，女子也培养了相应的专业风格和技能。

5. 教学

大学转型时期，学院在课程和教学方式方面都有所发展。随着图书馆藏书量的增长，以及以学生发现和汇报为中心的教学模式的流行，图书馆开放的时间越来越长。小组讨论的教学形式很受欢迎，这主要借鉴了德国大学的研讨班的形式，这意味学生是思考者而不是需要加以管教的青年。科学领域需要进行实验。学院开设了函授课程，而且在一些学院，特别是在那些以职业教育为主的学院，开始实行田野调查的教学方式。与以前学生单独背诵的考试方法不同,笔试成为流行的考试形式,全班的所有学生都考同样的内容。由于规模较大的大学希望招收更多各种不同类型的学生,它们引入荣誉课程(honors program)。20世纪20年代初,一些大学还试行广播课程,发明者声称广播课程是未来的电波,并且将最终代替班级教学形式。

学生入学人数的增长要求考虑办学成本,因此班级人数不断扩大。"早在1901年,哈佛大学超过100人的课程达39门,超过200人的达到14门"(Rudolph,1977,p.233)。普林斯顿大学以及其他几所大学坚持实行助教制度,由校长和年轻的讲师负责实行小规模的学生授课方式。即使大班授课也是由最好的教师来进行组织,并且经常要让学生分组讨论。

学院也引进了应对学生数量增长的其他方法。很久以前就有的一个想法就是把学士学位的时间缩短到三年甚至两年。另一个比较有效的想法就是学年制。到20世纪20年代,作为一种扩大招生的方式,定向性的教育计划已经变得很流行。大学给学生介绍学习方法,帮助制定适合学生能力和志向的培养计划,帮助他们调整自己的精神状态来适应大学生活。学生事务顾问和管理工作人员接手了以前由教师负责的学生管理工作。

在这个时期,学院也为考试的标准化作出了很多努力。考试由校外而不是教授来组织这个原则,已经讨论了多次并被否定,争论的问题是:除了教师,还有谁知道学生应该学习什么?教授或许知道他们课程的特性,但是各个学院提供的具有相同的教学规模和教学重点的课程及其教学似乎可以互认。学生应该能够从一所大学转到另一所大学,所获得的学分可以像身上穿的衣服一样带走。一所大学毕业的教师可以把自己学校的学风带到其他的大学。全国范围内教科书的销售促进了课程的统一性。学院间功能的相似性不需要政府出面控制，而是靠学院间的互相仿效。

用于考查学生学习深度的评分标准已经被引入。以前就普遍采用书面评价方式来评价学生成绩，后来由于学生人数剧增迫使学校不再采用这种评价方式。而且，尽管单个的字母或者数字是客观的，但是书面评价明显具有主观性。学生成绩的书面评价报告应该包括行为、态度和认知学习的评价。评分标准应该转化为具有可操作性的规程，在校园里即使不认识学生的老师也可以通过评卷来给学生打分，并把评价结果用文字和数字表现出来。计算课程平均分和在班级中排名的方法广泛流行。字母 A 到 F 与 4 分制、10 分制或者 100 分制一样被应用。任何一种评价方式都不可能十全十美，因为要考虑太多的因素，比如激励学生、满足教授的需要、激发学习动力，尤其是为学生选择大学和课程提供参考，换句话说就是为了获得一个毕业证书。学生的平均成绩以及他们所学的课程都出现在毕业证书上。证书的其他部分是标准课程单元以及所修学分。学分与课时是相关的，再加上学生成绩，共同构成学习成绩单。处于这种教育体系的学生可以转换学校，如果他们不满意某个专业，也可以改变专业，或者暂时休学，保留所修学分以后再回到学校继续攻读所修学位的学分。虽然高效的课程和教学已经变得多样化了，但是高校教育对学生的管理越来越严格，呈现出工业化特征。

全国性的大学联合会、地区性的认证机构、慈善基金会的成立加速了大学管理制度的统一化进程。这些机构在世纪之交变得越来越有影响力。卡内基教学促进基金会、卡内基财团以及洛克菲勒财团只对那些在教师工资和图书馆设施达到了基本要求的大学进行资助。卡内基财团列出了关于申请获得资助的院校必须具备的基本的声誉方面的指标，包括一定数量的全职教授；系主任中具有博士学位的数量；授予四年制学士学位课程计划的数量，以及大学必须已经接受的最低限度的捐赠基金。美国大学协会发表了对图书馆和实验室的最低要求。1919年美国教育联合会对大学明确提出几点希望：大学所录取的新生必须是质量合格的四年制高中学校的毕业生；获得学士学位要求每学期至少修课120学时；拥有至少100个学生，8个系主任；教授每周课时不多于16小时，每节课平均人数不多于30人；学院年收入至少有5万美元，图书馆藏书至少有8000册。这些标准并没有提出学生应该学习哪些知识和学习多少知识。高等教育体系逐步规范化，不是在课程方面，而是在学生、教师、硬件设备以及资金等方面建立量化标准。

多样化的教学方式以及各种控制学生数量的措施的传播，从许多方面体现出来。一些学院，尤其在城市中的学院，不断开设新的课程，或开设夜校课程，便于老人和已经参加工作的学生参加。芝加哥大学奉行的观念是把初级课程并入初级学院，同时在传统学科和专业学科以及艺术和教育等学科领域建立强大的研究生院。芝加哥大学首先为那些只完成通识教育的大学一、二年级学生设立了副学士学位。然而，全国的大学中，决定课程和教学形式的重要因素仍然是学生人数的多少、资金数量是否充足以及学校规模的大小，而不是董事会的看法。另外，大学尝试将颁发学位与学业考试结合起来的做法之所以推行不下去，是因为有一种很流行的看法认为，仅仅在学院读书的经历就足以证明学院已经塑造了学生的知识和观念。

六、管　理

大学转型时期的高等教育的管理表现出很明显的世俗化趋势。

州立大学入学人数的增长远远超过了私立大学。在私立院校，尤其是正在向大学转型的院校，宗教的影响在下降。以前，校长和教师的职务都由牧师担任，现在则由世俗人士担任。大学需要经营并具有一定的规模和预算的观念迅速传播开来。

大学治理结构明显向科层管理和官僚管理体制转变。认证和专业协会等机构扮演着半官方机构的角色，它们甚至可以影响生师比例、实验室的规模以及某些领域人员的任职标准。教师在聘用、开设课程和授予学位方面获得了权力；董事会负责学院的经营管理；大学行政管理人员变成了经理。大学规模越大，相应的部门就越多，每个部门都有一个管理者并在一定权限内负责本部门的人员配备和预算。

随着董事会成员中商业人士的大量增加，董事会的组成有所改变。当选董事会成员的原因有很多，包括他们有自己的非常成功的事业，有广泛的社会或者政治关系，或者保持着与富裕的捐献者的密切联系，或者是社会知名人士，等等。少数董事会成员是学者或牧师，他们中一些人很愿意利用这种机会去服务公众。公立院校的董事经常由州长任命，有时需要经过州议会批准。私立院校的大部分董事由教会团体选举产生。随着越来越多的私立院校逐步降低了对教会的依赖程度，逐渐改由董事会自主任命下届董事会。董事会成员任期时间为3—6年。无论公立大学还是私立大学，董事会成员中都必须有校友代表。加利福尼亚大学在1915年董事会成立的时候设立了一个校友代表席位。

董事会在处理学院相关问题上必须具有远见，并对外代表学校。在公立院校，在大学和立法机关之间，董事会充当缓冲器的作用，帮助维护大学自治，甚至在立法机关因为受到政客影响可能出台不利于大学的政策的时候，充当建议者并提出意见。他们筹集捐款，指明学院发展方向，审批学院预算，最重要的是他们负责聘任校长。

1. 校长

不同院校中的校长权力有所不同。有些校长近似于独裁者，他们要求在所有决策中具有发言权。有些校长实行了官僚管理体制。少数校长保持着民主管理模式。他们的作用是在管理复杂组织的同时，指明学院新的发展方向。尽管所有的学院都不能在这两方面投入相同的精力，还是有很多院校建立了强势的学科课程体系和强大的管理体系。大部分院校任命校长更注重他们的管理能力而不是学术建树。校长越来越成为实用主义者、学术帝国的建造者、资金筹集者和公共关系方面的专家。虽然在正式场合，他们提倡个人主义、学术自由，推崇高尚的美德，但是他们更看重那些能给大学带来声望和经济收益的政治活动。

一流大学的校长是统领学院发展的关键人物，并且随着学校预算和学生人数的增加，校长的权力不断扩大。他们是大学的建设者，把学院转变成具有研究生院和专业学院以及专业化教师群体的大学，并且为大学赢得了前所未有的声誉。这个时代出现了一些有影响力的校长。在高等教育史上，10 位最杰出的校长中，有 8 位来自于大学的转型时期。虽然他们没有赢得所有人的爱戴，但他们的确治校有方。

大多数院校不再由牧师来担任校长，到这个时期末具有神学背景的校长比例不超过 10%。在哈佛大学 233 年的历史中，艾略特是第一个非牧师的校长。耶鲁大学的第一个非牧师的校长出现在 1899 年，普林斯顿的非牧师校长则出现在 1902 年。新一代的校长是卓有见识的，他们熟悉高等教育历史，并且是欧洲实践的观察者。他们所要建立的理想的大学，必须服务于国家的商业、职业和工业的利益。虽然古典课程还会保留一段时间，但是它绝对不能阻挡董事们感兴趣的对实用目的的重视。吉尔曼将霍普金斯大学建设为一所研究生院，虽然招收本科生，但是大部分学生和资金都用于研究生教学。安吉尔(Johns Angell)实现了他的前任塔潘想完成但没有完成的愿望，在密歇根大学大力发展科研与研究生教育。康奈尔大学的怀特(Andrew White)和哥伦比亚大学的巴纳德(Frederick Barnard)引导他们的学校发展研究生教育，同时重视大学的公共服务，为职业人员提供课程。弗维尔(William Folwell)在明尼苏达州大学采取了同样的做法。斯坦福大学首任校长乔丹和芝加哥大学首任校长哈珀分别掌控了大量基金，一开始就希望建成具有一流的科研和研究生教育的大学，从而成为其他大学的典范。直到20世纪，一直都有优秀的大学校长不断涌现出来，如哥伦比亚大学的巴特勒(Nicholas Murray Butler)，哈佛大学的劳维尔(A. Lawrence Lowell)，明尼苏达州立大学的考夫曼(Lotus Coffman)，加利福尼亚大学的惠勒(Benjamin Wheeler)，芝加哥大学的赫钦斯(Robert Hutchins)等，他们沿着前辈们的足迹引导大学进入更广阔的服务领域。

这些杰出的校长有着共同的特征。其一，他们既是独裁者又是协调者。他们知道如何达成董事会的愿望，如何同教师协商，虽然他们强烈的领导欲望有时会导致他们与具有维权意识的教师发生冲突。巴特勒在哥伦比亚大学审查教师事件中的角色以及乔丹在斯坦福大学发生的类似的冲突事件中的立场成为促使美国大学教授协会成立的推动力量。其二，能力强的校长是教育革新家，他们通过实施新的教育计划把小型学院转变为大规模的大学。其三，许多校长有明确的办学目标，任职时间长，从而能够保证他们实现办学目标。例如，艾略特在哈佛大学工作了40年。即使现任校长与前任校长的观点有所不同时，他们也能够在不影响学校发展的前提下调和他们的想法。例如，劳维尔作为艾略特的继任者，就在哈佛大学重视发展本科教育。这部分因为大学已经成为这样一种机构——“一个具有独特能力的机构，从而保证大学向多方面发展而又始终不偏离其目标，一个能够不断吸收新思想的庞大的法人组织”(Kerr，1963，p. 17)。

2. 行政管理

这个时期大学管理出现了官僚化的趋势。随着大型企业强调组织的功能和效率，大学也开始向这方面发展。权力集中在校长办公室，校长任命学院院长执掌每个学院，学院的系主任负责实施大学的政策。教师开始出现职务等级的差别，进而形成了一个由注册主任、行政主管、资产经营部经理、校友会主任等人员组成的官僚体系。总之，即使在规模最小的大学里，师生要与校长一起讨论学术事务都成了一种奢望。

学生事务发展成为一个独立的领域。最早的女生部主任产生于1892年建立的芝加哥大学。到1903年女生部主任协会形成。在20世纪前25年大部分院校开始增加男生部主任，1919年成立了男生部主任协会。1934年，学生辅导和学生事务联合会(Council of Guidance and Personnel Association)成立。不久，出版了《学生事务评论》一书。1890年哈佛大学任命了学生事务部主任，接着分管男女生事务主任的工作逐步制度化，出现了分管学生事务咨询、辅导、管理、校友联络、学生就业辅导等方面事务的官员。

大学教师非常反对大学变得如此官僚化，即便如此，作为权力部门的学系还是被建立起来了。在研究型大学建立早期，部分大学借鉴德国大学的体制，出现了学术寡头，但是这种治理模式很短暂。院系变得更加民主，院系主任定期换届，全体教师都具有平等的投票权和表决权。在本世纪早期，院系获得了教师聘任权，因此除了最小的学院以外，虽然董事会拥有最后的决定权，但是新教师的聘任必须由院系推荐提名。院系制定自己的课程和考试制度，控制学生获得学位的学术标准。但是，大学教师并没有成为影响大学发展方向的重要力量。大学教师都待在各自的院系，并且为了获得学校资源，各个院系之间存在十分激烈的竞争。校长和董事会仍然控制着大学的发展方向。

随着大学教授会的建立，教师确实在大学管理方面取得了一定的影响力。几所州立大学在建校之初就成立了大学教授会，但是大学教授会并没有获得多大管理权力。大多数重要的决策都是由董事会作出的，在以前，甚至连修订课程这些事情董事会都管。后来，教师和董事会之间达成了正式的协议，大学教授会的权力主要包括：制定颁发毕业证书和学位的标准，增加或者删减课程，以及聘任教师。在其他的领域，大学教授会最多只起咨询作用，从而限制了他们在教育政策和学校预算方面的影响力。

3. 影响

很难把管理和影响分开讨论。管理通常涉及制定政策或实施决策的正式程序。但是影响有许多非正式的来源。为特定的项目或课程的私人捐赠影响了学院的发展重点。例如，捐资建立科学研究实验室的捐助者与捐资建立剧院和交响乐团的捐助者对学院来说有着不同的影响。国家针对不同的课程计划和不同类别的学生会提供不同数量的资金。国家用于扩大招生的基金，可以让学校招收尽可能多的学生，而不增加成本。

随着认证机构开始制定图书馆藏书、教室和实验室规模、课程、学位以及学校运作等各个方面的标准，这对学院建设产生了重要影响。由各个区域大学代表组成的地区性大学联合会成立了。东北部地区大学和中学协会(Northeast Association of Colleges and Secondary Schools)于1885年建立。到1909年,北方中部地区大学联合会(North Central Association)在他们的区域内已经推行明确的院校标准,到1924年,其他地区也成立了这种协会。学院认证广泛流行开来,主要因为过多的学术学位使学院搞不清楚学生要继续研究生学习应该达到什么程度。哲学的学士学位是什么?一个大学的文学士的课程和另一所大学的文学士所要求的课程是否相同?学院认证开始于世纪之交,这个机构的建立使其他学院或校外机构可以估计出学位的价值。1913年北方中部地区大学联合会公布了一个获得认证的学院名单,1921年南部地区大学联合会(Southern Association)也发布了类似的学院名单。美国大学联合会也发布了认证院校名单。美国联邦教育局(U. S Bureau of Education)也准备制定自己的认证学院名单,但是因为被视为政府干预大学而受到强烈反对,被迫在1911年终止。

其他类型的认证机构主要是由学科协会和专业团体发展而来的专业组织建立起来的。他们制定课程标准以及大学生入学和毕业标准,并逐步使各个州达成一致,只有获得认证学院的毕业证书,才能进入某领域就业。整个过程表明了在外界政府力量大规模介入高等教育之前——这种让大多数大学校长所担心的管理方式,高等教育是如何进行自我管理的。

美国的大学生从来没有得到过欧洲和拉丁美洲大学生所享有的政治权力。大部分学院都建立了某些形式的学生组织,但其权力仅限于负责课外活动。学生通过选修制获得了另外的一种权力形式,他们可以选择课程,选择授课教师,从而影响到课程的开设和教师的聘用。

学院的本质包含着创业精神。课程主管，无论是教师还是行政人员，或许都能发现新型的服务模式。如果他们足智多谋，愿意努力工作，能够拓展校内外资源，成功地筹集资金，他们就可以影响学院的发展。任何教育计划都不可能独立发展。由于大学很少受到外界的干扰，因此大学服务领域的变革主要是其具有远见的成员不断改变实践的结果。

另一种对大学的间接影响来自于教师组成的协会，特别是美国大学教授联合会，还来自各种大学管理者，他们成立了各种院际之间的团体，从大学校长协会到注册主任联合会、校产经营经理联合会以及其他群体。通过不同大学的成员之间的思想交流，他们学习各自处理相关事务的经验。课程和毕业的标准由各个学术团体的专业组织发布。所有这一切发挥着国家标准的作用，从而影响到学院的发展。

总的来说，各个州鼓励大学的发展，但是有些大学充满生机，有些大学则很落后。因为州议会控制着高中后的公立学校基金的分配，所以州在发展公立的初级学院方面发挥了重要作用。州教育委员会通过制定教师资格标准，从而有效地影响了师范院校的发展。州政府投资建设校园，资助教育项目。联邦政府还没有对大学发挥重要影响。

由于这些直接或者间接的影响，高等教育系统的发展是协商、模仿、内部竞争和普遍原则共同作用的结果，而不是依靠立法机构。高等教育系统表面上看充满了竞争、浪费、低效、重复、无序、铺张等问题。但是高等教育系统的生命力就在于高等教育类型的多样性，各种类型的高等教育因此展开激烈的竞争，更好地为社会服务。同时，高等教育类型的多样性也促进了高等教育课程、学制、管理等各个方面的多元化。

七、财　政

谁应该为高等教育买单？建国初期，布朗大学校长韦兰德(Wayland)提出因为大学不是自给自足的机构，所以它们有两种选择：或者通过提供人们所需要的产品而获得经费，或者祈求社会的怜悯而获得捐赠，就像一些慈善组织一样。他的二选一的论证是有些夸张的，因为他希望看到大学开设的课程能适合更多的人。高等教育的发展拓宽了课程领域，但是它从来不需要在学费和慈善筹款中做出一种选择，这两种资金来源和公共资金一样都为学校所用。

1. 慈善机构

在私立大学的形成和转变中，慈善机构是重要的。每个校长都不断地请求捐助。这样，高等教育根植于教会的时代结束了，因为大学的筹资者认为高等教育促进了社会的发展，推动了高深知识的发展，是一项崇高的事业。他们同时声明绝不会阻止困难家庭的优秀学生以及富裕家庭的学生入学，因为只有当穷人和富人一样受到教育时，国家才能受益。他们呼吁人们为大学捐赠，既可以是没有限定用途的捐赠，也可以是具有一些特定目的的捐赠，如校舍建设、奖学金和图书购买等。

私人捐助一直是学校收入的一个重要来源，私人捐赠发展迅速，到19世纪80年代，有些院校获得的私人捐赠多达100万美元。在进入20世纪之后，甚至在税法改革之前，许多大额私人捐赠者成立了慈善基金会管理他们的基金。随着所得税和遗产税收的提高，基金会变得更为重要。

捐赠者对学院的兴趣和需求认真加以权衡。一些能够获得大量捐赠资金的院校之所以如此幸运，是因为它们可以举办各种活动。1869年康奈尔捐赠了50万美元，在当时是一笔巨额捐赠。但是很快被范德比尔特大学获得的100万美元捐赠所超越，之后又被约翰·霍普金斯获得的350万美元捐赠、斯坦福获得的2000万美元财产捐赠和洛克菲勒捐给芝加哥大学的3000万美元所超越。杜克(Duke)、克拉克(Clark)、卡内基(Carnegie)和梅隆(Mellon)等通过个人遗嘱或基金会等方式向以他们名字命名的院校捐赠了大量资金。然而在大多数院校，捐赠收入增长缓慢，并且主要限于奖学金、课外活动和购买书籍或图书馆资金等方面用途的捐赠。捐资修建在入口处突出显示捐赠者姓名的体育馆或教学大楼，是很普遍的做法，只有极少数的美国大学校园没有这种建筑。

起初这项资助的招揽仅仅通过校长或董事会理事私下联系进行，然而在19世纪末20世纪初，筹款开始变成有组织的行为。知名的大学成立了比较成熟的引资系统，用于从商人和实业家筹集资金，并建立校友的联系网，定期直接向他们提出捐赠请求。随着校友人数的增长，他们捐赠的资金也随之增长。这种有组织的活动逐渐代替了偶然的、个人的请求，但是潜在的富裕的捐赠者还是由校长私下拜访才能获得他们的捐赠。

随着学院对单独捐赠的依赖性的减弱以及慈善基金会的普遍发展，事实证明，有组织的筹款体制是非常有效的。大学扩展它们的资金来源，它们非常热衷于从负责分配减免所得税的机构筹集资金。这些基金会通常注重一些特殊目的的捐赠，如黑人学生的教育或医学领域的研究。但是不管这些资金来源于私人捐赠还是基金会，负责大学发展的机构都不得不继续说服捐赠者为大学提供捐助。由于各专业学院想要盖自己的大楼，教职工也请求加薪，学生需要奖学金,图书室和实验室建设也需要资金,这些使得学校支出持续增长。特殊目的捐赠往往成为学院棘手的问题,因为它们强制附加特别要求,因此成为常规政府渠道以外的另一种控制形式。学院扩张太快以致一些学院由于增加设施而负债,因此不得不持续寻找额外的捐赠用以平衡收支。

一些慈善基金试图通过捐赠越过董事会直接影响学校的发展。它们通常不是通过指定捐赠资金的特殊用途的方式,而是承诺对达到某些条件的院校进行捐款。洛克菲勒基金会成立的普通教育委员会(General Education Board)对黑人院校特别慷慨,对那些在财政和教育方面都不错并符合基本条件的黑人学院提供持久的捐赠。为了促进医学教育的发展,卡内基基金资助开展了一项全国性的医学教育调查,最终提交了著名的《弗莱克斯纳报告》(Flexner Report,1910),从而引起了医师教育的变革。然而,对较小的学院来说,筹款仅限于当地,它们的捐赠更多来自于校友和社区中的慈善人士。

20 世纪 20 年代的繁荣促进了基金会和私人捐赠行为的发展。1920 年,大学总共获得捐赠 6 500 万美元,到 1930 年超过 2 倍,达到 14 800 万美元。1920 年 3/4 的资金用作捐赠基金,但是随着更多资金投入到学校建设,这个比例在 20 世纪 20 年代末下降到不到一半。普通教育委员会通过公布出合适的捐赠标准——每个学生大约 250 美元左右——促进了捐赠基金的发展。尽管这个委员会向所有的高等教育提供相应的资金,然而很少有学校能够达到 250 美元的标准。富有的变得更加富有,像芝加哥、哥伦比亚、哈佛和耶鲁总是分得大份额的资金。

2. 捐赠和拨款

19 世纪末,著名大学与普通大学之间的收入差距加大。不仅新成立的斯坦福大学和芝加哥大学拥有的资金超出了大多数大学的想象，而且那些已经成功地升格为大学的传统院校也变得更加富裕。哈佛、哥伦比亚、耶鲁和普林斯顿都建立了完善的校友关系网，并且善于在校友中筹集资金。他们也成立了研究机构，从基金会争取资金。国家财富快速增长，因此这些研究性大学可以乘着经济增长的快车，并像其他工业一样迅速发展，从而获得相应份额的资金。他们的经营性资产和图书馆的规模有所扩大，远远超过学生群体的增长。其他的大部分大学保持着“相当小的规模，甚至每年只有 5 万美元的收入勉强维持经营”（Geiger，1986b，p. 40）。

一流的公立大学的发展仍然是无人匹敌。由于国家经济繁荣和税收增加，州议会开始抽取一定比例的资金用于支持学校入学人数的快速增长。本世纪初，大多数的州立大学热衷于学校大楼建设，尤其是实验室与图书馆的建设。各州也支持学术研究，主要通过间接方式资助那些虽然不是特别用于研究的大楼建设，以及资助研究人员的工资。总之，在绝大多数州中，人们普遍接受了大学承担着永久职责的观念，并像资助州的其他职能机构一样给大学拨款。在公立大学占主导的密西西比的西部地区，20 世纪 20 年代至 40 年代，近一半的高等教育资金都由州政府提供。

在不同类型的院校，每个学生所带来的收入有很大的不同。私立研究性大学的收入比文理学院多得多；一些州立大学成为主要的旗舰学院，它们的收入比名气小的公立学院收入多。各州对学院的资助资金有很大不同，这也往往反映了各州相对的富裕程度。因此，除了在相同类型的学院，很难在不同类型的学院之间作比较。对于主要的私立研究型大学来说，20 世纪初，每个学生的收入是 150—300 美元；而对于主要的州立大学，每个学生的收入为 70—200 美元。这个比例在这个时期末有一定程度的变化，普通的私立大学或公立大学之间的差距缩小了,而著名的私立大学或公立大学之间的差距变大了。在1937年,主要的州立研究性大学每个学生收入为350—450美元,而私人大学每个学生在500—1400美元之间(Geiger,1986b,pp.273-275)。

著名的私立大学能够获得大额的捐赠,因为它们的筹款活动很专业,获得的收入远多于每年的开销。1909年艾略特任校长末期,哈佛大学获得的捐赠达到2 000万美元。一些幸运的大学,如约翰·霍普金斯大学和斯坦福大学等,从一开始就获得大额捐款,他们当前70%的支出来自捐赠。其他院校的支出中一半来自捐赠,一半来自学费。公立和私立大学的学费差别在起初没有后来那么大。私立大学每年收费100—160美元,而州立大学每年代表性地收费30—40美元(Geiger, 1986b, p.41)。各州补助给公立大学的资金比例与私立大学所获捐赠收入的比例大致相同。

捐赠收入比例下降的主要原因是因为用于校园建设的资金和当前开销的资金增加了。20世纪20年代,无论公立大学还是私立大学,都兴起了一场建筑热。由于世俗人士和校友都以他们的学校为荣,筹款和课外活动共同得到了发展。体育活动的成功带来了大量资金。有的大学通过捐款的方式,有的通过贷款的方式,建起了巨型的足球场,加利福尼亚、伊利诺伊、密歇根、明尼苏达、威斯康星等大学的足球场至今还在使用。而耶鲁大学在20世纪20年代也建造了这样的足球场。一些捐款用于其他建筑的建设。礼堂、艺术博物馆、学生会大楼和住宿大楼散布于校园之中。总之,尽管基金会慷慨捐赠,学院还是主要依靠他们的校友捐赠。富裕的毕业生给予大量的捐赠,普通校友则给予少量捐赠,但是所有的捐赠都受到鼓励和欢迎,尤其是那些没有附加条件的捐赠资金更是备受欢迎,因为学院可以自由支配使用这笔资金。

在经济大萧条期间大学的财政遭受较大挫折，各州在20世纪30年代初期的拨款明显少于20世纪20年代。基金会的捐赠额从1930年的5 200万美元下降到1940年的4 000万美元。资本投资几乎全部消失并且全面削减。教师的薪水从1931年到1933年也减少了近15%。1930年到1940年之间，公立大学每个全职教师的教学成本投入下降超过10%。校友捐赠也减少了，而且由于股息的削减和利率降低影响他们捐款基金的总体利润，私立大学的捐赠收入也有所降低。然而，高等教育在20世纪30年代总体上比其他社会机构经受的折磨要少。因为在20世纪20年代资金充足时建成的设施仍在使用，并且大学具有的劳动密集型的特征意味着大学可以花极少的资金来雇用助教和博士后以替代花费高昂的教授。一些学院试图强迫老教授退休，而其他学院减少从讲师中晋升教授的指标，并因此能够增加入学人数，而教育成本并没有增加多少。

到目前为止，联邦政府作为一个重要的资金捐助者，在大学的收入中占据了一席之地。1914年的《史密斯—利佛法案》(Smith-Lever Act)授权资助发展农业和家政项目，以及1917年《斯密斯—休斯法案》(Smith-Hughes Act)资助高等教育培训职业教育的师资，这两个法案所提供的资金一直是学校收入来源之一。在20世纪30年代，公共事务管理局(the Public Works Administration)资助建造学生宿舍，联邦青年局(the National Youth Administration)给学生提供兼职机会。1890年《莫里尔法案》授权拨款资助赠地学院。许多联邦机构都资助科学研究。总之，1930年到1940年间的联邦资助增长率为6.6%——比前几十年的增长速度慢，但是仍比其他任何形式的学院收入多。当20世纪40年代第二次世界大战开始后，联邦政府对大学基础科学研究的资助力度大大加强。由于当时为战争服务的研究和人员培训占主导地位，联邦政府干预大学自治以及地理条件对联邦拨款的影响力度等问题都被搁置。

总而言之，多渠道筹集资金的学院模式延续下来了。随着财富的集中和基金会的形成，私人慈善事业迅速发展。早期得益于实业家慷慨捐赠的学院，在筹集资金方面仍然非常成功，获得的捐赠收入不断增加。州政府的支持因为经济状况而有所不同。联邦资金超出了《莫里尔法案》的资助范围，还包括带有特殊目的的资助。大学校长在维持大学发展的过程中变得更加敏锐和具有创新性。

八、成　效

高等教育的影响不断变化。有些是早期就表现出来的某些成果的延续，有些是随着学院向不同领域纵深发展的新成果。

社区荣誉代表了一种持续性的影响。城镇之间相互竞争，力图在自己领域内建立学院。土地开发商捐资以便在他们的中心地带建立学院，认为能够带动周围财产的增值。学院被当做安全的领地。他们的校园维护良好，他们的建筑灯火通明。他们邀请公众参加演讲、音乐会、朗诵会和体育运动会。居住在有学院的社区里，没有人会感到死气沉沉。

服务于战争是高等教育另一项新的成果。许多学院在两次世界大战中都作为军事训练中心。他们提供军官培训项目，训练招募的新兵，以及进行从士兵到军官的高级培训。他们与政府签订合同，研制出了提高国家战斗力的武器和方法。大学在两次世界大战中所发挥的作用可以与美国内战期间的高等教育相比拟，大学成为军事采购官员物色用于训练士兵和研制武器的最理想的场所。

自然科学研究发展迅速。一开始对自然科学和人文学科、社会科学之间的资助就存在明显的差异。对人文学科的捐款通常采用个人资助图书馆建设或捐资设立讲座教授或者建立校园博物馆的形式，而自然科学具有更多的途径获得基金会的资金。许多大学的基础科学研究都由医学院组织，由于旧式的学徒制的医学教育已经声名狼藉，所以这些医学院逐步转变成为科学研究机构。科学研究也促进了可获得专利的工业化进程。

农业研究的发展时间更长。早期的农业和机械学院开展研究的进程较慢。由于神学和古典语言学科不断衰败，为了给这些领域的教师提供教学工作岗位，很多农业和机械学院都让神学和古典语言教授讲授农业或自然科学课程，从而使他们在农业研究发展起来之前能够逐步过渡。学院学习农学的学生不是太多，因为农民们还没有认识到把孩子送到学院接受教育有什么好处。一直到 20 世纪 20 年代，在农业和机械学院中，工程学学生人数一直比农学学生人数多。国会意识到了农业研究发展缓慢，所以在 1887 年推出了《哈奇法》(Hatch Act)，资助联邦试验站来帮助农业学院开展农业研究。1914 年联邦通过《史密斯一利弗法案》进一步促进农业研究的发展，在学院建立了农业技术推广系统，其实早就应该建立这样的机构。这样，在联邦政府批准建立赠地学院之后的 25—50 年内，这两种法案作为赠地学院的补充出现。逐渐地，农业产量的增加证明了政府在提高农作物产量和了解畜牧业知识等方面的支持成效显著。

高等教育培养职业人才，促进了各个职业的专业化进程。在 19 世纪前 15 年，传统的职业，如法律、医学、神学和工程学等职业进入学院课程，并且由于高等教育的帮助得到了不断发展。很多其他专门职业也开始专业化，原因之一就是从事这些职业必须经过长时间的学校教育训练，同时必须接受过相关专业的研究生教育才能获得公众的认可。全国的专业协会都与从事专业培训的学校有联系。职业学校非常关注州认证委员会，认证过程通常与颁发毕业证书联系在一起。到19世纪末，有1/3的州要求医师在开业之前必须获得认证的医学学校的学位。随着药剂师、护士、实验室技师以及医学助手等成为高等教育的专业，大学的各种医学专业招生非常火爆。

高等教育在促进其他职业赢得社会的认可方面也发挥了重要作用。布莱德斯坦(Bledstein，1976)追溯了专业主义文化的进程，指出各种群体开始如何要求他们的从业者接受理论教育，包括从知名的大学获得学位。经济学家、图书管理员、牙医、心理学家以及至少100种其他职业团体都开始要求在进入职业或学徒生涯之前，必须学习专业领域的知识。随着大学毕业生开始进入政府机构，甚至连公共管理也开始专业化。高等教育成为人们向上奋斗的必备条件，而且随着新职业群体的不断专业化，学院与职业群体之间的关系越来越紧密。

专业教育以及随之而来的大量职业群体的专业化，无疑是这一时期高等教育的主要贡献。大学迫不及待地担负起这个职能。这是大学服务社会的一种方式，因为国家需要培养医生、牧师、教师和实验师等人才。职业教育与大学的学科专业化趋势是一致的，因为专业人才的培养离不开对本专业基础理论知识的了解。它帮助高等教育脱离宗教束缚，因此促进了高等教育的世俗化。它也增进了大学与校友之间的联系，例如：医生可以做大学的临床医学兼职教授。由于大学为不同的学科专家、技术专家以及大学辅助人员制定了不同的课程体系，以前那种认为大学主要进行自由教育，学生毕业参加工作以后再学习专业技能的观念有所削弱。高等教育成为专业实践的必备条件，而且专门职业也依赖于高等教育。

在大学转型时期，大学在帮助学生进入社会方面发挥了更加积极的作用。由于越来越多的年轻人进入大学学习，大学把他们培养成为专业人才，从而把他们分配到相应的职位，这些职位是他们不接受大学教育绝对不可能获得的。同时，大学教育延迟了大量青年人进入劳动力市场的时间，这在一定程度上支持了迫切需要实施的童工法。学位开始有了特殊的象征意义：工程学学士包括土木工程、机械工程、电气工程、化学工程、金属冶金以及其他分支专业。这一时期末，初级学院培养年轻人成为商贸方面的人才以及一般工作人员。大学既为国家培养受过教育的人才，同时也间接地促进了个人主义文化的发展。

大学仍然重视古典文学课程，同时专业课程和职业课程也得到了发展。只有获得了大学所颁发的文科毕业生学位，才能从事相关行业的工作。上大学就是为了接受教育。一直以来，大学主要致力于培养学生的行为习惯、文化修养、人道主义情感。学生的任务是掌握知识，了解社会的需要，成为有教养的人，同时学会养家糊口的本领，这种本领在以前是由父母或祖父母教给他们的。研究生院和专业学院的专业课程主要培养学生掌握某些职业所需要的技能和礼仪。高等教育对学生最重要的影响仍然是理智和道德方面的教育，不仅要提高学生的文化知识水平，而且要塑造学生的人格。19 世纪 20 年代以来的教育家、心理学家和社会学家所进行的研究表明，高等教育必须培养全面发展的人——在迷茫中仍然保持灵活性，只有这种人才能应对不同的社会环境。这正是文科课程和通识教育课程的主要任务。

学院凭借自己的权利开始成为经济发动机。由于大学招生人数和预算的增长,慈善捐赠和州政府拨款也不断增长,每所大学都成为一个财政发动机。来自州政府财政和远处的捐赠者所捐赠给学院的资金都作为当地社区的消费。员工支付租金和买房子,学院购买材料和服务。虽然任何一所机构出现以来就从社区以外吸引资金,学院则有所不同,因为它们带来的不仅仅是资金,还有要求更高工资的人们。

批评和建议。这一时期的高等教育也招致了一些批评。早期学院所发挥的作用十分有限,只影响到一小部分人的生活,但是随着学院变得越来越重要,学院也引来了一些反对之声。从学院的组织结构和功能到学院的培养目标以及学院在美国社会所发挥的作用都遭到人们的批评。人们批评学院丧失了灵魂,因为它们提供了太多的选修课程。学院董事会中商人们所追求的目标与学院的目标相距甚远。董事会和行政管理者们在管理学院,而不是教师们在进行管理。学院过分强调职业课程,忽视文科课程。学院招收了大量的年轻人进入学院学习,但是只有少数人适合接受高等教育。学院从纯粹的研究转向应用性研究。他们研制出了大规模杀伤性武器,是造成战争灾难的罪魁祸首之一。学院不仅没有帮助人们建立一个公平的社会,反而助长了以前社会的不平等。学院不愿意冒险,学院认证标准使所有的学院趋同。教师如此关注自己的职业发展,以至于他们与年轻人的关系十分疏远,反而成为学生事务职员。人们对学院提出了各种各样的批评,而且有些批评还相当尖锐。正是因为高等教育的作用如此重要,才会引起如此多的关注。

凡勃伦[Thorstein Veblen,(1918)1957]是一个非常苛刻的批评者,他认为大学的主要任务是学术研究,大学教学职能的存在仅仅在于通过教学能够激发教授的探究热情并进而影响到学生。学习的过程是教师和学生之间相互联系的过程。技术和职业学校不应该与大学产生联系，因为大学教授的兴趣与商业学校的教师们的兴趣并不相同。大学也不应该有本科生学院，大学应该注重研究。大学不需要董事会，大学应该由教师来管理。如果按照企业管理的方式管理高等教育，那么科学和学术研究将受到威胁。凡勃伦反对职业教育。职业教育的发展得益于选修制以及开门入学制度，学生不经过考试就可以入学，并且允许学生参与课程的制定，因此学生们开始选择那些对其个人发展有用的课程。各种商业管理的方式以及商业教育的目标必然对大学独立追求知识的主要目标产生威胁。因此，尤其不应该让商人插手学院管理。

几年以后，厄普顿·辛克莱（Upton Sinclair）对凡勃伦所担忧的问题进行了强烈的批评。辛克莱指出大学不仅没有增进人类的福祉，反而在国家思想的前沿为丑恶的资本主义制度摇旗呐喊。大学董事会成员中有公司的律师、银行家、房地产商人以及作为大型企业董事的商业人士。大学校长的任务就是培养富人和权贵，他们穿梭于商业和学术之间，协调贪婪和服务之间的矛盾。校长和董事一样都对致力于学术自由的大学教师和学生团体存有敌意。学生们不仅仅在思想观念上十分相似，而且在宗教信仰和道德观念上也十分相似。学院生活中的势利表现在对犹太人和黑人的歧视。校友们更注重学校体育运动队的成绩，而不是学院的学术成就。慈善基金会也是导致这种现象的原因之一，他们在捐赠资金之前要求学院顺应自己的要求。除了教师自己组织起来与学生一起为改变学院和社会中的这种状态而斗争，别无他法。教师和学生对自由的追求与工人阶级的兴起有着密切联系。

1936年，芝加哥大学的校长赫钦斯发表演讲呼吁应该重申高等教育最基本原则的重要性。大学不应该过于重视职前准备的职业主义，热衷于成立专业学院以及追逐商业利益。专业学院不仅没有对大学的学术生活起到积极的作用，而且加快了大学的瓦解。16—20岁的年轻人在进入大学之前，至少应该在其他类型的学院接受过两年的通识教育。大学教育应该发展学生的智力，培养学生的品行，对学生一生的思想、行为产生影响。应用研究应该由大学的附属机构而不是由大学来进行。同样地，专业教育应该是专业学院的主要任务。学生在进入专业学院学习之前，应该接受过西方古典文化教育以及包括语法、修辞、逻辑和算术在内的通识教育。只有学生学过这些课程，他们才够资格进入大学的专业学院，学习哲学、社会科学以及自然科学。

其他批评者则持有完全不同的看法。加塞特(Ortega y Gasset，1944)指出科学研究与专业教育不同，因为科学研究与专业实践是互相分离的。大学的首要任务应该是通过传授基本知识以及传播高深文化，培养未来社会的专业人员。1910年，弗莱克斯纳在《关于美国医学教育现状的报告》中分析了20年以来美国大学的状况，并将美国大学与欧洲大学进行了对比。报告所反映的情况推动美国医学教育发生了革命性的变革。弗莱克斯纳认为，无论任何时候，高等教育都应该致力于揭示与保存知识和思想，追求真理，培养学生像学者和科学家那样思考。大学仅仅是众多教育机构中的一员。因此，它们不应该做那些其他机构同样能做好的事情。

因为这些批评意见反映了高等教育所发生的巨大变化及其变化的速度，因此对高等教育的发展是有益的。但是这些批评者没有产生什么影响。至多他们在一些学生、教师和行政管理者中有一些影响。董事会成员则更不可能认同他们的想法。总之，批评者们似乎不能接受高等教育所发生的变化。他们找不到这样一个地方，在这里集研究性大学、农学院、社区学院和很多其他类型的学院于一所大学之中。大学入学人数的急剧增长，多元化的教育目的，专业教育以及更广泛的社会参与等问题，并不是他们所能解决的。如果大学只有单一的目标，即仅仅注重纯学术研究，或传承文化，开展专业教育，应用知识解决社会问题等等其中任何一个目标，而不是同时立足于所有的目标，那么问题将简单得多。

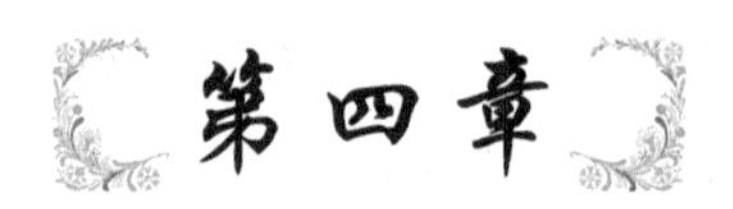

第四章

美国霸权时期的高等教育大众化：1945—1975

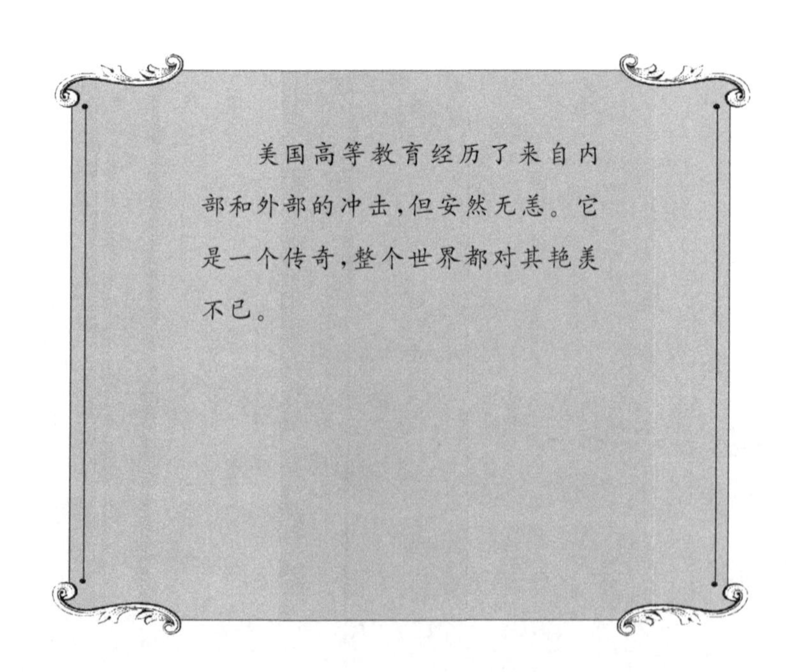

美国高等教育经历了来自内部和外部的冲击，但安然无恙。它是一个传奇，整个世界都对其艳羡不已。

高等教育大众化的三十年是美国高等教育的黄金时期。高等教育的招生人数、资金和学院数量等各个方面都得到了迅速发展。早期的高等教育为这一时期高等教育的发展奠定了基础。目前，随着新校区的建立，新类型学生的入学和新课程的引入，高等教育各方面的发展速度加快。

一、社会背景

表 4.1 展示了高等教育大众化时期美国高等教育的状况。

表 4.1　美国高等教育大众化时期统计表(1945—1975 年)

年　　代	1945	1975
人　口	139 924 000	215 465 000
高等教育入学人数	1 677 000	11 185 000
教师人数	150 000	628 000
学院数量(包括分校区)	1 768	2 747
学位授予数量 (博士、硕士、学士，1975 年包括副学士学位)	157 349	1 665 553
流动资金(以千美元计算)	1 169 394	39 703 166

资料来源：NCES，1996b；Snyder，1993。

美国高等教育发展的背景是“二战”结束后美国成为全世界最强大的国家。战后，美国的人口不断增加，美国经济从 20 世纪 30 年代的经济大萧条中复苏过来，并以经济繁荣时期前所未有的速度迅速增长。虽然在战争中美国有 400 000 人丧生，并因此耗资 3 000 亿美元，但是美国所受到的损失远远小于欧洲其他国家。

这一时期有几个方面的特点：由于殖民地体系的崩溃，世界形势变得不稳定，因此需要保护国家安全；军事强国苏联的崛起；欧洲、非洲和太平洋地区种族和土著居民的民族主义热情上升;以及以原子武器为代表的可怕的新式军事武器的出现。随后而来的就是冷战,美国试图抑制世界上任何地方共产主义的出现。

“二战”结束后的开始几年,美国在世界上具有很大的影响力,以至于联合国都成为美国操纵的工具。为了阻止中国加入联合国,美国将中国加入联合国的议案推迟到1971年,而那时联合国51个成员国已经翻了三番。1947年,美国总统杜鲁门说服议会让美国帮助希腊和土耳其反抗共产主义,到1950年,美国已经累计向这两个国家投入6亿美元。1947年制订的马歇尔计划(Marshall Plan)向西欧国家提供120亿美元的资助。北大西洋条约组织(North Atlantic Treaty Organization)、美洲国际组织(Organization of American States)以及东南亚条约组织(Southeast Asia Treaty Organization)都是美国试图对抗苏联的证明。

美国的遏制政策所引起的军备竞赛,不仅导致各国积聚了大量的军事物资,而且还使大量资金投入大学进行新型武器的研究。以前的那些老问题,如大学是否应该从事基础的、客观的研究,或是大学是否应该从事具有特定目的的研究等问题又被提上董事会日程。在第一次世界大战中大学就开始从事与军事有关的研究,而到第二次世界大战时,大学已经全面参与军事研究。大学的科学家们或许认为联邦政府对大学的科研资助不应该附加限制条件,但是事实上大多数的联邦资助都是附加了限制条件的。国防部赋予大学研究的优先权并没有扩大到普通科学研究领域。国防部研究委员会在雷达研究上耗资15亿美元,大部分资金划拨到麻省理工学院,美国陆军工程兵团(Army Corps Of Engineers)在原子弹研制上花费20亿美元,主要是大学的科学家参与研究。美国战略研究和发展办公室同样签订了其他的研究合同。大学可以接受联邦资金进行特殊项目研究的想法被证明是成功的。

战后人口的猛增促使社会发生了变化。战后的30年中，美国人口增加了60%左右，在战后开始几年人口增长达到顶峰。限制移民的法案控制了外来人口的数量，但是在20世纪50年代，美国家庭规模有所增加。这是一个乐观向上的时期。经济状况比20世纪30年代要强很多。联邦政府通过美国退役军人管理局和联邦住房管理局提供住房担保贴息贷款。由于越来越多的美国人拥有自己的房子而不是租房，住宅开始延伸到郊区地带。1950年，有350万新生儿降生，比十年前增加了100万。婴儿潮刺激了对洗碗机、电冰箱、衣服烘干机以及垃圾处理等设施的需求，这些设施在前些年还被认为是奢侈品，而如今通过分期付款就能够买到。随着税收的减少以及战时价格控制的消除，经济开始繁荣起来。虽然通货膨胀形势有所加重，但是由于这一时期生产力以年均2.8%的增长速度发展，从而部分缓解了通货膨胀的压力。经济的发展使得人们拥有更多可自由支配的收入，年轻人也能够推迟参加工作的时间，这两个方面的原因导致了高等教育入学人数的大幅增长。

工作的性质以及工人与美国社会各方面的关系发生了变化。重工业的整体比重有所下降。例如，1947年，全国85%的产品中的钢铁材料都是美国制造的，而且40%以上的劳动力都与钢铁工业具有直接或间接的关系。这一时期钢铁产量增长了40%左右，但是这与全世界钢铁产量增长400%相比则微不足道。其他的重工业如汽车制造业产量也有所下降，主要因为其他国家依靠廉价劳动力提高了生产效率。美国企业开始向海外发展寻求利用廉价劳动力。到20世纪70年代中期，33%的美国劳动力从事产品制造业，比战前的40%有所下降。服务行业从业人员比例从不到60%上升到67%。发展最快的行业要数专业技术人员，从业比率从1940年的30%上升到这一时期末的50%。

工业生产和劳动力竞争逐渐地发生变化。对于战后的第一代人来说,他们受到抑制的消费品需求是如此强烈,因此美国工业才能利用以前的惯性继续发展。大部分制造业的生产力都是利用"一战"前已有的技术为基础发展起来的。19世纪后期的发明和工业生产促进了钢铁、汽车和农业生产力的发展。仅在农业方面,机械化的应用大大提高了农业生产效率,在20世纪初,有一半的劳动力依靠土地生存,到1945年这个数字下降到不到1/3,到20世纪60年代,下降到不到1/10。虽然回顾起来这些变化似乎很快,但是当时美国发生的这些变化具有消极影响。重工业的发展离不开大规模的国内劳动力市场,而对采纳新科技、新生产方式或新的劳动关系不太积极。农业劳动力可以充实到工业装配生产线上工作,但是由于这类工作不太需要专业技能,因此最后很多人因为缺乏专业技能而被淘汰。

战后的劳工关系也发生了一些变化。工会在重工业具有较大的影响力,工会试图维护在半个世纪前就已经获得的利益。由于工会的保守性,因此无法迅速应对工作条件的变化。1947年《塔夫脱—哈特利法案》(Taft-Hartley Act)的颁布是对工会的一场冲击。该法案宣布废止所有雇员必须加入工会的工作权利法案,从而引起了劳工的反对,导致了美国劳工联合会和产业联合会的合并,以此巩固以前以技术和工业为基础的劳工组织。到20世纪50年代,大约40%的私人企业的劳动力都受到工会法的保护。

工会在其他方面也发生了一些变化。工会变得对政治更加敏感,试图影响各层次的选举。他们也开始组织白领工人和政府雇员成立工会。由于美国各州先后颁布法律允许政府雇员成立谈判代理机构,因此美国教师联合会和美国州、县、镇政府雇员联合会在工会会员权利以及政治权利方面取得了很大的进展，清洁工人、消防员、监狱看守员、公立学校教师和大学教师也成立了工会组织。

对于环境的担忧也有所增强。在1965年到1975年的十年间，“国会颁布了20多项重要的法律法规，防止空气、水源、有毒废物的污染，确保职业安全和卫生、高速公路安全以及消费品安全，制定了一套比较详细的环境影响评估制度”（Kuttner，1997，p. 232）。1970年成立了职业安全与卫生管理局（Occupation Safety and Health Administration）。1966年颁布的《机动车安全法案》以及1975年颁布的《能源政策和节能法案》对机动车安全和汽油的使用效率产生了影响。1970年颁布的《清新空气法案》要求环保部门减少污染。从宏观来看，这些立法都表现了联邦政府对生活质量的关注，其实联邦政府对生活质量的关注最早可以追溯到1906年通过的《食品卫生法案》，现在扩展到与生活相关的各个方面，包括强制要求香烟包装盒必须具有警示标志，以及要求为医学研究提供大量资金等。

美国在不同的历史时期经历了政治迫害、爱国主义狂热以及压制言论自由的运动。这些时期与宗教信仰复兴时期有些相似。它们发生在国家经历迅速变革的时代或者是人们的主流观念受到威胁的时期，最典型的就是当人们不知道发生了什么，以及人们已有的安全根基遭到动摇的时候。20世纪50年代早期就是这样一个时期。“二战”后美国成为世界的主导力量，但是立即受到了苏联的挑战。1949年，苏联成功爆破原子弹，宣告了并不是只有美国才拥有这种可怕的武器。与此同时，东欧和南欧的很多国家发生了共产主义革命，拉丁美洲和东南亚的政局也不稳定，这一切看起来好像对美国产生了威胁。此外，在苏联领导下世界性的共产主义革命此起彼伏。

这种不安的情绪源于18世纪后期以来不断高涨的仇外心理，同时这种不安的情绪又进一步加剧了对外国人的仇视，国会还通过了限制言论自由的《外国人及其煽动叛乱言论法案》(Alien and Sedition Acts)。最有代表性的事件包括：19世纪中期的种族主义运动，主张清除政府机构中的外国移民；19世纪60年代以前美国本土不断兴起的三K党(Ku Klux Klan)势力；以及哈丁总统执政期间美国司法部追捕反动分子的行动。这些运动逐步与20世纪50年代早期威斯康星州参议员麦卡锡(Joseph McCarthy)所掀起的清除共产党人的运动合流。在美国，共产党从来没有产生过太大的影响，但是当狂热的爱国主义者希望每一个人都宣誓效忠国家时，共产党便成为背叛国家的典型。对一个人的评价主要看他在多大程度上显露出爱国主义情怀。那些竞聘政府部门的候选人都竭尽全力地显示自己比其他的候选人更加忠于国家。

甚至在麦卡锡参议员成为反共运动的急先锋之前，国会以及政府部门就已经为进行忠诚调查做准备。1947年，杜鲁门总统要求对每个联邦雇员进行忠诚度调查，以确定他们是否与90多个被认为反动的组织具有联系。在四年之中，调查纪录达到300万次，而且有大约3 000名政府公职人员被解聘。国会非美活动调查委员会(House Un-American Activities Committee)举行听证会，对他们认为可能影响美国思想进程的各个领域中人们的政治联系进行审查。在好莱坞的调查中，好莱坞制片公司负责人把那些拒绝配合调查的员工列入黑名单，并剥夺他们在电影业工作的权力。1950年，虽然遭到总统的反对，国会还是通过了《麦卡伦内部安全法案》(McCarran Internal Security Act)，而且两年后又在总统反对的情况下通过了《麦卡伦—沃特移民法案》(McCarran-Walter Immigration Act)。第一个法案规定：任何人只要被怀疑从事间谍或特务活动，就可以被逮捕。第二个法案规定：禁止任何从事颠覆活动的分子入境，即使他们已经加入美国国籍也要将其驱逐出境。虽然杜鲁门总统认为这些规定违反《权利法案》的精神，但是国会的做法反映了国民的意愿，因为大多数人都认为加入共产党是一种犯罪行为。利用国民的这种狂热，麦卡锡参议员继续提起诉讼，甚至暗示美国英雄马歇尔(Marshall)和艾森豪威尔(Eisenhower)将军阴谋通过在全球发展共产主义来颠覆美国。直到1954年，国会才提出停止这种狂热行为，并对麦卡锡的错误行为进行了谴责。

联邦政府对大学干预方式的变化，改变了人们对大学的看法，进而导致大学入学人数的变化。1944年《退伍军人安置法案》(Servicemen's Readjustment Act)的颁布宣告了美国进入高等教育大众化时期。由于担心数以百万的复员军人失业，国会颁布了所谓的《退伍军人权利法案》(GI Bill)。该法案为退伍军人提供一系列的福利，包括：一年的失业保险；医疗费；就业指导；以及为进入大学学习的退伍军人提供学费、书本费和生活费用。每一名退伍军人可以作为全日制学生进入大学免费学习1学年的学分课程，并且每服役1个月就可以增加1个月的免费学习时间。因此，服役两年的退伍军人可以借助政府补助完成大学4年的学业，因为剩下的3个学年的学分可以折算为以9个月为单元的4个学年的学分。在1 500万复员军人中，大约有一半人参与了这个法案；29%进入大学学习，其他一些人进入大学预科和职业课程学习(退伍军人事务委员会，1973)。高等教育入学人数比战前增长了一倍，因为战后的六年间，200多万退伍军人进入大学学习。因为退伍军人管理部门按照州外学生的学费标准支付学费，所以州立大学发了一笔横财。更重要的是，任何人都能进入大学学习的观念在美国深入人心，大学不再是培养少数精英人才的场所。

机会均等

在20世纪50年代初期，同样产生了持续影响的社会变革的步伐加快了。在19世纪90年代，联邦最高法院的许多判决或者认为联邦政府没有权限干预各州关于种族隔离的相关法律，或是提出只要为不同的种族提供了同样的教育设施，也就保障了各自的平等教育权力。在20世纪30年代、40年代，全国有色人种促进会(National Association for the Advancement of Colored People)向立法者施压，并且通过法律诉讼试图为黑人争取平等的就业机会和受教育权利。废除种族歧视在其他领域也获得相当大的进展。例如，1948年，杜鲁门总统发布命令要求在军队中实行种族平等，他所领导的各种不同的委员会要求在其他领域倡导种族平等。1950年，随着联邦最高法院两个判决的生效，种族平等在中等教育方面也获得了一些进展。在斯韦特诉佩因特(*Sweatt v. Painter*)一案的判决中，联邦最高法院认为得克萨斯州法学院的种族隔离的做法是不平等的，因为学生们在校期间所建立的各种联系直接影响他们将来所取得的成就。在麦克劳伦诉俄克拉何马(*McLaurin v. Oklahoma*)州高等教育董事会一案的判决中，联邦最高法院要求俄克拉荷马大学确保一名黑人博士生享有与其他所有学生同等的待遇。但是在美国，种族隔离的观念仍然根深蒂固。种族隔离在南方是合法的，在北方的很多学院中实际上也存在着种族隔离的现象。

1954年布朗诉教育委员会(*Brown v. Board of Education*)一案对实行种族隔离但保障教育机会均等的观念提出了挑战，联邦最高法院认为仅仅因为种族原因将孩子们分离开来容易使他们产生自卑感，因此教育上的种族隔离在本质上是不平等的。在1956

年霍金斯诉州立大学董事会(*Florida ex rel. Hawkins v. Board of Control*)一案中，联邦最高法院援引了上述判决。虽然根据宪法第十四修正案保护平等权利的条款，联邦最高法院推翻了实行种族隔离的法律基础，但是种族隔离的问题并没有立即消失。联邦最高法院并没有明确规定学校何时废止种族隔离政策，它将这个问题交给地方法院解决。废除种族隔离政策很快在边境各州实施，但是遭到保守的南部各州的反对。废除种族隔离政策首先在1957年的小石城(Little Rock)遭到公开的抵制，当时阿肯色州州长招集国民警卫队阻止黑人儿童进入高中学习。弗吉尼亚州州长命令关闭种族混合学校。当地方法院命令密西西比大学和阿拉巴马大学接受黑人入学时，这些州的州长一致反对这些法令。

20世纪50年代，其他领域反对种族隔离的运动也有所发展。《民权法案》的颁布，试图确保任何人都不会因为种族原因而被剥夺选举权和就业权。但是由于各州、地方政府和私营企业采取各种手段维护自黑人解放以来实施了长达一个世纪的种族隔离行为，因此种族隔离仍然存在。那些支持种族融合和教育机会均等的人们通过在种族隔离机构门前静坐，联合抵制实行种族隔离的交通设施，并且经常用向法院提起诉讼等方式来施压。种族隔离主义者们遭到公开的反对，他们不得不争取学校和选民的支持，并且不断恳请能够给他们足够的时间容他们改正错误。1964年，约翰逊总统执政第一年颁布的《民权法案》通过联邦授权所有人都享有选举权、使用公共设施的权利以及获得自己能够胜任的工作的权利，从而形成了反种族隔离的强大力量。该《法案》还支持大学和学院开展在职培训，帮助学校员工处理在废除种族隔离过程中所面临的难题。在教育机会均等方面也取得了一些进展，但是问题仍然存在，不同社区和不同地区问题程度有所不同。

联邦政府在促进机会均等方面发挥了十分突出的作用。联邦政府成立了相应的机构保障实行机会均等;联邦政府还提供了数以千计的就业机会,实施反贫困计划;此外还颁布了《选举权法》,并在反对种族歧视方面做了很多的努力。约翰逊总统的11375号令明确规定:自1968年起,联邦政府的每个聘用合同都必须写明雇员不会受到种族歧视,而且如果雇主不愿意雇用少数民族雇员,他们必须想办法改善这种状况。由此产生了民权保护办公室(Office of Civil Rights),它们开始发布命令并且负责调查投诉事件。这样一来,就对学院产生了影响,因为任何学院如果没有一定比例的少数民族雇员都被认为是违法的。为了应对大学入学人数的激增,几乎所有的大学都迅速招聘教师,结果因为招聘了太多的白人雇员而遭到批评。1972年《教育法案修正案》第九款规定:禁止任何教育计划或活动中的性别歧视,团体中必须有一定比例的女性代表。联邦政府看起来好像是社会公平的倡导者,而大学在履行社会责任方面显得不太积极。虽然在促进社会其他领域种族融合方面作了很多的努力,但是一些观察者们发现争取平等的过程障碍重重,进展也不快。其他人则感到要达成这个几乎不可能达成的目标还要承受很多阻碍和压力。虽然在机会均等方面取得了一些成果,但是性别和种族歧视的观念根深蒂固,并且是今后一个时期存在的主要问题。

全国有色人种促进会(NAACP)在法院和立法上所获得的胜利使得其他有自知之明的团体要求享有同样的权益。残疾人也获得了选举权,以及保障他们享有进入公共场所以及学校为他们提供特殊设备等方面的权利。1966年女性群体建立了全国妇女组织(National Organization for Women),争取男女同工同酬以及平等的受教育权和就业权。国会通过了一项涉及平等权利的宪法修正案，明确规定："任何州都不能因为性别原因剥夺公民的平等权利。"然而，由于没有达到规定的38个州中的3个州的批准，这个修正案没有成为法律。《民权法案》第七条款规定禁止雇佣歧视，《教育修正案》第九款禁止大学录取中的性别歧视，这些法案仍然是妇女获得平等权利的主要法律基础。

1970年，得克萨斯地方法院规定墨西哥裔美国人应该被视为少数民族，从而在立法上迈出了争取平等权利的第一步。罪犯、精神病患者以及同性恋群体都在争取平等的地位，但是没有取得多少进展。即使这样，他们所处的社会环境也发生了一些变化。因为这些群体以及不同的种族、不同性别群体一直呼吁改变他们在就业、教育和法律执行方面所受到的不平等待遇。

在高等教育大众化末期，争取机会均等案件的范围发生了变化。1972年，联邦最高法院在格里格斯诉杜克电力公司(*Griggs v. Duke Power*)一案的判决中规定：要求个人应聘之前必须具备一定层次的学历水平的做法违反宪法，尤其是当这种学历教育与所从事的工作不相关或者这种强制规定造成了对弱势群体的歧视时。即使不存在种族歧视，如果表明任何规定影响到劳动力成员中各种群体的合理比例，那么就应该废除这种规定。这一判决以及后来的其他判决直接影响到大学的招生以及就业机会，从而突破了标示着"完全不同的影响"的界限。

二、院　　校

公立院校的规模不断扩大。那些公立院校还不发达的州，如新英格兰州，也急于发展公立院校。在中部和西部地区，公立院校已经十分强盛,学院通过建立分校扩大校园,将专业学院发展成为综合学院,并且建立了社区学院。新建了600多所公立院校,其中有500所是两年制学院。新建了650所私立院校,但是其中半数都关闭了,只有325所私立院校保留下来。学院不断向综合化方向发展。师范学校转变为州立大学,提供广泛的课程,并且能够授予硕士学位。但是,在这一时期末仍然存在少数独立师范学院。单一性别的院校也发生了一些重要变化。在这一时期初,25%的学院都仅招收男生或仅招收女生。到1970年,这个数字下降到14%,因为很多学院关闭了或者变成了男女同校的大学。

在第二次世界大战后不久,公立和私立高等教育入学率发生变化。在20世纪30年代初,公立和私立高等教育的入学人数大致相同,并延续了10多年。大萧条前期对于州立大学来说是一个困难时期,但是到20世纪30年代末,利率和私人捐赠的下降对私立学院的影响更大。在"二战"期间,通货膨胀给私立大学造成了压力。但是随着"二战"结束,州立学院则获得了大量可支配的资金。在战后的第一个十年中,公立院校用于扩建校园的经费至少比私立院校多50%左右。《退伍军人权利法案》所支付的退伍军人的学费弥补了公立院校的巨大开支,但是随着20世纪50年代初期退伍军人数量的减少,私立院校不得不大幅提高学费,进而导致公立院校的入学人数有所增长。

这一时期,学院一直保持着向世俗化发展的趋势。公立学院和私立学院的比例从35%上升到44%,入学人数的比例从49%增长到79%。公立学院的这种增长也从所授予的学位上表现出来。到1975年,公立学院共授予了88%的副学士学位,69%的学士学位,66%的硕士学位,65%的博士学位以及42%的初级专业学位。除了哲学和宗教领域,学院所授予的大部分学士学位覆盖各个领域。

私立学院在授予的商业、法律和心理学硕士学位数量方面位居前列。

1. 院校类型

在私立学院和社区学院发展的同时，研究型和综合型大学也有所发展。衡量研究型大学地位高低的主要标准是研究生的数量、研究经费的多少。公立院校的本科生招生可选择的余地更大，因为公立院校可以提高入学要求，把那些质量不高的学生丢给社区学院。州政府资金的资助使得公立学院可以发展自己的研究生课程，而联邦资金则资助它们建设实验室和置办研究设施。得克萨斯大学就是以油田的收入为基础建立的。华盛顿大学加强了其科学研究和研究生教育。加利福尼亚大学，特别是伯克利校区，在20世纪40年代的忠诚宣誓的冲突中受到了影响，但是由于它卓越的学术研究，从而继续保持了其领先地位。“二战”后的第一个五年中，州政府给加利福尼亚大学每年的拨款增长了24%，而且这所学校还招收了大量的退伍军人。因此，加利福尼亚大学又从《退伍军人权利法案》所规定的学费收入中获得了大笔资金。到20世纪60年代，加利福尼亚大学新校区增加到9个，使得加利福尼亚大学成为一个覆盖全州的大学系统。随着洛杉矶发展成为全国第二大都市，加利福尼亚大学洛杉矶校区的地位也提高了。但是，加利福尼亚大学洛杉矶校区要成为世界一流的研究型大学，必须放弃自大学成立以来所开设的职业教育课程，并且停止授予副学士学位。

随着贫富差距的增大，一些实力雄厚的私立院校也发展得很好。斯坦福大学成立之初就获得了大量的捐赠，因此很早就被视为研究型大学。但是它的资金来源较单一，只有极少数的积极捐赠者，因此在经济大萧条时期它比其他学院受到的影响更大。20世纪40年代，海军研究办公室（Office of Naval Research）和国防部开始资助电子学研究时，斯坦福大学迅速发展起来。由于斯坦福大学拥有电子研究方面的著名教授，加之斯坦福大学与私营工业的紧密联系，随着电子工业的发展，斯坦福大学也一起得到了发展。

这一时期末主要研究型大学的数量增长平缓下来。过去，许多大学试图发展研究生教育和致力于大力发展科学研究，现在却发现财政状况非常困难。联邦政府对基础研究的资助已经趋于平缓，而研究本身又耗资巨大，同时普通高等教育朝着更加强调平等主义、满足更多的人接受高等教育的需要、履行社会责任、改善社区关系的方向发展。佛罗里达州和亚利桑那州的一流州立大学继续保持领先地位，因为这些州的经济繁荣为社区学院的发展提供了资金，同时也促进了该州主要大学的发展。然而，很多东北部的私立院校曾经希望发展成为一流的研究型大学，最终退出了这场竞争。

2. 综合性大学

称之为综合学院或地区性大学层次的州立院校也获得了很大的发展。它们刚开始是以高中后学院、师范学校或者州立文理学院、农学学校以及提供工业技术或家政学教学的机构形式出现的，或是以注重工程学和商业管理的学院形式出现的。其中8%成立时是初级学院，25%是师范学校，还有少量是市政府资助成立的四年制学院。这些学院中大约有30%的学院都是在高等教育大众化时期建立的。到1970年，这类学院的数量已经达到300所。无论它们是发展成为拥有众多学院的大学系统或是继续作为独立大学存在，在大多数州，它们培养了大量的教师和技术人员。到1975年，它们招收的学生人数占高等教育入学人数的25%，颁发了33%的学士学位，30%的硕士学位，30%的初级专业学位，5%的博士学位。

加利福尼亚大学改革的成功经验为其他大学所效仿。1921年，六所州立师范学校升格成为师范学院；1935年，它们去掉师范，成为州立学院。20世纪60年代，它们获批升格为大学，这表明它们已经能够提供综合性课程。到1975年，当时的18所学院重组成为加州州立学院和大学系统，而且很多学院都升格为大学以表明其地位的变化。例如长滩州立学院（Long Beach State College）改名为加州州立大学长滩校区（California State University at Long Beach），圣地亚哥州立大学也正为成为地区性大学而努力；1960年的硕士培养规划规定州公立院校承担硕士培养任务，而不允许其提供博士课程，但是它们仍然能从州政府获得大量研究基金。索诺马（Sonama）州立大学像一所乡村文理学院，斯坦尼斯洛斯（Stanislaus）州立大学则一直侧重于农业。总之，这些院校培养了大部分州立院校的教师。

综合性大学也包括一些专业学院，包括：军事学院如堡垒军事学院（Citadel），技术和贸易学院如新泽西技术学院（New Jersey Institute of Technology），城市大学如阿克伦大学（University of Akron），以及许多传统的黑人学院等。这些专业学院的类型多样、侧重点也不同、规模大小也不一样。大约一半以上的州立学院的学生都不足6000人，其他一些学院的学生人数超过3万。不过，这些专业学院的课程涉及各个方面。尽管它们在教师教育和农业领域见长，但是它们仍然提供大量的商务、工程、护理以及贸易和技术方面的课程。这些专业学院主要开展广泛的中等水平的教育课程，40%的学院都提供学士以下水平的技术和职业教育课程，而只有15%的学院能够提供博士课程。

州立学院和大学的资金来源和管理模式也非常独特。州立学院的学费占教学支出的1/3,学费标准比公立研究型大学低,但是比社区学院要高。州立学院一半的资金都来自州政府或本地资源。美国州立学院和大学联合会是一个重要的全国性组织,于1961年成立,主要为了监管快速发展的州立学院和大学。在规模、多样性和综合性方面,州立学院和大学同社区学院类似,但是州立学院和大学在开设课程方面更加积极,因为它们能够提供广泛的学位课程,具有更广泛的服务领域。

3. 文理学院

文理学院的发展方向不同。大多数文学院都是在内战之前建立的。在20世纪,为了生存,很多文理学院开始提供研究生和职业课程,因此弱化了它们以本科教学为重点的传统。但是在1971年到1975年的5年间,25年前成立的许多文理学院倒闭了,或者转变为综合学院。它们无法与成本较低的、政府资助的州立学院或社区学院竞争。

在大多数情况下,综合性学院和文理学院之间的区别变得越来越模糊了。卡内基委员会(Carnegie Foundation,1973a,pp. 3 - 4)将文理学院定义为具有较强的文科传统优势,同时提供适当的职业教育课程,包括工程学和教师培训课程的学院。另外,任何在校学生数少于1 000人的公立学院和少于1 500人的私立学院应当视为文理学院,无论它们提供什么样的课程。根据这个标准,卡内基委员会将719所公、私立学院划分为文理学院。相反,一些学者,如布伦曼(Breneman,1994),认为文理学院应该是那些小型的私立寄宿制学院(在校学生人数少于2 500人),专业领域主要涉及人文、语言、社会科学、自然科学以及艺术等学科。卡内基委员会所划定的文理学院中只有不到一半的学院符合这个更加严格的分类。

不管采用了何种分类标准，很明显，在这一时期末，文理学院的数量明显有所下降。1970年的719所文理学院，到1976年已经减少到583所(Carnegie Foundation，1994，p. xii)。很多学生寻求能够让它们立即找到工作的教育，而没什么耐心来学习文学和艺术。无论文理学院如何劝导学生，告诉他们所获得的学位有助于他们将来在许多领域就业，但是大部分学生都不相信。另外，由于进入公立院校的学生每年要少花费几千美元，因而受到学生广泛的欢迎，因此很难让学生及其家长相信选择文理学院是值得的。

由于文理学院入学人数的下降，进而导致文理学院的数量减少。在20世纪初，文理学院入学人数占到高等教育入学人数的2/3左右。到20世纪50年代，这一数字下降到25%左右，而到高等教育大众化末期，降到了8%。文理学院试图通过强调小班教学、明确的课程目的以及寄宿制来吸引学生，提高入学人数。每所学院希望通过自己独特的、卓越的办学质量吸引缴纳全额学费的学生，但是大多数学院不得不采取降价、打折或其他经济奖励的措施吸引学生入学。没有多少文理学院能够获得大笔捐赠基金来维持生存，虽然有一半的文理学院与宗教团体保持着一定的联系，但是并不能从它们那里获得太多的资助。由于许多文理学院仅仅依靠自己的资金，甚至不能负担部分学生的教学开支，开始只招收那些能够支付全额学费的学生，学生自己必须筹措一部分学费，再从州政府或联邦政府那里争取一部分奖学金或贷款来缴纳学费。到这一时期末，学院录取大约40%的申请者，但是各学院的录取比例也有所不同。一些学院的录取比例为1∶6，其他学院可能是1∶2。每个学院都试图保持一定的学生数量，而且经常通过调整录取比例来达到这个目的。私立学院的入学竞争最激烈，因为一旦学生家长决定将子女送到私立文理学院读书，他们选择哪所学院就读主要取决于学院能够提供多少助学金。一个想要入读卡拉马祖学院(Kalamazoo College)的学生可能会选择阿尔比恩学院(Albion),但是绝不会考虑到西密歇根大学(Western Michigan University)。

4. 其他类型的院校

在"高等教育大众化时代",私立初级学院的发展并不好。1922年,207所初级学院中有137所为私立的。1947年,650所两年制学院中有一半为私立,其中180所与教会有关系,108所为独立的非营利性学院,以及34所私有的学院。到1975年,社区学院与初级学院的总数达到1 200所,但是私立的学院降到了222所,其中1/3的私立学院在接下来的二十年中关门了。半数左右的私立院校的学生人数不到500人,而半数左右的公立院校的学生人数将近3 000人。私立初级学院,就像文理学院一样,几乎完全依赖于学费收入,因此不具备竞争力。

公立的社区学院系统内部存在许多差别。学生的转学率的差异相当大,这在很大程度上取决于社区学院的学生能否转入四年制学院或大学以及高一级院校对新生入学要求的程度。各个州以及同一个州内的不同院校对于职业教育的相对重视程度不同。在那些从技术学院和职业培训中心发展起来的院校,比如印第安纳州及北卡罗来纳州的院校,职业教育的课程和注册学生很多。在那些负责成人普通教育的院校,比如旧金山和圣地亚哥的院校,读写教育方面的课程注册人数很多。在一些州,由大学主办的院校,比如肯塔基州和夏威夷州,既提供转学教育,也提供职业教育。宾夕法尼亚州立大学和南卡罗来纳大学及威斯康星大学建立了两年制的分校,提供预科教育,但是这些州还建立了单独的综合性大学或职业技术学院。

学校类型的扩展带来了针对开放大学的重要投资。1971年,纽约州为那些无力承担高昂的城市生活费用的学生以及居住地太远不方便往返校园的学生提供住宿。成人教育进一步扩展，出现了由博物馆、图书馆、公司、大学的推广部开展的成人教育形式，以及由社区学院提供的无学分教育形式。虽然没有准确的统计数字，但是初步估计，这些类型的成人教育机构在数量上至少超过正规成人教育机构的五倍，并多招收三到四倍的学生。

私有的营利性学校是最难加以描述的部分。由于《军人权利法案》资助退伍军人就读职业院校及技术院校，这类院校主要进行各类商业贸易教育，因此这些营利性中学后机构在20世纪40年代后期获得了巨大的增长。在战争之后的开始五年内建立了5 000多所私有的营利性学校，但是它们的招生人数通常都在有关高等教育的数据资料中被省略掉了。只有私有的营利性学校能够提供“担保学生贷款”时，私有的营利性学校才可能成为中学后教育体系的组成部分。这是因为这些学校的学生吸引了超过25%的贷款资金，但是学生拖欠还款率远远高于其他类型的学校。除了传统的授予学位的高等教育类型，其他类型的高等教育机构还包括工人大学以及合作或社区大学。如果把私有的营利性学校统计在一起，可能有10 000个这类机构在运营。直到后来，人们认识到本来可以利用这类院校的资金发展传统的高等教育类型，才引起人们对这类机构的关注。

总之，院校发生了几个方面的变化。就注册人数而言，公立院校超过了私立院校。研究基金促进了不少公立和私立大学发展壮大并且享有盛誉。综合性的州立大学通过不断扩展职业和技术方面的教育发展起来，而文理学院由于缺少愿意对它们所提供的教育付费的学生而减少。公立社区学院的增长最为显著，1975年学生人数达到500万人——相当于12年来高等教育所招收的学生总和。私立初级学院也几乎全都消失了。与此同时师范学校也消失了，其功能已被综合性院校所取代。随着教育风格的改变，单一性别院校在减少。总体而言，与这个时期初的1 200人相比，在这个时期末普通院校招生人数达到4 000人，高等教育机构的规模变得更大了。

随着高等教育在招生人数上的增加，其影响力也在增强。高等教育通过制定招生政策，决定哪些人会从中受益；通过教育以及保持与专业团体的联系，将其毕业生分配到社会的各种位置上。高等教育逐步增强了其控制力，从而影响到人们所获得的机会，以及通过开展在职及成人教育影响到人们社会地位的提高。甚至高等教育招收更多的青年学生也是一种形式的影响力量，高等教育将同龄的年轻人聚集在一起，引导他们长大成人。公众将这一切诉诸教育，是因为所有人的发展都离不开教育。

三、学　生

“高等教育大众化时代”的显著特征是学生入学率的大幅上升以及学生激进运动的高涨。入学人数显著增加。在1945年到1975年的30年间，入学人数增幅超过500%，学生人数从大约200万增加到1 100万。公立院校的学生人数增长最大，在这个时期初，公立院校的学生人数同私立院校大体相当，而到这个时期末超出了4倍以上。公立社区学院的学生人数也获得了较快的增长，招收学生人数几乎达到新生总人数的一半。在1962年，高中毕业生进入大学的比例达到49%，并在此后二十年中徘徊在50%左右。男女学生的比例不断变化。在1940年，60%的学生是男性；1950

年，因退伍老兵进入大学，男性学生的比例上升到70%。但到这个时期末，男女大学生的人数几乎相等。年龄为25岁或以上岁数的学生占总数的1/3。大学转型时期的高等教育已经成型了。现在，高等教育以及整个国家都从中获益。

学生人数以难以置信的速度增长。过去即使在自己的家乡建有大学，人们也不会想到要去读大学。那些付不起学费的学生可以获得各种财政支持，首先是《军人权利法案》，然后是各个州及联邦政府所提供的助学金和助学贷款项目。公立社区学院收取很少的学费，并且在大多数情况下，学生都能住在家里或走读。入学方式很宽松再加上人口突增，以至于高等教育机构的管理者都认为扩大招生是有益的，而招生人数上的停滞或下降就意味着剥夺了人们接受高等教育的权利。任何不想读大学的人都被看作是受了误导并且需要特别加以鼓励。

1. 大学招生

一个长期存在的教育问题就是：如果一个学生选择不去读大学，那么这是谁的错呢？在1959年秋季进行的一项民意调查(Harris，1972，p. 49)表明，1/3的16—24岁的高中毕业生没有进入大学，主要原因是："不想去。"怎样才能让他们进入大学学习呢？究竟是通过让他们认识到社会变化需要大量女性进入劳动力市场，接受大学教育可以帮助他们获得更高收入的工作呢？还是尽量减少女性入读大学的限制？如果因为经济条件或种族原因造成某个特殊社会阶层的成员进入大学的数量远远超过了另一阶层的成员的数量，那么高等教育怎么才能避免歧视后一阶层的指控呢？没有上大学的人发现，与那些大学毕业的人相比，他们的就业机会减少了，工资也更低。大学应该怎样做才能让他们愿意读大学呢？

大学不断破除在学业成绩、思想观念以及经济条件各个方面的障碍，以吸引更多的学生入学。对于学习成绩较差的学生，大学开展了补救性的教育方案。大多数院校一直为成绩较差学生补课。随着20世纪60年代中期以来高中毕业生学习成绩的下降，大多数院校都对成绩较差学生进行补课。到20世纪70年代，除了选择学生最为挑剔的院校之外，所有院校都准备有这些补救方案。学业成绩最好的学生一般入读一流的研究型大学以及最有声望的文理学院。那些以能够招收最优秀学生而自豪的大学，为了赢得高分考生而相互竞争。大多数其他院校都为学业成绩优秀的学生特设高级课程计划以及提供奖学金，以便让他们的能力也能够很好地获得发展。

家庭收入同进入大学密切相关。收入越低，学生进入大学的可能性也就越小。1967年，美国养育子女的家庭月收入在3000美元以下的占11%，他们的孩子上大学的比例低于5%。另一方面，家庭月收入超过15000美元的占12%，他们的孩子上大学的比例超过22%。很明显，如果提供资助，这种状况是可以改变的。因此，这个时期州及联邦政府建立和实施了助学金和助学贷款项目。以1994年的定值美元为统计标准，1963—1964年联邦政府资助金额为10多亿美元，到1973—1974年增长到将近165亿美元，州政府资助金额从2.62亿美元增长到11亿美元，而大学及其他组织的资助金额从13亿美元增加到31亿美元(Gladieux，1995，pp.10－11)。(请见表4.2，一个早期的联邦学生贷款的实例)

大学首先采取重要措施鼓励黑人学生入学，其次是西班牙裔和印第安裔学生。这些举动主要是通过法院来推动的，因为州议会和美国国会在制订反对歧视措施方面行动迟缓。低收入家庭的学生也从这些对少数民族群体特殊关照的决策中获益。事实上，州议会和美国国会的大部分财政拨款主要是为了援助少数民族群体

表 4.2　战时学生贷款项目支出(1943 年，按现值美元)

领域	贷款项目数	贷款金额(美元)	所占比例(%)
医学	3 867	1 150 072	39.5
工程	4 066	933 208	32.1
牙科	1 217	343 225	11.8
化学	835	205 444	7.1
制药	438	114 104	3.9
兽医	394	106 821	3.7
物理	264	57 633	1.9
总计	11 081	2 910 507	100.0

资料来源：U.S. Office of Education，1945，p.12。

学生，因为代表少数民族群体的机构远比那些代表低收入群体的机构更为重要。

根据招生统计数字显示，这个时期女性学生入学的速度加快。这主要因为社会关系的变化。随着关于男女平等的特定立法和法院判决出现时，女性学生的注册人数几乎与男性学生持平。于是，对于女性入学问题的关注程度降低了，转而开始关注女性应该接受哪些领域的教育。根据《美国教育修正案第九款》(Title IX)的解释，不得禁止女性学习诸如工程、建筑、汽车机械以及自然科学等这些传统上由男性主导的学科领域。大多数的法学院和医学院已经接纳女性学生学习，因此无须通过法律诉讼的方式对其进行督促。这些学科领域所授予学位的数量，在 1972 年《美国教育修正案第九款》通过之后的数年内，确实有了显著增长。1972 年获得医学学位的女性有 830 人，占授予学位总数的 9%。三年以后，获得医学学位的女性人数翻了两番，达到 1 629 人，占授予学位总数的 13%。1972 年获得法学学位的女性有 1 498 人，占授予学位总数的 7%，而到了 1975 年获得法学学位的女性达到 4 415 人，占授予学位总数的15%。女性进入牙科领域的速度较慢。1972年,有43个牙科博士学位授予给了女性,只占授予学位总数的3%。

大学中招收的残疾学生人数增长较快。1973年的《康复法》(Rehabilitation Act)的第504条禁止联邦政府资助项目中对于残疾人的歧视,包括对残疾人接受高等教育的歧视。高等教育不得拒绝招收达到入学所必需的学业和技能要求的残疾学生。该法还要求高等教育机构要为残疾学生的学习提供相应的生活设施,该法提出的"达到入学标准"以及"相应的生活设施",为今后采取有关适合残疾学生学习的生活设施或教学计划的措施提供了参照。核心的问题是,残疾学生包括视觉、听觉、心理以及行走不便等不同类型,因此要求学校为他们提供相应的生活学习设施。

根据学生入学同社会经济地位之间的关系所进行的追踪调查,发现学生的入学、毕业同家庭社会经济地位之间的关系十分密切。1961年的一项研究报告显示,父亲为专业或半专业人士的高中毕业生有67%入读大学,相比之下,父亲为农民、手工艺人或不熟练工人的高中毕业生有25%入读大学(Harris,1972,p. 61)。另一项研究显示,社会经济地位同所入读院校类型之间密切相关:社会经济地位较高的学生就读私立大学或四年制学院,而社会经济地位较低的学生就读公立两年制或四年制学院(Harris,1972,p. 57)。高等教育相应地提高奖学金和助学金。1960年所有高校总共提供的奖学金和助学金约17 200万美元,到1975年增加到145 000万美元,并且这还不包括佩尔助学金(Pell Grant)。

国家极力鼓励能力出众的学生上大学,无论他们来自何种社会阶层。人们开始关注到,如果国家最有才能的年轻人不去上大学,就此而言,将造成国家人才的损失。20世纪50年代所进行的几项研究发现,在20%的最优秀高中毕业生中,多达一半都没有继续读大学(Wolfle,1954)。能力高低不仅同学生是否能上大学有关，而且还同他们能否毕业有关。能力出众、家庭收入高等因素对学生能否上大学、上何种类型的大学，以及能否毕业，具有十分重要的影响。国家不断采取措施鼓励更多的能力出众的学生进入大学，尤其是那些社会经济地位较低家庭的学生。“全国优秀高中毕业生奖学金项目”(National Merit Scholarship Program)在这方面走在全国的前列。1957年，近15 000名获得过奖学金、期中或期末成绩优秀的高中毕业生中，有超过96%的人进了大学(Harris,1972,p.50)。

大多数入学竞争比较激烈的院校都把学生在高中期间的学业成绩排名以及入学考试分数作为评价学生能力的依据。学生在大学所取得的成绩同高中时的学习表现密切相关。判断一个人将来会怎样的最好方式就是看他们过去都做了什么。不过，大学逐步采纳能力测试的方法。到1964年，每年有100多万的高中毕业生参加学术能力测验(SAT)。标准化测试作为判断学生是否具备进入大学学习能力的客观化措施受到人们的欢迎。通过考察高中学习的平均成绩以及“SAT”考试的成绩，就能很好地判断学生进入大学后的表现。但是这些测试能够测量什么呢？在20世纪20年代早期，智商测试(IQ)开始不久，就因为测试受到社会以及经济背景的影响而受到批评。到了20世纪40年代，智商测试的支持者坚持认为智商测试能够测量出人的“一般能力”，而智商测试的批评者认为智商测试只是为了说明“在现有的社会阶层中，来自经济富裕以及某些种族的群体智商更高，而较穷困的群体智商较低”(Lemann,1995,p.84)。

直到1951年通过一项为朝鲜战争征兵的新草案之前，所有的争论还只是涉及学术方面。因为国家需要科学人才以及特殊技能人员，所以大学生可以缓服兵役。因此智商测试间接帮助确定哪些人应该参军。当不同种族群体成员所取得分数差异被反复用来显示文化上的偏见时，测试公正性的问题就被提出来了。然而，智商测试逐渐成为一种大学选拔新生的方式，并且被广泛应用。“美国大学入学考试测验”（American College Testing Program），创立于1959年，提供一种类似于“教育考试服务中心”（Educational Testing Service）的学术能力测验的考试。“教育考试服务中心”和“美国大学入学考试测验”都不断扩展了自己的考试范围，并开发了专门的测试，为大学的专业学院及研究生院甄别遴选申请人。

这个时期的大学所处的环境发生了明显的变化。人们普遍认为20世纪20年代的大学生是贪图享乐、不成熟的一代，到了20世纪40年代晚期，随着“二战”退伍军人入学人数的突增，大学生开始变得成熟稳重，并急于毕业后能够在生活上获得成功。在规模较大的大学，大约有1/2到3/4的男大学生都是退伍军人。许多人都已经结婚，并且他们当中相当大部分都有孩子，他们对于早期大学生活中所常见的大学生联谊会活动以及其他活动不感兴趣。20世纪50年代，大多数退伍军人已经毕业，之后的那批大学生因为似乎不怎么关心社会、政治方面的事情，而被看作是沉默的一代，并因此受到批评，被看作墨守成规、缺乏独立思想的一代人。

2. 激进主义

到20世纪60年代，生育高峰期出生的那批大学生更是态度坚决地质疑社会的价值观，并且积极参与抗议社会不公正现象的活动。许多大学生都加入了教会所领导的民权运动。大学生手挽手，同牧师以及其他关心社会政治的市民一道，参加了许多支持反隔离运动以及要求投票权利的示威活动。南部古老的黑人院校的学生特别投入，而且许多来自北方和南方院校的白人学生都同他们一道参与了这些活动。

大学突然爆发了一种不同形式的学生激进活动。1964年秋天，由加利福尼亚大学伯克利校区行政当局做出了一项决定，禁止为校外政治团体募集资金，从而引发了一场学生示威活动，导致无数大学生被捕。这场运动蔓延到其他院校，发展成为一系列的大学生抗议活动，其中包括抗议大学的规章制度，抗议大学实行的看起来更适合管理儿童的考试制度，抗议把学生一直当做被动的学习者的大学教师，抗议课程脱离生活实际，以及争取少数民族的民权运动，反对征兵草案以及反对越战的抗议活动。虽然学生运动的目的不同，但模式大致相似：大学生一边游行一边高声喊着口号，在校园里进行静坐示威活动，提出一些无理取闹的要求。由于伯克利行政当局所采取的措施不当，以及学校附近大量同情学生的社区居民的支持，导致一开始未能平息这场"言论自由运动"，并且其他类型的学生激进运动出现在美国的数百个大学校园，甚至远至巴黎、墨西哥城和东京的大学校园也出现了类似的运动。在20世纪60年代后期，全世界大学生都因为各种不同的原因而造反。有的是为了抗议不受欢迎的战争，有的是为了争取民权，有的是为了反对大学的招生政策、课程及教学方式，还有的涉及环境问题以及他们认为这个世界上邪恶的事物。

美国最为严重的学潮发生在住校生较多的大学以及具有强大的学生亚文化的大学，这些大学比较关注学生的情感而不是学校管理规则和传统。研究生比起大学生较少卷入学潮，走读学生比起住校生较少卷入，年龄较大的学生比较年轻的学生较少卷入，非全日制学生比全日制学生较少卷入，学习自然科学的学生比学习人文学科和社会科学的学生较少卷入。所谓核心的激进分子，例如那些签署了由学生民主社会同盟(Student for a Democratic Society)起草的《休伦港声明》的学生,很可能还不到这个团体学生总数的1%或2%。但是在一些大学校园却有多达10倍于那个数目的学生参加了示威活动。当然,并不是所有的激进活动都指向社会中广泛存在的不公正现象或者大学中过时的规则。像“美国自由青年”(Young American for Freedom)这种保守团体的成员也在不断增加。虽然大多数学生认识到大学是通往美好生活和事业的中转站,但是大学校园却朝着极端化方向发展。

总之,事实证明大学极易受到影响。尽管大学致力于思想言论自由,但面对那些想要把校园变为社会活动舞台的学生,大学却显得无能为力。对于大学的行政当局而言,这是一段艰难时期。因为他们过去习惯于将各种问题提交给委员会处理,所以他们缺乏快速处理示威学生要求的应变能力。学生以年轻人的方式,要求学校迅速采取措施解决问题,防止学校以“委员会将调查他们所提出的问题”为由而搪塞过去。并且,在学生提出的要求中有些是合理的琐事,也有的是根本无法解决的问题——从要求允许放一张桌子分发广告,到允许他们参与教员任期的投票,到坚决要求结束越战。当一位系主任对一群赖在他办公室不走的学生说:“好吧,我同意美国应该从越南撤军,但我在哪里签名呢?”由于大学生认为大学是在助纣为虐,因此他们是不会被大学软化的。当负责与外界各种权力机构达成一致意见的大学行政当局反应强烈并招来当地警察的时候,示威者采取了新的抗议活动,出于对少数参与学生的同情开始声讨大学行政当局的野蛮行径。大学教员也分成几派,有些人支持示威学生,有些人谴责学生的行为但又无所适从,少数人会见学生试图平息事态,还有一部分人袖手旁观。

为什么会发生这种情况呢?很明显,不会有令人满意的答案。如果激进主义仅限于美国,那么可以理解为反对一场不受欢迎的战争。但是在法国、墨西哥以及日本，大学生并没有受到征兵服役的威胁，他们国家的军队也没有进入越南。这些国家的大学生仅仅希望大学管理不要太严苛，然而部分人对于抗议者的反应总是很激烈。在美国，学生激进运动的内容不断变化，从涉及国家事务到地方事务，从反对战争的抗议活动到争取民权的激进运动。许多大学的学生都抗议校园里成立后备军官训练队和校园征兵站。在哥伦比亚大学，他们的抗议活动从校园扩展到周围临近区域。但是，不管学生示威活动出于哪些方面的原因，事实证明对战争的厌恶情绪持续时间最长。大量符合征兵条件的年轻人都在大学，而有关他们是否能够继续缓服兵役的传言让他们一直都紧张不安。1968 年马丁·路德·金遭刺杀，以及 1970 年美国军队入侵哥伦比亚，使抗议活动继续延续下去。大众媒体急于公布每次血腥冲突的信息，也助长了这些抗议活动。

一种看法认为，在校园发生学生抗议活动是因为大学是年轻人所在的地方，而大学放松了对大学生行为的控制。很明显，大学已经放弃了他们的学术立场，进而追求立竿见影的功利主义，从而丧失了对于更高道德水准的追求。监狱发生了暴乱，军队发生了兵变，却没有发生像 1917 年俄罗斯那样的重大革命，也没有那样广泛的热情，尤其值得注意的是，对于造反者的惩罚力度非常小。几乎没有一名学生因为过激的行为而被大学开除；几乎没有一名大学教员因为宽恕那种行为而受到他同事的谴责；只有少数几个主要的行政管理人员因为宽容学生的离经叛道行为而被董事会解除职务。学生抗议活动导致了几名学生殉难的个别伤亡事故。在肯特州立大学和杰克逊州立大学的事件升级时，由于武装警察的过度反应，几名示威学生遭到了杀害。

随着 1973 年征兵的结束，学生抗议活动也平息下去。学生抗议活动是否有效地促成了战争的提前结束,还不能确定。虽然促进民权和建立开放社会的斗争还在继续,但是任何把学生示威活动与20世纪70年代中期美国国会所采取的措施以及联邦最高法院的判决联系起来的看法是值得怀疑的。随着大学逐步放松了对学生生活的“家长式”管理,这种学校管理制度几十年来不断受到侵蚀,学生的反抗仅仅是加速了这一制度瓦解的进程。在20世纪70年代初期之后,要找到这样一所大学十分困难——这所大学具有严格的规章制度限制学生参与任何方式的社会化活动。许多院校都开放学生宿舍,未婚男性和女性学生住在一起,这种情况对于早期的学生事务主任来说简直不可思议。普通社区比较宽容的规则开始在校园发挥作用,而且,除了性骚扰、酗酒以及违反现行法律以外,几乎没有什么需要强制执行的规则。一个明显而暂时性的效果可能是大学同国防部之间的关系——国防部对学术研究的支持“在1969年最高达到27 900万美元,仅仅5年之后就下降到18 400万美元”(Geiger,1993,p. 241)。不管学生激进运动是否同国防部减少拨款之间存在着直接联系,但这种现象确实至少说明大学生的示威活动是为了抗议大学与军事的同谋。

四、教　　师

教师的专业化加速了。教师的薪水稳步增加,到这个时期末,教师的薪水基本能够维持其生存。教师通过建立集体谈判组织以及参与大学的管理,取得了更大的控制权。教师的职业权利受到立法和法院判决的保护而制度化。学术自由不再只是原则声明中的一个概念,而是一种受到法律保护的特权。

尽管如此，这个时期末还是有几个方面的因素阻碍了教师专业化的进一步发展。虽然兼职教师的比例在增加，但是他们并不是教师职业所要求的作为全职教师的助理，相反，他们是具有较少责任和较低薪水的独立讲师。20 世纪 70 年代快速发展的教师工会运动削弱了公众把教师作为专业群体的看法。大学教师长期所追求的终身教职，作为一项保护大学教师成员免受无端被解聘威胁的制度，开始被认为助长了对不再具有创造性教师的保护。教师在学生激进运动中的表现进一步引起了人们对专业主义的质疑。由于教师数量的迅速增长，人们不再把教师看成稀缺资源，同时也淡化了人们对教师这种最有声望的职业所具有的特权意识和神秘感。

1. 教师的分布与工资水平

教师数量的增长很明显的。1940 年全国大学教师总数不到 150 000 人，到 1975 年增长到了 565 000 人。然而，学生注册人数增长的比例更大，生师比从过去的 10∶1 增长到 17∶1。1910 年每所院校平均具有教师不到 40 人，到 1940 年达到 86 人，而到 1975 年为 200 人。教师与他们的同行、学生以及学校之间关系上的大多数变化，主要因为学校规模的扩大。当大学大多数成员之间进行面对面交流的时候，人们之间的关系要密切得多，但是当为了应对大学不断扩大的规模需要建立官僚主义管理体制时，人们之间的关系就完全不同了。

教师的分布呈现出不同的特点。在这个世纪初期，女性教师所占的比例为 20%，到 1975 年增长到了 33%左右。到这个时期后期，来自少数种族的大学教师数量也增加了，所占的比例达到了 8%。这些统计比例在不同类型院校也不同。女性在社区学院以及大学的人文学科和社会科学所占的比例最高。另外，少数种族的教师在自然科学领域所占的比例极低,他们主要集中在公立院校的社会科学领域。当大学招聘新教师以应对大学生人数的迅猛增长时,年轻教师的比例增加了,相应地处于中间年龄段的教师比例明显下降。在20世纪60年代以后,大学很少招聘新教师,处于中间年龄段的教师比例逐渐上升。

此外,教师还存在宗教背景上的差异。20世纪70年代,66%的大学教师都是新教徒,18%是天主教徒,而9%是犹太教徒,其他宗教信仰占4%,还有3%的教师不信教(Ladd and Lipset,1975)。不同院校的情况也不一样。在一流的大学将近20%的教师声称自己是犹太教徒,其中以法学领域的犹太教师比例最高,占36%;其次是社会学领域,占34%;然后是经济学领域,占28%;以及物理学领域,占26%。犹太教师数量的增长得益于“二战”后大学需要大量的教师以及公众反犹太主义情绪的减弱。大学开始公开招聘教师,并不是因为相关课程的开设需要犹太教师,或学生需要这方面教师的影响,而是因为大学在招聘教师过程中逐步形成了通行的学术标准以及大学的发展需要人才,而没有合适的理由就排除某些人的做法变得更加困难。女性教师的数量也有所增长,这得益于人们减少了对她们的偏见以及在各种层次高等教育中女性数量的增长。对于少数种族而言,前进的道路更为坎坷,他们社会地位的提高还有待于立法、法院裁决的完善以及他们受教育水平的提高。

除了一个方面以外,大学教师的来源基本相同。社区大学招聘的教师大多来自中学教学岗位,许多人都具备丰富的教学经验,并具有硕士学位。在20世纪70年代中期,大约1/8的初级或社区学院教师都拥有博士学位,其中许多人在他们刚担任大学教师时就已经获得博士学位。对于他们来说,博士学位并不是他们学术生涯的起点，而主要是为了提高他们所任职大学发给他们的工资。在大学，研究生院仍然是大学教师的主要来源，这个时期研究生院所授予的硕士和博士学位的数量增加了10倍。直到20世纪70年代初，大学授予的哲学博士学位的数量才超过了新聘任初级教师的数量。到20世纪70年代后期，随着越来越多的博士学位获得者在大学之外找到工作，他们到政府机构及企业中任职的数量超过了在高等教育领域任职的数量。

关于教员聘用及晋升的平权行动（affirmative action），显示了大学教师群体逐步向着种族多样性方向转变。《1964年民权法案》第七款规定在1972年进一步延伸到禁止公、私立教育机构在招聘人员时针对种族、宗教、性别或国籍的歧视性行为，除非可以证明该机构是由具有特定目的的群体建立起来的。《1964年民权法案》第七款关于歧视行为的表述分为两个方面：受到了不公正待遇和造成不公平影响。如果个人宣称受到了不公正待遇，他必须证明在雇用、解雇、晋升或雇用条件等其中任何一个方面受到了歧视。如果个人主张造成了不公平的影响，他必须证明自己属于受保护群体，他们胜任所申请的工作岗位。尽管他符合岗位聘用条件还是被拒聘，并且之后岗位仍然空缺，雇主还在从与自己条件差不多的应聘者中选人。

美国联邦民权保护办公室开始要求所有院校都必须制订平权行动计划，提出相应的目标，并采取明确的措施以保证能够据此招聘特定群体的教师，从而实现平权行动目标。起初，女性和少数种族应聘教师的数量太少，不能满足平权行动的目标。而且，还存在这样的问题：平权行动计划究竟是在全校范围或院系范围实行？究竟分别适用于女性教师或不同种族群体成员？还是二者都适用？大学对平权行动计划的反应各不相同。正如一些教师所言，在许多情况下，如果在特定群体中没有合适的候选人，大学可以另外给院系分配名额以便招聘女性或少数种族的教师，大学也可以通过增设新的岗位以便聘用没有博士学位的教师和在某个研究领域具有一技之长的教师。大学成立了全国性的教师招聘组织，招聘信寄往各个能够授予专业学位的院系负责人手中，期刊和报纸上到处都可以看到教师招聘广告。1960年创建的《高等教育纪事》列出了大学要招聘的职位，似乎就是为了给各个大学物色教师提供方便。虽然大学付出了艰苦的努力，但并没有取得预期的效果。平权行动计划所提出的从学校到院系以及各种职务等级的教师中都要有少数种族和女性教师代表的目标，并未使这个过程变得轻松。

教师队伍中比较明显的变化就是兼职教师数量的增加。1960年兼职教师的数量大约占教师总数的1/3，其中许多人没有硕士学位，但仍被录用。十年后，每年授予硕士学位的总数从不到7.5万人激增到20万人，授予博士学位的总数从不到1万人激增到近3万人时，兼职教师所占比例下降到22%。十年前，符合条件的应聘教师数量充足，各院校也愿意聘任他们为全职教师。至1975年，兼职教师比例又回升至教师总数的30%，究其原因，并不是缺乏合格候选人，而是管理人员为了节省迅速增长的开支。此外，社区学院兼职教师比其他所有高校的兼职教师比例都高，随着社区学院的发展，兼职教师的数量相应增长了。1970年社区学院兼职与全职教师比例约为40%，但到1975年超过了50%。

全职教师工资水平不断提高，但提高速度较慢。教师平均年薪从1957—1958年的6 015美元增加到1970—1971年的12 710美元，教师年薪翻了一番，进而增至1974—1975年的15 622美元，4年内增长了23%。但若以20世纪70年代初期的定值美元计算，教师工资实际缩水 6 个百分点。尤其教师受到参与当时学生激进主义活动的指控，以及由于政府其他公共机构向国会提出的资金需求更合理，进而获得了更多的政府预算，这时就更难提高教师工资，教师们发现，工资的增长已跟不上通货膨胀的速度。

与此同时，大学教师正通过加强对其工作多方面的控制，不断推进教师职业化进程。在大学，他们可以从事教学、研究和社会服务活动，并根据自己的情况选择其中的一项工作。教师工作的灵活性也是吸引人们从事这一职业的原因。教师执教大学，很少完全是因为他们希望教育年轻人，更多是因为寻求一种可以允许他们从事各种追求的氛围。学术研究并未与教学发生直接的冲突，因为快速发展的高校不仅有学者，还有负责咨询、巡视、注册等学生事务方面的官员。不过，这也给教师带来了不利的影响，因为用于学生事务管理人员方面的支出，本来可以用来提高教师的工资。社区学院和四年制院校的教师在课堂教学方面所花的时间仍然很长，那些研究生毕业后立即任教的教师并不想在科研上花时间，而那些从中学教师进入高校的教师，科研从未成为其职业生涯的一部分。

20 世纪末期，教师的工作条件发生了少许转变。鲍恩与舒斯特(Bowen and Schuster，1986)总结了四个方面的变化。第一，由于考虑到学生入学人数的减少，许多高校压缩了教学辅助人员的数量，并削减了学术活动的资金。第二，由于越来越多的大学生入学前基础较差，迫使教员勉为其难，执教补习班。第三，学生更喜欢学习那些职业性和实用性较强的农学、商学、医学、贸易和技术专业，从而导致给教授们分配教学任务十分艰难，因为那些希望从事自己专业领域教学的教师，尤其是人文学科或社会科学领域的教师，最终发现他们所执教的领域与他们获得学位的专业几乎没有多少关联。第四,由于大学的规模越来越大,以及新式州一级的协调委员会的建立,大学教师参与学术决策的方式越来越间接。

此外,还有另外一个方面值得注意。教师意识到他们的购买力减弱之后,进而批评议员和董事在增加工资方面的无能,尤其是当他们发现其他公务人员的工资提高了。教师还因为不同学科之间的工资差异而感到苦恼。由于受到其他非学术行业的竞争,促使大学提高了商务、工程和计算机科学等专业教师的工资,而文科教师的工资水平比这些领域教师的工资低很多。

2. 学术自由

半个世纪以前,人们所普遍接受的学术自由观念,在 20 世纪 40 年代忠诚宣誓争论中受到了冲击。若干高校和州议会规定,每个雇员必须签署一项声明,保证自己不是共产党员,也不是任何主张推翻美国政府的组织成员或支持者。这种狂热的麦卡锡主义的蔓延,从根本上威胁到学术自由。美国大学教授协会认为,教师职业的本质并不要求必须清除共产党员教师,不应该强制大学教师接受不同于其他公民的民事限制。大多数私立大学基本上没有这样做,但州议会对公立院校的董事会施加压力,加利福尼亚大学 31 名教授因为拒绝签署誓约,遭到解聘。1951 年,加利福尼亚大学董事会取消了这一规定。1952 年,加利福尼亚最高法院要求重新聘用被解雇的教授。通过回顾,我们发现问题的核心与其说是要揪出共产党员教师,还不如说是究竟是大学董事会和大学行政掌控教师的聘用,还是大学教授会掌控教师的聘用。

此时,正如 1953 年美国大学联合会的一项声明中指出的那样,大学与广泛的社会之间的关系变得十分密切。由耶鲁大学校长执掌的一个委员会撰写并由 37 所主要大学签署的《大学及其教师的权利和义务》,将大学描述为由忠于国家及政府的学者所组成的机构。它还进一步指出，任何共产党员均无权担任大学教师。即使此项声明很可能是对政客们的逢迎之作，但是它确实表明，自由探索型的校长们并不认为他们能够无所顾忌地说："我们知道美国正陷入冷战。我们保证无意支持敌人。同时，我们将一如既往地尊重人们所展现的思想自由，因为这正是我们建立大学的目的之所在。"自从大学的预算超过百万美元后，很少有校长有勇气作如此声明，尽管芝加哥大学的赫钦斯、哈佛大学的科南特（Conant）和波士顿大学的马西（Marsh）公开声明反对政治迫害。20 世纪 50 年代末，尽管对于共产党员的仇视逐渐减弱，但仍有 15 个州明文规定不得雇用共产党员员工。

20 世纪 60 年代中期学生运动兴起时，学生的反战运动、反垄断企业、反资本主义以及后来兴起的反种族主义运动得到许多大学教师的同情。有些教师甚至迎合年轻人的幼稚，接受年轻学生的装扮，认同他们的观点，支持他们破坏校园的活动。但教师职业群体并没有对他们进行制裁。神圣的学术自由观念保护了这些教师，尽管他们曾公然怂恿学生对抗大学。

尽管许多大学已有效地融入周围社会之中，但大学教师的表现让人们感到大学好像仍然与世隔绝。大学教师痛恨借助警察来镇压学生的行径，因为这些学生威胁要烧毁大楼、打烂实验室和破坏大学其他的财产。这种看法源于一种古老的观念，认为大学校园是一个不同于周边社会的神圣的场所，大学享有自治和处理自己事务的权利。有观点认为，拥有 4 万名学生和教职员工、数十亿美元建筑和设备的大学完全不同于那些学生和学者数量较少的大学，不仅这些大学的教师，而且这些大学的管理人员，可以答应学生的任何要求，只要学生不砸坏学校行政大楼的窗户而安静地离开。这个例子说明了为什么有些大学卷进了学生运动，而另外一些大学却十分平静。专业学院、研究实验室和大量的本科生将大学推向美国社会的中心,只要大学能够满足社会的需要,大学的文科教师俨然成了名副其实的古风学者,端坐于陋室,门上挂着"请勿打扰"的牌子,与一小群年轻人阅读经典。

学术自由是个难以形容的概念,在自由和特权之间划清界限十分困难。大学教师一直试图建立一种能够保护他们不至于因为发表了对有争议的话题的看法而受到责罚的机制。20世纪50年代初期,联邦最高法院提出了一个保护学术自由的宪法框架,主要涉及宪法第一修正案的言论、集会自由的保障,以及宪法第十四修正案的法定程序条款和宪法第五修正案的禁止强迫自证其罪的条款。1957年,在斯韦泽诉新罕布什尔州(*Sweezy v. New Hampshire*)一案的审判中,因为一名教授拒绝回答州法院有关其演讲内容的询问而受到藐视法庭罪的指控,联邦最高法院推翻了州法院的判决。1960年,在谢尔顿诉塔克(*Shelton v. Tucker*)一案中,最高法院认为州立法要求公立院校教师提供其入会情况以及其他组织资金资助的信息并不违反联邦宪法。1967年,在凯伊西安诉纽约州立大学董事会(*Keyishian v. Board of Regents*)一案中,联邦最高法院认为州立法要求大学教师签署声明保证从未加入共产党的做法,因为违反宪法而无效。因此,解雇那些拒绝签署声明的教师是不合理的。联邦最高法院的这一判决推翻了1951年纽约州法院的判决,当时纽约州法律规定不得聘用那些加入了颠覆活动组织的教师。

20世纪60年代后期,联邦最高法院开始将宪法所规定的学术自由原则从防止州政府干预学术自由延伸至保护教师免受所在大学的侵害。1968年,在皮克林诉教育委员会(*Pickering v. Board of Education*)一案中,联邦最高法院法院受理了一起教师因写信批评学校董事会财务管理政策而遭到解聘的案子。凯普林和李(Kaplin and Lee，1995)分析了案情，认为联邦最高法院之所以支持教师的诉讼请求，是因为教师和他所批评的单位之间不存在工作关系。虽然这封信引起了公众关注，但是并没有给学校造成消极影响，也没有影响这位教师的教学工作——他以一个公民的身份写了这封信，保护公民的言论自由要比学校董事会有效管理学校更重要。

联邦最高法院也开始受理有关教师任期和续聘合同方面的案例。1972年联邦最高法院的判决规定：根据《宪法第十四修正案》的正当程序条款，如果公立大学教师因为被解聘而侵害了他们的财产或自由权益，他们有权要求举行公开的听证会。在威斯康星大学董事会诉罗斯一案中，在罗斯教授一年聘期结束时，威斯康星大学没有续聘罗斯，也没有为他举行公开的听证会。联邦法院认定威斯康星大学没有违反正当程序，罗斯教授的自由权益也没有受到侵害，因为威斯康星大学既没有指控他，也没有对他的声誉造成任何潜在的损害。威斯康星大学根据州的法律与罗斯教授签订的一年聘期合同，并不保证合同到期他能够被续聘，因此，不存在罗斯教授的财产权益受到侵害的问题，威斯康星大学也没必要向他发出解雇通知或举行听证会。然而，在佩里诉辛德曼(*Perry v. Sindermann*)一案中，佩里教授在德州学院和大学系统已经连续十年续签为期一年的聘用合同，联邦法院认定佩里教授有充分的理由认为自己会被续聘。尽管该大学没有正式的终身教职制度，但大学的教师手册确实提出了保障教师聘用权利的某些承诺。因此，佩里教授的财产权益受到了侵害，有权要求举行听证会说明解聘的理由。财产权益保护的条款也适用于1978年麦克伦敦诉莫顿(*McLendon v. Morton*)一案。匹茨堡社区学院的一位教师已经达到学校晋升助理教授所需要的学术标准(6年的全职讲师,并取得了助理教授所需要的学术成果),但该学院没有经过听证会就以不称职为由解聘了该教师。联邦法院裁定,由于该教师已经达到了晋升的客观标准,相应就获得了续聘的财产权益,因此该教师有权获得正当程序的权利,包括告知解聘的理由,在澄清事实之前举行听证会,以及对指控进行申诉的权利。

总之,20世纪70年代,如果大学让教师有理由认为自己会被续聘,或者教师已经按照学校的规章制度履行了自己的职责,则大学教师有权要求续签合同以及获得终身教职。当大学现有的政策或者大学与教师之间所达成的具体协议,都支持教师所主张的续聘的权益,这种情况下就产生了保护教师的财产权益问题,这正是联邦法院判决的基础。联邦法院同时裁定,在大学不能续聘教师或授予教师终身教职,对教师的行为进行指控时,"可能会严重损害教师的声誉、地位,或社会关系"(Kaplin and Lee,1995,p. 283),因而产生了保护教师自由权益问题。此外,由于解聘对教师造成了严重影响,妨碍了教师在其他地方任职时,也会产生自由权益的保护问题。

3. 集体谈判

终身教职、工作条件及薪酬均与高等教育大众化后期大学教师工会的兴起有关。法律规定,大学教师是否有权组成工会或成为集体谈判代表取决于大学是公立还是私立。一般来说,公立大学受州法律的制约,而私立大学受联邦法律制约,特别是《国家劳工关系法》(National Labor Relations Act)的制约。该法在1935年通过,"在1947年的修订中取消了限制雇员组成工会和谈判的保护性条款"(Garbarino,1977,p. 106)。同时,经过修订后的法案规定,专业雇员可以组成工会。专业雇员定义为那些一贯需要运用辨别力和判断力来工作的脑力劳动者。这种劳动具有以下特点：在一定的时间内很难使劳动产品标准化，它往往需要掌握经过高等教育长期专业训练而获得的高深知识（Garbarino，1977，p. 107）。因此，经过修订后的法案实际上阐明了“专业雇员”的几个特点，并且包括技术工人。然而，直到1971年，国家劳工关系委员会才承认私立院校全职教师专业雇员的法律地位，认定其有权组织工会。

与此同时，联邦政府和各州政府的雇员也获得了组成工会的权利，并于1962年开始实行，规定联邦政府雇员可以建立谈判代表。到1970年，2 700万联邦政府工作人员中超过一半加入了工会组织或雇员联合会。威斯康星州是第一个通过立法保障公职人员集体谈判权益的州。到1970年，一半以上的州要求某些部门的公职人员必须组织集体谈判，而另15个州准许谈判。只有两个州明确表示不承认公职人员集体谈判组织的合法性。总体而言，在1970年，美国所有公职人员中约有1/3的公职人员加入了集体谈判组织，比例略高于个体和非农业的工人加入工会的比例。

教师工会密切关注公职人员工会组织的制度。密尔瓦基技术学院（Milwaukee Technical Institute），一所两年制的学院，于1963年成立了教师工会组织，成为美国第一个成立教师工会组织的中学后教育机构。美国商船学院（United States Merchant Marine Academy）于1966年建立了集体谈判代表，是第一所建立了集体谈判代表的四年制联邦教育机构。1968年，在密歇根和马萨诸塞州立大学系统和纽约城市大学系统，教师工会得到大学部门的承认。

教师工会运动开始迅速发展。在1966年，在23所院校中只有1所四年制院校建立了集体谈判代表，代表5 200名教师。到1974年，331所院校中的132所四年制学院或大学组成了工会，代表92 300名教师。这些数字涵盖了大约1/8的高等教育机构，其中两年制学院加入工会的教师人数较多，25％的两年制学院成立了教师工会，而四年制大学约6％的教师加入了工会。在不到10年的时间里，大学教师工会就已经发展到这种规模（Garbarino，1975，p.56）。

教师工会化的迅速发展引发了许多的评论和关注。大学教师是专业人士，他们究竟想要什么？他们已经获得了公众的尊敬、丰厚的收入，他们之中不乏有能力和雄心勃勃的人才。他们制定教师招聘规则，决定教学内容，这些曾是校长所掌控的职能。1966年美国大学教授协会、美国教育理事会、学院和大学董事会联合会发表了《学院和大学治理的声明》。该声明指出，教师的主要权力范围是课程、教学和研究，董事会或校长具有审查和最终的决策权力，但“只可在特殊情况下行使”（Carnegie Foundation，1982，p.18）。这个由大学的著名教师、大学行政管理人员和大学董事会联合会发起的声明没有引起人们的反对。声明进一步提出，教师应参与大学管理，尤其是在讨论与他们权力范围相关的问题时。20世纪70年代初期，许多观察家对教师工会化的热潮深感困惑：大学治理究竟出了什么问题？

人们分析了成立教师工会的各种原因。教师年轻。在1969年，35岁以下的教师占1/3，反映了20世纪50年代后期和60年代早期大学出现了大量聘用教师的现象。新聘用的教师中1/3的教师在公立大学，大部分在规模大的大学。在1970年，209所学院平均拥有学生1万多人，其中40所学院平均有学生3万多人。为了容纳不断增长的大学新生，大学建立了分校，促进了多校园系统大学的发展。于是，开始加强对大学的控制。1959年，17个州没有建立高等教育的协调机构。十年后，只有2个州没有建立高等教育的协调机构。教师工会化首先在公立学校发展起来，但在中学后教育机构的社区学院发展最为突出。由于工会化运动的节节胜利，以及两年制学院教师加入工会带来了大量的会费，一些著名大学的教师也组织成立了工会。

有人认为年轻教师更激进，与高等教育的传统不同，他们不习惯于深思熟虑和慎重地做出决策。在大型的公立大学，尤其是那些有多个校园的大学，教师感到被隔离在学校的决策之外，他们要求参与学校的决策。州一级的高等教育协调机构开始从对个别大学的干预转移到从更大范围干预大学的各个方面。教师则寻求对抗这种干预。鲍恩和舒斯特(Bowen and Schuster，1986)评论说，在那些教师受到尊敬、在学校决策中教师扮演着很重要的角色的大学，以及教师得到了合理补偿、教师就是大学的重要组成部分的大学，不需要进行集体谈判。他们把集体谈判的主要原因归咎于教师工作条件的恶化和实际收入的下降，但他们仍表达了传统的观念，认为集体谈判与大学所追求的氛围不协调。

为了了解教师态度进行了一些调查。雷德和李普塞(Ladd and Lipset，1975)在对 1969 年卡内基委员会所进行的全国教师调查数据进行分析的基础上所写的报告表明：59%的教师支持组建工会。在 1972 年的一项研究中，对于"学院和大学教师不应该进行集体谈判"这一问题的看法，大学教师表示不同意这种看法的比例已经上升到 66%(Garbarino，1975，p. 52)。随着越来越多的教师加入各种组织，教师对于集体谈判的态度有了明显转变。到 1974 年，美国教师联合会(AFT)自称在 200 多个高等教育机构拥有 30 000 会员。虽然自 1916 年来，美国教师联合会一直积极活动，直到 1967 才建立了学院和大学部，开始积极招募成员，并在全国各个学校建立分会。美国大学教授协会成立于 1915 年，作为一个教师专业组织，主要致力于调查和处理有关教师的事项，拥有 75 000 名会员。全国教育联合会(NEA)也申请加入了谈判代理机构的行列。它的大部分会员都在公立学校,但到1970年,它在234所大学校园里已拥有28000名会员,到1974年其会员数量与美国教师联合会中的大学会员数量相当。全国教育联合会作为一个教师专业组织成立于1870年,与美国大学教授协会一样,它也在大学建立了大学所认可的许多分会。

为了吸引教师成为会员,AFT、AAUP以及NEA彼此之间展开了竞争,各自承诺如果教师入会成为他们的会员并且投票支持他们成为学校董事会认可的谈判代表机构,他们将通过谈判帮助教师争取福利待遇,特别是提高教师工资。这些组织所建立的谈判代表机构的数量表明他们确实收到了成效,首先在劳动密集型的密歇根州和威斯康星州建立了谈判代表机构,其次在纽约、佛罗里达、夏威夷的多校园系统,然后在那些不属于大学系统的州政府雇员所在的州建立了谈判代表机构,其中包括宾夕法尼亚州、新泽西州、内布拉斯加州和明尼苏达州。传统的教师会惊奇地发现他们与办公室职员和监狱看守一样走着相同的道路,反之亦然。集体谈判和传统的学院治理方式共存。教师联合会和大学教授会离不开大学的资金和支持,他们继续讨论经济和学术问题,并与大学行政部门进行适当沟通。新建立的教师组织有会费来支持,法律赋予其作为官方组织进行正式谈判的权力,并签署包括从工资到申诉程序在内的各方面待遇的书面合同。加尔巴里诺认为,"任何企图限制谈判范围,从而实现一种完全不同的大学治理模式的做法……基本上是行不通的"(Garbarino,1975,p. 80)。

总之,大学教师争取对以前由大学行政人员和董事所把持的许多领域的控制权,促进了大学教师专业化发展。除了社区学院的教师,大学教师牢固控制着与课程、教学有关领域的决策权,并开始参与大学管理，甚至在一些大学董事会也有了教师成员的代表。例如，在1956年，康奈尔大学就任命了4名教师作为董事会成员。对终身教职的威胁在联邦法院和实践中都遭到抵制，联邦法院往往基于正当程序和言论自由保护终身教职。在实践中通过集体谈判签订合同，详细阐述保护终身教职的有关规定。但到了20世纪末，教师专业化发展出现了停滞现象。大学教师在州府进行游说拉票，在校园里进行集体谈判，给人们的印象好像就是另一种形式的劳工组织。高等教育大众化消除了上大学的神秘感。兼职教师数量的增加无疑削弱了大学教师的职业形象。但至少教师不再是一百年前哈佛大学校长艾略特眼中的形象，即教师是一些常为贫穷所困扰的学者。

五、课　程

早期所形成的课程模式一直延续下来。全部课程分成不同的科目，每科根据上课学时的多少确定一定的学分。修完规定的学分可获得学位。通常情况下，要求完成60个学分，或约20门课程可获得副学士学位，修完120学分、约40门课程可获得学士学位。学生除了要学习专业课程外，大部分学生还要学习几门通识课程，可以从科学、社会科学、人文科学、数学和英语用法等课程中选修一定的科目。无论学生在社区学院、文理学院、大学、技术学院还是职业学校就读，课程模式都是类似的。教师控制着课程的教授，学生没有说话的权利，他们学习教师所讲授的内容，以完成他们的学位课程。当学生学完必修课程之后，可以再学习几门选修课程，学生往往因此而高兴。学分在不同的大学之间不仅是互认的，而且也可以保留,因为有很多学生经常休学一段时间后又返回学校或到另外的学校继续攻读学位课程。

在这个课程体系中,有些课程受到重视,有些课程受到忽视。在大学转型时期,课程朝着人力资本的方向摆动,课程内容直接服务于就业能力和职业技能。到了高等教育大众化时代,随着大学招收学生的种类越来越多,以及学科的不断分化,导致课程的多元化,出现了文理科课程、辅修专业的分支课程、研究深奥知识的高级专业课程。

大学的主要产品之一知识,成为经济和社会发展的基础。但知识有许多形式。在美国高等教育的历史长河中,大学极为推崇的科学理想主义从来没有得到人们的认可。科学作为基于理性的智力应用一直在与宗教、直觉和情感作斗争。20 世纪 60 年代所发生的其他事件使科学和人文主义之间的长期争论暂时告一段落,但在大学里这种争论仍然很激烈,尤其当对职业教育和科学研究的投资不断地威胁到传统文科的发展的时候。许多人文主义者满足于科学和专业学院给大学带来的威望,欣然接受随后增加的薪酬。但当 1958 年的《国防教育法》提供经费支持外语教育,以及 1965 年成立的国家艺术和人文基金会(National Foundation of Arts and Hunmanities)建立了新的联邦资助形式的时候,有人就开始抱怨,认为大学校园的惬意生活已经对学者苦思冥想的研究进行了补偿,因此不应该再得到补助。

高等教育应该为社会服务还是应该追求真理?高等教育应该培养劳动力还是培养能够尊重事实进行客观判断的公民?高等教育是强调个人主义及竞争还是强调人们之间相互帮助的责任?除了极少数院校一方面几乎完全致力于科学,另一方面致力于文科传统以外,大多数院校没有很好地回答这些问题。绝大多数院校试图包揽一切事情：做社会的公务员和知识探求者，帮助个人和团体，提倡自由探究，还要培养创造力。但是依然存在许多问题，从大学招生到资金资助、从公共关系到教师任命、从校长遴选到校园扩展等各个方面都影响着学生和教师的地位。

这个时期很有意思的一个变化是科学与人文主义在政治层面的逆转。本世纪早期，学习科学被认为是精英的必经之路，因为它吸引了最聪明的学生，并把他们送往高收入的职业。而现在人文学者被称为精英，因为人文主义教育重视培养学生的批判精神以及对原著和传统文学的理解。以前的美国似乎已安心发展乡村社会和工业资本主义。现在它不得不面对宗教、文学、艺术以及道德相对论方面的现代化。反对精英传统能促进民主的发展吗？

每次课程改革都是为了使课程更实用、更现代，同时也为了满足不同学生群体的需要以及实现高等教育的目的。人格和个性的培养、专业和职业技能的训练都是课程的重要内容。人文学科具有实用性，因为所有公民都需要相应的知识才能作出政治上的判断。阅读和写作具有实用性，否则，人们怎么履行他们的社会职责呢？计算技能具有实用性，因为业务需要计算技能。妇女研究和民族研究具有实用性，因为学生可以更好地理解全球化背景中的不同文化及其功能。所有的课程改革都具有实用性，并且彼此是相互联系的。

某些课程不能仅仅强调实用性。虽然历史悠久的西方文化遗产的影响已逐步减弱，但在人文学科的必修课程中仍可以看到其影子。由于自动化设备及包装食品把妇女从厨房中解放出来，越来越多的妇女加入劳动力大军，家政学的重要地位下降了。由于家庭农场被巨大的农业企业所取代，农场管理学的地位削弱了。新闻业并入了通信业。由于在哲学、宗教、神学领域授予的各个层次学位的比例如此之低，以至于美国教育统计中心开始把这些学科和家政学、民族研究、公共游乐场及娱乐，以及其他一些学科列在了一起。

自从1851年哈佛大学引进了理学士学位以来，到1960年哈佛大学已授予2400多种不同的学位，保留下来的1600种学位依旧可以授予从副学士到博士层次的学位，其中43%的学位是各种学士学位。作为消费者的学生和作为专家的教师完全控制着课程的开设。绝大多数学院能够提供各个专业领域的广泛的课程目录供学生自由选择。对学生来说，他们能在大学找到他们想学习的任何课程。对于教师来说，他们想教的任何课程都能在大学的课程体系中占有一席之地。

大学所提供的不同课程种类达到数千种(见表4.3)。到20世纪70年代，50所一流大学(以获得联邦科学研究资助的数量来衡量)，平均每所大学有4500多种不同的课程，其中本科生课程将近2400种，研究生课程2100多种。其他大学平均开设1000到4000种课程，许多文理学院和社区学院的课程目录中列出了500种课程(Klark，1995，p. 148)。

课程数量不断增加，导致了专业课程和选修课程的发展。在1967年到1974年之间，学生必须至少修完一门英语课程才能获得学士学位的院校数量从90%下降到72%；学生必须修完一门外国语课程才能获得学士学位的院校数量则从72%下降到了53%；学生必须修完一门数学课程才能获得学士学位的院校数量从33%下降到20%(Carnegie Foundation，1977，p. 271)。近60%的学生主修职业教育或职前教育课程，主修社会科学的学生占11%，生物科学的占7%，艺术的占6%，人文的占5%，物理科学占4%，其他领域的总共约占8%。一般来说，学生把他们的时间几乎平均分配在主修领域和选修领域以及学校所要求的必修课程门类或领域。课程的整体性以及人文主义精神已消失殆尽。

表 4.3　美国大学本科生和研究生课程(按学院和大学类型划分,1977 年)

大学类型	每所大学平均课程数量			研究生课程的比例(%)
	课程总数	本科课程	研究生课程	
研究型大学	4 278	2 335	1 943	45.4
博士学位授予型大学	2 781	1 801	980	35.2
综合性学院和大学	1 253	1 050	203	16.2
文理学院	548	540	8	1.4
两年制学院	463	463	0	0.0

资料来源：Clark,1995，p.148。

1. 影响课程的因素

学生的能力以及教师的兴趣是课程的影响因素之一。随着进入大学的学生比例逐步提高,新生的平均读写水平下降了。1952 年参加美国大学入学考试(SAT)的学生数学平均分数为 494 分,1963 年增加到 502 分,然后在 1975 年下降到 480 分。面试分数也呈下降趋势。1952 年是 476 分,1963 年是 478 分,1975 年是 440 分。20 世纪 60 年代中期开始的学生成绩下降,是由于多方面的原因造成的：看电视长大的第一代学生时代的到来;毒品泛滥和藐视权威的青年反主流文化;单亲家庭数量的增加。所有这些都是导致学生成绩下降的原因。还有人认为公立学校难辞其咎,因为它们缩短了学制;开设驾校课程和其他非学术性课程;放松了考试要求,仅有基本识字能力的学生就能通过考试;降低了高中毕业学业成绩的要求;不重视阅读和写作。在 1960 年和 1972 年之间,高中生学习英语课程的比例从 95%下降到 71%,学习社会学科、科学和数学的学生比例也在下降。1960 年,高中毕业生平均学习了 4 年的英语,而在 1972 年只学习了 3 年。随着这些学生进入大学,在各类院校中要求补习阅读、写作和算术课程的学生数量迅速增加，尤其是在开放入学的社区学院要求补习的学生数量最多。到20世纪70年代，社区学院开设的大约3/8的英语课程和1/3的数学课程低于大学水平，在化学专业新生中上辅导班的占到13%（Cohen and Brawer，1996，p. 258）。

大学被迫为学生补习基础课，是因为大学录取了成绩不理想的学生。但职业教育发展的原因不同。学生一直认为上大学的目的就是为了获得技能和证书，以便能够找到高层次的工作。由于越来越多的职业要求应聘者接受更长时间的学校教育，因此导致更多的课程进行职业教育。在早期的院校，准医生、律师和牧师都学习文科。后来出现了培养工程师的专业教育和专业学院，以及培养医生、律师、建筑师和其他人才的专业学院。然而，直到高等教育大众化时代，雇主们对应聘者不断提出要求，大学课程改革此起彼伏。许多人接受了更长时间的学校教育，因此不同职业群体可能要求应聘者接受过长期的学校教育。由于学徒制和在职培训的时间减少，大学增加了职业技能教育方面的课程。专业群体十分看重大学的学位，例如，护理教育从医院分离出来，警察教育从警察学院分离出来，加入到具有学士学位授予权的大学。社区学院承担了大部分的职业教育。1963年，社区学院26%的新生选修了职业教育课程，以便毕业后进入就业市场，而不是继续学习深造。到1975年，选修了职业教育课程的新生达到了35%。课程应该为学生的就业做准备，因为学生是消费者，教育是一种商品，大学为生源而竞争，公众开始认识到教育可以发展人力资本，大学试图通过培养技术工人促进当地经济发展。

同时，课程不断分化，出现了补习课程、职业教育课程以及分支课程。没有任何一所院校不是如此。社区学院首当其冲地开设补习课程和职业教育课程。文理学院增加了商业课程和职前教育课程。研究型大学增加了主修课程和研究生教育的专业课程；州立学院和大学尝试开设各种课程。在所有院校中，课程受到政治势力和机会主义的影响，同时反映了教师小团体的权力欲和野心，也反映了学生的能力和要求，以及立法者、赞助人和商会所施加的压力。教师仍是影响课程的主导力量，他们赋予各种课程不同的要求，拼命维护他们的特权，捍卫自己喜爱的课程。学生对课程的影响相比之下就逊色多了。学生在大学的时间毕竟最多不过几年，而教师要在大学一辈子。

即使如此，大学作为培养价值观、判断力和审视、提升生命质量的场所的思想不会消亡。少数大学教师不断呼吁整合课程，从而为学生提供一个能够学习各种知识的课程体系，教会他们批判性地思考，培养他们的价值观，学会理解传统和尊重不同的观点。20世纪早期出现的通识教育主张，不断地被人们提出来描述这种整合课程模式。由于有太多的知识领域，每个知识领域又都必须开设相应的课程，因此整合课程是比较困难的，最终大多数教育家放弃了这种想法。然而，一些人文学科和社会科学的教师以及那些坚信理性教育传统的大学管理者仍然不断提出这种观念。高等教育大众化时代最终以发表了两份强烈呼吁整合课程的声明而结束：《自由社会的通识教育》(Committee on the Objectives…,1945)和《大学课程的使命》(The Carnegie Foundation,1977)。大多数大学几乎没有采取措施保证学生获得综合的学习经验。它们所做的一切就是定期更新课程名录，增加一些新的课程供学生选择，从而达到实现通识教育的目的。卡内基基金会的报告描述了课程的变化，并对课程的过度专业化表示担心，同时还主张学生接受通识教育，但也承认通识教育已经过时。

人们呼吁通过开设跨学科的课程整合课程学习模式的想法，其实就是对1828年《耶鲁报告》的回应，报告认为古典课程有利于发展学生的思维。现代的自由教育教会学生如何认识事物的规律以及如何创造性地解决问题，帮助学生学会求同存异，培养学生的逻辑思维能力以及写作和发言的条理性。通过开展独立研究，提供优秀生课程，开展综合研讨班，提高学习效率和鼓励学生出国留学，以及进行协作学习和社会实践等方式来实现自由教育的目的。诚如此，则大学在匆忙中为每个新生开设量身定做的课程所失去了的大学教育目的又可以恢复了。不过，这些想法几乎是徒劳的，因为课程已经受到了极大的破坏因此不可能重新恢复。

20世纪60年代后期，引起学生激进运动的部分原因至少是因为课程，学生认为课程反应太迟钝，他们希望课程能够满足他们的需要和愿望，希望大学把他们看成有情感的人，而不是作为被教育的对象。针对学生对非人性化的大学教育的批评，一些大学作出了回应，大学通过缩小班级规模，开展教改实验，成立大学社团以及其他措施，加强学生和教师之间的联系。大学为一些学生和教师提供加强相互联系的机会，促进师生之间的相互沟通和理解，这一切是大学变成官僚化、非人性化和高度专业化的机构之前的主要特征。不过，学生和教师共同制定课程的大多数改革只持续了很短的时间。书桌被枕头所取代，教师一天24小时待命，课程杂乱无章，学生放任自流。所有这一切都反映了正直的热情，但很少能够持续下去。大多数学生希望得到学位，多数教师热衷于研究和渴望得到晋升。在格兰特（Grant）和雷斯曼（Riesman）的《永恒的梦想》（*The Perpetual Dream*，1978）和麦克唐纳（MacDonald）的《五所实验大学》（*Five Experimental Colleges*，1973）中提到的一些大学或者销声匿迹，或者变得与其创始人的意图大相径庭。

学生激进运动对课程的影响微不足道。20世纪早期对选修制度的强烈反对，导致产生了跨学科课程。后来为了满足学生对课程实用性的需要而进行的课程调整，再次导致跨学科相关课程的不断产生和发展。但是课程名录变得越来越长，以满足学生选择攻读学位课程的需要。课程设置的方向性、严谨性或连贯性远不如从前，以前学生要求课程对他们进行生活方面的指导和价值观教育。当大学失去了判断不同形式的课程的相对价值的基础，又怎么能够排斥任何领域的课程呢？

课程进一步分化。相当数量的教师和越来越多的学生希望更多地表达他们对社会所存在的各个方面问题的看法，尤其是关于妇女和少数民族权益和发展方面的问题。到20世纪70年代，大学对社会问题发表看法，尤其是宣告反对种族主义、性别歧视以及其他社会弊病，已经非常普遍。在学生激进运动提出这些问题之后，大学再也承受不住各种对大学的指责，这些指责指向大学对社会变化漠不关心或大学坚持与广大社会的主旋律相反的学术立场。20世纪60年代早期克拉克·科尔命名的多元化大学被描绘成为公正、中立的形象并有助于促进知识的进步和社会服务。到了20世纪60年代末一直到70年代，越来越多的学生和教师发现高等教育的不公正表现在大学招生和教师聘用时排斥某些群体，以及大学以西方为中心的课程，这些都表明大学所宣称的中立的立场是站不住脚的。

对于课程标准的论战升级了。教师们试图保持超然物外的姿态，不想受周围社会的影响。这在很大程度上是大学教师首选进入大学的原因。在20世纪70年代还没有象牙塔这个概念。现在人们希望大学能利用其高尚的地位来解决社会问题，但每次一对课程标准进行调整，就遭到一些教师和其他人的反对，他们认为这意味着追求真理的终结。在大学转型早期，古典课程遭到了排斥，西方文化因此失去了传承的基础。在高等教育大众化末期提出开设关于黑人、妇女以及其他文化研究课程也引发了同样的争论。但是大学校长们学会了妥协，对他们来说鼓励开设关于种族和妇女研究方面的新课程并不困难。毕竟，在已经包含着上千个课程的清单中再加入几门课程又算得了什么呢？而且，就让教师和学生们为课程去争论吧，只要大学行政管理人员和董事们为他们提供房屋和预算就行了。

关于课程的争论仍然比较热烈。当古典课程逐渐减少时，只遭到少数几个学者的抵制。由于人文学科课程受到职业教育课程的挤压，因此遭到大多数人文学科教师的反对。现在学生们也被赋予了道德上的正义感，并运用在学生激进运动中所学会的策略施加对课程的影响。同情学生的教师帮助学生扫清障碍。虽然地区与种族研究课程、深奥的外国语课程以及妇女研究方面的课程并没有引起多少学生和教师的兴趣，但是这些课程的开设象征着胜利，表明平等主义已经逐渐地在学术界占据了重要地位。这些课程是为了告诉年青人，每个群体与其他群体都具有同等的价值。到这个时期末，大学，当然还有广大的社会，仍处于分化状态。

2. 教学方法

在高等教育大众化时期，各种有关教学方法的改革层出不穷。虽然产生了一些新的教学方法，但更多的是对早期教学方法的改进。讲授和实验室方法仍然是主要的教学方法，但也围绕它们进行了许多革新。有些教学方法是根据每个学生的步调进行设计的，但更多的还是采用班级授课的形式。教师拥有绝对的权力，他们可以自由设计授课方法，根据教学主题和班级学生的特点采用合适的教学步骤。正如自从学校诞生之日起就一直存在的那样，有些教师富有创造性，善于因材施教，充满激情，而有些教师的授课则显得迟钝僵硬，令人昏昏欲睡。大学的特性掩盖了所有这些问题：一是课程的同行评议过于形式化，而教学管理人员对课程的评价实际上并不存在。只有那些对课堂教学不满的学生，私下评论哪些教师的课程是有用的，从而形成了一种非正式的教学评价网络。尤其是在20世纪60年代初，学生发表对课堂教学的批评性文章，尝试影响大学的教学方法。由于许多大学教授非常讨厌学生对他们的教学指手画脚，增加了学生试图影响教学方法的难度，但是学生评价教学的形式最终还是被采纳了，在许多大学，学生对教师教学的评价记入教师档案。

如今，教学方式的革新已十分普遍。1967年，由学院理事会(College Board)创立的学院水平考试计划(College Level Examination Program)推广开来，学生通过考试可以不参加大学课程的学习就可得到学分。设置“通过考试”的标准，允许学生在学期最后一周之前取消所选课程而不用交罚款，减少学生课程学习的不及格率，避免学生因为跟不上课程进度而受到惩罚，鼓励学生选择主修科目以外的课程，并对必修课程进行成绩考核。

1966年实行的凯勒计划(Kaller Plan)是一种自定进度式的教学方法。学生在自修室中利用自学材料进行学习成为流行的教学方法。基于不同学生具有不同的学习风格，大学尝试使用计算机教学、自学手册以及其他大量的教学辅助技术。除此以外，出于节省教学成本的目的，大学管理层也一直在资助研发新的教学技术。发行商推出了精心编制的学习参考书、音频教学系统以及各种自动化学习材料。一些教师采纳了这些新的教学方法，改变了他们原有的授课方法以适应这些学习材料自定进度的特点。许多教师都认为这种学习材料有用，并要求图书馆或者自修室购买这些学习材料供学生参考。但大多数教师仍然按照在机器教学出现以前他们一直使用的方法授课。

各种教学方法的运用,表明大学试图考虑各个方面的因素,包括:学生的能力、志向及兴趣的差异;学科课程的不断分化和重构;控制成本的需要;教授每开设一门课程就要更新课程表。课程管理委员会试图严格控制课程数量的增加,却对教学方法的革新无能为力。事实上,大多数学校都鼓励采用新的教学方法,并留有预算,以资助教授开展新课程以及购买不同类型的教学材料。人们认为那些没有引入新的课程计划或教学方法的教育机构是因循守旧的,还有人画漫画进行讽刺:一名教授拿着发黄的讲稿讲课;如果课程名录中每年没有增加许多前沿课程,就会被废止。教学改革呈现出永不停止的繁荣景象。

所有改革表明高等教育在适应不断变化的社会环境、新型的学生以及知识的进步。那么,学生是否真正学到了更多的知识呢?没有任何一种方法能保持始终优于其他方法。教学条件在不断变化,学生、教师的个体差异性大,很难证明教学成果是否得到提高。麦卡吉(Mckeachie,1963)在总结了多数有关教学方法的研究成果后指出:在某天,某个大学的某个教师用某种方法,给某个班的学生们上某门课程,改变其中的任何变量教学效果都会不同,怎么可能分辨其中的细微差别?教师们不断尝试着新的教学方法,并坚持认为他们在改善学生的学习效果,即使有人对他们的教学效果表示怀疑。

教育方法在不断改革,课程也在不断增加,这些都不是我们可以控制的。在大多数大学,如果一门课程几年之内都没有人选修,那么它将被移出课程表。但一门课程的消失,意味着将出现更多门课程来进行补充。如果有一门课程,教授喜欢教,学生喜欢学,而且没有大量模仿其他课程，那么这门课程一定是有价值的。只要不增加单位学生的成本，可以尝试任何教学形式，这表明学院并不惧怕教学方法的改革。当然，也有人对课程和教学方法进行细枝末节的改革的做法提出了批评。罗杰斯(Rogers，1969)认为学生们在成长的过程中需要更多的教育，因此大学的作用不应该仅仅是治疗中心；费里尔(Freire，1970)认为社会上的压力是很大的，应该教学生如何应对经济和社会系统的阴暗面。我们应听取各方面的意见，然后根据大学的总体情况灵活采取措施。

人们对人文学科、专业教育以及科学研究表达了深深的忧虑。课程的结构究竟是太复杂还是太简单？可供选择的课程太多还是太少？对西方文化传统课程过于重视还是重视不够？所有针对课程的批评从四面八方指向大学。课程应涵盖所有的秘籍、所有的真理观以及所有人需要的任何技能。教学形式采用讨论、背诵、演讲、考试以及长期以来始终强调的独立学习等形式。虽然所有能够买到或可以采纳的技术手段在课程中都得到了运用，但总的来说大学的本质没有改变，学生来大学上课，教授与学生相互交流，图书馆提供图书。对每个人来说，大学都是让人们想起理智生活的美好地方。

六、管　　理

公立院校的发展和院校州一级的合作的增多表明人们是多么看重高等教育所具有的公众利益。各州都希望为尽可能多的公众提供接受高等教育的机会，在这场竞争中，谁也不愿落后。他们制订计划并努力做到在每个居民区交通所及的范围内都建立一所大学——这是州一级的以及国家级高等教育审查委员会发布的报告中揭示的高等教育发展趋势。这些报告通过揭示该时期高等教育的发展方向,既反映了立法的动态又促进了立法进程。

回顾其中几个高等教育委员会就能说明这一点。1947—1948年的高等教育总统委员会(The President's Commission on Higher Education)建议:至少应有一半的高中毕业生因为能够进入大学接受通识教育并掌握职业技能而从中获益。两年后,高等教育财务委员会(Commission on Financing Higher Education)重申了这种看法:半数大学适龄青年将从大学学习中获益,可以预见他们将接受大学的专业教育或职业训练。在约翰逊总统执政期间,白宫教育讨论会认为:教育是解决各种社会问题的主要手段。1970年,高等教育改革工作组(The Task Force for Reform in Higher Education)发布的一份报告提出:高等教育的主要目标是教育学生,其次才是进行研究和参与服务社会。该报告也主张应扩大高等教育规模以招收更多的学生。同年,大学目标和治理协会(Assembly on University Goals and Governance)建议减少大学直接服务社会的方式,同时扩大通识教育的规模。国家教育联合会的教育政策委员会呼吁扩大教育规模,保障公民的教育公平权益。整个时期,各种会议、委员会都要求各州努力发展高等教育以保证所有的人都能接受高等教育。

卡内基高等教育委员会的成效最突出,他们在20世纪60年代末至70年代初出版了50多部书。它的基调是应该扩大高等教育规模以覆盖更多的人群,而且高等教育系统应在公立和私立之间以及本科和研究生教育之间保持适度平衡。该委员会的著作探讨了高等教育的发展、招生政策、预算、使命以及财务制度,委员会认为所有这些方面应该由州进行协调。对联邦政府的评价主要看他们所提供的受教育机会的多少以及保障教育公平的程度。联邦政府在强调大学责任的同时，应鼓励教育的多样性，保护大学自治。联邦政府应为人们的就业做好准备并激发大学创新。全州范围的协调机构应凌驾于大学董事会之上。该委员会的其他建议包括以下方面：

- 因为20世纪70年代公立学校的招生人数下降，应减少教师的培养。由于医疗卫生行业的发展，所以应扩大医疗卫生行业人才的培养。
- 应增加联邦对高等教育的财政投入，以均衡各州间的差距。
- 应保持低学费水平并扩大招生规模，使所有的人能够有机会进入大学。
- 应提高教师工资，使教授的工资与其他行业专业人员的工资相近。
- 应提供更多可供选择的课程，包括为那些基础知识较差学生开设的补习教育课程。
- 应培养学生的学习能力，并视之为对学生进行区分的适当方式；应避免一切其他类型的歧视。

该委员会承认大多数州主导的计划很少考虑到私立学校，而且预见了在保持院校多样性和提倡多元化的教育经验方面存在的主要困难。这些报告是在20世纪60年代末提出的，这时大学的公共资金已经增长了几倍。联邦政府已经建立起了广泛的大学体系，联邦经费用于科研、设备购买、专业学习、为所有层次的学生提供经济资助、图书馆建设、教学改进。高等教育机构获得这些资金后，就必须遵从州和联邦政府的指令——这种治理模式随时间推移更加明显。

这些报告也总结了几个州实施高等教育发展和协调计划的进

展情况。其中值得注意的是《1960年加利福尼亚州高等教育总体规划》,这是一份志愿公约(其主要作者克拉克·科尔称之为条约),它对各州的社区学院、综合性学院和大学的职责进行了划分。加利福尼亚大学负责招收高中毕业班级中排名在前八分之一的学生,并且是唯一能够授予博士学位的公立大学。州立学院招收高中毕业班级中排名在前三分之一的学生,可提供直到硕士水平的课程。任何年满十八岁的公民都有资格进入社区学院,提供直至十四年级的普通教育以及职业证书课程。简言之,《规划》划分了各类公立院校的范围,各类院校独立发展——州的法律规定,大学属于政府的赠地学院,综合性学院作为师范学校或职业培训中心,社区学院作为地方低一级学校的扩展机构。各类学校之间不存在竞争,而是各自相互协作提供不同目的的教育。直到1970年它们的招生规模与纽约州、伊利诺伊州以及得克萨斯州所招收学生的总体规模相当。

联邦政府加大了对高等教育的干预和影响力度。年复一年,从1944年的《退伍军人权利法案》开始,联邦政府出台了更多的法律,加大了资金资助的力度,制定了更多的管理制度,这一切都说明了这一点。仅仅检索一些通过的法案就可以看出这种趋势。1950年《住宅法》(Housing Act)批准了建设大学学生宿舍的贷款。1958年《国防教育法》批准了大学生贷款和奖学金,并设立了外语学习基金。1963年的几项法案加大了干预力度,包括《卫生职业教育援助法》、《职业教育法》和《高等教育设施法》。1965年的《高等教育法》为几种类型的大学服务提供资助,包括图书馆和本科课程,还批准了学生担保贷款。同年,《医学图书馆资助法》增加了对医学图书馆的资金支持。《国家职业学校学生担保贷款法》扩大了担保贷款范围。1966年的《成人教育法》和1967年的《职业教育发展法》要求进行教师培训。1968 年对《职业教育法》和《高等教育法》进行了修改，扩大了适用范围和增加了资金支持。1971 年《综合卫生人力培训法》和《护士培训法》增加了针对这些领域的条款。1972 年的《教育修正案》规定在联邦卫生、教育与福利部之下增设教育部门，并授权成立了职业与成人教育局。1974 年的《教育修正案》建立了美国教育统计中心(NCES)。

这段对联邦立法的回顾，表明了联邦政府为增加进入大学的机会和为了引导高等教育朝着更加注重专业教育和职业教育的方向发展所做出的大部分努力。而且这份清单没有包括那些虽然不直接针对高等教育但是提高了对应用研究的资助的计划。高等教育一直被认作是社会改革的推动力，首先高等教育通过促进个体的流动，然后通过对社会问题的研究和它在经济发展中的作用来推动改革。但是在高等教育大众化时期，由于它遵从关于教育歧视、学生资助、平权行动、重点研究以及针对特定人群的教育制度和课程等方面的规定，高等教育发挥了更大的作用。在大学转型期开始后，大学与州政府之间的经常性合作加快了。

1. 州一级的合作

联邦立法涉及了各个领域。1965 年的《高等教育法》是一部综合性法律，它的条款涵盖了学生资助、设施建设、对那些希望开展社会问题研究的机构的资助，尤其重要的是要求各州必须建立一个高等教育协调机构。后面的条款产生了有力而持久的影响。它强调各个方面的协同合作，随着州一级的协调委员会或州长委员会的建立或加强，更多的关于大学深层次问题的决策可以在州首府进行讨论，因此这个时期初期就存在的州政府对大学的控制趋势进一步加强。

各州按照《高等教育法》第 1202 款的要求迅速建立起了相应部

门或委员会,在十年内除了四个州以外的所有州都建立了新的委员会或将现有的机构转变成了所要求的委员会的形式。这些组织的成员来自各个州高等教育的有关部门,包括公立四年制的学院和大学、公立社区学院、公立职业或技术学院以及由普通公民代表建立的私立大学。每个1202委员会都有8—29名代表,一般在15名左右。

1202委员会加速了州一级的合作趋势,这在大多数州都已发展起来,并促使其他州也建立起了协调组织。最初这些组织产生了几方面的影响。它们共同收集数据、撰写建议报告,并为来自不同部门的代表提供讨论的平台,后来开始对高等教育进行分类,并建议某些院校开展不同类型的教育。此外,它们还指出了大学、社区学院和职业技术学院之间的不同,并试图根据规划方案对之进行整合。在一些州它们较好地促进了高等教育资源的合作,但在大多数州发现很难在各自具有不同教育任务的机构之间进行协调。尤其是,它们常常不能向州议会表达一致的意见,因为委员会的每个部门和各个利益集团都在州首府设有自己的办公室,虽然委员会中有其代表,但是它们直接向州议会提出自己的要求。

协调委员会所取得的成就之一,就是大多数州都制定了教育的综合计划或研究计划以及高等教育的资金需求。加利福尼亚总体规划是在高等教育协调委员会主持下制定出来的,当这个组织转变成为加州中等后教育委员会之后,对总体规划中存在的缺陷进行了修改和调整。1202委员会不是立法机构。它们可以进行研究并提出建议,但对资金或控制进行的任何变更仍需通过州议会或大学董事会的传统渠道进行。协调意味着每个机构始终享有自主权,也就是说,大学有权制定自己的课程计划和服务范围。州一级的协调的趋势并没有改变,但是还没有达到可以影响各个大学主要的教育决策的程度。实际上，提高州一级的协调活动通过把大学决策置于更广阔的背景下从而提高了决策质量。但源自于早期学院的大学自治传统仍占主导地位。

在1202委员会正在研究各部门之间的合作关系、规划机制、资金需求及相互关系的同时，出现了另一种类似的州一级管理趋势。在几个州中，大学通过负责协调各个大学事务的大学治理委员会建立起了彼此之间的联系。大学治理委员会的核心思想是，这种大学治理形式的效率更高，并能向议会提出一致的意见，减少程序上的冗余。对大学进行统一管理和预算可以减少浪费。同时大学的运行规则可以保证资金的合理分配。大学治理委员会发表的公开声明承诺掌权后能够提高协作效率。

高等教育向州一级治理方式发展过程中出现了一些问题。因为从一所所单独的大学演化成多校区的大学系统并不能保证会改变大学系统的主要特征。一个有争议的问题就是对于某个大学来说是否可以授予某个领域的学位。各个大学自治的传统是如此强大，以至于虽然各个大学的代表通常参与大学课程和教学计划调整问题的理论上的讨论，然而最终的决策则是由各个大学校内团体以及当地支持者共同做出的。例如，加利福尼亚大学在已有1个医学院的情况下又新开设了4个医学院，其中3个都是在20世纪60年代建立的。大学系统治理委员会对重复规划提出了质疑，但是当地政府和大学的野心家最终获胜了。

大学治理委员会发现在其他领域也是说起来容易做起来难。大学统一管理机构应该统一管理州内所有大学的经费，但是各个大学都要求保持在项目间分配资金的灵活性。大学也要求在招生、毕业以及大多数与课程相关的问题上拥有灵活处理权力。后者的一个例子就是，建立全州统一的课程代码系统看似合理，但实施过程漫长,并且最终在许多州仍然没有建立起来。然而,多元化大学治理委员会在某些领域的协调工作取得了一定的成效,尤其是在职业教育领域,也许是因为职业教育与雇主要求和就业率的关系最为密切,便于从整个州的情况统计就业率。并且,在一些多元化大学系统中,职工工资表实现了统一,所以处于某个等级的人,无论他们在哪个学校工作,工资都一样。

成立全州大学治理委员会的一个总体效果是,系统内的大学之间更加平等了。一些主要的研究性大学,包括伊利诺伊大学香槟校区、得克萨斯大学奥斯汀校区、密歇根大学安阿伯校区,发现在州的高等教育系统内资源得到了更广范围的分配。在某种程度上这是难以避免的,因为二流院校的招生规模在扩大,它们需要更多的教学资源。但是州预算是有限的,资金的分散对于那些以前获得州政府资助最多的旗舰大学不利。一流大学在州拨款中获得资金的比重下降了,对兄弟院校和州立学院的支持明显增加了。另一个效果是,大学以及其他公立机构的预算请求会被打些折扣。在某些州,高等教育预算与福利和卫生事业的预算比起来,增长要缓慢得多。如果没有州的大学治理委员会的干预,还不知道这种情况会发展到什么程度。如果每所大学仍然单独地提出预算请求,也许高等教育要经受更多磨难。

在这一时期,公众也开始影响大学的发展,这并不奇怪。由于高等教育的预算在国民生产总值中比重增大,引起了更多公众的关注。结果之一就是,大学治理委员会开始接受公众的监督,因为公众的意见可能比大学官方发言人或资助机构更具有监督作用。设立更多的州一级的委员会意味着州长要委派更多的官员。有些情况下,督学、副州长或州长会自动成为委员会的成员。从而形成一种传统观念,即大学治理委员会是作为一个独立机构,在大学与公众以及议会之间发挥着缓冲器的作用。

州一级的管理机构在减少大学之间以及大学内部各个组织之间的竞争方面所发挥的作用有限。随着大学系统以及其中每所大学的发展壮大，很有可能反映不同人群利益的学院间的关系会变得僵化。大多数院校更像是商业合作关系，他们在政府机关或机构中为获取更大的权力而竞争。在20世纪70年代早期，学生激进主义、教师工会运动和课程扩张运动盛行，大学像是一个政治冲突的中心的看法受到了更多的关注。院校间的竞争与院校内部的竞争并行，大学内部的各个部门、各个团体、教师、学生、助教、系主任、后勤保障经理以及其他官员都在寻求更多的资源。许多团体成立了全州范围的协会，向大学治理委员会或直接向议会提出他们自己的要求。也许把大学看作是一个共同体的想法是不现实的。当然，19世纪学生的叛逆说明存在代沟。直到高等教育大众化时期，大学内的各种亚群体也没有发展得足够大或组织得足够好，从而发展到新的水平。

2. 行政管理

大学的规模越大，管理起来越复杂，因为每所大学行政管理人员增长的比例超过了学生和教师增长的比例。在州和联邦政府规定下管理财政资助和执行平权行动计划，以及保证大学履行所承担的各种责任，包括从招收学生到控制污染，这些都要求另外增设办公机构。曾经由校长或教师负责的一些工作，以及一些前所未闻的工作都被指派给了中层管理机构。分配经济资源和改革课程计划必然导致大学的行政管理人员与教师、学生和校友会之间的冲突。这种紧张的气氛占用了对立双方大量的时间，这些时间本来可以用在大学最重要的任务即教育上，而建立额外的机构就是为了解决他们之间的冲突。

大多数院校把其管理结构分成三个功能模块：学术事务、学生事务以及后勤保障事务。学术事务下设院系主任、图书馆长、注册主任以及大学生经济资助管理办公室主任。学生事务部门负责住宿和餐饮服务、咨询、就业、学生组织、学生健康。后勤保障事务部负责财务管理、人事、建筑和场地、安全、采购、邮政以及行政开支。这些分工会有些变化，在有些大学，招生办主任也许会负责学术事务，而在另外一些大学也许会负责学生事务。但是有一个原则：学校规模越大，管理机构的职能分工越细，分支部门越多。

在州一级的大学管理系统中，设置了与大学职能部门相对应的管理机构，负责处理大学相关事务，起到协调它们之间关系的作用。董事会或校长都设有副职，负责学术事务、行政管理、卫生及财务等方面的事务。他们每个人分别监督相应方面的官员，包括负责平权行动、人事政策、学术规划、教师联络、招生、图书馆以及五至十项其他职责的官员。掌管财务的副校长分管校友关系办公室、预算分析办公室、学校长远发展规划办公室、经费筹措办公室、学校建设办公室、礼品及捐赠办公室、政府关系办公室，管理范围包括从空间利用到资源管理的一切事务。掌管行政的副校长分管学校后勤保障、集体谈判服务、合同及津贴、账目、职工住房、专利，以及其他几项服务。由于需要加强部门间的审查，获取不同部门的数据，以及确保符合整个大学系统的要求，因此提高大学管理效率的尝试受到了影响。规模较大的院校基本上采用了这种既分工负责又相互监督的管理模式，并且设置了许多行政机构。规模较小的私立院校增加了行政管理人员来确保执行联邦和州在平权行动、卫生服务、财政资助方面的规定。各个层次的高等教育或高等教育的各个部门的管理机构都增加了。

校长的角色明显从教育计划的领导者变成了官僚机构的管理

者。校长作为具有特定学术风格的大学的代表，再也不能战胜所有的对立势力了。学术评议会变得越发组织严密而有力了。它们几乎全面负责院系事务，同时在整个大学的各项事务上也获得了一定的权力。越来越多的公立院校在董事会中增设了教师代表。在公立和私立大学，教师一般有权决定应该进行哪方面的研究以及开展哪方面的公众服务项目，以及决定各个学院的招生标准和毕业要求，教授的聘用、晋升和解聘，图书馆书籍和期刊的购买，办公和研究经费的分配。在较大的院校，评议会成立了自己的委员会、理事会及特别工作组，以促进院系之间以及教师与管理层之间的交流。与大学的各种行政管理群体一起，教授会确保校长的权限在于发挥宏观管理、资金筹措以及在董事会中代表学校的作用。

学生管理方式也改变了。在早期的美国大学中，在大学管理、课程事务或学生生活的各个方面学生是没有发言权的。后来，学校建立了诚信制度，使学生对他们的行为负责。直到20世纪末，学生管理已经形成了体系，建立了诚信制度，成立了教师咨询委员会、学生惩戒委员会、学生宿舍监督委员会、课外活动管理委员会。学生参与管理变得更加容易，目的是为了把学生培养成为合格的公民，让学生参与政策制定的过程，给学生提供表达意见的平台，培养学生领袖。总之，就是为了增强大学的精神风貌。到大学转型末期，大多数院校已经形成了学生管理机构，由执行委员会、选举代表组成的立法委员会、裁决违规学位的学生法院组成。

于是，学生参与大学管理的范围扩大了。20世纪60年代学生激进运动的目标之一就是为获得在学校管理上的更大发言权。相应地，学生在大学董事会、大学委员会中获得了一些席位，他们可以参与讨论招生政策、教师和行政管理人员的任命。他们还曾被邀请参与教师和行政管理委员会，但是他们发现那里根本不是做出重大决策的权力核心，只能针对普通的细节问题进行沉闷、冗长、厌烦的争论，很少达成一致意见。这一切正是大学决策的真实情况。大学生成立了全州学生联合会，大学生及公众利益研究团体发现可以更有效地发挥影响作用。由于学生会开始成为另外一个向大学施压的团体，大学在学生、教师、行政会议、学位授予，以及决策等方面的管理目标变得更加复杂。

3. 院校认证

院校认证的影响扩大了。6个地区性协会负责院校认证，也就是说，学校认证的过程要符合一些事先确立的标准。《退伍军人权利法案》规定，如果退伍军人进入州教育部门认可的院校，他们就有权享受教育福利，因此强化了院校认证作为高等教育的一个重要特征。后来，1952年的《退伍军人安置法案》要求美国联邦教育专员发布认可的院校认证协会名单，从那时起，只有获得院校认证协会认证的院校才能获得联邦拨款。

院校认证过程采用许多形式，但是一般由认证组织制定标准，每个申请认证的院校根据这些标准进行自我评估。由认证机构选定的工作组实地考察该院校及其教育计划，确定是否已达到这些标准。如果该院校符合认证标准，就正式通过了认证。认证过程也许要持续一两年，最长可达十年。没有达标的项目一般会要求限期整改，经过一段时间后重新审查是否已经符合标准。所有这些都是想敦促院校进行自我改进。

专业院校以及特殊类型的大学的认证与普通院校的认证同时进行评估。美国卫生协会（American Medical Association）是首个专业认证机构，成立于1847年。它督促学校改进课程并强化招生标准和毕业要求。1923年美国师范学院联合会（American Association of Teachers Colleges）开始在全国范围内教师教育认证。到1948年，它更名为美国教师教育学院联盟（American Association of Colleges for Teacher Education），对1 200所参与教师培养院校中的不到250所院校进行了认证。1954年美国教师教育认证协会（National Council for Accreditation of Teacher Education）接管了该项工作，并于1956年被美国认证委员会（National Commission on Accrediting）确认为唯一一所教师教育认证机构。其他领域也开始了认证，全国护理联盟、美国牙科协会，以及至少50个其他认证组织在开展认证工作。其中的一些认证组织建议各州只有通过认证的专业的大学毕业生才能从事相关职业的工作，从而表明认证机构在高等教育管理中具有相当大的权力。

从大学治理的角度看，认证过程就是责任的分化。院校认证一直受到人们的批评，认为它过于强调某些专业的价值；通过限制与传统实践的偏离来维持现状；通过规定师生比以及最低的专业设置标准，促进大学董事会把资金花在建筑、设备以及职工身上；过于强调量化的标准而不是定性的标准。尽管如此，在国家教育部没有介入高等教育之前，院校认证一直是高等教育自我管理的有效方式。大多数其他国家也是如此。不过美国的特点是，联邦机构在教育方面最主要的职责就是批准认证机构。

总之，在高等教育大众化时期，大学治理逐步发展壮大。在公立院校，大学协调或治理委员会遍布全州，从而将以前一直处于独立状态的学院和大学联结了起来。在公立和私立院校中，校级管理机构都在扩大，成立了许多办公机构来处理大学各个方面的复杂事务以及执行州和联邦的各种规定。由于联邦政府规定，只有获得经过美国联邦教育处批准的认证机构的专业认证或院校认证的学校才有资格获得联邦拨款，因此，认证协会取得了半官方的地位。成千上万个高等教育机构的联系如同一张巨大的蜘蛛网或为猫所把玩的一团乱纱，所有院校在独立工作的同时都被联系了起来。

七、财　政

财务管理是一项多方面的工作。经费总数是一回事，除去通胀之后的经费数量又是另外一回事。划拨给高等教育的经费在高等教育的各部门或各层次进一步分配，也要考虑其他公立院校的资金分配。经费收入可以根据资金来源和支出进行统计，有时还要统计生均经费。经费可以跨越年份进行统计。因此，可以显示在高等教育大众化时期高等教育经费是增长、降低了，还是维持不变。人们通常认为充分地分析数据可以发现一切。但是，事实上，大学和学院都做得不错。

1. 资金来源

原始数据是非常惊人的。在 1945 年，高等教育从各种渠道获得了约 100 亿美元资金；到 1975 年，这个数字增长到 350 亿。除去通货膨胀的因素，按照 1967 年定值美元统计，1945 年的经费总额应该是 17 亿，1975 年应该是 144 亿，增长非常快。按照定值美元统计的经费总数，除以招收的学生人数，1945 年生均经费大约 850 美元，1975 年生均经费增长到 1 270 美元，增幅不大但还是有一定的增长。

高等教育资产价值从 1945 年的 50 亿美元增长到 1975 年的 750 亿美元。在早期，大学产业、土地、建筑以及设备总价值相当于 30 亿，后来增值到 620 亿，折合全日制学生生均经费 7 800 美元。

捐赠也呈现出这种增长趋势：1945年为20亿美元，1975年为150亿美元。直到这一时期末，高等教育总资产每年增加约47亿美元(NCES，1992，表338至339)。

根据经费模式可以直接区分公立和私立学校，学费就是一个例子。20世纪初期，私立大学1/3的经费来源于学费，而公立大学12%的经费来源于学费。到1974年，私立院校的收入中学费的比重下降了27%，但是公立院校仍保持在12%。对高等教育整体来说，到这一时期末，学费占高等教育总体收入的20%(NCES，1992，表315)。

其他收入来源也存在不同之处(见表4.4)。这一时期之初，政府资助占私立院校总收入的约16%，占公立院校的69%。这一时期结束时，私立院校从政府获得资助占总收入的29%，公立院校的比例增长到了79%。礼品和捐赠收入占私立学校收入的23%，这一时期结束时下降到了19%。公立院校的主要收入来源没有变化，礼品和捐赠收入在总收入中所占比例一直保持在3%。

表4.4　公立院校和私立院校资金收入分布比例(%)

资金来源	1949—1950		1965—1966		1975—1976	
	私立院校	公立院校	私立院校	公立院校	私立院校	公立院校
政府总额	16	69	32	77	29	79
联邦政府	12	13	30	23	25	18
州及地方政府	4	56	2	54	4	61
学杂费	57	25	43	14	48	16
礼品及捐赠收入	23	3	18	3	19	3
其他教育及一般性收入	5	3	6	5	4	2

注意：这些数字不包括附属企业的收入或者销售与服务所得的收入；学生资助包含在学费内。

资料来源：McPherson and Schapiro，1991，p. 21。

不同类型的院校对不同的资源的依赖程度不同,其变化速率也不同。在1940年到1950年间,总学费的年度增长比例约为13%,在1950年到1960年间降到5%。在1960年到1968年间,由于政府提供奖学金和贷款,使得私立院校大幅度地增加学费,学费的年度增长比例又增长到了14%。州政府拨款从1940年的1.5亿美元增长到1950年的5亿美元,1960年为14亿美元,1970年为58亿美元,1975年为122亿美元。在后来的几年中,州政府对大学的拨款比例下降了,社区学院获得的资金增加了,因为各州对扩大了招生的院校增加了投资。此外,有半数的州在纽约和宾夕法尼亚州的带动下向私立院校提供了一些制度上的支持。联邦高等教育开支(学生资助除外)在1940年不到4 000万美元,1950年增长到5亿美元,1960年增长到10亿美元,1970年31亿美元,1975年达到55亿美元。州政府所提供的所有现金收入在1950年为21%,1975年为31%。联邦政府在1950年提供了22%的资金,1975年提供了16%。这些资金用于支持研究项目和设施建设以及学生助学金(Snyder,1993)。

2. 资金使用效率

效率是衡量一所大学资金使用效果好坏的标准。由于每所大学都希望追求教育上的卓越,提高学校的声望,因此为了达到这一目的,大学从不限制花多少钱。大学竭尽所能筹集资金并花完所有能够募集到的资金。这是对办学效率的误解,因为并不是说额外增加了投资便能取得明显的效果。

效率是提高生产率,对于高等教育来说,提高生产率比其他大多数产业要困难得多。某些服务产业可以通过采用新技术来提高生产率。银行、保险公司以及中介公司可以通过完善办公自动化以提高效率。但是在有些需要发挥创造性的行业中,例如艺术、教会以及高等教育，不能够从技术进步中获益很多。这主要是由这些行业的传统特点决定的：牧师向信徒布道需要触及生命的灵魂，杰出的表现离不开彼此之间的密切接触。如同医疗行业离不开医生和护士，教学离不开教师。在高等教育大众化时期没有哪些技术能够左右高校的生产率。高校不断地寻求更多的资助以便支付职工的工资，一旦不能筹集到足够的资金，教师的工资便会落后于那些应用新技术能够提高生产率的行业。

20 世纪 70 年代初期，通过大幅度提高学生学费增加大学收入的做法走到了尽头，大学开始降低工资的增长速度，削减日常开支，并寻找其他节省开销的途径。例如：扩大班级规模；雇用更多的兼职教员；开展以电视为媒介的远程教育；建立音频教学实验室和计算机辅助教学计划；对学生通过自主学习和实践取得的成绩授予学分；采取延长每天授课时间以及周末授课的方式，提高建筑物的利用率。长期以来，图书馆建设资金一直占总大学总体开支的 4%，也开始出现下滑的态势。虽然没有数据表明大学节省了多少日常费用，但大多数大学似乎都这样做。虽然建筑物的表面涂层脱落了，但是也不会有人去管，因为这既不会砸到桌椅，也不会导致工资支出的上涨。关于一味节省资金是否会影响教学质量的争论愈演愈烈，但财政预算人员别无选择。关于如何才能有效节省开支，即资金投入与产出之间的关系，一直存在争论。一些院校的生均经费要低于其他院校，但是生均经费投入是否一定带来教育质量的提高还不是很清楚。

鲍恩（Bowen，1980）全面考察了教育投入与产出之间的关系。他根据大学的类型、层次、管理、规模等指标对大学进行了分类，发现各个大学在资金分配上存在很大差别。不管是否对博士生、硕士生及本科生赋予不同的权重进行统计，同类学校间的差别要比不同类型学校间的差别的平均水平要大得多。每所大学如何分配资金的用途也存在这样的差别。广泛的调查表明，私立文理学院用于教学的支出占38%，而研究型大学的比例为59%。不过，研究型大学的教学支出包括了各个院系的研究经费。私立文理学院较之其他类型学校将更多资金用在管理支持、奖学金、助学金以及学生服务等方面。这就不难理解为什么他们会为改善学生学习生活条件所作的努力而引以为自豪了。

鲍恩还发现在同一类大学中经费最多的学校和经费最少的学校间的经费分配比例没有多少差别。显然，由于大学获得了更多的资金，因此将经费分配到各个院系、每个职能部门，保证它们都有富余的资金可用。每当筹集到新的资金，它们都能够分得一定数量的资金。结果这种传统的经费分配模式将一直延续下去。富裕的大学在各个方面投入的资金都较多，而接受捐赠较少的大学则只能勉强应付日常运转。此外，似乎越富裕的大学越“将大量的经费花在不那么重要的事情上”(Bowen，1980，pp. 150－151)。他们可能有更多的官员和职员、办公设施及考察费用。鲍恩认为院校分析的一个有效方法，就是关注大学非学术人员与学生的比例，而不是师生的比例。他总结道，“经费的流失是如此惊人——使人们开始怀疑高等教育机构资源分配的合理性和公平性”(Bowen，1980，pp. 120－121)。

很难确定最佳的院校规模。每所大学都必须有教师和行政管理人员、教学大楼和书籍等软硬件设施。随着学生数量逐渐增多，花费在每个学生身上的这方面费用有所减少，这似乎提高了一点经费的使用效率。但随着学校的发展，他们通常发现某些方面的费用会有所增加，尤其是在大学内部的协调、管理职能的重复交叉以及为了招收更多学生必须开拓市场等方面。但是，随着大学招生达到一定规模并相对稳定之后，生均费用会大幅度下降。规模较大的大学在行政管理和学生服务方面投入更多，而在设施运转和维护方面花费较少。奖学金和研究经费则与学校规模大小之间的关系不大。部门间协调费用的增加主要是由于跨院系委员会、人事官员的增加，正式文件往来以及其他交流方式的花费的增长。但大型院校也可以通过提高建筑物的利用率来节省费用。总体来讲，学校的规模对某些方面的开支有一定的影响，但对生均总体费用影响不大。似乎也无法确定大学究竟具有多大的规模，效率才最高。

在追求效率方面，州议会、大学协调委员会及其他类型的管理机构都不断地努力调控大学的资金分配。校外机构常常试图对大学的经费开支进行调控，他们认为由于大学不是商业机构，并且大学校长一直在不停地寻求更多的资金，因此大学董事会必须向他们说明是如何运用这些资金的。虽然他们经常制定详细的经费预算，提供醒目的财务报告，但他们不了解大学的本质，因为大学的各种业务没有明确的界限，在内部转移资金是比较容易的。鲍恩认为，那些打算监控大学财政开支的政府机构只需要做好两件事情，“一是明确大学基本的职责范围和任务。二是规定每年每所大学可支配的经费总数”（Bowen，1980，p. 24）。如果这些事情完成了，各个院校就会最合理地分配经费。但是在许多州的管理体系中，由于这种经费控制方式干预了大学的预算自主权，因而遭到大学的抵制。

3. 职工薪水

1975 年，美国学院和大学共雇用 160 万员工，包括教职员工、教学辅助人员、维修工人以及行政管理人员。教师福利占薪水的 19%，而薪资总额占经费总开支的 57%，但为教学而支付的工资只占34%,与20世纪初相同。尽管在20世纪50年代、60年代,教职员工的收入有所提高,但是由于学校需要购买的其他各方面物质的成本大幅度提高,导致生均成本大幅上涨。

高等教育劳动力市场不同于许多其他劳动力市场。大学教师可以较轻易地在大学间流动,但通常都不会脱离高等教育行业。他们全身心投入教育,如果决定成为教授,那通常是其一生的职业抉择,不会受酬金暂时增加或减少的影响。大学教师一旦选择了高等教育,通常会把它作为自己终身的职业。这为高校决定是否加薪提供了一些弹性空间。在合理限度内,合格的教师总能被录用。因此,20世纪60年代,由于高校学生人数迅速增加,人们担心大学找不到足够的教授执教大学,实践证明这种忧虑是没有根据的。人们所担心的教师短缺的情况从未发生。

几十年来,按定值美元计算,教师薪酬变化不大。20世纪初薪酬缓慢增加,到第一次世界大战期间开始下降。20世纪20年代早期,薪酬迅速增长,后期有所回落,但30年代再次回升。由于通货膨胀对教师薪酬的冲抵,30年代后期缓慢回落,在第二次世界大战期间转变为急剧下降。40年代后期薪酬下降趋势减缓,在接下来的50年代、60年代,均实现显著而稳定的增长。70年代初,薪酬上升趋势再次停止。由于教师基本薪金水平较低,按照1967年定值美元计算,仅为5000美元左右。1950年以后,教师薪金才达到维持基本生活的水平。

教师薪酬标准与合格教师的供求关系不大,与总体经济通货膨胀和紧缩率也无密切关系,但与公众态度和教师政治权力关系更为密切。20世纪60年代晚期以前,由于教师未能表现出任何很强的谈判能力,因此前十年的工资收益与这方面的努力无关。同样,如果劳动力市场正常运行,随着学生数量的减少以及应聘教师人数的增加，教师的薪酬水平会下降。但与其他职业群体工资水平相比，教师工资的涨跌与这些因素之间的关系不大。

教师薪酬不仅仅包括工资和福利。在许多私立院校，大学教师的家人可享受学费减免。多数大学教师的薪酬还包括参加校园活动和使用体育设施、休假、学术休假、终身教职、教学岗位和责任的变动以及住房补贴等，并且多数教师拥有赚取外来收入的机会。据估计，20 世纪 70 年代，每学年聘用的教师中 3/4 的教师赚取外来收入，占其平均基本工资的 20%左右。因此，将所有附加酬金计算在内，教师收入堪比公职人员。

当然，教员通过第二职业赚取的收入不应计入高等教育成本，因为这些收入不显示为开支项。尽管如此，管理人员及其他领薪水的员工并未赚取相应比例的外部收入，因此，教员总收入与管理人员收入相比，差距并不太大。当教员收入过低时，他们能够通过其他工作赚取额外收入。从教员转变为管理人员时，管理人员的薪酬已经设定，并因管理服务获得附加薪金。高层管理人员有时因提供咨询和担任公司董事而获取酬金，但相比其他行业管理人员的酬金，高等教育管理人员薪酬不足的程度远超过教员。

4. 联邦政府资助

联邦政府对高等教育的资助，最终由科研资助转向学生资助。二十年间，虽然大学生招生人数剧增，科研经费支出仍有所增加。第二次世界大战结束时，高校为国家培养了大批优秀的研究人员，并建立了众多科学技术实验室。为了防止已经积累起来的丰富人才资源及其能力退回到战前水平导致的人才浪费，高校纷纷向联邦政府寻求持续支持。政府方面不断重申高校是科学研究的有力依托，并对此深信不疑。例如，科学研究与发展办公室（Office of Scientific Research and Development）主任凡尼佛·布什（Vannevar

Bush)在战争期间向罗斯福总统提交了一份报告;杜鲁门总统执政期间通过减少建立政府实验室的数量,建立了国家科学基金会;预算局(Bureau of the Budget)向艾森豪威尔总统提交的一份报告,坚持认为科学研究与发展应借助于私营机构,而非联邦机构;向肯尼迪总统提交的一份专题报告认为,政府应继续依靠私营机构,开展科学技术工作。因此,政府不断将其科学研究和发展工作从国家实验室对外发包,而大部分发包项目均为高校所承接。

1950 年至 1970 年间,科学研究经费的增加非常明显。1950 年,国家科学基金会(NSF)建立,众高校位列董事会。基金会 1952 年拨款仅为 350 万美元,但随着基金会稳步发展,1958 年拨款 7 500 万美元,用作研究补助金和毕业生及研究生奖学金。国家航空航天局(NASA)自 1958 年建立之初,便为学术研究提供经费资助。1964 年,投入到学术研究的联邦基金总额超过 12.5 亿美元。多数资金用于基础研究。将近 60%的联邦资助资金来源于国家科学基金会和国家卫生研究院(National Institutes of Health),这些机构一般不直接管理研究项目,而是为研究机构提供资助,并允许它们发展自己的研究项目。到 20 世纪 60 年代后期,由于联邦政府不再盲目地资助高等教育,转而资助那些能够解决特定问题的研究,因此应用研究被列入国家科学基金会研究项目。

1946 年建立了能够将联邦资助引入不同研究领域的其他机构,包括国家心理卫生研究所(National Institute of Health)、美国海军研究署(Office of Naval Research)和原子能委员会(Atomic Energy Commission)。截至 1950 年,原子能委员会投入将近 1 亿美元用于研究。大学也向与冷战有关的机构递送科研项目计划。空军与 50 所科研机构签订了合约。1950 年,联邦政府提供了总额达 1 400 亿美元的科研资助,大部分研究项目与提高作战能力有关，大学承担了其中的大部分研究项目，大学教师从中获得了大量的经费开展自己的研究。

随着冷战的延续，联邦机构对高校研究的拨款逐年增加，除了20世纪60年代后期有所减少。美国致力于开发新型武器，联邦政府通过雄心勃勃的大学教授，将大量的联邦经费输送到大学。冷战的胜利从来不是依靠维持一支庞大的常备军或储备常规武器，而是依靠新发明和新技术、导弹发射的最佳方式、高威力原子弹、新型潜艇和飞机以及能够命中目标的武器。技术革新依赖于科学技术和大量的实验室投资，而大学则处于卖方市场的地位。

国家卫生研究院作为联邦政府对科学研究进行资助的主要渠道，引领了科学研究向以问题为目的研究的转变。国家科学基金会通常赞助自然科学研究，而国家卫生研究院则主要致力于生物医学研究。资金源源不断地投入到国家卫生研究院，希望其所资助的研究能够最终解决各种卫生问题。国家卫生研究院1954年的拨款超过7 000万美元，1956年增至9 800万美元。盖格预计，“国立卫生研究院未来五年的年均预算增长量为9 600万美元，而未来六年平均增长量为1.56亿美元”(Geiger，1993，p. 181)。截至1960年，国家卫生研究院的学术研究资助超过国防部，1965年比国家科学基金会多3倍。国家卫生研究院的资金用于许多的医疗和生物科学项目：配套资金用作卫生研究设施基建费用、资助卫生领域的研究生和博士后，以及用作科研补助金。1967年科研补助金占国家卫生研究院拨款的一半。医学教育普遍受益。全国所有的医学院每年从国家卫生研究院获得的资助至少为100万美元。

盖格的一系列著作(Geiger，1986b and 1993)堪称研究联邦政府资助学术研究领域的经典之作，阐述了联邦基金如何改变了卫生领域和其他研究领域的面貌。1967年从国家卫生研究院独立出来的国家心理卫生研究所，将超过40%的联邦资助投入到心理学和社会学研究。《国防教育法》支持语言和区域研究。原子能委员会、国防部和国家航天航空局均强调开发研究，但仍支持学术研究。1964年国家航天航空局投入到科学研究的资金超过1亿美元。国防部的许多分支机构都资助学术研究，但当越南战争反战者和一些国会议员要求国防部取消其在高校内进行的研究活动时，这些机构对基础研究的资助剧减。1960年国防部对学术研究的资助占联邦总资助金额的1/3，但截至1975年，这一比例降至8%。总体而言，联邦政府对科学研究的支持于1958—1968年达到最高水平，对学生的资助于1963—1972年达到最高水平。盖格得出结论，“20世纪60年代中期的五年既是各种发明创造层出不穷的年代，也曾经是研究型大学的黄金时代”（Geiger，1993，p. 195）。

联邦政府对自然科学和社会科学研究的资助有诸多成效。1968年，36个大型的独立组建的大学研究中心吸收了12000多名专家和研究生，耗资5亿多美元，甚至联邦教育部也成立了一系列研究中心、实验室和教育资源信息中心（ERIC）。截至1970年，大学及其相关研究中心总共承担了美国60%的基础研究和10%—15%的应用研究（Wolfle，1972，p. 120）。科学研究能够吸引最优秀的学生，因为学生能够获得奖学金资助。从事科学研究的教师收入通常高于其他领域教师的收入。

资金继续向那些获得了更多科研经费以及收取间接费用比例最高的大学集中。1958年以加州理工学院、麻省理工学院、加利福尼亚大学和芝加哥大学为首的前20名高校，获取的联邦经费占联邦资助经费总数的61%，而10年前的这一比例仅为32%（Orlans，

1962，p. 140）。而对于其他大学，尤其是具有一定研究能力的公立大学，联邦经费资助分布更广。截至1968年，40所大学中，每所大学收到至少1 000万美元的资助，占联邦研究基金年度总金额的一半。这样做只能减小差距，却无法消除差距。加州理工学院、约翰·霍普金斯大学、麻省理工学院、芝加哥大学和斯坦福大学获取的联邦资助经费仍占其资助总金额的1/4强。优秀的研究中心也是从无到有逐步发展起来的，它们并不是仅仅依靠联邦经费资助发展起来的。它们培养出的科学哲学博士一般在研究型大学谋得职位，因此减少了规模较小大学的人才数量。虽然科学研究领域的师生比例没有提高，但对教师和学生的资助完全不同。“联邦科研项目所造成的最不幸的后果就是导致了自然科学教师和人文科学教师地位和报酬的巨大差异”（Orlans，1962，p. 134）。这就带来一个问题：联邦资助经费减少后会出现什么情况呢？难道科学研究必须完全依赖一种资金来源吗？

同其他高等教育经费开支相比，在1945—1975年间研究经费支出占大学经常性支出的8%，其他经费开支情况如表4.5所示。尽管联邦政府提供了大部分研究经费，大学还是通过其他途径募集资金，包括大学获得的捐赠资金、州政府和当地政府的资助经费、企业赞助的经费以及基金会所提供的经费。

虽然也制定了其他的联邦计划，但未能实施。20世纪70年代初，人们讨论建立一个国家高等教育基金会，但遭到声望较高的研究型大学的反对，因为基金会的建立将使联邦资助科学研究和研究生教育的经费分散到其他各个大学。这个例子说明高等教育的联合统一是如此之难。不同利益群体矛盾重重。精英大学希望将联邦资金用于科研，社区学院希望将资金用于资助低收入家庭的学生，州立大学则希望将资金分配至更多的大学。国家教育研究院(National Institute of Education)建立的初衷是支持并资助研究教学、学习、学生入学和学生资助等方面的问题,但在几年后因领导不力和缺乏高等教育团体的支持而垮掉,后来又相继建立了联邦教育研究与发展办公室(Office of Educational Research and Improvement)。因为对联邦政府的不信任,加之精英私立院校为了保持其优势地位以及院校的独立性,保护院校自治的呼声不断高涨。参议员丹尼尔·莫伊尼汉评论说,“最初建立高等教育主要源于历任总统及其政府的政治利益和政治目标,虽然要求高等教育实行这一目的,然而高等教育很少遵照执行”(Daniel Moynihan,1975,p.139)。

表4.5 高等教育机构教育和一般经费支出占日常经费开支的百分比

(1945—1946年和1975—1976年)

教育和一般经费开支用途	1945—1946年度(%)	1975—1976年度(%)
管理和一般开支	10	13
教学和科研	34	34
有组织的科学研究	8	8
图书馆	2	3
设备运行与维护	10	8
组织教学活动	6	3
扩建与公用设施	5	3
奖学金与助学金	—	4
其他一般开支	—	1
附属企业	22	12
独立运作	—	3
医院	—	7
其他经常性支出	2	—

资料来源:NCES,1996b,pp.344-345。

高等教育机构和联邦政府之间的关系就像是两头互相对视的小心翼翼的巨兽。双方不断努力，试图解除对方的猜疑。联邦政府在《国防教育法》中要求获得联邦资助的院校进行忠诚宣誓，遭到众多院校的反对。学生要求取缔大学的后备役军官训练团（ROTC），并撤出军队征兵人员，以示对立法者的抗议。尽管如此，联邦政府和高等教育仍互相依赖。学生资助仍是联邦拨款的一大特色，科研资金通过众多渠道，不断输入高校。联邦政府采取向低收入和其他困难学生提供资助等多方面的措施，拓宽了资助范围，并允许高校增加学费。令人惊奇的是，所有这一切都未经过高等教育机构政治上的专门努力。这一方面是因为高等教育得到了组织良好的中小学教育联合会的帮助；另一方面是因为这一时期的国会和政府为了满足更多的公众接受高等教育的需要。

到这一时代末期，卡内基高等教育委员会的理事会对联邦资助提出建议，指出由于高等教育成本飙升，必须增加联邦资助经费。高等教育委员会建议采取多种资助方式，其中包括：直接资助大学；资助大学建设以容纳不断增多的大学生；提高研究经费；实行国家学生贷款，以保证所有的学生能够接受高教育，同时允许学生毕业后低息偿还贷款。委员会建议增加1972年批准推行的基本教育机会助学金（Basic Education Opportunity Grants），并呼吁全额资助这项计划以及大学的学习效率研究计划。联邦应加大对职业教育、图书馆和研究生奖学金的支持力度。委员会承认联邦政府对上述所有领域的资金支持都有所增加，但同时指出，由于通货膨胀的增长速度更快，联邦政府的实际资助额出现缩水。虽然委员会并未直接向华盛顿联邦政府提出建议，但其出版各种书籍和发行物等产生的间接影响可谓巨大。联邦政府对研究生奖学金的资助在 1967 年以后的十年间减少 60%,对本科生的资助却飞速增长。联邦政府转向资助提高大学入学率的趋势日益增强。

5. 慈善捐赠

这一时期的慈善捐赠增长了 10 倍,校友和其他个人、公司、基金会以及宗教组织的捐赠均有所增加。个人所得税税率的调整刺激了高收入人群的捐赠积极性,比如规定:每个捐赠者捐赠 100 美元就可以冲抵 30 美元的个人所得税。以私立大学为首的大学做了大量的募捐活动。1957 年哈佛大学的募捐活动获得了高达 8 200 万美元的捐赠,而此后不久,斯坦福大学开展的一场募捐活动获得了 1 亿美元的捐赠。

尤其值得一提的是企业捐赠。1935 年修订后的联邦税法允许公司最多扣除 5% 的税前净收益,用于慈善捐赠,促进了捐赠的增加。尽管如此,企业捐赠仅在 1945 年才超过其税前收益的 1%,原因是对企业捐赠是否需要获取股东批准这一问题长时间难以得出答案。关于该问题,有一个典型案例:1951 年史密斯(A. P. Smith)公司向普林斯顿大学捐赠 1 500 美元,股东对此向新泽西州最高法院提起诉讼。法院对此次捐赠予以认可,并允许公司无需获得股东的预先批准,即可进行捐赠。其他公司展开了形式多样的资助活动:福特汽车公司宣布为员工子女提供奖学金;1955 年通用电气公司也发起了一项配套捐赠计划,公司将根据员工捐赠数量提供相应数量的捐赠。1975 年,公司捐赠约占捐赠总额的 1/6。

慈善基金会继续为高等教育提供资助。联邦政府在第二次世界大战期间征收高收入所得税,并于朝鲜战争期间再次征收,许多公司为了避税纷纷建立基金会。这期间,基金会总数是战前的 5 倍,部分规模较大的基金会向高等教育提供了大量慷慨资助。

1950 年以后，福特基金会的捐赠超过了 20 本世纪初期极具影响力的洛克菲勒基金会和卡内基基金会。1953 年，福特基金会的捐赠占基金会捐赠总额的 1/3。三年后，福特基金会捐给私立学院和大学的总额超过 2 亿美元。这些资金用于教员加薪，颇受各院校欢迎，尤其是教员工资水平较低的小型私立院校。福特基金会还通过提供资助的方式，鼓励私立院校提供配套资金，以促进他们所希望研究领域的研究。

慈善基金会一般会大量资助医学研究和大学研究。同时还资助社会科学和行为科学，由于联邦政府忽视这方面的研究，因此相对比较落后。卡内基基金会为哈佛大学俄罗斯研究中心以及其他大学的各种国际性研究工作提供资助。在洛克菲勒基金会支持下，哥伦比亚大学建立了俄罗斯研究学会，用于培训政府工作方面的专家。福特基金会资助社会科学研究，其资助的斯坦福大学行为科学高级研究中心，在该领域取得了一些重要成就。芝加哥大学在社会科学研究领域也获得了资助。

总体而言，如表 4.6 所示，在 1949—1950 年和 1975—1976 年间，各种渠道的慈善捐赠比例保持稳定，除了公司捐赠由 12% 增长至 16%。但是，由于政府资助增加，高等教育总体捐赠中慈善捐赠在大学收入中所占比例由这一时期之初的 9%左右滑落至最终的 6%，而大学来自捐助、销售和服务、附属企业和医院的收入也出现下滑，州政府及地方政府资助不断增长，超过资助总额的 1/3。

6. 费用开支

费用开支随着捐赠和收入的增多而增加，增加速度在不同时段不同，因为不同的开支目的而异。

表4.6 高等教育机构的慈善捐赠(单位：百万美元)

资助来源及资助目的		1949—1950	1975—1976
慈善捐赠总额		240	2 410
来源	校友	60	588
	非校友个人	60	569
	企业	28	379
	基金会	60	549
	宗教组织	16	130
	其他	16	195
目的	日常开支	101	1 480
	投资目的	139	930
慈善捐赠占大学总体收入的比例(%)		9.0	5.5

资料来源：NCES,1996b,p.350。

例如,20世纪60年代教师工资增长速度比通货膨胀率的2倍还要高,因为各院校希望专业群体的工资水平能够达到与其接受过类似教育但工资水平较高的其他群体。为了处理不断增多的以前所没有的项目和事务,需要增加管理人员数量,从而导致管理成本的提高。公用设施和供应品成本提高,但却缺乏购买这些设施和物品的新的经费来源。虽然慷慨的捐助者或政府部门可以资助建设新建筑,但这些建筑同样需要供热、照明、清洁和修理费用。大学必须为学生提供更多奖学金,帮助他们实现各种不同的目标。私立大学普遍采用学费减免的办法,所有学费收入几乎都来源于院校外较富裕的学生。电脑和通信设备等校园必需基础设施也需要资金投入。收入和费用开支之间的缺口不能解释为暂时性现象,所有领域的成本增长速度都比收入快,甚至有个时期,成本增长速度超过了通货膨胀率。1954年到1967年间,生均学分的教育成本年均增长3.5%,而消费物价指数仅增长了一半。

长远来看,所有这些成本增加呈现出不同的形式。1930年到1976年间,包括投资在内的各项总支出从6.32亿美元增至436亿美元，年平均增长率为9.6%。主要原因是入学人数的增加以及美元贬值。在46年的时间跨度里，全日制入学人数由89万猛增至近850万，而美元购买力却降低了70%。综合这两组数据得出，每个学生的年均成本增长率仅为1.4%左右。从国民生产总值百分比来看，同期高等教育总开支从0.7%增至2.7%，主要是因为入学人数增加了近10倍。鲍恩总结道："这些数据不足以说明高等教育成本长期以来不可避免地稳步提高……若以定值美元衡量，高等教育成本长期以来一直保持不变甚至在减少，如1929—1930年、1949—1950年以及20世纪70年代期间。仅在20世纪50年代、60年代的黄金时代，生均成本有所增加。"(Bowen，1980，pp. 36－37)按定值美元计算，1930—1950年间生均开支缓慢下降，而1950年至1970年迅速增加，1970年后再次缓慢下滑(参见表4.7)。20世纪50年代、60年代生均费用的急剧变化"是一个独特事件，以定值美元计算的生均成本增长到一个前所未有的新高度，从此高等教育体制开始缓慢衰落"(Bowen，1980，pp. 43－45)。

若干社会因素导致办学成本的提高，使得院校无力对某些开支进行有效控制。劳动者保险和失业救济金增加了保障成本。正当程序、环境保护、非歧视性条款、阳光法案以及信息公开等方面增加了大学的办学成本，这并不仅仅是政府的独断专行，而且反映了社会所发生的基本变化，同时还反映了政府因为受到压力集团的影响而不得不采取行动的新动向，以及通过非政府干预的方式直接影响大学的转变。

成本不断增加。20世纪30年代，《社会保障法》(Social Security Act)和《瓦格纳劳资关系法》(Wagner Labor Relations Act)导致职工成本有所增加。

表 4.7　1976 年高等教育及其他商品与服务项目开支

（1950 年基本开支＝100 为基准计算）

项目开支	1976 年	
全日制高等教育生均教育开支		429
公立中小学每日生均支出		656
医疗及相关服务	所有医疗护理项目	345
	医生诊疗费用	341
	处方费	142
	半私营医院病房费用	886
	每位患者日均总医疗费用	1750
每位成员教堂捐赠费用		254
政府	人均购买商品和服务：联邦、州和地方政府	939
	国会：居民人均开支	924
	邮资：每盎司的一类信件	433
旅馆和汽车旅馆房价		274
出版物零售价格	硬皮书	426
	定期出版物	557
物价消费指数（1959 年＝100 单位）	所有项目	236
	国内食品	231
	衣服	180
	房产成本	256
	房屋租金	205
	新汽车	163
	电视机	66

资料来源：Bowen，1980，p. 44。

但这与 20 世纪 60 年代、70 年代的立法相比，算是小巫见大巫。这期间相继通过了 1964 年《民权法案》第七条，并在 1972 年的《平等就业机会法案》中进行了修订；1965 年《平权行动实施法案》；1970 年《职业安全与健康法案》；1972 年《教育修正案》第九条；1974 年《员工退休收入保障法案》。这些法案禁止在大学招生或人员聘用过程中的性别、年龄或种族歧视，并保障退休金和工作场所安全。当地政府或州政府的行为影响着立法和劳动者补偿金制度的建立，两者都会产生附加成本。有些开支看起来十分巨大，但属于一次性开支，如修建方便残疾人进入的建筑。如果采用分期付款的方式，这些开支并非十分巨大。有些变革起初成本极低，但随着时间的推移，成本变得十分巨大，如妇女体育运动计划。获取某些数据的成本起初较高，但是随着大学采用新程序处理数据，一旦数据的提供步入正轨，成本也随之减少。鲍恩（Bowen，1980年）预计因为受到这些政策的影响而增加的年费用支出约为20亿至25亿美元。

一些观察家对社会性成本的增加感到痛惜，将其视为对学术自由的冲击，但争论的焦点是高等教育应该融入社会的变革，还是对社会的变革无动于衷。不管怎么说，高等院校在此点上几乎没有选择的余地，它们不可能像营利性质的企业一样，将所增成本的很大一部分转嫁于消费者。就公立院校而言，学费由州议会控制，因此很难因成本增加而提高学费。除极少数最著名的私立院校之外，其他私立院校增收的学费不能过多，以免损失生源。无论是公立还是私立院校，财政补助、教学计划以及其他因为学生能力较差而导致的办学成本提高加重了大学的负担。然而大学又必须招收这些学生，因为就公立院校而言，州议会经常要求这样做，而对私立院校而言，校友、董事、员工和校外压力集团也持这种态度。

综观1975年高等教育费用开支，约有33％用于教学和研究，25％用于学生服务、奖学金和助学金，40％左右用于有组织的研究、公共服务和附属企业以及医院。这些数据掩盖了公私立院校之间的诸多差异。由于这些数据的分类并不明确，因此可以得出各种解释。尽管由于通货膨胀和社会性成本提高，高等教育通过增加收入来源、控制费用开支、向职工发放基本生活工资等措施，高等教育资金运营较为稳健。人们不断提出政府要保护大学自治的问题,但这却不合时宜。高等教育已扎根于美国社会,并开始完全依赖于多元化资金支持。

八、成　效

高等教育影响表现在许多方面。最为常用的指标基于学生流通量:招收的学生中获得学位的数量,以及毕业生就业率和工资水平。第二种衡量标准是学生在校期间学习态度的变化。第三种衡量标准是毕业生对社会的贡献。第四种衡量指标是科学研究方面的贡献:高等教育机构所进行的科学研究对国家的知识积累作出了多大贡献?大学对工业和经济发展作出多大贡献?

1. 学位和薪水

1945 年至 1975 年间大学入学人数增长了 500%,自然影响到学位授予数量。副学士学位总数从 5 万增加到 35 万,学士学位和第一专业学位总数从 13.5 万增加至近 100 万,硕士学位数量从 2 万增加至近 30 万,而博士学位从 2 000 增至 3.4 万个。学位授予领域发生转变,尤其是这一时代接近尾声之时。1970 年到 1975 年间,商务学士学位数量增加 30%,生命科学学士学位增加 50%,卫生和通信专业学位增加了 100%。与此同时,数学学士学位减少 33%,社会科学和历史学学位减少 18%,而教育学学位数量减少 12%。受教育和商务相关领域硕士人才需求增加的影响,教育硕士学位数量增加 40%,商学硕士学位增加 65%。图书馆科学专业也受到类似影响,学士学位数量萎缩 17%,而硕士学位数量却上升了 15%。性别平等教育也取得了一些进展:本世纪初,授予男性的学士学位数量是女性的 2 倍，而到了 1975 年，差异已经缩小，授予的男性学士占 55%，而女性占 45%。

博士学位的发展促使受教育年限延长，也为高等教育提供了专业人才。博士学位成10倍增长的主要原因是18岁年龄段人口数量的迅速增长，以及大学招生人数的比例的提高，因此需要更多的教师。只要大学坚持认为大学教师必须具有博士学位，必然产生一种危机：从哪里找那么多持博士学位的人？1953 年，将近 30% 的大学新聘教师拥有博士学位。20 世纪 50 年代末直到 60 年代，由于大学招收学生数量的激增，导致大学拥有博士学位的教师比例下降。一些分析家评论道，大量新教师进入工作岗位后才完成其博士学位，相对于拥有博士学位的教师，那些没有博士学位的教师更快地退出了教师职业，因此博士学位的短缺并不比预计的要严重。然而，拥有博士学位教师的短缺为大学提供了良好契机。那些试图实施博士学位计划提高学校声望的大学，以博士学位短缺为理由寻求更多优秀的教师，发展科研，寻求更多的政府资助。具有博士学位授予权的院校数量，从 1949 年的 100 所，增加至 1970 年的 200 所。

许多应对博士学位教师短缺危机的措施相继出台。虽然在教师学位方面引进了文学博士学位，但是除了在一些急需博士学位教师的院校以外，从来没有得到发展。一些慈善基金会资助研究生学习，而联邦政府通过《国防教育法》（NDEA）、国家科学基金会（NSF）和国家航空航天局（NASA）向博士生提供资助。到 20 世纪 60 年代，相当数量的全日制博士生获得了奖学金资助。大学也采取了措施，通过缩短攻读博士学位的时间提高博士学位培养数量。大学认为，如果能够让学生更快地完成博士课程，不仅可以提高博士学位的培养数量，还可以再招收更多的博士生。自然科学领域的博士生获取学位所需时间远远短于人文学科和社会科学的博士生。然而,他们在进入学术职业之前通常从事大量的博士后研究工作,因此他们从头到尾接受专业训练的实际时间与其他领域的学生差不多。

攻读学位所需要的时间问题成为大学申请更多经费资助的又一理由。如果有更多的学生获得奖学金,而不必兼职赚取学费,从而节省了学习时间,则学位获取时间必然缩短。但事实并非如此:那些担任助教或从事校内类似工作的学生通常学习非常刻苦,并与那些得到奖学金资助的同学同时获得学位。此外,人文和社会科学教师并不注重学生完成课程所花的时间长短。盖格巧妙评论道:"在文学或哲学等需要沉思默想的学科,教师希望学生有更多的时间消化知识。"(Geiger,1993,p. 228)博士学位教师短缺危机最终得以平息,并不是因为培养了相当数量的博士学位教师,而是因为20世纪80年代,18岁年龄段人口数量减少,导致大学教师需求减少,同时还因为社区学院本科教育迅速发展,导致教师具有硕士学位就足以胜任教学工作。

大量研究将收入高低与受教育程度联系在一起。帕斯卡莱拉与特伦西尼(Pascarella and Terenzini,1991)的研究表明,在智力、社会经济地位和工作经验相同的情况下,学士学位拥有者的收入比高中毕业生的收入高25%到30%。不同受教育程度对收入的影响并非总是呈线性关系:学士学位是一个主要的拐点,学士学位比人们之间是否拥有高中毕业文凭或是否上过大学的差异更为重要。帕斯卡莱拉与特伦西尼得出结论,"获得学士学位可能是在职业和经济方面取得成功的唯一的最重要的教育途径"(Pascarella and Terenzini,1991,p. 501)。

尽管如此,不同学历毕业生的收入差异面临法律诉讼。收入的多少在很大程度上取决于人一生中赚取收入的那段时间，例如毕业后一年或两年内，或五年、十年甚至二十年后。在许多高收入行业，很难把一个人的收入高低与能力强弱联系在一起，因为这些行业要求应聘人员必须拥有所要求的学位，即所谓毕业证书效应。如果没有学位的人获准进入这些行业，将无从知晓他们的收入多少。一个人的先天能力对收入的影响也难以估量。几乎所有聪明的年轻人都进入大学，无法想象如果他们未接受高等教育，他们的生活会怎样。

2. 个人和社会利益

关于大学对个人和社会关系的影响，已进行过大量研究。佩思(Pace，1979)总结了 20 世纪 30 年代至 70 年代所进行的主要研究，发现高等教育与工作满意度、政治活动参与度(投票、竞选)、文化趣向追求(参加音乐会、读书、参观博物馆)、人际关系以及个人价值观、理想和人生观的发展之间具有紧密联系。他还指出，大学毕业生的平均家庭收入是美国普通家庭收入的 2 倍，70%—90%的学士学位拥有者拥有专业或管理职位，这种差别在于他们毕业后参加工作时间的长短。他得出结论：大学毕业生工作好、收入高，他们热爱自己的工作，并认为与他们所受到的教育有关；他们参与社会事务，并承认大学教育有诸多益处。这些研究时间跨度达几十年，因此“我们对这些研究结论的一致性深信不疑，我们可以充分相信我们所了解到的大学毕业生情况”(Pace，1979，p. 106)。

费尔德曼和纽科姆(Feldman and Newcomb，1969)综合 19 世纪 20 年代中期至 1967 年的研究成果得出结论，高等教育对学生发展的影响分为多个方面：

- 从新生到高年级学生的几个方面特点的变化，并具有相当大的一致性。

- 在同一所大学，不同专业的学习经验通常会产生上述影响，除了在那些最初选择的专业领域以外。
- 虽然个体教师通常具有影响作用，但大学教师似乎并未对整个校园产生影响，除非同学和教师的影响互相补充，彼此强化。
- 学生毕业后的态度往往不会变化，这可能受到学生所生活的大学环境影响的结果。
- 无论是何种个体特征促使他们选择进入某种类型的大学，这些特征往往会被高等教育经验所强化和拓展，简而言之，选择和影响相互依存。

高等教育也影响到社会。大学毕业生参与社会事务，并最终改变社会制度。相对于多数其他职业群体成员，大学教师更可能参与公共服务。大学对政治的影响与大学目标相关。卡内基高等教育委员会（The Carnegie Commission，1973b）将教学、研究和社会服务等高等教育的传统目的细化为五项目标：(1) 为学生个体的知识、审美、道德和技能发展提供机会；(2) 在社会中充分增进人类能力的发展；(3) 扩大教育公平；(4) 传承和发展知识；(5) 批判性地评价社会，以促进社会不断发展。鲍恩（Bowen，1977）列出的学生个体目标包括语言和数学技能、实质性知识、理性、知识宽容性、个人自我发现、人性理解和品味提升。他所提出的实践素质包括领导才能、适应性、公民成就动机以及经济生产力。他将高等教育的社会目标归纳为增进知识、保护文化遗产、发现新知和培养人才。

高等教育目标的描述总比寻求显示高等教育达到预期效果程度的数据更容易。尽管如此，鲍恩（Bowen，1977）综合了支持其论断的多项研究，指出高等教育引发了多项变化：坦诚地面对自身的改革，认识到可以改善当时的社会状况；参与公共事务，提高政府和社会制度的责任水平；社会责任，如保护环境和对不同人之间差异的包容；由于毕业生将所学知识应用到商业和政府活动中，从而提高了经济效率；改善国际关系，包括促进技术和信息的传播；总体较为健康的生活方式，包括减少暴力行为，更多地参与志愿活动以及更高的艺术鉴赏力。他还详述了高等教育研究工作的四项社会效益：知识传承保护了文化遗产；科学研究研制出了疫苗，促进了医疗技术、电子技术、计算机的发明以及农产品产量的提高；社会科学研究影响了公共政策，促进了社会批评，有助于保存民族价值观；通过直接参与政府机构的活动履行公共服务职责。

卡内基高等教育委员会（The Carnegie Commission，1973b）报告中指出，高等教育通过减少个体发展障碍、促进不同社会阶层的流动的方式，促进建立一个更加公平的社会。因为当人们享有均等的就业机会并能够充分地参与政治活动时，他们个人背景的影响力将随即减弱，这将有助于建立一个更加公平的社会。虽然在大学招生方面仍存在不公平，表现在低收入者的入学机会更少，但目前为止，美国的高等教育体制比任何其他国家都要开放。在义务教育阶段和非义务教育阶段，保障公民享受平等受教育权利方面比其他任何社会制度作出的贡献都要大。

高等教育通过各种方式促进人力资源的开发，而不仅仅是培养学生，以及将学生输送到各个行业。发展个人技能以及为社会保持适当水平的劳动力被视为高等教育的双重目标。高等教育注重人才开发，将人力资源分配至经济社会最迫切需要的领域，促进人们的职业流动和地域流动，提高人们终身持续发展的能力。高等教育通过培养经过良好培训的劳动者，并帮助他们进入最利于其技能发挥的领域，服务于经济发展。

卡内基高等教育委员会对高等教育在社会评判中的角色和作用进行了总体评价。他们认为,学生和教师个体担当社会评判的角色,而并非高等教育系统整体。对社会过多的批判将导致思想意识上的纷争以及大学主要支持者的强烈反对。委员会建议:高等教育不要采取直接行动,赞成通过制定规则,引导社会评判;高等教育应增强社会自我革新的能力,而不是明确提出社会变革的要求;虽然高等教育可以在批评社会弊病方面发挥积极作用,但是如果能够提出改进社会不公正现象的建议,它将更好地履行其职责并发挥更出色的作用。尽管如此,高等教育从未对社会弊病采取有效的直接行动;如若采取行动,越南战争能够提前五年结束。

3. 影响差异

试图展示高等教育对不同院校、课程、教师或教学方法产生的特定影响,通常难以让人相信。在学习同样课程的学生个体之间或不同院校间学生的成绩差异,通常比所有学生的平均成绩差异要大得多。由于招收的学生存在差异,尤其是不同的院校有不同的招生标准,因此很难分清不同院校的影响。即使对包括学生性别、种族、入学考试成绩、高中成绩和社会经济地位等所有变量,以及包括学生态度和动机在内的较难量化的变量进行控制后,研究人员仍面对若干未知数。为什么某些学生选择了某些院校?他们进入大学后有何种经历?他们的生活发生哪些与入学无关的事情?通过控制学生先前存在的许多差异,阿斯廷(Astin,1977)指出,全日制住校生活经验的影响最为显著。

毋庸置疑,不同院校的毕业生在学术成就、宗教信仰和审美观方面差异显著。但是,各个院校毕业生之间的实际差异,很大程度上取决于他们进入大学时就存在的差异。各个院校的活动内容和活动方式非常相似,培养出来的学生不可能存在巨大的差异。虽然越富裕的院校可能对社会产生的影响越大，但是它们可能以较少的资金取得同样的效果。更多的院校可能会在未增加资金的情况下，取得更大的成果。某些院校大量的经费开支"几乎更多地用于满足学生需求，而不是用来发展教育"（Bowen，1980，p. 167）。资金雄厚的大学所发挥的不同作用主要体现在：大学能够为学生事务和课外活动提供充足的经费，导致学生从大学生活经验中获益匪浅。

公众的资金是否得到合理利用？每当政府给高等教育投入资金时，都会考虑这些资金分配到其他各种高等教育机构能够带来多大的社会效益。即使在高等教育内部，也无法证明投入到研究型大学或社区学院的同等数量资金的社会效益孰高孰低。这两种类型的院校为不同的客户提供不同的服务。

一些分析家认为，为研究型大学和研究生教育提供更多资助，能够产生不同的效益。公立院校而言，1975—1976 年用于社区学院折合全日制（FTE）学生的生均开支不到 1 800 美元，低于高选择性大学的4 000 美元左右。与此同时，社区学院新生父母家庭年均收入为 13 579 美元，而高选择性大学将近 22 000 美元（参见表 4.8）。

汉森与韦斯布罗德在其研究中指出，家庭收入和学生进入大学的类型相关，国家对高收入家庭子女就读大学的投入更多，因此高收入家庭获得了更多的国家资助。此外，学生在大学的时间越长，所获资助越多，因为每一学年都意味着学生又获取了资助，而大学生接受学校教育的时间更长。他们"相当惊人的观点"是"9％的高中毕业生获得了超过 5 000 美元的政府资助，而加利福尼亚大学半数以上年轻人获得政府资助还不到 750 美元……更令人惊讶的是，41％的年轻人根本没有获得任何资助"（Hansen and Weisbrod，1969，p. 181）。

表 4.8　按院校类型划分的院校费用开支和学生经济背景(1975—1976 年)

院校类型	全日制学生生均教育开支和一般性开支($)	大学新生父母家庭年均收入($)
公立院校		
两年制学院	1 778	13 579
四年制学院		
低选择性	1 741	13 895
中选择性	2 071	16 593
高选择性	3 888	17 802
综合性大学		
低选择性	2 678	17 813
中选择性	3 086	18 618
高选择性	4 153	21 946
私立院校		
四年制学院(非教派)		
低选择性	2 627	13 978
中选择性	2 485	17 977
高选择性	2 835	20 150
极高选择性	4 275	26 117
综合性大学		
低选择性	2 142	20 977
中选择性	3 514	27 986
高选择性	5 954	23 573

资料来源：Bowen，1980 年，p. 243。

从长远来看，要想合理地评价高等教育的影响非常困难。学生在大学和毕业后所从事工作中所学知识可以进行评测。但学校不应对毕业生的就业或毕业后他们从事何种工作负责任。接受了专业教育的学生可以更好地进入其他领域。随着大学毕业生数量的增加，他们会进入各行各业，并从事新兴职业。公司将录用条件中的学位标准设定得越高，高等教育将越有可能成为“美国白领的人事处”(Lemann，1995，p. 97)。《国防教育法》的制定者们先入为主地认为，如果优秀的学生进入了一流大学，他们将成为研究提高国家安全方面的科学家。但他们当中的大多数却从事了法律、医疗、金融和自然科学领域以外的教育工作。在社会所需要的领域培养人才的梦想“在入口处得到了保证，但在出口却泡汤了”(Lemann，1995，p. 97)。

4. 科研

自高校转型期之初，各院校坚持认为科研有利于工业发展，并获得了工业家的资助。高等教育大众化时代，各院校指出，科研是国防建设不可或缺的要素，并获得了政府机构的资助。大学获得政府资助的前提是大学能够促进经济发展。这种合理化的解释在很大程度上是以实际效果为基础。许多工业生产工艺均产自高校科研实验室，整个工业(如电子产业)则完全以实验室为依托。大学设立了原子研究实验室和从事支持系列武器开发的基础研究。多数州立大学既可进行农业研究，提高农作物产量，改善土地使用效能，又能协助州政府培训劳动力，促进地方工业发展。

对科研的重视改变了高等教育。大学通过在同一所大学内把本科生教学、科研和专业培训有机结合起来，增强了自身的实力和独立性，尽管大学的这三个方面的目的之间有时会发生冲突导致大学内部的紧张气氛。由于大学内部独立组织的研究中心开始以独立的组织发挥作用，它们与学术部门展开竞争，有时向教师提供研究资助，促使教师脱离教育职责，进一步加剧了大学内部的紧张气氛。大学的研究工作是如此活跃和成功以至于形成了一股学术风气：研究型大学的教师群体成为其他大学教师所向往的目标。

因为科学研究已成为一流大学的必备条件,并且其费用支出极高,引领研究工作的院校以及希望跨入一流研究型大学行列的院校必须寻求更多的资助。这些大学必须向承担较少教学工作的教师发放工资,同时保障研究所需实验室和设备的资金。

科学研究导致研究型大学和工业之间形成了共生关系,大学和工业共同对科研进行资助,并从中获益。电子工业是最早伴随着大学电气工程研究而发展起来的行业之一。瓦里安公司(Varian Associates)和惠普公司(Hewlett Parkard)都是与斯坦福大学联系密切的工业公司。"1950年,一个由斯坦福大学、国防部和电子工业部联合组成的电气工程研究的三角联盟明确成型"(Geiger, 1993,p.121)。不同类型的大学研究机构及其与政府机构和工业之间的各种关系建立起来。由于大学内建立了独立研究中心、学会和实验室,因此需要对各自的科研、预算和教师工作进行协调。

其中一些研究中心、学会和实验室成为相应研究领域的主导力量。始建于20世纪40年代的密歇根社会研究学会(Michigan Institute for Social Research)和哥伦比亚应用社会学研究所(Columbia Bureau of Applied Social Research)为社会学研究确立了研究方法,并制定了研究标准。芝加哥大学的全国民意研究中心(National Opinion Research Centre)因其研究工作的有效性而备受尊重。加州理工学院的喷气推进实验室(Jet Propulsion Laboratory)和加利福尼亚大学的劳伦斯·利福摩尔国家实验室(Lawrence Livermore National Laboratory)分别成为空间探索和原子物理开发领域的领头羊。麻省理工学院的多所科研单位与军队保持联系:其电子研究实验室、国际研究中心和仪表实验室均由空军、中央情报局和海军研究署等军事机构资助,并与其保持密切联系。这一时代早期的部分研究型大学，其科研预算高于学术预算。

大学中对科研感兴趣的教师迅速成长。他们成为各自领域的学术泰斗，并在他们感兴趣的专业研究项目上寻求资金资助。大学通过教师获取的资助，获得了大量的资金，因此能够对获得资助较少的领域进行支持。教师的自主性提高了，因为他们自己争取资金支持，并自行分配；大学赢得了声望，从而能够吸引更多的捐助，同时有能力支持较冷门的项目研究；学生获得了助学金，用于学习；联邦政府和许多大型企业无需专门建立自己的研究机构，便可使用研究成果。可见，高等教育的影响是多方面的、复杂的、互相关联的。

5. 批判和评论

1974 年，美国艺术与科学院（American Academy of Arts and Sciences）的期刊《代达罗斯》（*Daedalus*）的编辑邀请了 100 多人撰写评论，总结过去十年高等教育的发展以及未来高等教育的发展方向。约有 80 名大学教授和校长、心理学家、神学家及其他领域的作家做出回应。他们审慎冷静地评价了高等教育在前十年经历的变革。除极少量的乐观评价外，更多的是对高等教育面临问题以及改革必要性的评价。多数撰稿人认为这个时期高等教育的发展停滞不前，因此要求强化高等教育的责任，并认为这是高等教育从追求自由转向履行责任的转折点。

阅读这些文章就像回顾上个世纪高等教育的所有相关发展历程，并将其延续至下个十年：普通教育应占多大比例？专业教育应占多大比例？如何协调精英高等教育与美国民主传统之间的关系？为什么在没有多少教授从事研究的情况下，仍坚持大学教师必须具有博士学位？为什么在终身教育已成为高等教育的目标时,高等教育仍将其大多数资源用于年轻人的教育?

撰稿人极少提及种族平等、种族代表性或多元文化课程。不过,部分撰稿人指出这方面的发展最终将席卷所有大学,迫使大学改变对平等主义的看法,他们用多样性这个术语来表示各种不同类型的课程和大学。公平观念仍亟待增强。许多撰稿人对其嗤之以鼻,认为大学纠正不平等现象将影响道德和知识方面的发展。"我们见证了极端平等主义的程序化或官僚化,而这正是60年代学生运动的本质"(Bloom,1974,p.66)。部分撰稿人承认学生的激进主义在提高高等教育内部和广大社会的公民权利方面发挥了重要影响,但没有多少人认为这种代表社会公正的趋势会持续下去。个别撰稿人指出,应学生需求而开设的种族研究课程正开始走入低谷。正如圣母大学校长(Notre Dame's President)赫斯伯格所言:"学生运动时期开设的大多数黑人研究课程,或停开,或衰败。"(Hesburgh,1974,p.69)

撰稿人承认学生激进主义导致学生获得了大学董事会的代表席位,但同时认为这并未改变大学治理格局。放宽学生行为管理的规则被视为一个综合性事件。一方面,它发出一个信号,指出学生们已经成年,能够对其行为负责;另一方面,它建议院校不要干涉年轻人在合理范围内所进行的活动。赫斯伯格对激进主义时代做出这样的定论:"20世纪60年代所发生的一系列事件的最坏的结果,莫过于信任危机及其在大学所造成的精神沦丧,以及对大学和那些深爱着他们的父母、校友、捐赠者、立法者和学生的轻视甚至藐视。"(Hesburgh,1974,p.70)但是赫斯伯格和其他撰稿人都未将这种藐视同资助的减少联系起来。他们注意到,尽管大学丧失了部分独立性和神秘性,但大学制度有幸存留了下来。尽管大学的治理结构、教师角色和课程受到冲击和动摇，但经过稍微调整之后，便能照旧运行。

撰稿人都未预见到，由于人们对大学的信任危机，大学将进入一个不得不努力争取资助的时期。他们未预计到由于学费的急剧增长，学费占大学总收入的比例将会翻番。甚至科尔，通过目睹公债发行受阻这一事件，意识到公众对高等教育明显失去了信任，也未能预见大学将面临的财政困难。部分撰稿人曾经指出，由于加薪压力及受到其他不是因为生产率的提高所导致的通货膨胀因素的影响，教育成本的提高将比收入增加更快。但总体而言，20 世纪 60 年代学生激进主义的影响是文章着力描述的内容。

卡内基高等教育委员会于 1968—1973 年间出版了一系列丛书，其后继者卡内基高等教育政策研究委员会也随后出版了一套丛书。报告总共分为 118 卷，详细论述了大学应该如何发展，分别考察了各类院校的情况，论述了学生、教师和行政管理人员各自的职责，概述了过去几十年高等教育发生的一切。丛书鲜明地提出应对建议：高等教育作为国家的宝贵资源，是值得资助的；学生应支付较高比例的费用，因为他们是高等教育最直接的受益人；广大高校，各种高等教育结构，从社区学院到文理学院以及综合性大学，不管是私立还是公立大学，均应受到支持。

综观卡内基系列丛书以及《代达罗斯》刊物的评论，给人留下的印象是，这些通常被视为知识精英的撰稿人，很少对现有高等教育的结构提出不同的建议。虽然其中不少撰稿人对高等教育系统运行机制的某些方面不太满意，但其评论通常要求维持现状，或至少维持他们较偏爱的某些课程、大学及其教育实践活动。几乎不见平权行动计划的踪影。社区学院教育向所有希望接受教育的人开放。由于社区学院培养的学生掌握了较高的职业技能,学生毕业后能够获得高薪工作,以及学生的公民责任感较强,因此受到人们的欢迎。其他直接参与社会的方式被认为是超出了高等教育范围。大学不应该成为社会服务机构。

许多撰稿人注意到,由于美国人口中18岁人群将会缩小,考虑到近来高中毕业生上大学的比例,预计20世纪80年代大学入学人数将减少。许多人反对像管理企业一样管理高等教育机构的现象,因为企业管理决策的主要依据是经济原则以及充分满足广大顾客的需要。大学教师希望能够自由从事所感兴趣领域的研究,大学董事会以及政府官员希望实现教育成本和效益的最大化,他们二者之间的分歧似乎无法调和。一些分析家强调,不能根据效益、影响或收益来衡量大学;对知识和人类经验的本质的了解不会如此简单。

高等教育朝着世俗化和社会服务的方向发展,以及高等教育代表政府机构和企业利益的行为受到强烈反对。引用一个评论员对这种趋势的评论:"这意味着作为教育机构的学院或大学同这个社会中的商业、政府、审议机构或国防部等其他机构的区别更加模糊。"大学教师工会化和成本—收益分析使高等教育看起来更像是企业;大学设计提升社会道德水平或社会福利的教育计划使大学更像是政府机构;大学校园内的协商机制、议事程序和选举结构使大学更像是审议机构;而"不断发展的官僚体制和盲目增长的预算使人想起国防部"(Tollett,1975,p. 293)。

尽管如此,高等教育体制已变得如此复杂和成功,以至于它就像一辆肆无忌惮地高速行驶的巨型坦克,无暇顾及人们对它的批评。它就像是一台巨大的经济引擎,每年吞食着几十亿的资金。

高等教育为了缓解人们上大学的压力，建立了上千所社区学院，同时还保留了已有的各种类型的大学：寄宿制和走读制的大学、文理学院和专业性的大学、男女分校和男女同校的大学、宗教性和世俗性的大学。大学教师的薪水不断提高，成为高薪的专业群体。大学的课程如此多样化，以至于康奈尔大学的校训“让任何人都能在这里学到自己想学的科目”，已超过百年历史；全美3000所大学及其分校将康奈尔大学的校训延伸为“让任何人在任何地方都能学到自己想学的科目”，因为国家每个角落的任何公民，不管其经济或社会地位如何，如今都能享受高等教育。高等教育致力于基础研究和应用研究、普通教育、高中补习教育、专业教育、职业教育、职业培训和个性教育。它将生产效率定义为“使更多学生顺利毕业”，将声望定义为“学生录取的高选择性”以及“教师出版物的数量、教师所获得的各种奖励以及校外资助经费的多少”。高等教育经历了来自内部和外部的冲击，仍安然无恙。它是一个传奇，整个世界都对其艳羡不已。

第五章

当代高等教育体制多元化时期：1976—1998

高等教育界的大多数人士反对用量化的方式评价大学。然而，他们已为所取得的成功所束缚。几十年来，他们一直承诺，如果有足够的资金，他们将促进教育平等，培养优秀的公民，减少社会问题，培养任何新兴行业需要的劳动力，促进工业发展，丰富广大社会的文化生活。现在应该是他们兑现承诺的时候了。

20世纪70年代中期以来，美国社会发展呈现出几个方面的特点，并发生了一些具有转折性的事件。这些特点包括人口老龄化、各级教育水平入学率大幅度上升、妇女就业率的提高，以及单亲家庭子女人数的增加。而转折性的事件则包括冷战的结束、苏联解体，以及国内税收政策的调整导致贫富之间的差距进一步扩大。这个时期的发展趋势与三十年前完全不同：劳工组织的影响力减弱了，兼职与全职工作的比率上升了，参与公共事务的公民比例下降了，移民人数不断增加，美国的中部和南部以及东亚地区，而非欧洲，成为这一时期新移民的主要来源。

一、社会背景

表5.1为当代美国高等教育状况统计表。

表5.1　当代美国高等教育状况统计表(1975—1995年)

年　　代	1975	1995
人　　口	215 465 000	262 755 000
高等教育注册学生数	11 185 000	14 262 000
教师人数	628 000	915 000
学院数(含分校)	3 026	3 706
授予学位数 (副学士，学士，硕士，初级专业学位，博士)	1 665 553	2 246 300
流动资金(千现值美元)	39 703 166	189 120 570

数据来源：NCES，1997e，1997g，Snyder，1993。

20世纪80年代是美国与世界其他国家关系发展的转折点。在80年代初，虽然美国军队撤离了越南，但仍然视共产主义者为潜在的威胁。1983年，里根总统宣布苏联为一心想征服世界的邪恶国家,作为自由、光明和进步力量主宰者的美国对此必须加以阻止。因此,美国对萨尔瓦多(El Salvador)、尼加拉瓜(Nicaragua)和格林纳达(Grenada)进行军事干预,意在彻底根除这些地区的共产主义影响。在东欧,波兰、匈牙利和其他国家开始举行自由选举,并驱逐苏联的军队。1989年,分隔柏林达29年之久的柏林墙终于被推倒;1990年底,东德和西德统一。

在美国国内,联邦政府的债务不断攀升,部分因为受到了20世纪80年代减税政策的影响。里根和布什政府试图减少国内的福利、医疗以及其他社会项目的开支,但是由于军费开支和政府债务利息的不断增加,社会保险费用的增长以及人口老龄化引起的医疗费用的增加,导致联邦预算持续不断增长。生产力年增长率下降到1%,GDP平均增长率也由20世纪50年代期间的3.9%下降到了20世纪90年代中期的2.6%("Marking America Rich," 1998)。20世纪90年代,年度财政赤字达到历史最高水平,但是由于通货膨胀率、利率和失业率持续走低,以及经济的快速发展,导致1997年底联邦预算濒临崩溃的边缘。

减少国家对经济干预的范围成为20世纪80年代的信条,一位总统承诺减少政府的干预,立法者对于环境保护以及工作场所中的健康和安全方面的立法进行严格控制,1981年工会组织空调厂工人举行罢工,最后参加罢工的工人被解聘,工厂聘用了一些没有加入工会的工人,这对劳工组织是一次严重的打击。直到1997年联邦包裹公司(United Parcel Service)举行罢工,最终达成协议成立了卡车司机联合会,劳工组织才开始得到发展,但是直到那时私人企业的工人加入工会的比例只有10%。

工会组织变得软弱,已经不能保护工人拥有全职的工作。20世纪80年代出现的大部分新行业所付的薪水低于最低工资标准,从1981到1987年，只拿最低工资标准的人从500万上升到几近800万。妇女走出家庭参加工作的人数也不断上升，超过了1990年创造的70%的纪录，这一年孩子还不到六岁的母亲超过半数在外工作，很多人由于所谓的企业重组失业，实际上是由于企业更愿意聘用兼职工人造成的。因为企业可以付给兼职工人更低的工资，而不必承担额外的津贴和退休福利，并且可以随时解聘他们。

这种变化导致了贫富差距的进一步拉大。到1989年，美国有150万个百万富翁和至少50个亿万富翁。“1981年，最富有的1%的人占有全国8.1%的财富，到1986年上升到14.7%……从1973年到1979年，收入排在倒数第五名的减少了1%，但从1979年到1987年间，它减少了10%”(Jordan and Litwack，1994，pp. 481－482)。自20世纪20年代以来，财富高度集中达到了顶点。高收入者与20%的低收入者之间的财富差距不断扩大，超过了其他主要的工业国家。1995年，收入在100万美元以上要上缴联邦税收87000美元，高于1993年的66500美元以及1983年的32000美元。尽管到20世纪90年代晚期，失业率已经降到30年来的最低水平，但是联邦政府为了缩小战后经济发展所导致的贫富差距所采取的大部分措施并没有取得成效。

医疗保健方面也发生了明显的变化。到20世纪90年代中期，美国GDP的14%用于医疗卫生，而同期日本只有6%—7%，英国不到6%。为了控制医疗卫生方面的开支，美国主要通过卫生保健组织来管理卫生保健行业，同时采取了其他的措施，由此治疗的费用和治疗的方式主要不是由医生和病人决定，而是由保险公司决定。到1995年，39%的医生在卫生保健组织(Health Maintenance Organizations，HMOs)中供职，而在10年前，他们中90%自己开业。

医疗保健行业的发展同样引起了公共卫生行业的发展。许多州规定在飞机、餐厅以及公共建筑内禁止吸烟。食品外包装上标明使用方法的做法开始广泛实施。但是,美国仍然是世界上谋杀率最高的国家,尽管不断开展防止毒品的宣传教育并抵制毒品进口,但毒品滥用仍呈扩大之势。20世纪80年代早期以前还没有听说过的艾滋病,开始流行开来。关于堕胎的争论也不断进行。1973年,联邦最高法院规定堕胎不视为犯罪。1989年联邦最高法院改变了这种看法,并要求州政府对堕胎行为进行一些限制。大多数与医疗卫生相关的问题因为受到公众广泛的关注而变得复杂起来,并影响到公众对问题的看法:吸毒是自作自受;艾滋病是与同性恋行为有关的一种疾病;堕胎违背最基本的宗教教义。

种族歧视仍然存在。不管这种歧视是无害的还是有害的,理性的还是非理性的,是由白人表现出来的还是黑人表现出来的,是由掌权的人还是没有掌权的人体现出来的,无论从哪个角度来看,种族歧视都在继续。法律刚刚禁止了一种形式的歧视,它又以另外一种形式表现出来。政府的任何公共事务都会受到人们的关注,特别涉及哪些种族将获益或受损时。这些活动包括:税法改革、福利制度改革、学校地点的选择、学生的资助、学校教科书的内容、政府机构中的代表,以及涉及个人的求职以及职位晋升等。美国,在大部分历史上都走在欧洲的前列,它冲破了困扰其母国几个世纪的最严重的宗教偏见和阶级冲突。相反,美国建立了自己的种族主义制度。

其实,很多人相信各种政府活动弊大于利。这种对政府部门的敌视,至少是怀疑,表现在对政府换届进行立法限制,以及对于政府机构候选人所承诺的削减庞大的政府开支能否兑现,以及政府的税收调控措施是否有效进行监督。参与公民选举的有效人数越来越少：1960年的全国大选中，63%的人参与选举，而1988年却只有50%。在居所和商业安保系统等私人安全保障方面的花费增长迅速，以至于超过了警力配置的费用。到20世纪90年代，人们受雇于私人保镖的数量超过了受雇于政府警察的数量，在建的联邦监狱数量远远超过了新建大学的数量。

人们不时表现出对政府工作的不满。人们忘记了国民经济既离不开自由资本主义的发展，也离不开政府的激励与干预。19世纪，联邦政府和州政府推动了铁路和运河的建设。20世纪则大力发展广播、民用航空业和电子工业。国家对基础研究的投入推动了农业、制药业的发展，促进了政府—大学—私人企业的联合以及大型工业企业的发展。同时，美国始终坚信自由市场占主导地位的经济体制，同时对私人企业进行严格的控制。

因此，在20世纪第一个20年间，美国高等教育所处的背景发生了变化。大学不仅招收《退伍军人权利法案》所规定的那一代人，而且招收那些曾经被大学排除在外的以及那些以前不愿意上大学的人。上大学成为进入高收入行业的必要条件。从1965年到20世纪80年代一直持平的大学入学率在这一时期快速增长，并在20世纪90年代中期达到了一个前所未有的高峰。在20世纪70年代中期，联邦政府定义了种族的范围，并赋予各种不同种族群体相应的特殊待遇；1973年制定的《康复法案》(The Rehabilitation Act)和1990年的《美国残疾人法案》(The Americans with Disabilities Act)扩展了这个范围。教师集体谈判进展缓慢。同时，社会呼吁教师加大教学投入和重视学生。可再生媒介，特别是电脑广泛使用。到20世纪90年代因特网开辟了获取大量信息的渠道。曾被认为将会消失的私立高等教育，因为得到了通过各种社会经济团体募集资金建立的政府项目来补充学生学费得以维持，并不断发展壮大。

1. 机会均等

当代,争取(选举上的)比例代表制(proportional representation)和平等待遇的呼声日趋激烈。这一切都是以平等的名义进行的。无论公民的种族、性别、年龄、经济地位、是否残疾,或者涉及上述某几个方面,每个团体都对那些妨碍其发展的歧视和偏见进行了抗议。在一个无肤色偏见的社会里,对于每个人的评价应该基于他们自身的能力,而不是看他们属于哪一个团体。在法律面前人人平等,每个人都享有平等的权利。无论哪里存在不平等的现象或选举上没有体现比例代表制,都将采取立法、法院判决以及保障平等待遇等方式加以纠正。

平等始终是一个难以实现的目标。在多数时候,美国人承认不平等的存在,正如他们坚信机会均等以及认可公平竞争的基本原则一样。虽然有穷人,有富人,但是大多数美国人认为整个社会制度是开放的,每个人都可以致富,财富是衡量成功与否的标准。从一些人到另一些人有很多的经济流动,即使人们的生活环境完全相同,他们一生所拥有的财富也会有差别,例如,兄弟姐妹之间就存在财富的差别。一些人比其他人富有,也不仅仅因为他们有着过人的智力,运气、工作能力、坚韧、动机、人脉以及某种无形的东西可能发挥了至关重要的作用。对于教育来说,标准化测试成绩与获得经济上的成功没有太大的联系,就像詹克斯所指出的那样:"通过使每个人的阅读成绩达标根本不能减少经济上的失败。"(Jencks,1972,p. 8)

这个开放的系统也带来相应的问题。教育的价值在于它能够给任何阶层的人向上层社会流动的信心。如果社会准则把一个人限制在他所出生的阶层,那么他们的失败要归于社会,而如果每个人在教育和法律方面享有均等的机会，那么他们就必须为自己的失败承担责任。艾斯利(Eiseley)预言时代正朝着放弃承担个人责任的方向发展。人们说，“我没有办法，我的行为是因为受到了其他人的所作所为的强迫”，艾斯利呼吁人们要承担责任：“虽然某个团体可能抽象地提出某种道德标准，神学家可能鼓吹某种道德标准，但是任何团体的道德标准不能也不应该代替个体所应该承担的责任。”(Eiseley，1970，p. 147)亨利(Henry)评论道：“那些自称为社会的受害者们忽视了反映他们自由意愿的信仰的作用。”(Henry，1994，p. 138)泰德曼说：“机会均等包括个体之间的公平、人人享有同样的成功机会和发挥自己才能的机会，以及防止个体受到不公正待遇。”(Tiederman，1996，p. B9)

1964年的《公民权利法案》(The Civil Rights Act)和1965年的《选举法》(The Voting Rights Act)都试图废除对于非洲裔美国人的歧视。自建国早期以来，为了维护奴隶制度以及种族隔离而形成的区分黑人与白人的做法也将被取消。20世纪60年代开始，试图纠正种族隔离的做法发展成为对过去实施的种族歧视行为采取一系列补救的措施，并建立了种族优惠制度。但是形势仍然不容乐观，因为不断有其他种族群体进入到享受种族优惠待遇的行列。在关于就业机会均等总统委员会中把政府雇员分成美国印第安人、亚裔美国人和西班牙裔美国人，而这些群体在1960年的人口普查中曾被视为“其他种族”。随后，法院不断接到案件，要求消除学校对黑人和西班牙裔美国人的种族隔离，并保障各个群体平等的就业机会。

联邦教育中介委员会(The Federal Interagency Committee on Education)作为一种官方组织将美国人口划分为五种固定不同的类别，并在1973年通过立法把这种分类确定下来。来自中国、印度、菲律宾,包括日本、越南、印度尼西亚、夏威夷等其他一些国家和地区的人被称做亚裔美国人,他们几乎占了全球人口总数的一半。白人、黑人、美国印第安人为其他的三个种族。墨西哥人、古巴人、祖先来自西班牙和南美洲的人、讲西班牙语的黑人、有西班牙姓氏但不讲西班牙语的人、世代在美国居住或后来移民至美国的人,这些人统统在种族上被认定是西班牙裔美国人。由于法院、议会,以及立法机关必须确定诉讼人属于哪个种族,他们对种族归属的错误判断经常遭到披露。例如:根据谁来裁决或出于何种目的,一个来自于加勒比地区的讲西班牙语的黑人移民可能被划归到西班牙裔美国人或非洲裔美国人。1997年,经过四年的深思熟虑并举行大量听证会后,成立了一个由三十个机构组成的特别工作组,授权联邦人口普查局对某些分类标准进一步明确,而不是再划分出一个"多种族"的类别,这样便于诉讼人能够从更多的分类中确定自己的种族归属。不过,对于各个机构应该如何使用这些数据却没有明确规定。某个机构可能在对照了各个分类标准之后就能判定某人究竟属于哪个种族,而另外的机构在对照了各个分类标准之后仍然无法完全确定诉讼人的归属,这取决于诉讼人所显示的族裔数量。如果前提是错误的,必然导致荒谬的结论。

2. 平权行动

平权行动,这个具有积极作用的政策始于20世纪60年代中期,起初主要是为了纠正大学内外的机构所签订的员工聘用合同中某些群体的代表名额不足的问题。平权行动最初的目标群体包括四个指定的种族以及女性。立法机关制定的法案和法院判决将其范围扩大到包括残疾人在内。到20世纪90年代,各种其他种群要求加入进来,包括:马萨诸塞州的葡萄牙移民、路易斯安那州的阿卡迪亚人、纽约的哈西德派教徒,以及一些大学中的男女同性恋者。然而，后面这种情况仅仅表明其他种群试图进入平权行动政策的范围并享受其承诺的某些实惠。平权行动是非裔美国人团体一直以来率先坚持公民权利斗争的结果。后来，其他种族群体、妇女等团体加入了这场斗争，进而扩展并冲淡了该政策的最初目标。

平权行动在高等教育领域引起了许多方面的变化。所取得的最大成绩就是大学中女性教师的比例从1970年的23%上升到1995年的40%。教师中的非洲裔美国人、美国印第安人、亚裔美国人、西班牙裔教师人数也从1980年的40 000人上升到超过65 000人。各个少数民族进入大学和获得学位的比例也有所提高——比例最高的是亚裔美国人，而迅速成为数量最多的官方认定的少数民族的西班牙裔美国人的比例最低。

20世纪六七十年代的平权行动主要基于这一观点：因为种族或性别歧视，天才被排除在大学之外。高等教育的历史已经证明了这一点。这些隐性或者公开的障碍在整个高等教育系统都可以发现。虽然大多数障碍已经被冲破，可是高等教育机会均等以及无肤色偏见的大学招生政策的目标仍然没有实现。事实上，按照相反的逻辑，许多平权行动的支持者们认为不考虑种族差别的大学招生政策将被看成是一种歧视。而且，高等教育越是接近入学机会均等，越难解释由此造成的不平等。由于各种群体进入大学的比例不同，他们也不可能取得相同的成绩，许多高等教育研究者仍然能够不断地发现偏见的存在——公开的或隐形的、神秘的或心理上的。歧视是存在的，而且必然存在。否则，各种群体在所有的学生团体、教师队伍、教育计划和毕业典礼中都应该有相应比例的代表。由于这个不可能实现的目标的存在，从而推动了整个高等教育的发展。

二、院　　校

高等教育继续发展,尽管发展速度比较慢。到 20 世纪 90 年代末,大约有 3 700 所获得认证的学院和大学可以授予副学士学位或者学士学位。另外,各种各样的所谓私立的、非学院的、中等后教育机构 6 000 多所,提供各种短期职业培训课程以及学位课程。传统的院校授予的学位也在增加,每年授予将近 540 000 个副学士学位,1400 000 个学士学位和 400 000 个硕士学位和 45 000 个博士学位。住校本科生的学费、住宿费、伙食费年均 8 000 美元,其中公立院校 5 700 美元,私立院校 15 500 美元。有 44%的学生接受各种形式的助学金。在美国 181 000 000 个成年人中,有 32%的成年人每年都参加某种形式的成人教育。

20 世纪 60 年代,各州兴起了大力建设新院校的高潮。此后,大学建设几乎进入了停滞状态。1976 年,四年制公、私立的非营利院校1 898 所,1995 年达到 2 115 所。在这期间还开办了 50 所两年制的公立院校,总数为 1 082 所。由于原有大学扩大了招生人数以及新建了 500 所分校能够容纳更多的学生,这期间学生注册人数增长了 28%。此外,由于大学中 43%的学生是非全日制——此前的比例为 39%,院校的负担没有想象的那么重。

1. 私立学院

这个时期的突出特点是私立院校地位的变化。20 世纪 70 年代中期,很多评论员对私立非赢利学院能否存在下去表示悲观。他们在审视了困扰大学发展的通货膨胀以及财政危机之后,得出结论:“到 20 世纪 90 年代,现有的私立大学或者关门,或者被州立大学系统兼并,仅有极少数私立大学能够勉强维持运转……一些人预言哈佛大学还会存在。”（Moynihan，1975，pp. 143，146）很容易理解，为什么有如此多的人认为私立高等教育将会消失。大学刚兴起的时候，私立大学占统治地位。即使在《莫里尔法案》颁布之后，以及强势的公立大学不断兴起以后，私立院校的招生人数也从没有少于大学招生总人数的一半，到 1951 年，两者刚好持平。但是到 1975 年，私立学校的招生人数占大学招生总人数的比例下降到了 26%。一位作家惋惜地说："这种趋势将会持续下去。"（Lyman，1975，p. 156）

私立院校的拥护者寄希望于通过建立一种多元化的、自治的、不受外界干预的院校体系来促进私立院校的发展。他们鄙视"中等后教育"一词，认为它所描述的是这样一个场所——"在那理发和按摩技术上能和耶鲁媲美的私立学校"（Lyman，1975，p. 157）。这种批评一直持续到 20 世纪 90 年代，私立院校的拥护者反对建立协调委员会、监督委员会，抵制其他任何可能会使高等教育同质化的势力。高等教育的世俗化倾向以及成本效益核算使其越来越像企业。高等教育致力于促进社会进步和社会福祉，使人们想起了政府机构。飞速上升的预算只能导致私立院校的毁灭。

然而，私立院校尽可能地削减开支并筹集足够的资金来维持日常运作，以此表明私立院校是充满活力的。私立四年制学院的招生人数始终保持在不低于 1975 年的水平上。实际上，教师工会运动在犹太学校事件（Yeshiva case）之后停止。佩尔助学金（Pell Grants）和各种各样的学生贷款项目使私立院校可以不断提高学生的学费，同时股票市场一路上涨也使私立院校的捐赠收入翻了两番。到 1994 年，私立院校的收入占高等教育所有经费的 37%。

过去一个世纪以来，在私立院校中占统治地位的是研究型大学、非教派的学院以及教会学院。获得联邦经费最高的前五名院校是私立大学，在它们所招收的学生中1/2到2/3的学生是研究生。殖民地时期的教派学院成为精英化和世俗化的大学。当代的教派学院仍然规模较小，并实行严格的淘汰制度。文理学院被保留下来，但是增加了许多商业和专业化课程。大学的多样化，被誉为美国高等教育的核心理念，被完整地保留下来。

虽然几乎所有的私立院校都扩展了专业种类，导致院校之间的差异越来越小，但是每个院校都有自己优势的专业。1973年，卡内基高等教育委员会公布了高等院校分类标准（Carnegie Commission on Higher Education，1973a），将高等院校从专业学院到研究型大学分为18类，其中每一类中都有私立院校的身影。20世纪80年代早期，NCES建立了一个类似的分类标准，共分17个类，私立学院仍在每个类别中都占有一席之地。私立院校主要授予哲学、宗教、神学研究等领域的学士学位，以及商学和心理学领域的硕士学位。六年内，他们共为54%的全日制学生授予了学士学位，而公立院校的这一比例为43%。他们录取1/5的本科生，却授予了1/3的学士学位。尽管在20世纪80年代私立院校的学费涨了一倍，学生们却没有因为学费上涨而吓跑。因为大多数学生可以从校外获得各种组合贷款，以及享受学院奖学金或校方学费优惠政策，此外，还可以采取半工半读或其他自食其力的方法赚取收入。

2. 文理学院

文理学院，至少是那些符合布伦曼规范定义的学院（Breneman，1994），是私立高等教育的最基本的组成部分之一。虽然私立研究型大学实际上看起来更像公立大学，但是文理学院和公立大学没有多少相似之处。它们的招生规模从几百人到最多不到3000人，生师比很少高于15∶1，因此班级规模都很小，培养目标单一，以本科生为主。教师的薪酬结构以教学为中心。文理学院实行选择性的招生政策，学生住校。文理学院对那些不太习惯规模大的公立院校的喧闹的年轻人有较大的吸引力。

大多数文理学院都具有自己的特色。从招生的角度看，最重要的是文理学院对所收的学费打一定的折扣。每个学院都试图强调自己与众不同的地方，如“地理位置、学校历史、宗教教派、男女分校或种族倾向、课程偏向以及办学质量或学校声誉等”（Breneman，1994，p. 43）。它们不仅在这些方面相互竞争，而且还看哪个学校能够最大限度地争取各种经费资助，从而把学生的在校费用降低到可承受的范围内。

尽管20世纪80年代美国人口中18岁人口数量有所下降，文理学院的入学申请人数仍呈现显著增长的趋势。入学条件也越来越严格。1977年入学申请录取率为63%，1989年的入学申请录取率只有53%。排除已注册学生所占比例的因素，实际上1977年文理学院学生的总体录取率只有30%，而1991年仅21%。由于文理学院始终保持学校最理想的规模、最合适的师生比例，并综合考虑学校的各项财政指标，文理学院的学生数量相对比较稳定。例如，在1977年，17所女子文理学院入学新生总数为4 866人，1991年为4 231人，1991年平均每所学校入学人数为249人。同期，19所长老会学院新生入学总数从5 335人增加到了5 671人；17所卫理公会教派学院的新生入学人数从6 009人下降到了5 181人；而9所天主教学院新生人数也从2 706人下降到了2 259人。以上三种类型学校每年平均录取学生人数都控制在300人以下（Breneman，1994，pp. 56 – 57）。

灵活多样的学费制度和财政资助使那些声望很高的文理学院能够维持极低的录取率，主要原因在于它们有可观的捐赠收入，还在于它们能够吸引大量缴纳全额学费的学生就读。另一方面，那些声望不高的文理学院也能招到学生是因为学校的学费比较低廉，学校更多依靠校外的学生资助基金。1989年之前的30年中，私立院校从各种渠道获得稳定的资金来源，虽然所获得的捐赠收入、赠品以及学费收入减少了，但是政府投资增多了。学校的开支发生了很大的变化，其中投入到学校教学的资金比例从50%下降到38%，而用于学校物资设备与维护的资金从16%下降到12%。随着大学管理日趋复杂，大学发展、教师招聘和学生服务等方面的事务要求提高行政管理水平。布伦曼(Breneman，1994)在分析了文理学院后得出结论：由于文理学院主要收入的增长比开支快得多，因此财政状况比较好。1992年，当州政府为公立院校提供经费资助遭到人们的批评时，关于社区学院和州立院校能否为学生提供所需要的课程道德问题成为人们关注的焦点。私立院校的招生人员坚信通过限制入学人数，私立院校可以保持较小的班级规模，并保证课程设置建立在核心课程的基础上。

尽管这样，20世纪90年代中期，文理学院和其他私立学院一样经费紧张，因此要求提高国家奖学金用来支付学费。比如，在加利福尼亚，1976年，最高奖学金的数额为2 650美元，相当于私立院校学费的75%。而到了1991年，尽管国家最高奖学金已经增加了一倍，但由于学费上涨，因此仅相当于学费的40%。结果在非教派的院校中，获得国家资助的学生原本有一半都能被录取，现在却只能录取其中的四分之一。相对不得不扩大公立大学规模来说，在私立院校中增加给予学生的国家资金(state funds)可以相应减少国家的开销。

20世纪60年代建立了几所公立的文理学院，主要是作为规模较大的大学的补充。尽管共同存在于现有的高等教育体制内，但它们像私立文理学院一样实行寄宿制、小班教学、必修课程，以此努力保持自己的特色。其中一些办学比较成功的学院，如：圣克鲁斯(Santa Cruz)加利福尼亚大学、华盛顿的常青州立大学(Evergreen State University)、艾西维尔(Asheville)的北卡罗来纳大学、新泽西的拉马波学院(Ramapo College)以及其他类型的文理学院。这些学院在保持传统文理学院课程特点的基础上，增加了国际化课程、多元文化课程和跨学科课程。

文理学院教师的时间分配不同于其他类型院校的老师。虽然他们从事教学的时间更长，工资也比较低，但仍然不乏教师来应聘，很多在文理学院工作过的教师都愿意回去继续任教。克拉克(Clark，1997)指出，那些在最好的以本科生为中心的文理学院任教的教师能够把对研究的兴趣与对学生的关心有机结合起来。阿斯廷与常(Astin and Chang，1995)对一些对研究和教学都很重视的学院进行了研究，发现它们具有很多共同点。其中之一就是它们都是私立的寄宿制学院，学校在每个学生教学方面的投入是普通学校的两倍，而在学生服务方面的投入比普通学校多50%。其次，学校经常开展各种体育活动，促进师生之间的交流，具有很强的人文学科课程，包括：跨学科课程、历史课程、外国语课程，注重培养学生的写作能力以及鼓励学生参与教授的研究。另外，教师不仅关心学生，而且乐于在学术或专业期刊上发表论文。这些文理学院包括：巴德学院(Bard College)、布林茅尔学院(Bryn Mawr College)、卡尔顿学院(Carleton College)、西方学院(Occidental College)、威廉姆斯学院(Williams College)以及其他6所学院。但这样的学校毕竟很少。大多数文理学院的教师更注重学生的发展，较少考虑研究。

3. 研究生和专业教育

进入当代以来，研究生教育和研究型大学的影响已经达到顶峰。大学的学系控制了本科课程，使其越来越分化，从而削弱了课程的整体作用。越来越多的职业要求必须应聘者具有硕士学位或博士学位。大学完全服务于政府和经济发展的需要。科学和技术的作用如此重要，以至于人文学科研究在大学课程中所占的比例越来越小。大学规模的扩大需要加强行政管理，不断寻求外界的支持。在过去的大学黄金时代，研究生院的教授能够与自己的助手仔细研究下一步的研究领域，现在这种时代已经一去不复返了。事实上，大学已经变成了一个忙碌的地方。

下面这些数据很有意义。到20世纪80年代末，具有授予博士学位资格的大学录取了超过全美1/4的学生，最高只能授予硕士学位的大学的录取比例与其相同。到1994年，1342所大学能够授予硕士学位，其中2/3为私立院校；472所大学能够授予博士学位，其中一半为私立院校。学位授予主要集中在70所著名的大学，共授予了65%的博士学位和40%的硕士学位。在所授予的学位中以实用学科为主，500多所大学能够授予商学、教育学、医疗卫生以及心理学等专业的硕士学位。至少有200所大学能授予生物和生命科学、教育学、物理学、心理学专业的博士学位。在2000多个不同的硕士学位专业中，7/8的专业都是实用专业。在500个博士学位专业中，可授予包括哲学博士在内的50种博士学位。公立大学授予的博士学位是私立大学的2倍，所授予的硕士学位是私立大学的1.5倍多。

对本科生教育产生影响的因素，例如扩招和课程改革，并没有对研究生教育和专业教育产生多大影响。本科生教育不断引起校园内外社会群体政治上的关注，但很少有人呼吁重新明确大学在研究生教育层次中的作用。虽然在研究生教育层次，研究项目和研究主题的选择可能会受到外部赞助商的影响，但主要还是以理性认识和直接为专业发展服务为基础。尽管受到20世纪六七十年代学生运动的冲击，不得不改革课程以适应各种小群体的需要和满足各种目的，科学研究仍然是大学的主要职能，并将保持下去。

克拉克讨论了学科发展对大学的影响，特别是学科的分化和重构。他认为“学科的差异远远大于院校之间的差异”(Clark，1996，p.149)。学科作为一种独立的力量，不仅影响大学的性质，而且影响到大学的其他方面。当学术研究成为大学的主要任务时，研究者开始不断地撰写大量的学术报告，并且随着不同学科的分化形成了专业系科和研究机构，最终形成了特定的学术专业领域。

由于大学增加了新的学科，以及现有的学科的范围不断扩展，学科的分化和重构成为一种经常发生的现象。在新的学术期刊以及新的专业协会产生的同时，也出现了新的系科。到20世纪90年代，有1000多种数学期刊，心理学分化为45个主要的专业，其中社会心理学包括17个分支领域。学科的分化使大学管理更加复杂，大学行政管理者和政府官员通常重点关注学生人数的增长问题，但是学科的发展“导致学术专业更加深奥，从而成为学术精英们的领地”(Clark，1996，p.424)。同一体系中的研究型大学和其他院校的发展很不同，有的大学重视提高研究能力和教师的科学研究，而其他大学则注重扩大招生规模以及学生来源。

20世纪70年末，专业院校授予学位的数量以及授予学位的院校数量，在保持了高等教育大众化时代持续上涨势头之后趋于稳定。在1983年到1994年间授予的初级专业学位总数略有增长，而在一些领域还有所下降——牙医学和神学下降最明显。药剂学所颁发的学位数量增长幅度最大，护理专业仍然要求从业者具有较高的学位。

法律院校越来越重视司法实践，以及培养学生了解公共政策、关注相关社会活动的能力。能够授予法学学士(L.L.B)或法学博士(J.D)学位的院校数量略有增长,1976年有166所,到1994年增长到185所。所授予的大多数学位是三年制,数量增长了24%。尽管社会上迫切需要提供法律服务,大型律师事务所也需要聘用大量的法律专业毕业生,但是,社会对大学所培养的律师提出了不同的要求。有时法律专业受到来自会计专业的竞争,因为税务律师发现他们的业务与会计学专业重叠了。许多律师还必须学习其他国家的法律,因为他们的业务会涉及国际贸易。不过总体来看,虽然各个法律院校的职能及其服务范围有所不同,但是法律专业仍然受到国家职业准入标准的保护,因此各个不同的专业才能够在大学中共同存在。

在当代的前20年时间里,能够授予医学博士学位的院校数量从107所上升到了121所,授予的学位数量也增加了14%。可是,这其中有人口增长的原因,而且有些专业看起来过剩,实际上却没有出现从业者过剩的现象。大多数私立医科学校经费来源包括:接受社会公众捐赠资金,或通过签订科研合同、开展培训或者护理病人等方式获取经费。有些私立医科学校是独立的,大多数隶属于大学,但是几乎所有医科学校都与教学医院有一定的联系。"很多医科学校都有自己的附属医院或者隶属于医院,因此完全掌握着医院的医疗管理权力"(Rothstein,1992,p.1166)。很多医学基础课程是由生命科学的专家授课,而不一定由医生授课,但是临床教师通常是医学专家。所有的实习医师都在医科学校的附属医院进行实习以便教师能够直接参与指导。医学研究在医生培养中占有如此重要的地位,从而建立了硕士、博士相互衔接的制度。长期以来,医学教育始终比较重视协调医学研究与病人护理、医学专业化与医学整体发展之间的关系。在美国医疗保健制度的发展过程中，健康维护组织所发挥的作用不断增强，从而对医科学校的发展产生了重要的影响。

护理专业的学士学位成为护士从业者攻读学位的首选，同时主要由社区学院授予的护理专业副学士学位也受到护理救助及其他分支专业从业者的欢迎。尽管这样，1993 年护理专业颁发了 54 000 个副学士学位，39 000 个学士学位。科学硕士学位主要授予医学临床专家，护理专业的博士学位授予从事护理学专业的研究者。正如其他所有职业一样，经过了几十年的时间，人们才认识到医生需要具有医学专业的学位。可以肯定的是，几乎所有的护理专业教育都受到高等教育学位授予机构的监管但不是控制，医学临床实践仍然是在教学医院中进行。

曾经是大学核心课程的神学研究，在大学里几乎没有一席之地。高等教育比任何领域更形象地展示了世俗化的进程。在当代前二十年，神学学士学位授予比例从 0.6％降低到了 0.5％，而神学硕士和博士学位的授予比例却轻微增长，其中硕士学位增长了 1％，而博士学位的增长超过了 3％。由于没有关于牧师委任的管理规定，任何团体都可以开办学校并颁发神学学位。因此，在正规高等教育中根据不同的宗教团体和教义建立了大量的神学院，大多数牧师都是这些专门的神学院培养出来的。到 1994 年，宗教院校几乎占了私立高等院校的一半，比这个时期初期所占的比例略有增加，但很少有院校专门培养神学家。

当代初期，教师教育就从师范院校升格为四年制学院和大学，只保留了很少的独立的师范院校。到 1994 年，教育专业授予的学士学位数量相当于教育专业授予的硕士学位和博士学位数量的总和。可以授予教育专业学士学位的院校共有 1 146 所，可以授予教育专业硕士或博士学位的院校 1 036 所。各种类型的院校，不管是私立的还是公立的院校，都提供教师教育。尽管一流的研究型大学不重视教师教育，但仍然保留教育学院，开展教育研究并颁发硕士学位。在很多州的公立学校，教师必须是主修任教学科的本科毕业生，具有5年教学工作经验的教师或者教育专业硕士学位的教师非常普遍。由于在所有的学校系统，学校提高高级学位教师的薪水，因此那些保留了教育研究生院的大学开始继续招收大量的在职教师，教师同时承担学校的教学工作。

总之，由于研究生教育和专业教育获得广泛的社会支持，并避免了困扰本科院校发展的大量论争，研究生教育和专业教育在当代得到了进一步的发展。由于报考人数超出了院校能够接纳的能力，因此专业院校才能保持较高的录取标准。因为研究生教育和专业教育在很大程度上依靠实习、见习和临床研究，所以比本科教育更难扩大规模，而本科教育只需要在教室里增加椅子就可以接纳更多的学生。尽管人们对于研究生教育和专业教育对就业市场反应不够灵敏提出了批评，但是事实上，硕士和博士学位获得者在其专业领域找到工作的人数多于其他层次的毕业生。那些具有自制力的学生渴望进一步深造，只要政府为他们提供教育机会，保障充足的教育经费，并了解人才市场的需求，就能够促进研究生教育和专业教育的发展。

4. 社区学院

社区学院是指那些最多只能授予副学士学位的公立院校，社区学院在20世纪70年代初期得到了发展。从20世纪70年代中期到90年代中期，社区学院的数量、全日制学生和非全日制学生的比例以及授予学位的种类很少发生变化。在20世纪70年代中期，在职业领域授予的副学士学位比例为58%，而到了20世纪90年代中期也只有60%(Cohen and Brawer,1996)。公立院校的数量在

1975年之前的20年中几乎增长了3倍，从336所增长到981所，但此后的20年中，只增长了10%。社区学院通过新建教学楼，延长教学时间，在校外租房作为教室，开办分校以及增加雇用兼职教师等方式，使社区学院就读人数增长了33%。到1975年，社区学院招收的学生人数占高等教育招生人数的35%，到1994年，这一比例增长到39%。1980年，社区学院非全日制学生的比例达到了63%，并一直保持这一比例。当代初期有一半教师是兼职的，到1995年这一比例超过了60%，是其他类型院校兼职教师比例的2倍。社区学院的特点之一就是存在大量的非全日制学生以及兼职教师。

社区学院作为一种比较完善的高等教育形式，始终是整个高等教育体系的组成部分。社区学院录取人数中45%为新生，有超过20%的社区学院学生在修完至少4门课程后转入本州四年制公立大学。由于社区学院实行了开放性的招生政策，所以几乎每个州的公立大学才能保持选拔性的招生标准。如果没有任何大学能够把近一半的入学申请者招收进来，在有的州这个比例达到80%，新生入学的压力远远超出了大学的承受能力。

社区学院对于一些年龄较大的人还是很有吸引力的，特别对那些希望重返大学学习新的技能以便重新择业的人，或者通过进修来提高自己的专业技能和专业地位的人。社区学院学生年龄达到40岁或40岁以上的超过15%。社区学院的学费相对稳定，相当于州公立四年制院校学费的44%。由于社区学院的学费比较低廉，因此社区学院学生获得的经济资助较少。在社区学院就读的学生人数占公立院校本科生数的43%，但是社区学院学生只获得来了30%的佩尔助学金。

到20世纪90年代末，社区学院的地位得到了进一步的巩固。

在职培训是工作福利的组成部分，社区学院在提供在职培训方面得天独厚。1998年学费免税计划的实施进一步激发了低收入家庭的学生进入社区学院的积极性。由于社区学院具有学费低廉、地理位置优越的优势，因此吸纳了越来越多的学生来就读。

5. 其他院校

一般认为美国高等教育系统包括：3 700所获得认证的具有学位授予权的公立和私立的社区学院、四年制学院和大学，这是美国联邦教育部所说的"高等教育"。另外，还包括获得认证的私营学校系统，这类学校由于得到联邦所提供的学生资助迅速发展起来。这类学校历史悠久，可以追溯到19世纪建立的商业学校。截止到第一次世界大战，这类学校招收的学生达到了25万人。此后，各种各样的商贸学校开办起来，并因为其所作的贡献得到了社会的认可。1912年，主要由商业学校构成的独立学院和学校联合会（An Association of Independent Colleges and Schools）建立起来。1924年，美容艺术与科学国家认证委员会（National Accrediting Commission of Cosmetology Arts and Sciences）成立。1965年建立了全国贸易与技术学校联合会（National Association of Trade and Technical Schools）。

《退伍军人权利法案》规定学生可以获得政府财政补助后，私营学校才迅速发展起来。超过半数的退伍军人在该法案的帮助下进入到专门为他们开设的商业、贸易、服务业等学校。由于1965年通过了《国家职业教育学生担保贷款法案》（National Vocational Student Loan Insurance Act），从而使私营学校的学生可以得到更多的联邦资助。1972年，《高等教育法案》进行了修订，使得私营学校的学生也能够充分享受联邦资助。到20世纪80年代末期，私营学校学生获得了1/4的佩尔奖学金、1/3的斯坦福贷款和超过一半的其他各种形式的学生贷款。联邦政府每年提供40亿美元给这些学校的学生。

这些私营学校主要开展专门的职业技能教育，通常只涉及有限的几个领域，而大多数也只有一个领域，只有很少的学校能够提供高等教育学位课程。大多数学校提供结业证书以及某些领域的技能证书。课程通常包括一些预先设定好了的课程，而且没有多少可供选择的余地。学校的所有人以及管理者负责教师的聘用和解聘，不存在终身职位和学术管理。招生规模小，通常在400人以下。这类学校超过40％分布在以下五个州中：纽约州、加利福尼亚州、俄亥俄州、伊利诺伊州和得克萨斯州。

为了获得联邦学生资助资金，私营学校必须获得本州的办学许可，并得到联邦教育部认可的认证机构的认证。自20世纪80年代以来，每个州都为这类学校指定了一个或多个认证机构，共有8个全国性的认证机构。这类学校之所以能够获得成功，在于它们的学生能够获得联邦政府的经费资助，以及学校能够根据特定职业的需要迅速开设相应的课程，并根据区域就业情况的变化调整课程设置。然而，公立学校的教师想要开设一门新的课程，必须获得许多部门的批准，这个过程一般会花费18个月的时间，而同样的过程私营学校的管理者只需要花几周的时间。不过，关于学校经营方面存在的问题也不少，特别是关于财务制度以及人员聘用制度。学生贷款拖欠还款率普遍高于传统类型的学校，联邦行政机构一直试图加强对这些学校的管理。在1993年和1997年之间，美国联邦教育部取消了对900所私营学校的联邦资助计划，主要由于25％或者更多的学生拒不履行还贷责任。州政府也对私营学校的某些做法不满。纽约州批评了本州所发生的一起事件，该州一所两年制商学院为了使学生获得更高的奖学金，将学费提高了一倍，以此来平衡开支(Maldonado，1998)。到1997年，私营学校学生中佩尔奖学金获得者的比例下降到了10%(Weiss，1997)。

其他一些更为边缘的机构也开始出现。这是一些可以颁发学位的机构，其种类从提供非大学学位课程的营利性机构，到那些只要收到学费就邮寄各具特色的学历证书的机构。其中的一些组织在国外具有相当大的市场，国外的雇主根本无法区分纽约大学的博士学位与康尼岛大学(University of Coney Island)的博士学位。在美国大多数的市、州、联邦机构比较看重员工的学历，根据他们学历的高低确定薪水，而不太看重他们从哪儿获得的学位。既然有市场需求，就必然产生适应市场需要的商业活动。

政府能够发挥的作用十分有限。1977年，加利福尼亚州制定了《私立中等后教育法案》，试图通过出台一套颁发经营许可证的制度来对这些机构的发展进行控制。但是，他们仍然继续发展，在该法案颁布后的20年里，院校总数增长了80%。1986年加利福尼亚批准的院校名单中有177所，其中40所院校可以授予博士学位，39所宗教院校，22所侧重心理学和家庭咨询，13所教授法律，5所提供美术或应用美术课程，58所开设其他类型的特殊课程(Weiner，1989，p.7)。这是一个差异非常大的群体，其中的一些院校只要缴纳营业执照费就可以获得批准，另一些院校必须通过州教育部的审查才能够得到批准。但是，总体上看，没有几个州对这类院校进行了十分认真的审查，通常也不在意公布这样一个事实即大多数院校并没有得到审查就给它们颁发了营业许可证。

6. 美国高等教育系统

到20世纪末，经过几个世纪的发展，自殖民地时期建立起来的高等教育系统已经进入了一个前所未有的多样性、复杂性、综合性阶段。它由一系列的院校组成，这些院校之间相互交流，存在一定的松散联系。每个院校都具有自己独特的课程标准、课程体系、师生关系和入学标准，这一切看起来与其他院校没多大差别。实际上，高等教育已经成为一个全国性的系统，仅仅从法律协调或组织结构的角度不能完全反映高等教育的全貌。高等教育更多的是一个涉及各个方面的社会系统，并且彼此之间是相互联系的。高等教育具有自己的规章制度和共同的信念，以及对于学生、教师和公众的期望。

高等教育系统相互交流的中介是颁发的学位以及记录学生学业的课程成绩单。这使得一所院校的学习活动能够得到另一所院校的认可。如果这些学业证书得不到高等教育系统中大多数院校的认可，那么颁发这些证书的院校将不被认为是系统的核心成员。尽管在私营贸易学校中就读的大多数学生得到了联邦政府的资助，但是他们拿到的结业证书在高等教育学历证书系统中没有任何价值。

高等教育系统朝着标准化的方向发展。当渴望接受高等教育的人越来越多时，高等教育或者增加院校的数量，或者扩大每所高等教育机构的招生规模。高等教育经常担负起本应属于其他社会组织的责任，例如：高等教育提供职业教育和专业教育，而这以前通常是由学徒训练机构来提供的。近来，高等教育系统又承担了促进教育公平的责任，通过采取相应的措施消除整个社会群体之间的差异。有时，高等教育放弃了自己的责任，例如，它有效地逃避了教育青年人的责任。

在进入高等教育和毕业持有证书或者学位的人数之间，始终保持了一个相对稳定的比例。20 世纪 60 年代毕业拿到大学学位的比例和 20 世纪 90 年代时比例相当。1970 年，800 万学生进入了高等教育系统学习，共授予了 127 万个学位。在 1994 年，1 430 万学生进入高等教育系统，共颁发了222万个学位。这期间获取学位的比例几乎相等——每6.5个学生中有一个学生获得了学位。这种情况的出现是因为尽管入学的人数非常多，由于在一些学校几乎每个人都毕业，而另一些学校淘汰率很高。这全都与入学申请比率有关：社区学院只给10％的学生颁发学位，而普林斯顿大学和加州州立理工大学波莫纳（Pomona）分校所有被录取的学生都能毕业获得学位。

这种稳定的毕业率同样得益于高等教育标准的灵活性，并且受到学术系统的保护。教授对某些学生的成绩评定通常会延续下去，尽管若干年后学生们的绝对能力可能明显地提高或者降低。对那些大学中生源变化比较大的学生成绩分布进行对比，就会证实以上说法。这是大学所特有的一种行为——一种捍卫标准灵活性的思想观念。这表明最有权威的教授控制着对学生的评价。

这个系统远没有达到完美的程度。这些院校表面上相似，但每类院校具有自己的招生标准、教学模式、教学进度、课程编排和教师管理制度。有些院校不一定要求学生不断进步；一些院校鼓励学生半工半读，允许学生随意入学或休学；另一些院校坚决反对学生这样做，只有具有正当理由而辍学的学生才允许回校继续学习。高等教育系统最稳定的特征是允许学生在不同院校间转学，最不稳定的特征就是院校学费的差异。

和其他社会组织一样，高等教育机构珍视自身的历史。它们非常善于保存自己。高等教育机构成功地开展了资金募集活动和立法游说活动，很好地展示了自己回应外界批评的能力。通过建立1000所学费低廉的社区学院，解决了普通公众接受高等教育的问题，其中大多数的社区学院都是第二次世界大战以后建立起来的，并且保留了已建立的各种类型的院校：住校的和走读的、文理学院和职业院校、宗教的和世俗的。这些院校致力于基础和应用性研究、通识教育、专业发展、高中补习教育、职前技能培训、职业生涯发展以及个人兴趣教育。每年有210万的新生入学从一个方面反映了高等教育的成功，而每年耗资1 900亿美元从另一个方面证明了高等教育的成功。

三、学　　生

由于大学招收的学生中包括了更多的大龄学生、半工半读学生、女生，而且学生完成学业花费的时间更长，因此大学注册的学生持续增长。总体上看，新生的学习基础没有多大变化。但是在大学里他们引起了课程的改革。有些学生不太合群，有些学生十分活跃。由于学费的增长，因此需要更多的经费资助。

1. 学生人数

1975年到1994年的数据显示受教育年限不断延长，这期间本科学生人数增加了16%，研究生人数增加了36%，主要原因是高中毕业人数急剧增加（从1975年的83%到1996年的87%），以及高中毕业后进入学院学习的人数也大量增加。在高等教育大众化初期的20年，高中毕业生进入大学的人数急速上升，在1965年之后趋于平稳，在接下来的18年间入学率从51%上升到53%。从1984年开始迅速上升，到1995年达到了62%。

按人种和性别划分，高中毕业生进入大学的比例与18—24岁年龄段进入大学的比例存在一些差异。20世纪70年代中期，女生注册人数与男生持平,并且有较大比例的增长。黑人学生人数也增长了,可是西班牙裔学生人数却没有增长,因为这一群体的大学入学率没有跟上高中毕业人数增长的步伐(见表5.2和表5.3的入学人数对比)。

表5.2 高中毕业生进入大学的比例(按种族划分,1975年和1996年)

种族		1975(%)	1996(%)
白人	高中毕业生	51	66
	18—24岁年龄段	27	40
黑人	高中毕业生	42	55
	18—24岁年龄段	20	27
西班牙裔	高中毕业生	58	51
	18—24岁年龄段	20	20

数据来源:NCES,1997a,p.62,1997g,pp.194,196。

表5.3 女生进入大学的情形(1975年和1995年)

教育层次	1975		1995	
	总数	女生比例(%)	总数	女生比例(%)
本科生	9679000	46	12231719	56
研究生	1263000	45	1732470	56
初级专业学位①	242267	21	297592	42

数据来源:NCES,1996b,pp.189-190;1997g,p.185。

许多分析者对于大学招生人数的增长感到吃惊,他们看到1979年到1992年间人口中的18岁人口数量明显减少,因此得出结论:大学的入学人数也将下降。卡内基高等教育政策研究委员会(The Carnegie Council on Policy Studies in Higher Education,1980)曾经预测:从20世纪70年代中期到90年代中期,本科生注

① 初级专业学位(First Professional Degree):美国某些专门职业需在大学毕业后再进入专业学校(professional school)就读才能取得证照,由这些学校所颁授的学位就是初级专业学位。

册人数将减少5%到15%。他们以及其他一些预言大学入学率降低的人，都没有预料到高中毕业率会上升，以及由于低龄和大龄学生进入大学导致大学入学率的增长。例如：1975年到1995年间，22到24岁年龄段进入大学的比例从16%增长到23%，25到29岁年龄段的入学比例从10%上升到12%。同期，18到19岁年龄段的入学比例从47%上升到59%，而20到21岁的比例则从31%增长到45%。对数据进行的纵向分析进一步证实了这种判断。阿德尔曼（Adelman，1994）分析了1972年高中高年级学生发现，15年间，56%的学生都升入了大学。在这期间，将近2/3的学生接受了某种形式的中等后教育，包括民办高校或成人高校。简而言之，在1972年大约300万高中毕业生中，到1986年，其中超过180万的学生读了大学或者贸易学校，或者接受了其他形式的继续教育。分析人士所预测的高等教育入学人数将因18岁人口的减少而下降，并没有成为现实。

高等教育入学人数的上升导致了各个阶段学位授予数量的增加（见表5.4）。在专业领域方面，授予的学位发生了一些变化。授予的硕士学位与学士学位的比例大体相当，除了商学和工程学之外。授予的商学学士学位和硕士学位数量都增加了160%，所授予的工程学学士学位数量增加了66%，而工程学硕士学位增加了一倍。而医学卫生专业所授予的学士学位增加了50%，硕士学位增加了150%。在性别方面，授予的学位也发生了显著的变化，如：在建筑学专业，授予女性学位的比例从20%增加到了38%；在商学专业，女性硕士学位获得者的比例从8%上升到36%；工程学硕士学位中女性获得者极少，也从2%上升到了15%（见表5.5）。

表 5.4 不同专业领域所授予的学士学位的变化

(1974—1975 年和 1994—1995 年)

专业领域	1974—1975 年	1994—1995 年	1974—1975 年到 1994—1995 年百分比的变化
	总数	总数	
农学	17 528	19 841	+3
建筑学	8 226	8 756	+6
生物/生命科学	51 741	55 984	+8
商学	132 731	234 323	+77
通信学	19 248	48 803	+154
计算机科学	5 033	24 404	+385
经济学	14 046	17 673	+26
教育学	166 758	106 079	−36
工程学	46 852	78 154	+67
文学	47 619	51 901	+9
医学	49 090	79 855	+63
历史学	31 470	26 598	−15
数学	18 460	13 723	−26
现代外国语	17 115	12 309	−28
政治学	29 126	33 013	+13
物理科学	20 778	19 177	−8
社会学	31 448	22 886	−27

数据来源：NCES,1997g,pp. 306－315。

表 5.5 1975 年、1994 年授予学位总数及女性所占的比例

学位类型	1975 年		1994 年	
	学位总数	女性(%)	学位总数	女性(%)
副学士	360 171	47	542 449	59
学士	922 933	45	1 169 275	54
硕士	292 450	45	387 070	55
初级职业证书	55 916	12	75 418	41
博士	34 083	21	43 185	39

数据来源：NCES,1996b,p253。

NCES关于1995年秋季的调查显示，14 261 781名学生升入了3 728所“高等教育”机构，850 262名学生升入4 947所其他“中等后教育机构”（NCES，1997j，p. 6）。少数族裔学生主要集中在两年制学院和其他“中等后教育机构”（主要是私营贸易学校）（见表5.6）。

表5.6　按种族/人种划分进入大学的比例，1995年秋

种族背景	总体（%）	高等教育机构（%）	其他中等后教育机构（%）
白人	74.1	74.7	64.9
黑人	11.0	10.7	16.5
西班牙裔	8.2	7.9	12.7
亚裔	5.7	5.8	4.3
印第安人	1.0	0.9	1.5

数据来源：NCES，1997j，p. 6。

越来越多的学生采取半工半读、校外兼职的方式，因此完成学业的时间越来越长。半工半读学生人数从1975年的39%上升到了1994年的43%。在16至24岁学生中以及全日制学生中，半工半读学生人数在1973年为36%，1993年为46%（NCES，1997a，p. 74），而1996年上升到66%（Basinger，1998）。在1983至1996年，在公立院校中，5年内毕业的学生人数从52%下降到45%，私立院校中从60%下降到57%。在这十三年中，中途退学的学生比例相对变化较小，公立学校几乎没有变化，私立学校上升了3%（“College Attrition Rates Are on the Rise，”1997，p. 4）。

职业培训十分受欢迎。1995年，32%的雇佣工人参加了在职技术进修培训，参加职业课程培训的人中将近一半是大学毕业生。很多高中毕业后找不到工作的学生以及失业劳动力被社区学院录取。在十几年前就有人注意到了这种关系：“社区学院入学人数的多少与失业率的上升和下降有密切的联系。”（Betts and Macfarland，1969，p. 749）

2. 入学水平

长期以来，高等院校学生入学水平始终是一个受到关注的问题，高校也采取了各种评价方法。一种方法是高中课程学习的平均成绩，另一种方法是入学考试成绩。尽管各个大学规定的新生参加补习班的标准差别很大，但是大学新生中进入补习班的数量反映了学生入学水平存在的问题。多年的实践表明，由于参加入学考试的学生差异很大，评分标准不一致，以及要评价学生在各个学科领域的水平，因此入学考试成绩并不可靠。

学生在高中学习的课程明显能够提高学生的学业成绩。因此，在 1994 年，各个州提高了高中生的毕业标准，让大量的高中毕业生学习核心学科课程，而以前的高中毕业生没有学习这种课程。51％的高中毕业生完成了英语 4 个单元，科学、社会研究和数学各科 3 个单元的学习。而在 1982 年，只有 14％的高中生学习这套课程。尽管如此，大学新生进补习班学习的比例并没有减少。1995 年，像 20 世纪 80 年代一样，几乎有 30％的大学新生参加了阅读、写作和数学补习课程。

如果学生在高中学习了大量的核心学科课程，那么高校为什么要花大力气办大量的补习班呢？成绩缩水至少是部分原因。在 1990 年到 1994 年期间，美国大学考试研究项目（American College Testing Program）搜集了每年在 5 000 多所公立学校注册的 53 万名学生的数据。在数学、科学、社会科学和英语任意 3 个学科领域中至少统计学生 3 门课程成绩，然后与美国大学入学考试评价（ACT Assessment）中的所有 4 门课程考试的分数对比，从而分析高中学习成绩与大学入学考试分数之间的关系。结果发现，在 5 年中大学入学考试的平均分数比较稳定，但是高中的平均成绩从

2.94增长到了3.04。分析者得出结论，学生平均能力水平并没有显著进步，而学生的平均分数提高了。毋庸置疑是因为"教师所使用的等级标准和评分标准是相对的"，除了考虑学生所掌握的课程内容知识，还包括"诸如出勤率、努力程度以及纪律等方面的因素"（Ziomek and Svec. 1995，pp. 6－7）。

由于学校学生人数太多，全面评价学生的发展比较困难。自20世纪70年代以来，全美教育发展评估中心（the National Assessment of Educational Progress）一直对学生在某些学科领域所掌握的知识进行评估。17岁年龄组的学生情况如下：在1971年到1988年阅读成绩有所上升，然后一路下滑，以至于1996年的成绩稍微好于1971年的成绩；1996年和1973年的数学成绩差不多；1996年的科学成绩低于1969年的成绩；白人和少数民族学生的成绩之间的巨大差距有所减小，特别是学生成绩显示出在1996年前，相对于白人，17岁年龄组的黑人学生在数学和自然科学上取得了比较大的进步（Campell，Voelkl，and Donahue，1997，p. 4）。全美教育发展评估中心的抽样样本具有广泛的代表性，评估学生的平均成绩掩盖了各个不同群体和各州之间的差距。

由于越来越多的学生希望进一步深造导致参加AP课程（Advanced Placement Program[①]，AP）的学生人数上升，由此高中生可以获得大学的学分。从1984年到1995年之间，参加AP课程的11到12年级学生人数从24‰飙升到66‰（NCES，1997a，p. 78）。同时，参加研究生入学考试（Graduate Record Exam，GRE）的人数

① 美国高中AP课程（Advanced Placement Program）是由美国大学理事会于20世纪50年代起联合中学共同为高中学生开设部分大学学分课程的一种新型的教学模式。优秀的高中学生在中学期间就可以选修大学一、二年级的数、理、化等自然科学及语言和社会科学的部分课程，学生修学AP课程获得的学分可在其升学至大学后抵作大学学分，达到免修课程、缩短学时、跳级、节省学费和获得奖学金等目的。

也从1970年的26.5万人上升到1985年的38.9万人，但是学士学位颁发的比例并没有很大的变化，仍然保持在33%。GRE词汇部分的分数从20世纪60年代中期至70年代一路下滑，然后稳定在一定水平。数学部分的分数在20世纪70年代达到最低水平，之后一路上升至20世纪80年代。生物学专业考试成绩在1965年之后的30年之内保持稳定。教育学成绩在1980年达到最低水平，之后不断上升，到1995年达到1965年的分数水平。工程学和心理学分数保持稳定，但英语文学分数不断下降。高中开设了更多的学科课程，参加AP课程的学生更多了，学生的分数更高了，大学入学考试成绩和新生参加补习班的比例比较稳定，大学录取年轻人的比例不断提高——所有这些因素相互作用，有些因素相互促进，另外一些因素相互干扰。如何准确评估学生入学水平是一个难题。

3. 录取率

学生录取率的提高不仅由于各种形式的经费资助的增加，还由于一系列法律和法院判决的影响，大部分法律和法院判决进一步扩大了以前的那些做法。那些妨碍有色人种、女性、老人和残疾人接受高等教育的歧视性政策，不断地受到抨击，并取得了一定的成效。在鲍勃·约翰斯大学诉美国联邦政府(*Bob Johns University v. United States*, 1983)案件中，联邦最高法院维持了美国税务局(Internal Revenue Service)的决定，那些实行种族歧视的大学将不再享受免税待遇。在密西西比女子大学诉霍甘案件(*Mississippi University for Women v. Hogan*, 1982)中，一个男性申请者对于护士学校只招收女性的招生政策发出挑战，联邦最高法院判定所有的公立大学不能进行性别歧视。此后，那些私立的单一性别的大学，诸如弗吉尼亚军事学院(Virginia Military Institute)以及堡垒军事学院的案件就援用了这一判决。

有关残疾学生的规定主要是1973年的《康复法案》和1990年的《美国残疾人法案》，这两部联邦法案保护那些身体残疾但符合大学的学术和技能标准的个人。在东南社区学院诉戴维斯（*the Southeastern Community College v. Davis*，1979）案件中，联邦最高法院规定：学院有权拒绝录取重度耳聋的学生学习护理专业，因为他的残疾影响到护理课程中的临床学习，并且以后根本无法从事这方面的职业。但是，在其他情况下，学校必须为耳聋学生提供手语翻译教师。在多尔蒂诉南方视觉光学学院（*Doherty v. Southern College of Optometry*，1988）一案中，联邦高级法院判定：如果学校提供适当的食宿设施，申请人能够参加学习，学校就不能拒绝录取残疾申请人。这个规定促使高校为肢体残疾学生修建无障碍通道以及在科学实验室内为其提供食宿设施，从而使那些失明的学生也能够上大学。

1975年联邦政府通过了《年龄歧视法案》（The Age Discrimination Act），该法案禁止大学在接受联邦经费资助的教育教学活动中存在年龄歧视。在珀迪诉犹他州立大学（*Purdie v. University of Utah*，1978）案件中，犹他州最高法院受理了一名51岁的妇女申请犹他大学教育心理学系而被以年龄太大为由遭到拒绝的案件，法院宣布该女士胜诉。在这之前，一个联邦地区法院判决支持了两名16岁学生申请进入加利福尼亚的索诺玛县初级学院（*Sonoma County Junior College*）的诉讼。法院解释说，学校规定学生的年龄必须达到18岁与州所要求的培养合格学生之间没有必然联系。根据《年龄歧视法案》判决的其他案件同样涉及大学管理和培养目标中的年龄歧视问题。一所医学院规定不招收35岁以上的学生，目的是希望培养的医生能够有足够长的时间行医，结果这所学校的规定被法院驳回，因为根据《年龄歧视法案》，行医时间的最大化不属于医学院常规管理的范围，也不是医学院的基本培养目标。可是，当为某种职业选拔培养学生并要求学生达到一定的体格要求时，尽管这种体格检查可能对年长的申请者产生不利的影响，但是由于它对职业有直接的、重要的影响，因此是允许的。

学生的居住地也影响到大学的录取。大多数法规都承认优先录取本州学生是合法的，尽管会影响对其他州考生的录取。人们对于许多州的大学在录取学生的过程中限制学生居住地的做法提出了批评，并且产生了不同的效果。在斯塔恩斯诉莫克森（*Starns v. Malkerson*，1970）一案中，学生们认为要求在本州居住时间一年以上的歧视性规定妨碍了《宪法第14修正案》所保障的公民州际自由迁徙的基本权利，但法院认为，这种规定并没有对公民的权利造成很大的影响，因此并没有违反宪法。可是，法院在卡姆诉卡森（*Kelm v. Carlson*，1973）一案中驳回了关于限制居住地的规定，认为这种做法是违宪的。在这个案件中，上诉法院撤销了一项规定，该规定要求法律专业的学生必须保证在本州就业。此外，要求学生在整个大学学习期间的居住地必须与入学申请时的居住地保持一致的规定，法院同样予以撤销。

平权行动计划有了进一步的发展。1978年巴克（Bakke）争辩说，加利福尼亚大学戴维斯校区医学院录取少数民族学生，而他，一名白人学生却受到了不公平的对待。法院判决认为，学校录取时特殊配额违反了《公民权利法案》，学校在录取学生时不应该考虑任何一名学生的个人特点。联邦上诉法院（The U. S Court of Appeals）规定，马里兰州立大学为黑人新生设立奖学金不合法，因为其他学生也同样需要奖学金。1995年，联邦最高法院肯定了这项规定。1996年，联邦上诉法院规定，得克萨斯州立大学法学院无权根据种族因素确定学生的录取，并认为法律是为了禁止特别的歧视而不是一般的歧视。卡普林与李回顾了这一时期的主要法律和案件后总结如下：大学必须通过平权行动计划来弥补以前因为歧视造成的影响；大学招生标准必须对所有的申请者一视同仁，不能存在种族、性别或年龄歧视，并且“大学在确定招生计划以及与之相关的制度时要特别谨慎”(Kaplin and Lee，1995，p. 416)。

在学生录取的过程中也逐渐凸现其他一些问题。1977年，联邦最高法院规定，纽约州不得为了本州的利益，在提供奖学金、学生贷款或者其他形式的经费资助等方面对外州的学生进行歧视。在这个案子中，法院认为纽约州保护该州居民利益或者鼓励外来居民成为本州居民的理由不够充分。学生们也控诉大学里诸如学校手册和规章制度等文件实际上就是一些明确的或含蓄的合同。有时他们必须完成了所有的必修课程之后才能取得学位。有些学校通过考试限制学生接受大学水平的课程，相反让他们进入补习班学习，在这种情况下，提出了大学入学考试的合法性问题。1986年，加利福尼亚州议会通过了《入学考试法案》(Matriculation Act)，该《法案》规定大学必须通过补习课程帮助提高学生的阅读、写作和算术水平。此外，还有案件起诉大学将那些能力较低的学生排除在大学课程之外，因此大学只能建议学生入学后进入补习班学习。

到1997年，一半以上的州要求高中毕业生通过标准化测试，但是这项运动与差别性影响(disparate impact)的思想相矛盾，并且标准化考试还被运用到大学的入学考试中。在联邦政府诉福戴斯(*United States v. Fordice*，1992)一案中，联邦最高法院认为密西西比州要求州公立大学把ACT成绩作为入学录取的依据，造成了种族歧视。如果入学申请者必须参加的考试对少数民族有差别性影响(广泛采用的考试中必然存在),同时如果考试内容与课程学习要求(可测试的问题)之间没有明显的相关性,那么应限制使用这种考试。大学必须指出入学考试、课程和学习计划、学习成绩的获得和毕业率之间的关系。如果把不同的群体的差别性影响上升到了法律的范围之内,不仅会影响到大学的招生标准,而且还会影响到大学的毕业率和课程内容,其对大学自治的影响将比其他任何应用于高等教育的措施都更为深远。

4. 行为

一般来说,法律和法院判决都继续倾向于视大学生为成人,不需要进行特殊的监督。尽管很多父母可能更希望大学能够严格管理,但大多数大学放弃了像父母般监护学生的观念。1971 年,联邦通过了《宪法第 26 款修正案》,公民投票的年龄降低到 18 岁,18 岁意味着成人了。在大多数州,18 岁以上的青年可以签订合同、有责任偿还债务,并享有成人所具有的所有权利。在比彻诉犹他州立大学(*Beach v. University of Utah*,1986)一案中,法院认为像过去那样要求大学履行监护成年学生的流行看法已经不现实了,大学已经不可能照看到每个学生,这也超出了大学的财力和人力。而且,这些做法不符合学校试图与学生所建立的关系,同时也违背学校的教育目标。但是,人们依然希望大学能有一个安全的环境防止学生受到伤害。

在大学校园里的几千个兄弟联谊会和女生联谊会也带来了一些特殊的问题。一个学生在参加大学联谊会聚会的意外事件中不幸瘫痪,低级法院判决大学因为疏于对该生的管理必须承担法律责任,不过这个判决后来被撤销了(*Whitlock v. University of Denver*,1987)。在特拉华大学(University of Delaware),有个学生在两个联谊会的争斗中受伤,法院也认为大学应承担主要责任来避免校园中的不当行为。一个比较流行的不成文看法认为，即使学生已经成人，学校仍然对自己学生所发生的事件承担一些责任，这种观点在低级法院中尤为盛行。大学发现与其强迫学生遵守一大堆笼统的规章制度，不如让学生严格执行现有的规定，效果会更好。他们试图教育学生，而不是简单地管制他们，但同时又不得不制定和执行一些行为规范。例如，一些州的大学中的兄弟会发生犯罪冲突事件，但低级法院要求在这些冲突活动中受伤的学生将学校作为被告之一，因为学校没有有力地执行防止此类事件发生的相关规定。然而，如果学生离开学校后卷入了当地的纠纷，大学就可以不负责了，因为大学不可能对学生的行为进行监控。

大学雇用学生所必须承担的责任也引起了社会的关注。1986年，在亚利桑那州的一个案件中，法院规定虽然比马社区学院（Pima Community College）也必须遵守《联邦失业补偿法》的规定，但是那个曾在联邦工效研究项目中工作后来被解聘的学生，无权要求学校给予失业补偿金，因为他是一个学生，并不是学校的雇员。在印第安纳州立大学，一位获得了奖学金的足球运动员在足球比赛中受重伤，由于他以后不能参加比赛了，因此学校不再给他颁发奖学金。1983年，印第安纳州最高法院认为，学校颁发的奖学金并不能使学生与学校之间建立雇佣关系，学生不符合雇佣劳动者的条件，因此也不能获得失业补偿金。

与20世纪60年代的学生相比，当代的学生是非常听话的。没有应征入伍的威胁，也没有战争需要抗议。特别是1991年苏维埃政权解体之后，国际局势明显没有那么紧张了。大部分激进主义者的抗议活动主要以种族群体为中心，他们希望在大学招生、课程学习以及人际交往等方面得到认可或至少是更加公平的待遇。随着院校逐步满足少数族裔的要求，以及国会和联邦法院出台了一系列有效解决大学中不公平现象的法律和法规,校园抗议活动的理由也就越来越少。少数想抗议的学生的兴趣也随之降低。抵制演说和性骚扰引起了学生们的关注,但随着大学出台了一些管理规定之后,这些问题不再受到关注。没有多少问题能够引起所有学生都聚集在音乐厅内准备有所行动。虽然学费上涨的提议可能会导致学生短期的抗议活动,但它毕竟没有在柬埔寨的轰炸机那样大的威力,可以使各地的学生都群情激愤起来。

四、教　　师

当代初期,在高等教育大众化后期教师职业所取得的进展得到了巩固。教师构成发生了很大的变化,特别是女教师显著增多。兼职教师的比例也明显增加。尽管发起了一场重新评价教师生产力的运动,目的是教师能够在教学上投入更多时间,在科研上少投入一点时间,但是收效甚微。在教师的培养、在职培训和评价标准方面没有多少变化。20 世纪 70 年教师工资不断提高,到了 80 年代开始下滑,90 年代又开始回升,总体上教师工资的增长仍然跟不上通货膨胀的速度。由于长期以来教师是被保护的对象,受到法院判决的保护,以及政府部门的保护,除了极少数例外,高等教育机构的教师始终是令人十分向往的职业。

1. 教师分布和薪资水平

教师统计中最大的变化是女性教师比例的增加。在 1995 年前的 25 年间,教师总数翻了一倍,达到 932 000 人,同时男性教师增加了 62%,而女性教师则增加了 240%。在大学教师高级职务中女性教师的比例从早些年的 23%上升到了 40%,这其中大部分增长发生在20世纪90年代初期。女性教授在高等教育机构中的分布不均衡。在研究型大学中，女性教授所占的平均比例较低，而在社区学院中所占的平均比例比较高。然而，从总体上看，女性教师的比例超过了以往任何一个时代。对于少数族裔教师来说，全职教师中黑人教师的比例略低于5%，亚裔美国人为5%，西班牙裔美国人高于2%。少数族裔教师的发展远没有女性教师发展得快。

教师老龄化趋势得到了控制，由于提前退休制度和新录用教师的不断涌入，年轻教师的比例很高。在1992年，36%的教师年龄在45岁以下，45—54岁的教师占37%。兼职教师更年轻一些——49%的教师都在45岁以下。全职教师和兼职教师的比例变化比较大。在1975年，全职教师占70%，但到1995年，这一比例降低到了60%。在20世纪90年代初期，大量招聘教师，在这一时期内，全职教师的数量也大大增加；到1992年，1/3的教师处于教师职业生涯的第一个七年。17%新聘用的教授来自少数群体。大约1/4的教授不是在美国出生。在新聘用的教师中女性的比例较高，几乎占了全体教师总数的40%。

在当代第一个20年里，教师工资上涨了2倍。1975年，全职教师平均工资为15622美元，而在1995年上升至47811美元。但是工资增长几乎赶不上通货膨胀的增长步伐。1975年的15622美元按1995年定值美元计算为45367美元。在考虑通货膨胀影响的情况下，工资水平在20世纪80年代初略有降低，并于80年代后期有所上升，并在90年代头5年内保持稳定（NCES，pp. 242－243）。这些统计数字的变化主要由于大学中女性教师人数的不断增加，她们大多处于职业生涯的开始阶段，学术职务较低。按定值美元计算，他们的平均工资在1975年为39120美元，在1995年为41369美元（见表5.7）。

表 5.7 按性别和院校类型分类的全职教师平均工资，
1974—1975 年和 1995—1996 年
（以 1995—1996 年定值美元计算）

	1974—1975 年	1995—1996 年
所有教师	46 601	49 309
女性教师	40 184	42 871
男性教师	48 632	52 814
公立四年制院校	48 539	51 172
私立四年制院校	45 021	50 819
社区学院	44 440	43 295

数据来源：NCES,1997g，p.251。

商学专业领域的全职教师平均工资有所增加，而医学和人类学专业领域的全职教师平均工资则有所下降(见表 5.8)。不同院校类型的教师薪资水平也不同。1994—1995 年间，一名聘期为九个月的全职教师的平均工资在社区学院为 42 101 美元，在公立大学中则为 53 444 美元，在私立大学则高达 63 280 美元。学术职务比较低的男女教师之间的平均工资差别不大，但全职教授水平上男女教师之间的平均工资大多相差了 13%，因为男性教师在其职位上的时间更长一些。1996—1997 年间，教师平均工资上涨了 3%，略低于当年 3.3%的通货膨胀水平。

表 5.8 按院校所属领域分类的全职教师平均薪资水平，
1987—1988 年和 1992—1993 年
（以 1992—1993 年定值美元计算）

所属领域	1987—1988 年	1992—1993 年
商学	45 243	49 223
生命科学	64 860	55 624
人类学	42 420	40 972

数据来源：NCES,1997g，p.249。

大学教师工资水平看上去高于美国普通工人平均工资水平，但与那些受过同等时间学校教育的专业人员相比仍有很大的差距。据美国大学教授协会估算，大学教授比律师、工程师、医护人员的收入水平低了38%。“尽管从1979年以来，我们的收入与专业同行的收入差距缩小了16%”(Magner，1997，p. A8)。由于许多教授从事这个职业的时间比较长，一些院校采取逐步提高教师工资，而不是一下子把教授的工资涨到最高的措施，从而保证教授能够一直工作到退休。尤其是社区学院，就采取了逐步把教师的工资水平提高到较高水平的措施。因此，有些社区学院发明了“资深教师或高级学者”称号，目的就是为了让业绩突出的教师获得更高的报酬。私立大学一般不存在这样的问题，只要预算允许就可以提高教授的工资。公立大学的工资受到体制范围内工资水平或是工会合同的限制，因此不得不从其他方面提高教师工资。大多数都采取了增加工资梯度的做法。加利福尼亚大学曾在20世纪60年代中逐渐将全职教师的工资级别分为4级、5级、6级，在1979年将其增加到7级，并在1988年增加到了8级之多，而1996年甚至考虑增加到9级(University of California，1996)

2. 劳动力市场

教师的来源还和从前一样。大学新任教师一般要求具有博士学位，而社区学院教师必须具有硕士学位。20世纪60年代，每年颁发的博士学位数量大幅上升，在1975年达到顶峰——这一年共颁发了34 083个博士学位，此后在20世纪80年代一直保持在这个水平上。1989年授予的博士学位数量从35 720个上升到了1995年的44 446个。硕士学位在20世纪60年代和70年代初骤然增加，在1975年达到了292 450个。此后一直保持稳定，在1989年达到了310 621个，然后急剧上升以至于到1995年达到了397 629

个。几乎所有这些学位都是研究型大学和综合性大学在传统学科领域授予的。20世纪60年代开始的文学博士学位课程并不流行，少数曾经开设这种学位课程的大学总共约24所左右。教育学硕士学位的情况也好不了多少。传统学科为主的研究生教育仍是培养大学教师的主要来源。

教师供需状况基本平衡。虽然一些分析者预测博士学位人才将会过剩，而合格的教师过少，但学术劳动力市场一直保持稳定。虽然教师工资的增长始终跟不上通货膨胀的水平，但大学教师职业仍具有很强的吸引力。一方面因为在一个劳动力市场不稳定的时代，公司企业大量解聘老员工并且不断削减职工福利待遇的情况非常普遍，而大学教师职业相对比较稳定。事实证明，博士学位过剩的看法是错误的，在很大程度上是因为研究型大学的扩张吸收大批的研究生成为博士后研究人员，同时还因为到1994年，有27%的博士学位颁发给了非美国国籍的学生，而在当代初期这个数字只占11%。

由于大学担心薪资最高的高级职务教师不愿意离开工作岗位，于是到20世纪90年代，几乎有40%的大学采取了鼓励教师提前退休的激励措施。在研究型大学中这种激励计划更为常见，75%的研究型大学制定了这种激励计划。大多数计划得到几十年来积累了大量资金的退休基金系统的支持，这些基金是许多教授步入学术领域时开始建立的，同时还包括来自大学或州政府的资助。但是，仅仅通过金钱并不足以让那些热爱自己的职业、喜欢与学生在一起并享受校园生活的高级教师离开自己的工作岗位。而且，并不是每位教授退休就必然会空出一个相应的岗位来聘用一个全职的初级教师。经常是该职位被取消，教授的工作由其他教师分担，或者雇用一个兼职教师承担退休教师的工作。

3. 终身教职、学术自由和正当程序

1915 年，AAUP 坚持把学术自由和职位安全密切联系起来，自此终身教职的概念成为高等教育的一部分。终身教职最基本的含义就是在试用期后教师就获得了在学校永久任职的权利，除非他自己选择离开或者学校能够给出解聘的合理理由。围绕什么是合理理由的问题展开了激烈的讨论，比如教授的学术观点、工作能力及其在校内外的活动和他们的经费受到质疑等问题是否属于正当理由呢？虽然不是所有的大学都建立了终身教职制度，但是工作权利仍然作为个人财产权的组成部分受到了保护。

各种合同规定了教师与大学之间的关系。一旦达成了集体谈判协议，教师就可以签订合同书并保证遵守谈判代理人与大学协商后达成的协议。教师手册和管理者的口头承诺有时也会被视为具有合同效力。AAUP 的指导方针被视为具有约束力的协议。然而，一旦发生争端，通常按照事先所签订的合同进行处理，除非合同内容与现有法律相抵触。当法律法规对行为的界定不明确或者合同或协议内容含糊不清时，有时可以援引所谓的学术惯例或习惯。

在当代早期发生的非常重要的案件，导致教师建立了谈判组织，并得到校方董事会的认可（见表 5.9）。1980 年，在国家劳工关系委员会诉犹太大学（*National Labor Relations Board v. Yeshiva University*）的案件中，最高法院判决私立大学的全职教师拥有大学的管理权，这样他们就不能被视为《国家劳工关系法案》中的雇员。法院同时规定，犹太大学案是一个特例。在其他那些教师没有多少管理权的大学仍然适用《国家劳工关系法案》。后来发生的大约半数关于大学管理权的案例都适用了这个《法案》。主要的原则是公立大学受州的法律的制约，私立大学受联邦法律的管辖，但是如果私立大学接受了大量的州的资助，那么也可能受到州法律的限制。1994年，26％的教师加入到集体谈判组织（Collective Bargaining Units），其中96％的教师在公立院校。31个州都承认了教师集体谈判组织的合法性，但是，在246 000名加入集体谈判的教师中，65％来自于加利福尼亚州和纽约州。总之，10个州中加入集体谈判组织的教师占其总数的83％。

表5.9 按院校类型分类的教师工会(1984—1996年间偶数年)

年度	总数		公立四年制院校		公立两年制院校		私立四年制院校		私立两年制院校	
	院校总数	教师总数	院校总数	教师总数	院校总数	教师总数	院校总数	教师总数	院校总数	教师总数
1984	—	182 964	—	104 367	—	68 996	—	9 087	—	514
1986	—	195 570	—	110 029	—	76 297	—	8 502	—	742
1988	1 028	213 673	370	123 638	570	80 106	73	9 108	15	821
1990	1 007	217 398	350	119 752	572	87 347	71	9 742	14	557
1992	922	228 856	273	118 624	565	100 750	71	8 939	13	543
1994	1 057	234 570	332	123 655	639	101 017	72	9 331	14	567
1996	1 115	246 207	336	124 738	686	110 584	79	10 405	14	480

数据来源：National Center for the Study of Collective Bargaining in Higher Education and the Professions，1984，1986，1988，1990，1992，1994，1996。

在一些案件的判决中提出了学术自由的概念。在比晓普诉阿罗诺夫(*Bishop v. Aronov*，1991)一案中，一名教授由于在生理课上表达了个人对宗教问题的一些看法引起了学生的不满，学校要求教授停止这样做。上诉法院判决认为学校并没有违反宪法第一修正案规定的教授言论自由和宗教自由的权利，因为学校管理人员有权对学校举办的演讲活动的形式及内容进行适当的干预，只要这种干预不违反基本的教育规律。

第二个关于学术自由的案件中，纽约城市大学的一名哲学教授发表了关于不同种族之间智力水平差异的文章，引起了学生的示威抗议活动，尽管学校有关规定禁止学生示威游行，但是学校的官员没有对学生的行为加以阻止。上诉法院判决认为教授发表文章的权利应该受到保护，他享有表达自己观点的权利，并且这些问题也是公众关注的问题。既然学校认为如果学生不同意教授有争议性的看法，学校有责任采取措施保护学生不受到任何伤害，然而在这个案件中学校并没有采取任何措施（*Levin v. Harleston*，1992）。

1982年，上诉法院判定研究者有权不公开自己的研究成果（*Dow Chemical v. Allen*）。联邦环境保护局（The Environment Protection Agency）要求使用这名研究者的研究记录和发现，以便决定陶氏（Dow）化学公司生产的除草剂是否应该被清除出市场。法院判决认为研究者拥有不公布自己的研究成果的权利，因为在这起案件中，政府的利益并没有强大到可以凌驾于学术自由之上的程度。

书面合同和正当程序在很多案件中发挥了作用。在瓦尔特诉西东大学（*Welter v. Seton Hall University*，1992）一案中，学校在没有履行提前12个月告知教师不再续聘的情况下就解除了与两名教师的合约，新泽西州高级法院还是做出了恢复两位教师职位的判决，尽管法院发现解雇他们的理由是校方对他们的表现不够满意。不过，如果教师存在欺诈行为，例如在其他单位从事全职工作而不说明，大学解聘教师并不违反合同，而且大学可以不举行解聘听证会。

美国院校组织和管理形式的多样化导致了多种多样的矛盾。在宗教院校中，因为宪法第一修正案规定了公民享有宗教自由的权利，法院尽量回避涉及宗教院校管理和政策方面的问题。在著名的柯伦诉美国天主教会大学案件中（*Curran v. Catholic Univer-*

sity of America,1989),由于一位教授多次公开反对天主教教义,该大学取消了他的牧师资格证书,他因此不再具有教授天主教理论的资格。法院判决认为该大学的行为是合法的,教师应该知道牧师资格是由罗马教皇授予的,其不同之处在于牧师有义务遵守教会的教规,因此法庭没有驳回大学取消该教授的教学许可证的决定。

联邦法律关于禁止在年龄、性别或残疾等方面的歧视行为的规定,在一系列教师案件审理中得到体现。1987年,一所学校的女教师举证学校校长曾说过男性教师应该获得更高的报酬,而校方找不出任何合法理由加以解释,因此联邦地方法院根据《同酬法案》(The Equal Pay Act)要求校方为所有女教师增加薪水。该法第七款禁止性别歧视并规定虽然女性和男性所做工作不一样,但她们的工作一样是有价值的。然而,1984年,联邦上诉法院驳回了医护专业女教师的上诉,她们宣称学校仅仅因为她们大多数是女性教师就付给她们比较低的工资,法院认为《同酬法案》第七款并没有禁止院校付给不同部门教师不同的报酬。事实上,一个部门主要是女性教师并不足以成为要求加薪的理由。

《雇佣中的年龄歧视法案》(The Age Discrimination in Employment Act)规定所有的雇主不得歧视40岁以上的人,这些人必须被雇佣、留用,并支付与其他雇员一样的报酬,除非工作的特殊性需要雇用年轻人。在1983年的莱夫特威奇诉哈利斯-史多尔学院(*Leftwich v. Harris-Stowe College*)案件中,一所大学被州立大学系统接管后,新成立的董事会决定重新聘用教师,学校以前所有的教师都可以应聘,但是一名教授在董事会考核中的分数高于另外两名申请者却没有被录用,这位教授控诉学校存在年龄歧视。事实表明,这所大学被新的董事会接管以前,该校的终身教职教师年龄更大、工资更高。董事会认为聘用非终身教职教师能够降低办学成本、激发教师创新、提高教师质量。联邦上诉法院驳回了董事会的请求，认为如果因为老龄教师工资高成为解聘年龄偏大的员工的理由，那么《雇佣中的年龄歧视法案》就失去了其目的。而且，该《法案》的另外一个目的就是为了消除这种偏见，即年轻教师观念新，而年纪大的教授思想僵化。

1994年教师的工作权利问题发生了很大的变化，当时俄亥俄州最高法院规定州内公立大学有关教授终身教职和教师晋升政策必须经过所有利益团体的公开监督。考察俄亥俄州立大学授予教授终身教职的决定，表明在教师晋升过程中科研、论文和校外研究经费仍然是至关重要的影响因素。“几乎每个被拒绝授予终身职位的案例，研究成果不足是其主要的原因”（Lederman and Mooney，1995，p. 17）。尽管所有的人都认为在授予终身职位过程中应该优先考虑那些教学效果好的教师，但在实际中并非如此，学术评价者仍固守科研成果这一标准。尽管如此，关于教授终身教职存在必要性的争论增多了。随着法律规定不再实行强制退休，拿着高薪的老龄教授会越来越多，大学担心如果没有新的经费来源学校将面临破产。促使这种争议愈演愈烈的另一个原因是，因为高级教授职位始终是白种男性的天下，而他们不肯给年轻教师让出位置，导致女性和少数种族群体教授职位晋升并没有他们所希望的那么快。

由于研究型大学教师职位晋升的主要依据是发表文章的多少和获得资助经费的数量，大学也不能因为年龄原因解聘终身教授，因此大学只能通过劝说的方式，激发不同教师的职业道德水平，以及鼓励教师指导年轻教师或承担额外的教学责任等方式引导教师的行为。大学试图改变教授终身教职授予标准以及允许解聘终身教授职位的努力收效甚微。尽管不再需要终身教职制度保护教授受到种族、性别或宗教歧视，但它确实能够有效保护学术自由。那些能力极差的终身教授可能会面临解聘的威胁，但是由于认定教授不称职的标准和程序并不是十分明确，所以经不起质疑。而且在多数情况下，解聘教师的程序十分繁琐，审查过程非常漫长，因此因为教师不合格而解聘教师的情况相当少见。

由于解聘教师的程序过于复杂而很少使用，于是采取了另一种促进教师流动和提高教师工作效率的方法。这种方法被称为终身聘任后评审制，即每隔一段时间就必须对每个教授的工作进行评估，即使是那些已经获得教授终身职位的人。由于评估的目的在于了解教师发展中存在的困难，并为教师改进自己的行为提供必要的帮助，这符合教师评价的基本原则——评估的过程主要不是为了确定哪位教师应该被解聘，而是为教师审视自己的学术活动提供参考。总之，虽然其他行业发生的解聘浪潮威胁到长期雇员的职业安全，同时也波及大学，但最终并没有对大学产生多大影响。

4. 教师的工作效率

教师工作效率的问题一直受到人们的关注，在20世纪90年代再一次引起了人们的关注。美国高校教师调查显示，全职教师每周平均工作时间为53小时，其中有55%的时间用于教学。在私立研究型大学教师用于教学的平均工作时间占35%，在社区学院为69%。在专门为本科生上课的教师中2/3的教师要为2到4个班级上课，如果把为研究生上课的教师也考虑进来，平均为2个班级。教师课堂教学时间乘以学生人数计算出教师平均每周课堂教学时间为250个小时(NCES，1996b，p. 234)。这些数字在接下来的几十年中没有多少变化，因此有人提出教师的工作量没有增加但是他们的工资却提高了。从经济方面考虑，教师的工作效率是有所降低的。

可是，仅仅了解教师时间分配方式并不能反映他们的工作效率。一些评论者赞成采取工厂衡量工作效率的方法：要求教师在特定工作时间内产出成果。另一些人希望教师能多花一些时间在教学上。由于大多数院校至少都根据学生数量获取了一部分经费，因此，给大班授课的教师的工作效率会比较高。论文发表情况是可以计算的，但质量却很难衡量，然而，有多少学生选教师的课是可以统计出来的。但主要问题是：教师能够用工作效率来评价吗？或者这种评价能否应用于所有学科？在研究型大学、文理学院和社区学院，衡量教师工作效率的标准究竟有何不同？要求教师每周必须在他们的办公室待一定的时间，就能提高教师的工作效率吗？教授花了一个小时与研究生讨论毕业论文与教师花了一个小时发表演讲、撰写课题申请报告，或准备一个大众直播节目的工作量又将如何换算呢？

大学师生比始终是衡量教师工作效率最原始却最有效的指标。如果所教学生人数最多的教师工作效率最高，那么社区学院的教师工作效率是最高的，全日制学生人数与全职教师人数比例大约为20∶1。很明显，由于科研和培养研究生不是社区学院的主要目标，因此社区学院的教师必须教授更多的学生。但是在公立四年制院校中的生师比差不多为15∶1，高于私立院校的12∶1。这是否意味着私立院校的教师工作效率就比公立院校低呢？

研究型大学的教师同样比较关注如何理解工作效率的问题。有些人曾经多次提出统计教师发表论文的页数，页数越多，工作效率也就越高。在大多数情况下，文章所发表的杂志的级别也被考虑进来，在声望较高的杂志发表文章说明教师的工作效率比较高。此外，获得校外研究基金的数量也被作为衡量教师工作效率的标准,这不可避免地带来一个问题,如果教师申请到的科研项目基金与学生资助基金数额相等,二者的工作效率是否一样呢?另外,所有的学校还存在另外一个问题,那就是如何计算教师在各种委员会工作或提供社区服务的工作效率,例如:教师担任委员会主席的工作效率比担任普通委员会成员高多少呢?教师担任联邦基金会主席的工作效率是否高于那些为本地商业和专业群体举办系列演讲的教师?

衡量教师工作效率有许多指标,用一个指标衡量所有的教师是不科学的。在同一个院系,有的教师致力于课堂教学,而有的教师进取心极强,拉来大笔的科研经费和学生资助经费;有的教授可能一年能写半打小论文,而其他教授花五年时间写一本书;有的教授愿意花几个小时的时间与学生讨论问题,而另外的教授则认为在这些小事上花费时间不值得,还不如去准备一个远程教育计划。综合考虑同一所大学不同院系或学科之间存在的差异,以及整个高等教育体系中不同院校之间存在的差异,很容易得出结论:无论是全体教师,还是任何一个明智的大学领导者都不会同意运用单一的工作效率指标不加选择地衡量所有的人。

尽管如此,教师仍然被迫要求证明其工作效率。一个持久的挑战来自于立法者、州政府官员和大学董事会成员,他们运用最简单的衡量工效的办法:最典型的做法就是把教师所教的班级数量以及每个班级的学生人数与教师的工资相联系。这样一来,对于那些工资较低、除了课堂教学之外没有其他责任的兼职教师来说是比较满意的。在20世纪90年代中期,全日制社区学院教师完成一个班的教学任务,所获得的工资和福利合计为6 000美元,而一个同级职务的兼职教师则为2 000美元。在研究型大学中全职教授承担一个班的教学任务,可以额外获得15 000多美元的报酬,比兼职教师多了1/3。教师工会和学术评议会不断抨击这种计算方法，指出大学是一个从事各种活动的学术团体，而不是一个雇用计件工人的工厂。无论是大学，还是大学的财务预算人员，都无法理解用这种方法衡量教师的工效。

随着20世纪90年代远程教学和网络大学的发展，出现了大量的非教师和准教师成员，使工作效率这个问题变得更加复杂。同时还产生了教学技术人员、媒体辅助人员、档案管理人员、网站维护人员、产品设计师，以及其他从事教具开发的人员。当一群具有专长的技术人员开发了一套教学辅助程序用于学分课程的教学的时候，谁才是真正的教师呢？有哪个团体代表这些人的利益？如何衡量他们的教学工作量？谁来评价他们的工作质量？

将大学看作是一个纯粹的劳动力市场，教师按工作量获得报酬，这种看法是有局限性的。在大学系统之外，按产出支付工人工资的计件工资制，在工厂和专业工作中几乎已经消失了——除了销售行业和一些最常规化的行业。大多数职业的多数职员具有普遍运用的专业技能，并且他们所具有的知识和态度也很难完全通过产出来准确衡量，他们也不是通过完成了多少任务来获得报酬。在所有行业中，高等教育最看重的是各种潜能的发挥，最不看重的是产出了多少产品。在这个过程中，个人因为忠诚服务于大学而获得报酬，进而加强了个人与大学之间的密切联系。不管大学受到政治信念、受法律保护的工作权利以及教师专业组织的影响，大学长期以来所形成的公平和信任原则超越了教师工效这一问题。

在大学系统之外，20世纪90年代出现了减少全职人员、大量雇用兼职人员的现象。由于大学和企业雇用兼职人员承担全职人员的大部分工作，因而节省了大量的资金，但同时也失去了员工对企业的忠诚。企业这样做的冠冕堂皇的理由是为了裁撤冗员，实则因为雇用兼职人员做同样的工作支付的工资更低。学院和大学系统、政府机构是少数能够保障职业安全和职业道德规范的最后堡垒之一。由于立法者对于高等教育作为一个稳定的并具有自己独特运行规则的机构不太理解或缺少共鸣，他们希望高等教育也能够像美国其他团体一样，为争取经费而相互竞争。尽管立法者建议要根据毕业率、教师所教班级的平均数或教师所花的教学时间等因素制定教师工作效率评价指标，但是，这种单一的评价方式必然引起大多数教师的反对。教师职业的差别太大、太复杂，因而很难用像工厂企业计算净产出的方式评价教师的工作效率。

5. 学术生活

正如不同学科、不同院校的教师对于如何评价教师的工作效率有不同的看法，同样，教师工作环境也各不相同。总体上来说，美国教师的主要任务还是教学。尽管科研一直是大学教师职务晋升必不可少的条件，但是科研只占教师全部工作时间的一小部分，除了在具有博士学位授予权的大学。1993 年联邦高校教师调查显示，几乎有 90%的教师的主要任务是教学，全职教师每周工作时间为 53 个小时，略低于 1987 年(NCES，1997k，p. 32)。在这个范围内，不同学科、院校、职务的教师教学时间的分配存在差异。在研究型大学中专业自主和学术自由得到了充分的体现。文理学院的师生联系比较密切。在所有大学，教师们都不愿意参加大学的各种委员会工作。作为法人组织，教师们重视参与大学的管理，而从个人角度，大多数教师不愿意参与这种事情。

当代，教师花费在各种活动上的时间因学术职务的高低和院校类型的差异而不同(见表 5.10)。1987 年到 1992 年之间班级平均规模维持在 30 人左右，而每周平均授课时间从 9.8 小时上升到了

11小时，主要因为社区学院学生人数增长占了大部分。在研究型大学中，每周授课时间从6.5小时上升到了6.9小时，而社区学院则从15小时上升到了16.2小时。

表5.10　全职高校教师工作时间分配百分比

（按学术职务和院校类型分类，1987年秋、1992年秋）

活动类型		学术职务						院校类型				
		合计	全职教授	副教授	助理教授	讲师	讲座教师	研究型大学	博士授予大学	综合性大学	文理学院	两年制学院
1987年秋	教学	57	51	54	57	70	69	43	54	64	67	73
	科研/学术	17	21	20	19	6	10	30	2	12	10	4
	专业发展	5	4	5	4	7	6	4	4	4	4	5
	行政管理	13	16	13	10	10	9	14	1	13	14	11
	校外咨询或自由活动	3	3	3	2	3	4	3	3	3	2	3
	社会服务及其他活动	5	5	5	7	4	3	6	3	4	3	4
	合计	100	100	100	100	100	100	100	100	100	100	100
1992年秋	教学	54	50	52	55	68	61	39	46	60	64	69
	科研/学术	18	22	19	20	6	10	32	23	13	10	5
	专业发展	5	4	4	5	6	6	4	4	5	5	6
	行政管理	13	15	14	9	10	13	13	14	13	15	12
	校外咨询或自由活动	2	3	3	2	3	2	3	3	3	2	3
	社会服务及其他活动	7	6	7	9	8	8	9	10	6	5	6
	合计	100	100	100	100	100	100	100	100	100	100	100

注：由于统计凑整的原因，合计可能不会刚好为100。

数据来源：NCES，1997a，p.144。

研究型大学的班级规模最大，文理学院的班级规模最小。各类院校的最大不同为研究型大学教师39%的时间用于教学，32%用于科研，而在文理学院和社区学院，教师几乎66%的时间用于教学，而不到10%的时间用于研究（National Center for Education Statistics，pp. 285－286）。很多研究者（例如：芬克尔斯坦）按照性别、种族、年龄、学校类型等因素对教师的工作时间进行分类比较，得出结论："教师们就像来自于不同的人群那样，彼此各不相同……不同类型、不同声望、不同学科的教师之间也呈现出明显的不同。"（Finkelstein，1984，p. 225）

很多研究探讨了教师如何安排工作时间的问题，以及教师的职业满意度问题。同样，不同类型院校的教师的情况也不一样，但是有一点是相同的：教师对自己从事的职业、享有的专业自主权以及他们自己的活动比较满意，不满意的方面主要是外界的压力、学校行政对他们工作的干预以及薪水不高。简言之，这符合赫兹伯格等的双因素理论（Herzberg，Mausner，and Snyderman，1959）：令员工满意的是工作内容，而不满意则来源于员工的工作环境。几乎所有的教师都认为他们是好老师，并喜欢与学生交流。

芬克尔斯坦（Frinkelstein，1984）在考察了关于教学与科研之间关系的研究之后，得出结论，教学效果在很大程度上取决于智力水平，也与科研成果有密切的联系。教师从事科研不会影响教学，但科研并不是搞好教学的必要条件。能力强、积极性高的专业人员喜欢在他们认为重要的工作的各方面投入大量的精力。然而，除了那些喜欢为本科生上课的教师之外，大多数教师都希望与聪明的同事共事，同时也希望有更多机会参与专业发展活动，如享受学术休假、获得更多的专业研究基金以及出差机会。工资是教师工作满意度中独立的一个因素，1987年的NCES统计显示，59%的教师对他们的薪资水平表示满意，而这一数字在1992年下降到了55%（NCES，1997k，p.57）。

尽管不同专业领域和院校之间教师的差异越来越大，但兼职教师的不断增加对教师职业的影响最大。1995年，41%的授课教师为兼职教师，比1970年增长了22%。在整个高等教育体系中，兼职教师是大学的流动工人，主要包括以下几种情况：正在攻读学位，想为自己赚点零花钱的学生；没有找到全职工作的应届毕业生；兼职赚取外快的人员；不愿意离开大学的退休教师；从其他专业领域聘请过来执教的专家。虽然兼职教师的存在有利于缓解大学的财政负担，但是也削弱了教师的专业化程度，因为兼职教师不会坚持传统的大学核心价值观，这种价值观不仅包括教学，还包括科研、社会服务、院校服务，以及专业同行所认可的职业道德。这个群体主要集中于社区学院，那里的多数员工都是兼职的，除了工资较低以外，还有以下特点：他们的教学经验不足，学历较低，课堂中使用较少的教学材料，在评定学生成绩时不太看重书面作业，较少使用教学辅助服务，课后与学生或同事的联系较少，极少参与学院事务或课程制定方面的事务，成为专业联合会委员的机会也比较少（Cohen and Brawer，1996）。

兼职教师的大规模聘用导致了教师职业的分化。如果兼职教师在全职教师的指导下工作，那么他们将被视为教学辅助人员、助手或其他专业团体雇用的辅助员工。但在大多数情况下，如果全职教师加强对兼职教师课堂教学的引导，他们的学生就能够享受到同样的课堂教学。然而全职教师对他们的指导马马虎虎。如果全职教师能够定期到他们的课堂听课，并且对他们的课堂教学效果给予及时的评价，给他们提出的其他要求少一些，那么他们的课堂教学质量可能就没必要接受监督。

这并不是说全职教师的课堂教学质量也就是一个监督的问题。教师要接受评估,但是学生的学习不需要接受评估。整个高等教育系统的教师是由学生、同行、行政管理人员和教授自己进行评估,主要从教学能力、学问、院校服务和同事关系等方面进行评定。但是所有试图把学生的学习效果与教师个人的帮助联系在一起的做法都被证明是无益的。真正的大学在于学生能够自己选择所喜欢的课程和老师,大学除了对于那些基础较差的、处于初级水平的学生以外,很少采用特殊的可量化目标以及前期测试或后期测试(pre and post tests)的方式来考核学生。一所真正的大学不可能通过控制所有的变量,从而能够十分准确地测出教师的教学效果。尽管如此,教师评价仍然成为人们讨论的话题。马切塞追踪了学生评教活动,并总结道:"到 1973 年,有 23%的学校实行学生评教,到 1983 年为 53%,现在几乎所有学校普遍实行了这一措施。"他认为,学生评教的论文成为"高等教育研究中最大的专门研究领域"(Marchese,1997,p. 4)。直到 20 世纪 70 年代初,很多院校的教师都不愿意将学生的评价意见装入教师的教学档案,但到 20 世纪 90 年代,这种抵抗几乎完全宣告失败。问题的核心是学生对教师的教学评价结果是否应该公开。

高等教育大众化时代教师的工资有了较大幅度的增长,主要因为经济的发展,以及人们对高等教育在以科技为基础的经济发展中重要作用的认识不断提高。此外,还因为教师赢得了集体谈判的权利。教师缺乏改变现状的动力,他们受到学术自由思想的保护。他们认为自己比低层次学校教师带的学生少,这是一项很好的福利。大学可能增加他们的任务,但是教师可以对此不予理会,因为他们是自己行动的主人。

20 世纪 90 年代,关于教师已经成为一个傲慢自大的、保守的群体的看法越来越多。教师因为与外界隔离并坚守精英思想而受到批评。获得学术同行的认可被视为大学的最高目标，而不管学校或学生是否能够从中获益。同行评价过程开始更多地被视为一种自我保护，而不是自我控制。例如，博耶(Boyer，1990)批评教授在指导学生方面投入的时间少，而在自己的研究兴趣上花费的时间多，而这并不是社会希望大学所承担的主要任务。调查数据显示，教师职务越高，用于教学的时间也越少，表明教授们对于教学和他们大学的目标方面的责任感是多么的有限！如果大学的目的是为了促进学生的发展，为什么大学成了教授自我保护的场所？为什么在企业不断萎缩的情况下，教授能够享受学术自由和职业安全？为什么他们享有创造自己工作环境的权利？在教师工资水平太低的情况下，所有这些问题不会被人们提出来，也没有多少人关心教师在做什么。只有教师制定了自己的职业规范并严格遵守这些规范，特别是那些涉及教师必须承担的教学责任的时候，这些问题才会真正得到解决。

五、课　　程

课程仍然在不断增长变化中。大学新增加的课程远高于淘汰的课程。尽管有些课程被某所院校淘汰了，但在其他院校中仍会存在。我们在目前的课程中仍能发现以前所有课程的遗迹。

1. 学位

课程模式的变化可以从学位颁发的情况反映出来。到20世纪90年代中期，每年有将近120万的学生获得学士学位。商学引领了职业化的潮流，商学学士学位占学士学位授予总数从原来的

15%上升到20%。如果再加上教育学、医疗卫生、工程学和其他职业教育领域所颁发的学位，在职业教育领域所颁发的学位占学位授予总数从54%提高到了58%。除了商学，通信、垄断性行业(如：司法管理)颁发学位的数量增长显著，但是由于从事教师职业必须具有硕士以上学位比较普遍，教育专业授予的学士学位数量下降了1/3。计算机、信息科学和法律专业授予的学士学位数量翻了两番，而那些与工程相关的工艺、园林、娱乐专业授予的学士学位数量也翻了一番。

一些热门的本科专业延伸到了研究生领域，但另一些专业只作为普通教育的一部分，培养出来毕业生或者获得一个大学的文科学位，或者进入研究生院或专业院校进行更加专业的学习。图书管理学除了授予硕士学位，很少颁发学士或博士学位。实际上，教育学所颁发的学士学位和硕士学位数量几乎相当，保护性行业所颁发的学士学位总数达到了23 000个，但授予的硕士学位却还不到1 500个。文科类本科生主要学习社会科学、历史学、英语、传播学、心理学和生物学专业。

硕士和博士学位的授予情况反映了研究生院中职业教育的发展情况。在1995年授予的397 000个硕士学位中，商学和教育学专业几乎占了一半，略低于20世纪70年代初期的水平。职业性的硕士学位占学位总数从76%上升到80%。造成职业性硕士学位大量增长的原因是某些职业授予的硕士学位数量大量增长，如医疗卫生增长了150%，工程学增长80%和公共管理专业增长了50%。在博士学位中，职业性的博士学位占博士学位总数的49%，而在1976年仅为40%。然而，几乎颁发的所有博士学位都是职业性的，因为大多数文科博士学位获得者都从事教师职业或者从事政府管理工作，而那些理科博士学位获得者不是继续留在高校做博士后研究人员或讲师，就是应聘到大学之外的科研实验室工作。

理科学位发生了一些变化。尽管工程学的学士学位数量大量增加，但生物学、物理科学和数学所授予的学士学位数量却有所下降，从15%下降到了14%。在研究生阶段的情况却恰好相反，1975年授予的理科硕士学位占硕士学位总数的10%，到1994年增加到12%，这主要是由于这期间颁发的工程学硕士学位数量翻了一番。授予的理科博士学位数量也增长较快，从1975年占颁发博士学位总数的22%，到1995年占到了25%，这主要归功于医疗卫生专业博士学位数量的增加。生物学和物理学博士学位授予总数都增长了1/3，而工程学博士学位数量则比早年翻了一番。理科博士学位的发展最快，而同期在英语、外国语、文科和人文学科、社会科学和历史学等专业颁发的博士学位数量都不断减少。

男性和女性专业选择的差异反映了各自的角色和机会不同。到1994年，在获得的副学士学位中女性占59%，学士学位中占54%，硕士学位中占55%，博士学位中占39%。在商学专业领域，女性获得的副学士学位人数是男性的2倍。在医疗卫生专业领域，女性获得的副学士学位人数是男性的5倍，而在工程学和工程相关的工艺专业，男性获得的副学士学位人数是女性的8倍。在商学专业领域，男性和女性获得的学士学位数量几乎相同，但是女性仍然在医疗卫生专业占据着统治地位，女性获取学位的数量是男性的4.5倍之多。在工程学专业领域，有80%的学士学位授予了男性。在英语专业领域，女性获得的学士和硕士学位数量都是男性的2倍，女性还获得了超过1/3的英语专业博士学位。在初级专业学位方面，男性和女性的差别比较大：1976年，只有4%的牙科医生学位授予了女性，而到1994年，这个数字上升到了38%。同期，医学初级专业学位授予中，女性比例从16%上升到了38%，法律专业也从19%上升到了43%(NCES,1996b,p.281)。

由于学生的毕业要求中不断增加新的学分课程,本科生必须学习各种不同的课程才能拿到学位。到1984年,有80%的大学在授予学士学位时,不要求学习外语课程,42%的大学不要求学习历史课程,48%的大学不要求学习英文和美国文学课程,54%的大学不要求学习数学课程(Adelman,1994,p.195)。在当代初期,获得学士学位的学生中,74%的学生至少修习了一门英文写作课程,70%的学生至少修习了一门普通心理学课程。但是,一半以上获得肄业证书的毕业生都不满足以上的这两项要求。将近30%的毕业生选修了关于西方文明或世界文明的综合课程,选修传统的哲学课程的学生不到23%。在提倡自由选修课程和主张共同核心课程两派之间的争斗中,前者仍占上风,同时职业教育仍然稳步发展。

关于学生攻读学士学位的年限以及应该达到的学识水平问题讨论了几十年,目前仍被继续讨论。由于上大学的成本太高,因此一些评论员建议,将攻读学士学位的年限缩短为全日制三年的时间。但由于多数学生要用5年或者更长时间才拿到学士学位,这种建议似乎有些不切实际。关于学生毕业标准或学生修完一定数量的学分后失去了经费资助方面的有关规定相继出台。对于那些至少修完120个学分却没有拿到学士学位的学生,还有社区学院中那些修完60个学分却没有拿到副学士学位的学生,一些州政府也提出将减少对其课程学习的经费资助。一些院校对此进行了抵制,主要因为他们开设了一些补充课程,最终目的不是为了获得学位,此外对于那些因为改换了专业而不得不修习超过规定的最低学分要求的学生来说因此蒙受了损失。强制提高学生的毕业标准导致学生不能获得学士学位,除非学生已经表现出了一些最基本的能力。然而,有关鉴别哪些学生可以从大学二年级升到三年级的考试标准在全国还需要进一步推行，在实行这种考试方面，佛罗里达、佐治亚和得克萨斯走在全国的前列。

2. 补习课程

补习课程，即“对于那些没有达到大学学习阶段所需要的基本技能的大学生，开设阅读、写作和数学方面的课程”（NCES，1996e，p. iii），这依然是课程领域最难处理的问题。其中很大一部分学生是高中毕业生，并且这部分学生进入大学的比例仍在增加。但是，即使严格执行高中毕业生的毕业标准，提高 17 岁基本技能考试分数要求，或增加对某些领域的考核，大学中的补习教育问题仍然极为突出。1995 年，超过 3/4 的院校为新生提供了至少一门补习课程，其中包括阅读、写作和数学。公立社区学院的比例为 100%，私立四年制学院为 63%。州政府倾向于要求或鼓励公立院校开设补习课程。大多数院校不把这类课程计入学位课程学分，但是学生学习这类课程可以作为全日制学生享受经费资助。

补习课程引起的争论已经突破了大学校园的围墙，延伸到了整个高等教育系统和州立法机构。1995 年，加利福尼亚州立大学董事会（California State University Board of Trustees）一致同意减少补习班数量。类似的情况也出现在佛罗里达、得克萨斯和其他各州的州立大学系统。一些州的立法机构对州立大学投入大量的资源开设补习课程提出质疑，并不断提议将这些课程转由社区学院承担。到 20 世纪 80 年代，圣地亚哥地区社区学院（San Diego Community College District）既为圣地亚哥州立大学和圣地亚哥加利福尼亚大学提供英文和数学补习班，同时还可以为本地区自己的学生提供补习教育。

其他许多州提出在高中开设补习课程，因此一些州要求为初中到 12 年级的学生开设核心课程，学生必须通过基本技能考试合格后才能拿到高中毕业证。然而,这一方法进展颇为缓慢。20世纪80年代高中生毕业标准确实提高了,但延迟毕业学生的比例也随之增加。1972年30岁人群中具有高中毕业证书或同等学历证书的比例只有78%,到1993年,上升到87%。这一比例上升的主要原因是那些基本技能成绩较差的人群直到20岁才完成高中课程,之后他们接受了高等教育。

有些人想要使高等教育退回到录取人数少且公共经费开支少的时代,补习课程有时成为他们反对大学开门入学的理由。他们经常提出大学系统几乎接受了所有的入学申请者,然而却没有培养出多少高质量的毕业生。自从1970年纽约城市大学采取免试入学的大学招生政策以来,其所属的10所学院开设的英文课程中70%是补习课程,90%被录取的新生都必须进行写作补习。到20世纪90年代,该校学生中只有1/4的学生经过长达8年的时间才毕业。因而,对于那些希望借此抨击开放入学政策的人来说,纽约城市大学成了一个失败的典型。

3. 多元文化主义

多元文化课程、多样性课程、种族—性别—阶层课程逐渐成为课程领域最迷人的研究课题之一。多元文化主义的本质在于仅仅学习西欧文化对于理解现代美国是远远不够的,我们只有了解了其他各个不同种族、宗教、民族的文学、历史和艺术,才能更好地理解各自的贡献、背景和思维方式。多元文化主义是随着学生和教师群体中女性和少数民族的比例不断提高而发展起来的。在当代前40年间,多元文化主义发展较快,以至于到20世纪90年代,约有一半以上的著名大学要求学生学习如何看待历史、文学以及多元文化视野下的其他人文学科和社会科学课程。社区学院开设的种族和性别课程在减少。1975年,学生选修课程中至少有一门种族研究课程的比例为15%，到了1991年降到了9%；女性研究课程的比例一直稳定在3%左右；1977年，人文学科新生中选修社会与种族课程的比例为3%，而1991年时降到了1%。大多数社区学院把多元文化课程融入历史、文学和跨学科人文学科课程之中。

课程在不断发展演变，否则，今天的学生仍然要学习三艺、四艺以及古老的希腊语和拉丁文课文。但是多元文化主义引起的争论远远超过了实际上的影响。一些人提出多元文化主义课程破坏了课程的理性主义传统，因为这些课程并不以高等教育核心的理性研究为基础，而是建立在政治或社会需要的基础之上。对其他人来说，这些课程再次表明高等教育完全不顾学生所应该掌握的广泛知识，而成为其他政治力量的附庸。一些批评者认为，大学让学生主要学习多元文化课程，因而减少了他们毕业后所需的职业技能的训练，这对学生来讲是一种损失。1994年颁发的学士学位中，只有1‰的学生修读过有关种族或文化方面的课程，不过这个事实似乎并没有降低人们对这个问题争论的热情。

由于不满足于仿效传统课程改革的结果仅仅是为了扩大课程范围的做法，多元文化课程的支持者和反对者似乎都故意把多元文化课程与种族代表性、平权行动和各种族群体之间的竞争联系在一起。多元文化课程经常表现为呼吁教师和学生群体来源的多元化，并为低收入家庭的学生提供更多的财政补助，以及提高院系的政治力量。威胁、游行和静坐示威是常用的方式，导致一个旁观者对一个长期的绝食示威者讽刺道："世界上有许多值得为之献身的事情，为院系而死值不值得呢？"

许多多元文化课程的支持者认为，他们所关注的群体是历史上的弱势群体，他们的目的就是通过让学生学习女性文学作品和少数族裔创造的艺术、音乐和文化来不断减少这种差距，并减轻他们所遭受的政治压迫。一些比较理性的观点认为，多元文化主义终于赢得了与多年来高等教育已经实行的其他所有措施的同等地位。另外一些人针对目前院校中疯狂热衷于种族和性别问题研究的现象批评道："真正意义上的多元文化主义的学术讨论——是对过去和现在的其他多元文化社会的知识经验进行分析——离人们越来越远了。"(Eills，1997，p. 217)大量的学术论文对高等教育存在的问题进行了激烈的批评，包括高等教育学术标准的降低，传统精神的遗失，家长制的盛行，欧洲中心论的蔓延，学术诚信的缺失，过于依赖于过去的政治议题，真相为权力所左右以及其他一些令人惊讶的抨击等。但是，家长们每年把超过200万的新生送入大学似乎更在意他们的孩子能够学到将来社会所需要的知识和技能。当大学要求学生学习一门种族研究课程，或历史教师在课上提出各种不同观点的时候，没有多少学生对此产生兴趣。

4. 学术道德

什么是大学的本质？尽管学术规则的演变导致了研究方法和主题的不断变化，但是某些改变被认为是背离了高等教育的传统。在20世纪60年代，奈斯比特(Nisbet，1971)指出，大学的核心理念即致力于理智和理性思想的发展，由于大学接受了太多的似是而非的观点，特别是那种否定知识权威的观点，不承认科学探究的方法和知识传播的方法，以及否认研究领域的科学性的观点。米尔斯(Mills，1959)提醒社会学家不要过分关注方法论而对社会问题漠不关心。他发现由于学者们受到学术标准化的大学官僚体制的影响，导致社会学家盲目模仿自然科学家的研究方法。屈瑞林(Trilling，1972)继续开展20年前霍夫施塔特的工作，分析了为什么知识分子和公众丧失了对理性的自信以及为什么广泛存在仇视学术的现象。他认识到已经产生了一种对立的文化，这种文化与高等教育以前所坚持的社会批评精神相对立。关于大学是否应该致力于追求自身学术目的的争论由来已久，但这一争议的中心议题是什么却始终没有达成共识。

课程不断发展。社会科学转向研究解决社会问题。这种转变的部分原因是学生不断要求开设相应的课程，最主要的动因来自教师和大学管理者，他们认识到如果能够让公众和资助机构相信他们为社会提供一些即刻有用的知识，他们就能够获得更多的资金和政治权力。课程现在为多个主体服务——专业、大学和社会，社会是所有服务主体中最主要的服务对象，政治和社会思潮的冲击将院校课程改革推向了各个方向。在社会科学领域，突出的问题是如何确定定性研究方法和定量研究方法的使用范围——定性研究方法运用知识解释某个问题，定量研究方法则说明某个问题的数量关系。然而，必须防止研究者过度依赖定性研究方法，因为有人批评他们仅仅撰写研究报告，与以前他们在科学研究殿堂上取得的成就相比甚至有些倒退。

自然科学面临不同方面的批评。20 世纪初，科学从纯粹的哲学和神学中分离出来，逐渐形成了自己的以可验证理论原则为核心的研究方法。科学命题必须建立在长期观察的基础上，测量结果必须经过反复试验来证实。科学语言的核心是演绎推理和理性陈述。真正的科学是以实验为基础，并且逻辑严密、证据确凿。数学或理论物理位于科学体系的顶点，因为它们最接近理想的科学。此后，反科学的现象越来越普遍。有些批评认为科学通过影响工业进程而改变了人类居住的环境，并因此造成了环境污染。另一些人认为科学制造出了一些可怕的武器。随着欧洲中心论遭到越来越多的反对，一些极端主义者指责科学成为文化选择的工具。

文学研究遭到来自不同方面的批评。文学教授一直宣扬莎士比亚、但丁、歌德和柏拉图的作品,认为学习这些经典作家的名著有助于理解人类现状和提高对人类存在的基本问题的认识。但这些作家又因为宣扬种族主义、男性至上主义并在作品中极力维护统治阶级的利益而受到批评。违法印刷这些书籍会遭到人们的反对,但是口头传诵的传统却是最有效的信息交流方式。由于历史是上层社会的伪君子所讲的带有偏见的故事,只有从社会被统治阶级的角度才能准确地认识历史真相。艾利斯在1997年的作品中写道:"20年之前,没有人相信有一天教授会提出大学应公开发挥政治功能,应直接为社会和政治变革服务,向他们的学生灌输某些政治观点。"(Eillis,1997,p.7)那么谁会相信文学教授会去教那些作品——这些作品的作者自己都不知所云、不知其意,然后创作出了内容经不起检验的断言或偏见的作品?如果这是一场平等主义和精英主义之间的战争,很明显,平等主义取得了胜利。作为一个教育和文化的理想,它摧毁了高等教育曾经坚守的排他主义的最后堡垒。

在研究生院,课程最大的变化是在人类学科和社会科学领域,这两个领域中种族—性别—阶层课程的积极推崇者产生了十分深刻的影响。希尔斯(Shils,1992)指出这些领域仍然具有一些非常杰出的传统学者,但"由于他们面临非常敌对思想的包围,因此处于劣势。这些敌对的思想目前就是一种自我放纵的破坏性妄想,它们与过去的传统决裂,取而代之的是一些毫无价值的东西"(Shils,1992,p.1273)。同时,希尔斯指出社会学是如何"在20世纪60、70年代为知识分子狂热的激进主义思想所充斥",而经济学家的工作成为一项技术性的工作(Shils,1992,p.1273)。历史学的研究"充满了对于历史研究的目的是为了探索各种迷惘事物真相的看法的怀疑",并且"人类学充斥着相对主义和不可知论的思想"

(Shils,1992,p.1274)。自然科学并没有受到这种混乱局面的影响,"即使那些人蔑视科学,认为科学是堕落的资本主义,但他们仍希望能够开展更多的科学研究,也希望政府给予更多的支持"(Shils,1992,p.174)。总之,尽管大学人文学科不断萎缩引发了少数学生的抱怨,造成了一些资源的损失以及学科之间的内讧,但是全纳大学(all-inclusive university)因为其学科专业的良好发展呈现出繁荣景象,大学在科学研究和科学技术发展方面也取得了较好的成绩。

5. 教学

"同学们,早上好！欢迎大家参加本学期第一节课的学习。在这个学期,我们要学习一些概念、原理和方法……大家可以利用讲义、课堂讨论、教科书、图书馆、教学实验等方面的资源进行学习。你们要写两篇15页的论文,有3场考试——考试包括写1篇论文的考试和两次多项选择考试。每篇论文和考试在期末成绩中占有相同的比例。"

相信每个读过大学的人都非常熟悉这段话,它有几个方面的目的。它在教师和学生之间建立了初次的联系——这个联系非常重要,学生在课程结束时对教师的评价在很大程度上取决于在这几分钟时间内教师给学生留下的印象。教师也通过描述课程内容、教学目的、教学安排和课程成绩评定方法等为学生创造了一个学习情境。不管这个课前发言的对象是5个人还是500人的班级,发言者是教授本人还是教授的录像,口头形式还是书面形式,其目的和效果都是相同的。教师为学生描述学习的情景,包含了师生之间所达成的协议,教师说:"这些是课程的目标,我为你们提供了实现目标的方法,同时也规定了你们学习这门课程所要达到的程度。"事实上,每个决定学习这门课的学生都同意履行这个协议的规定。从本质上来说，这是一个教学的范例。

教学活动比较易于观察、测量和评价。教学成本可以通过所花费的时间来计算，然而关于教学效率问题的争论却持续不断。为什么教学的成本这么高？为什么成本还在不断上升？学生们到底学到了多少东西？学生所学的知识在多大程度上与教学成本有关系？有没有效率更高的教学方法？

长期以来人们一直在探索如何提高教学效率的方法。大多数建议主要包括让教师教更多的学生，扩大教学班级规模，或者大量雇用兼职教师以减少教师工资的开支，以及培养学生自主学习的能力。这些不同的方法都采用过。但是始终没有找到能够极大提高教学效率的有效方法，这主要出于以下几个方面的原因：教授坚决抵制延长工作时间；学校管理者和精明的财务人员并不在乎教学效率的提高，他们仅仅关心如何让更多的学生能够通过考试，以便能获得更多的学费和州政府的补偿来平衡预算；此外，学生对此也不感兴趣，他们不愿意努力学习。

许多人试图利用可再生媒体(reproducible media)来提高教学效率。教育者始终在寻求一种技术，既可以丰富学生的学习情境，又可以减少学生对教师的依赖。库班认为，“这个梦想从几个世纪前产生教学以来一直到本世纪初的几十年……在不断寻求提高教学效率和效果的进程中，讲授、电影、广播、电视和微型计算机相继成为教育、教学的手段”(Cuban，1986，p. 3)。他看到了教学手段不断发展的趋势。每当发明了一种的新技术，就有人撰文呼吁尽快把这种新技术运用到教学领域，开发出能够提高学生学习效率的教学方法和手段。技术革新的需要通常来自于基层教育的实施者、教育管理者、设备制造者和少数渴望创新的教师。后来的学术研究证明了这种教学方法的有效性。然后，人们开始抱怨教师运用新的教学技术不太积极。学校行政管理者批评教师坚守过时的教学技术。教授批评学校行政管理者试图破坏师生之间的关系。教学设备的购置费用急剧增长，超过了教学设备使用费的增速。库班描写了教学技术发展的周期——“兴奋阶段—科学论证技术可行性阶段—失望阶段—教师抵制阶段”(Cuban，1986，p. 5)。正如奥廷格很早就提出的那样，“技术在学校教学中的运用并不成功，没有人能够明确地知道如何把技术有效地运用到学校教学中去”(Oettinger，1969，p. 219)。最终，每一次技术革新都被作为另外一种新技术引进教学领域，这些技术会取代以前的技术。

回顾几件教学辅助技术的事例就可以说明这一点。20世纪20年代随着研究表明电影可以作为一种有效的教学手段，大学开始出现了以电影作为教学媒介的课程。20世纪30年代，收音机把整个世界带进了大学课堂，从而使每个人能够收听最好的教师的授课。由于电化教学视听设备的开发以及商业广播电台、大学提供了相应课程，因此，课堂广播课程迅速蔓延。20世纪50年代，电视课程进入大学，刚开始得到了福特基金会的支持，后来得到了联邦政府《国防教育法》的支持。可以肯定的是，研究表明：学生通过电视获得的信息量与他们在传统的课堂教学中获取的信息量几乎没有差别。后来，又发明了自动化教学程序课程，主要利用印刷的自定进度的教材或通过所谓的教学机器和计算机进行学习。再后来，出现了集电影、电视以及附带教材和练习的录音磁带为一体的多媒体教学。近年来，电子邮件和因特网也被引入课堂教学，电子邮件由于师生之间的交流，因特网发挥着世界超级图书馆的作用，随时为任何地方的任何人提供信息。这些技术将打破传统的校园界限吗？将使学生获得自学的自由吗？将改变教师的传统角色吗？

计算机是新的多媒体教学技术的核心。计算机首先应用于自定进度、提前设计好的教学课程,后来计算机成为一种灵活的教学手段,特别是它可以与因特网相连。收音机、电视、电影要求课程设计者一端提供教学材料,受众一端收听或收看课程教学。而计算机教学能够提供不同群体之间的互动交流。如同电话具有保密的特点,电视、收音机、电影所传播的信息是可以选择的,但是因特网不受这种限制。任何人可以通过因特网发布信息,也可以下载信息。因特网的推崇者极力向用户展示:如何通过因特网不断地重组材料、改写文章、重组信息。因此,在因特网上没有历史、不存在权威的声明,只有知识的发展。同时,因特网打开了一个资源丰富的世界。只要学生充分利用他们从因特网上获取的信息,他们的学业将得到极大的提高。他们不会再局限于大学校园、教师、图书馆和实验室等方面的资源。

大学教师因为仍然具有一定的作用而继续存在。事实上,学生需要指导的看法根深蒂固,否则就没必要有各种层次的学校。年轻人可能会沉溺于计算机网络,搜索世界各个方面的信息,了解他们所需要的一切信息。实际上这正是因特网出现以前人们的美好愿望。伊利奇(Illich)认为学校作为社会机构已经偏离了自我发展的轨道,形成了一种区分制度化教育与非制度化教育的社会现象。他认为社会理想的学习场所应该是"所有希望学习的人在他们一生中的任何时间都享有相应的受教育机会;所有希望与大家分享他们平生所学的人都能够发现那些愿意拜他们为师的人"(Illich,1970,p.108)。这种想法可以追溯到18世纪浪漫主义的博物学家,他们认为社会机构已经腐化堕落,人们只有摆脱官僚主义影响,才可以学到他们所需要的知识。相反的观点认为:学校教育有助于发展逻辑思维能力、理智能力、普遍的理解能力,以及作为启蒙运动最高目标的人文主义价值观。如果离开了根据民主社会最基本的原则建立起来的学校教育，人类将变得愚蠢、狭隘、智力退化，人类社会将会解体。

同时，大学教职员工试图把新技术与他们所追求的教育形式和内容结合起来。最初，技术主要为传统教学提供后勤保障。大学教师运用计算机备课和制作幻灯片，向同事和学生发送电子邮件信息，制作丰富多彩的课堂讲义，并逐步取代了打字机和黑板。这些只是教学技术所发挥的有限的几个方面的作用，为此，高等教育每年教学技术服务的投入达20亿美元。但是这些教学技术非常流行，因为它们适应了现有的大学模式：在大学校园制定的课程计划范围内，满足了教师与学生之间互动的需要。

大多数的远程教育的发展大体类似。教师通过电视授课，使用互动视频同任何地方的学生进行课堂讨论，通过电子邮件批改学生的作业、发送教学材料供学生使用。教师是课程的设计者和实施者，学生在一定程度上参与教师的教学。教学内容预先确定，考试要求明确具体，学生的成绩记录在案，所有记录留档保存。

这些教学技术的运用之所以占主导地位，是因为它们能够充分发挥教师和学生的作用。正如早期的汽车发明者把发动机放在汽车的前面，这个位置是马在马车中所处的位置。教学技术全面运用于人类教育的滞后并非因为大学教师为了保住饭碗加以抵制的结果，也不是因为大学的经营者希望保护学校的工厂，以及资金赞助机构愿意继续使用过去熟悉的技术。而是社会逐步使新技术适应以前的技术的一种渐进方式。在大学，教师和学生把以前所有的教学技术全部融入现有的教学模式中，以至于20世纪90年代的大学校园和课堂教学与19世纪90年代的大学校园和课堂教学没什么两样。

把大量的课程转化成适合大学校园内外授课的多媒体课程，这种统一的大学课程计划还不是十分普遍。比较普遍的做法是教学技术主要以零散的运用为主。一些大学筹集到购买某些教学设备的经费，为任何需要使用的教师提供服务；另外一些大学不让大多数教师介入技术运用，而是建立技术中心或独立的实体开展远程教育服务；许多没有围墙的大学延续了过去主要依靠闭路电视的做法。但是从整个高等教育系统来看，凡是经过认真思考的观察家，没有几个人会相信只要迅速引进教学技术服务，高等教育的财政危机就会结束。

以技术为主要手段，通过提高效率节省教育成本的愿望，已经与促使人们提高自己接受教育的责任感，以及革新大学中的官僚体制的愿望结合在一起。工业已经进入以自下而上运行的有机系统为基础的联合生产时代。特别是那些与全国的生产商、供货商、消费者以及金融家具有联系的企业家，发展了新型行业。经验表明适应性是其生存法则。教育系统以对社会变化的反映比较迟缓而出名，因此被看作是落后者。但是技术不会自行运转，教学程序也不会自行设计。在搜寻自动化教学材料的过程中抛开教师的做法不能解决问题。虽然学习者能够自由购买计算机和上网，但是具有明确教学目的和内容的课程设计仍然非常重要，必须予以开发和保留。

信息技术可以不断提高教学效率。关于这一点，尽管许多企业在技术投入上耗资几十亿，但是并不一定就带来平均产值的增长。然而，高等教育必须在这方面投入，因为它是学生必须具备的能力之一。大学毕业生将要进入的世界离不开各种形式的信息技术。技术方面投入的作用如同实验室设备的投入。只要有桌椅和粉笔就可以进行生物科学的课堂教学，但是学生将无法了解科学家的研究方法。即使教学技术的投入会增加教学成本，但是大学也必须提供教学技术设施以供大学教师使用。

投入少而教学效率高成为争论的焦点问题。观点一：试图说服教师教更多的学生或开发和运用教学技术。观点二：致力于通过聘用兼职教师节省教学成本。观点三：主张绕开教师，或者至多只聘用那些比较投入的发明家，他们能够与工作团队协同开发教学软件。观点四：主张完全抛开大学而依靠那些虚拟大学，它们拥有各方面的大量的教学材料。然而，他们都承认，由于大学适龄学生数量的增长以及财政预算紧张，因此必须像大学转型之初那样，进行具有深远影响的改革。

六、管　　理

高等教育继续向世俗化方向发展，外界对高等教育的影响仍然存在。州政府主要强调高等教育的责任感，在各个州开展高等教育绩效评价。高等教育认证机构也要求增强高等教育的责任感，从而进一步加大了大学行政当局的压力。各类院校所认可的全国性会员联合会组织发挥着协调的作用。在所有这些组织之上的是联邦政府，负责在某些领域发挥调控作用。随着联邦和州的规章越来越多，"守规"一词成为高等教育的词汇。由于需要各种数据和文献，因此，院校研究办公室和肯定行动计划办公室大量成立。高等教育受到越来越多的外界干预，大学自治成为退色的记忆。

1. 联邦和州的管理

政府对高等教育的影响作用主要体现在州政府一级。换句话说，更多的是州政府而不是联邦政府为大学的发展提供经费支持和帮助。不过,联邦政府也发挥一定的作用,联邦政府对高等教育的影响多年来一直在变化。第一,联邦政府通过赠地的方式促进建立新的大学;第二,捐资建设大楼,提供学生资助,资助研究项目。总的来说,联邦政府投入占高等教育总体投入的比例从1975年的16%下降到1994年的12%。但是,联邦政府不断要求提高高等教育学生的入学率,以及加强高等教育绩效和责任。

联邦学生资助存在政府监管不力的问题。美国司法部对许多院校存在的歧视现象和收费问题进行了控诉。1990年联邦通过了《学生知情权和校园安全法案》,要求大学提供大学生毕业率方面的信息,以及提交校园犯罪方面的报告。1990年《美国残疾人法案》和1991年的《康复法修正案》(The Rehabilitation Act Amendments)加强了对残疾人教育方面的要求。联邦对于歧视问题的关注体现在1991年通过的《民权法案》,对于以前法案中涉及聘用考核方面的条款进行了修订。1994年国会通过了《2000年目标:美国教育法》(Goals 2000: Educate America Act)进一步推动了州和地方教育标准和评价的发展。即使如此,州政府在提高大学入学率和开展基本教育方面仍然承担主要责任。

联邦政府拥有很大的权力,只受到联邦宪法、各州自己的法律以及联邦政府优先享有的权利的限制。尽管各州对于高等教育的控制程度彼此不同,但是管理范围十分广,主要包括:颁发办学许可,提供办学经费,管理大学,制定有关劳动关系、合同和责任方面的一般法律。如果在大学章程中作出了相关规定,那么州一级的董事会享有自治权,不受州议会的限制。但是在半数的州,根据法规建立起来的董事会很容易进行调整。

举几个例子就可以发现这些差别是多么的明显。当州议会表决关闭南达科他州大学的一个分校,并移交给州监狱系统时,该大学对州议会是否具有这种权力提出了质疑(*Kanaly v. State of South Dakota*,1985)。州最高法院判决认为：虽然这所大学是依法建立起来的，因此州议会有权转移资产，同时州议会也为大学提供了信托基金，但大学必须对于自己造成的财产损失承担偿还责任。1975 年，密歇根大学董事会控告密歇根州议会，因为州议会的拨款方式违反了州法律。在 1990 年，密歇根州最高法院判决州议会在为大学提供经费资助时可以提出附加条件，但是要以不干预大学的管理和控制为限度，因为这些权力是宪法赋予大学的。在加利福尼亚州，依据宪法建立起来的大学不受《州教育法规》条款的限制，该法规定大学董事会的工资可以参照本州其他地区的最高工资标准。在俄亥俄州，法院支持失业雇员要求恢复其工作的诉求，原因是他们被无端解聘。结果法院发现这所大学是一所州立大学，因此必须遵守州的管理规定。法院拒绝了佛罗里达大学的诉求，因为该校法学院院长遴选委员会只有建议权，不适用州关于公开招聘的规定。

州长的影响越来越大。在马里兰州、俄勒冈州、西弗吉尼亚州，州协调委员会重组成为州长内阁成员。在另一些州，州长积极干预协调委员会的成员构成。50 个州的州长提出了一系列的建议，要求高等教育明确各类院校的使命，重视本科生教育，加强学生学业评价，采取措施提高教育质量。在 1989 年第一届教育峰会上，州长和校长聚集一起共同讨论这些话题。

州批准成立私立高等教育的权力受到质疑。过去，法院规定州议会可以颁发大学办学许可证，如同州可以给任何其他企业实体颁发许可证一样，只要学校的资质经过审查符合申请标准。在 1967 年，新泽西最高法院受理了一所大学控告州教育委员会拒绝给它颁发办学许可证的诉状，法院支持了州教育委员会的决定以及授权法规,认为州有权管理私立中等后教育。在 1982 年,新泽西最高法院判决一所正统基督教长老会大学不能免受州法规的限制,该法规要求所有学位授予机构必须由州颁发办学许可证。人们认为州管理教育的好处远远超过了它对宗教信仰自由的威胁。但是,州不允许干预其他州管辖的大学的活动,因为只有联邦政府有权调控各州之间的商业活动,包括州之间的教育活动。

随着 20 世纪 80 年代马萨诸塞州和马里兰州建立了全州的大学联合会,加强公立大学管理的趋势不断发展。在其他几个州,大学联合委员会的权力不断增强,发挥着管理机构的作用。马库斯(Marcus,1997)指出,在 1989 年到 1994 年间 29 个州提出重组大学联合委员会的建议达 49 个,其中州议会发起的建议占半数。还有一些是由州长和州一级的高等教育机构提出来的。大多数建议涉及降低办学成本,但是要求提高高等教育绩效、加强彼此之间的协作以及增强州长立法权威的建议也很多。20 世纪 80 年代,一半的州开展了高等教育效率方面的研究,12 个州要求加强集权化管理。在 20 世纪 90 年代,高等教育集权化的趋势在明尼苏达州、蒙大拿州(Montana)有所反映,这两个州把两年制学院和四年制大学合并起来,进行统一管理。肯塔基社区学院和技术学校也被置于一个新的管理委员会的管理之下。得克萨斯州合并成立了大学系统。新罕布什尔州合并了技术院校。佛罗里达州董事联合会加强了对州所有公立高等教育的控制。高等教育集权化改革在北达科他州、犹他州、科罗拉多州和田纳西州开展。

然而,并不是所有的改革都在上层的董事会。康涅狄格州允许院校直接把学校预算申请提交给州长和州议会,而不要经过学校董事会。俄勒冈州允许它的高等教育机构不受州政府权力机构的限制进行采购、签订合同、管理自己的员工。夏威夷、弗吉尼亚和南卡罗来纳也允许大学执行一些功能，这在以前是州政府相关部门的职能。新泽西高等教育理事会为一个职责更少的高等教育委员会所代替。虽然州长获得了任命州立大学董事会董事的权力，但是院校治理委员会获得了更大的权力。伊利诺伊州长获得了任命伊利诺伊大学董事会的权力。

一方面，州议会希望州一级的理事会节制各个院校发展的野心，防止委员会中大学的成员直接与议员联系寻求有利于学校的活动和项目的支持。另一方面，各个院校希望州理事会能够代表学校向州议会寻求更多的资金，同时又不希望州议会过多地干预学校事务。在各个州的高等教育系统中，不同类型的院校具有不同的使命、责任和目标。州理事会的任何一个举动，即使是各个成员学校的资助资金都提高了，也会引起一些学校的不满，它们会说"我们应该获得比其他学校更多的资金"。尽管州理事会在一定程度上对议员采取了一些隔离措施，但是大多数州的一些著名大学都有他们自己的游说议员者，州理事会经常必须面对来自州议会的压力，要求对某个院校或某类院校采取倾斜政策。

高等教育重组浪潮发生，因为所有州的高等教育都面临同样的困难：预算入不敷出；满足公众接受高等教育的压力；大学教师代表与董事会之间的矛盾重重；职责划分不清。制定任何规划的目的都是为了区分哪些决策应该属于州或整个高等教育系统的层面，哪些是属于院校层面。全国50各州的高等教育系统具有复杂性、多层次性的特点，是一个集集权与分权于一体的系统，这个系统不断接受评估，并且没有任何迹象表明会减少评估。美国教育委员会（Education Commission of the States）提出联邦应该尽可能地下放权力，同时也要重新确定权力结构，明确划分各自的职责。它还提出"不能把一个州的高等教育结构移植或强加给其他的州”,因为各个州的历史不同(McGuinness,1995,p.13)。

2. 联合会

各种自愿性的校际联合会或协会,有些是全州的,有些是地区性的,还有些是全国性的,也发挥了一定的影响作用。范围最大的是具有80年历史的美国教育理事会(American Council on Education),拥有1 600个机构或联合会员。它制定的全面发展规划包括:促进女性和少数民族高等教育的发展,培养教育领袖,发展成人高等教育和远程教育活动。其他联合会包括独立学院联合会(Council of Independent Colleges),具有400个会员,主要任务是提高私立院校的资金。美国超过90%的综合性公立学院和大学都是美国州立学院和大学联合会(American Association of State Colleges and Universities)的会员。此外,还包括天主教学院和大学联合会(Association of Catholic Colleges and Universities),以及其他400个联合会。

每个联合会都有自己的议事日程,主要是帮助如何在会员单位的校长认为重要的问题,或者是联合会会长认为的一些前沿问题上达成共识。在20世纪四五十年代,美国初级学院联合会(American Association of Junior Colleges)通过促使它的会员院校发展职业课程,推动了职业教育的发展。20世纪六七十年代,美国初级学院联合会不同的领导人发表了大量的声明,呼吁发展成人教育、远程教育,开设能够最大限度满足公众需要的课程。最近,该组织更名为美国社区学院联合会(American Association of Community Colleges),共同致力于促进高等教育绩效评估的活动,促使其会员院校按时提供教育数据,包括在校学生数、毕业生数、转学学生数、学生就业率,以及学院对当地经济发展所作的贡献。

除了这些特殊的作用以外,每个联合会试图提高会员院校在公众心目中的地位，影响联邦立法机构，为大学带来好处。每个联合会都有出版物，探讨那些影响大学发展中存在的共同问题。许多联合会还有工作人员，他们的任务是寻求国会资助，推动立法进程。联合会的简报通常建议大学校长加强与当地国会议员代表的联系，赞成或反对通过那些有可能影响当地教育或学生的议案。联合会的功能与工商业联合会的功能非常相似，他们的经费主要来自院校会员缴纳的会费以及他们提供的产品和服务收费。他们究竟在多大程度上影响了大学还不是十分清楚，但是他们提供的信息、思想交流、政策建议肯定对于当地校长促进学校朝着某个方向发展具有积极作用。

3. 认证

认证是影响高等教育发展的另外一种因素。认证经过不断发展，目前的主要任务是协调联邦政府与州政府以及各种不同认证组织会员之间的复杂关系。这个复杂的系统包括 6 个区域性认证协会，其中有 8 个高等教育委员会，8 个全国性协会，以及大约 75 个专业教育认证机构，这 75 个机构“得到美国教育部长的认可”(Rodenhouse，1997，p. vi)。区域性认证协会主要进行每个院校的整体认证。全国性认证协会也进行院校认证，但更多的是进行专业院校的认证，例如对基督教学院的认证。专业教育认证机构主要进行各个专业的认证，如音乐、工程、护理、法律、验光学等专业。

每个认证机构都制定了它所管辖的院校或专业教育的认证标准。申请认证的单位先进行自查，了解自己是否达到认证协会的标准。认证协会派遣一个由各院校志愿者组成的认证专家组到申请认证的院校进行实地考察。专家组将考察报告提交给认证协会。院校认证一般对整个学校进行考察，而专业认证主要对课程、学系、大学的专业学院进行考察。认证协会有一个全国性的协调机构即高等教育认证委员会(Council for Higher Education Accreditation),这个机构是由学院和大学资助建立的。

整个认证过程具有美国特色,因为在美国没有一个全国性的教育部和任何一个官方组织来制定认证标准和评价指标。尽管联邦教育部要对认证机构进行审查,但是它不对院校进行评价。虽然建立在自愿基础之上的会员联合会不具有法律效力,但是他们所发挥的作用使他们成为具有半官方性质的组织。大学的建立一般要得到州政府的批准,许多职业和专业的从业者也必须获得州政府颁发的职业许可证。当个人获得职业许可证的前提必须是从获得认证的专业毕业时,"专业联合会员,这种自愿性的条件几乎就成为必备的条件"(Harcleroad,1996,p. 326)。如果区域性认证仅仅是大学为了获得权威认可的一种手段,那么这种认证不可避免地成为一种交易。而且联邦政府也希望由这些行业协会来决定哪些院校有资格获得经费资助,特别是学生资助。因此,院校能否获得联邦经费资助取决于他们是不是自愿性的行业协会会员,这些行业协会名义上是自愿性的,实质上已经为联邦政府所倚重。

认证机构制定的行业标准影响到大学的发展,在某种程度上威胁到大学自治。如果大学不遵守认证标准,将面临得不到认证的威胁。相应地,它们的学生不仅会面临失去联邦资助的风险,而且面临失去从业资格的风险。人们对认证制度的批评主要包括:不同评价主体存在不同的预期,在不同类型院校之间进行对比的做法不科学,统一的认证标准限制了大学的创造性,导致大学的同质化。认证标准本身也存在比较重视认证过程和输入方面的指标,而对输出方面的指标不够重视的问题。认证过程被认为是善于发现诸如:财政困难、设施不足、管理不力等方面的问题,但是不善于反映教学质量和学生学习质量方面的问题。有些大学校长抱怨:

当认证标准发生变化时，西部学校和学院联合会（Western Association of Schools and Colleges）就建议大学增加种族多样性方面的认证标准，它们按照新的认证标准执行，但是大学按照自己的标准自由招生的权力受到了威胁。

20世纪90年代，认证标准开始考虑院校的产出指标。认证标准变得更加明确具体，建议中“应该”一词开始为“必须”所取代。申请认证的院校必须详细陈述学校发展规划，并对学校管理的各个方面进行评价，包括：财务绩效、课程计划、学生成绩、设施维护。特别对于通识教育课程提出明确要求，学生必须熟练使用计算机。认证中不再仅仅提出图书馆藏书要达到多少数量和种类，而必须具有学生使用学习资源的档案记录。教师只能教授他们所学专业领域的课程，具有博士学位的教师数量必须达到最低标准。认证标准在不同的区域认证协会或专业教育认证协会并不是统一的，也没有严格执行这些认证标准，但是大多数认证标准已经制定出来了，目的在于表明认证发展的趋势，即使不是一种实质上的发展趋势。认证过程是一个强权政府的影子。

4. 院校内部管理

高等教育发展进入当代以来，大学董事会和行政管理者的职责没有发生多少变化。董事会的职责主要是任命校长和支持、评价校长的工作，审查大学履行使命的情况，批准大学长远发展规划，监督大学教育计划执行情况，确保大学办学所需经费，维护校园公共设施，保护大学自治，提高大学的公众形象，解决各部门的投诉，评价自己的工作。直到20世纪50年代，这些职责在一些著作或论文中的表述都大体差不多。人们期望美国学院和大学董事会中的4万名左右的董事能够明白他们的职责并认真履行好他们的职责。这些董事为什么要献身这种事业？虽然他们几乎没有报酬，但是他们积极投身公共事务,这本身就是一项十分光荣的事情。此外,有时他们的激进言论也为他们赢得了部分听众。

所有大学董事都不会唯书本是从。他们利用自身优势宣传自己的愿望,以便引起政府高级管理部门的注意。董事会会议为他们提供了对有争议问题发表看法的机会。尽管他们也利用职务之便促成有利于自己朋友签订的合同,但是这种行为被认为还在他们的权限之内。他们滥用职权的另一种方式是以个人好恶影响决策,即当他们与某些极端主义组织有联系或对之存在同情时,对于这些极端主义组织所提出的教育计划,他们会做出有利于这些组织的决策。加利福尼亚州一个地区的社区学院的董事们坚决支持一门课程讲授“二战”中从未发生纳粹大肆屠杀犹太人的内容,即使董事会的其他几个成员也与主张开设这门课程的群体有联系。

如果大学董事会的成员和行政管理者的行为超越了他们各自的职责权限,将危及他们的大学。在公立院校,州宪法和法律规定了他们的权限。在私立院校,公司法人的有关条款以及州颁发的许可证规定了他们的权限。此外,法律、法院判决、州公司法或信托法也对他们的权限进行了规定。卡普林与李(Kaplin and Lee,1995,p.77)归纳了各种类型的权限规定,提出有的有明文规定,有的是暗含的,有的是显而易见的。明文规定的权限(express authority)有书面的文件规定;暗含的权限(implied authority)是行使明文规定的权限的前提,因此这种权限是可以推断出来的;显而易见的权限(apparent authority)描述了这样一种情况:某人代表大学行使权力导致其他人认为存在这种权限,事实上并不存在这种权限。

大量的案件起诉大学董事会成员和行政管理者各个方面的权限。在1992年发生了一位大学董事起诉大学校长的案件,原因是校长认为董事会成员无权代表校长行使聘用和解聘教师的权力，因而罢免了这位董事。路易斯安那上诉法院判决认为董事会具有这种权力。在1977年发生了起诉一所私立学院董事会的案件，因为董事会企图修改学院章程。密苏里州法院判决认为董事会无权这样做，因为学院原来的章程对此已经有明确规定，因此董事会无权更改章程（Kaplin and Lee，1995，pp. 81－82）。

关于大学在其他领域的权限问题也经常诉诸法院。玩忽职守和诽谤中伤是两类最常见的侵权行为，大学对于其董事会成员、行政管理者或大学其他相关员工的这方面行为负有责任。法院认定大学是否应该承担法律责任的标准，主要看个体所受到的伤害是否可以预见或是偶发事件。一个学生在去上课的途中摔倒在学校大楼光滑的地板上，因此控告学校没有履行合理的看护责任以确保学生的安全。路易斯安那上诉法院认为学校应该通过聘用的保洁员履行合理的看护责任，然而学校没有履行这种义务，因此学校应该为学生的伤害承担法律责任。在1993年，法院规定学校与参加校际运动会的学生之间具有一种特殊关系，因此如果学生在运动中死于心力衰竭，学校必须提前为学生购买医疗保险，否则学校必须承担因此带来的后果。但是，在1980年，佛罗里达州地区法院判决认为校园绑架或两个学生之间的谋杀是不可预见的，因此学校不承担责任。同样，纽约州法院规定：在学校组织的划船旅游活动中，由于不可预见的恶劣天气原因导致两名学生溺水而亡，不属于学校没有履行责任（Kaplin and Lee，1995，pp. 103－111）。

还有就是关于诽谤中伤的案件。1991年，印第安纳大学的一位教授在给一位毕业生写的推荐信中对于这个学生的优缺点进行了非常公正的评价，但是这个学生认为教授的评价损害了自己的名誉，因此控告这位教授。印第安纳上诉法院判决认为：如果教授或大学有责任和义务就某些事务写信反映情况,并且他们也实事求是回答了所质询的问题,那么他们将受到特权的保护。因此,由于这所大学承担了培养教师的任务,教授享有写推荐信并受到保护的权利。同样,在另外一个案件中,法院认为尽管一所公立大学系主任对系里的一位助理教授的评语确实损害了这位教授的名誉,但是仍然适用特权保护的原则,因为系主任的评语主要是对原告工作的评价。

董事、行政管理者或任何其他员工个人都可能同大学一起成为被告。如果发生这种情况,个体不能享受大学具有的豁免权的保护。卡普林与李(Kaplin and Lee,1995)解释了适用这一辩护的原因,因为只要个体的所有行为不超越他们的权限范围,他们的行为是自主的,包括发表对政策的看法,内容涉及那些个体知之甚少或根本不知道如何选择的行为。在 1989 年密西西比州最高法院判决的一个案件中,一位教师控告一位院长写信建议不授予自己终身教职的行为损害了自己的名誉。法院判决驳回了这位教师的诉讼请求。法院认为院长享有评价学院教师的权限,他作为公职人员享有豁免权。同理,教师评价他们的同事也享有豁免权,因为这是他们权限范围内的职责。大学里那些希望得到晋升的教师知道他们的同事和行政官员要对他们进行评价,因此他们没有理由控告他们的名誉受损。总之,个人不会因为履行公职权限范围内的行为而承担责任。大学也不会因为在大学管理活动中的那些必要的、合理的行为而承担责任。

校长的责任仍然包括多个方面。除了要对大学董事会负责以外,校长还必须关心教师、学生、校友、社区公众。校长始终必须积极筹措经费,参与校园政治活动。20 世纪 90 年代的大学校园与以前相比差不多。学生激进主义仍然存在,虽然破坏性没有 20 世纪六七十年代那么大，但是也足够引起相当多的关注，特别是要求提供与种族相关的课程和学系的问题仍然非常突出。董事会倾向于在大学事务管理上发挥更为积极的作用。当学生、校友、周围社区的公众需要发表对一些问题的看法时，校长不再对大家的意见进行分类整理，然后把结论和不同的观点提交给董事会，而是请愿者直接向董事会陈述。在大多数情况下，董事会似乎仅仅把校长看作众多声音中的一个方面的声音。

大学的规模越大，看起来越像公司企业。大学校长的遴选很少看重他们的学术成就，而更看重他们管理大型企业的能力。1997年，当加利福尼亚州立大学系统准备选任一名新校长时，遴选条件不再强调学术资质。董事会把有关学术资质的条件——"候选人必须具有卓越的学术成就，在学术界享有很高的专业威望……具有丰富学术经历的正教授"——删掉了。一位董事会成员指出"具有企业管理经验并不是一个附加条件，而是一个必不可少的条件"(Wallace，1997，p. A18)。对此，20世纪早期一位终生反对商人管理大学的人士凡勃伦所感受到的高等教育领域的冲击，应远远大于加州大地震带来的震动。

大学教师在学术管理中的作用也发生了一些变化。传统的大学教师参与管理主要是作为委员会的成员，或不断有教师成为学校的行政领导，这种方式如同冬天的雄狮逐渐失去了往日的活力。由于大学规模的扩大、教育目的的多重性，以及学生人数和校园设施不断增加，这种传统的方式已经无法适应新形势的需要。在一定的限度内，大学教师具有选聘和晋升他们的同事、确定课程、保留他们喜欢的教学方式的特权。而大学董事和行政管理者控制了大学的招生、设置新课程、扩大服务领域等方面的权力。在条件允许的情况下，大学行政管理者可以决定本科生招生政策。教授会可以根据大学行政管理者分配的教师招聘指标决定教师的招聘。1966 年发表的《关于学院和大学治理的声明》得到了主要的院校和治理联合会的认可，声明阐述了共同关心的问题，提出了大学治理的指导原则，包括："教授会的主要职责涉及一些基本领域，如：课程、教学内容和方法、研究、教师地位，以及与教育过程相关的学生生活方面的事务。"董事会和校长负责审查教授会有关这些事务的决策，"除非在特殊情况下他们才予以否决"(The Carnegie Foundation，1982，p. 18)。到了 20 世纪 90 年代，由于其他选民团体向大学董事会和行政管理者施加了更大的压力，这种特殊情况出现的频率才多了起来。

除了在一些小型的私立院校，大学治理已经成为遥远的过去，"大学治理"现在为"共同治理"的概念所取代，即每个选民团体都参与每个事项的决策。1988 年加利福尼亚州议会的一项法案规定：无论何时需要研究有关学术和专业方面的政策或程序，当地所有社区学院董事会都必须与教授会、行政管理者、教辅人员、学生代表进行协商。从前，大学治理结构和院校发展规划和预算事务主要由董事会讨论决定，现在则必须经过大学所有代表讨论通过。结果之一就是造成决策迟缓，由于需要与各方面的代表协商，包括：教师工会代表或学术评议会(或二者都需要协商)，或职员代表、建筑维修人员、学生代表，因此延缓了决策的作出。在一些规模较大的院校，政治势力的影响极其强大，导致所有决策都被耽搁。那些精明的活动家不得不玩起捉迷藏的游戏——采取迂回、说服、钻空子的方法，总之，采取其他方法达到目的。在组织管理程序指南中所描述的内容根本没有反映出大学管理和决策的真实面目。

5. *冲突的需求*

20 世纪 90 年代的许多高等教育著作都是关于资源减少的问

题。大多数作者建议调整高等教育的形式和结构，以便更有效地发挥高等教育机构的作用。高等教育的基本问题就是无法确定它的相对价值。所有知识具有相同的价值，以及专业领域的专家自己能够确定自身工作的价值，这种看法导致得出结论，即把具有不同使命和不同学科专业的院校进行比较的做法令人反感。虽然课程可以完全一样，也会过时，甚至费用非常昂贵，但是在院校之间重新分配经费，或把资源从一个院校转移到另外一个院校，却没有那么容易。

大学决策结构集集权与分权于一体。集权体现在核心管理部门分配资金，分权体现在各个部门各自作决策。所有的学校、学院、部门、研究机构以及系统内的其他机构根据各自拥有的资源情况进行内部分配。因为人们对于大学内部各个部门作出这些决策的情况不了解，因此很难比较这些决策的好坏。此外，也没有建立信息系统，为每个项目决策提供统一的数据材料。

外界的需求带来其他的难题。资金具有不同的来源。有些赞助单位要求详细说明如何使用资金。认证机构规定了实验室、图书馆、工作岗位的经费投入标准。州议会也对课程设置提出了一些要求。联邦政府也资助一些活动，但当这些活动过时后，就不再资助了。预算分配首先必须考虑所有这些方面的问题，但是在大多数情况，高校校长对此也无能为力，除了要求获得更多的资源以外。现有的大学管理机制不能保证作出必要的决策，解决哪些方面需要增加投入以及哪些方面需要减少投入的问题。目前，联邦没有制定有关高等教育必须达到的基本资质的国家标准，也没有建立院校之间相互合作的规划，也没有进行数据比较的科学方法。由于人们非常珍视大学自治和大学内部各团体的自主权，因此要想作出理智的决策从而改变自大学产生之初就具有的结构和形式是不可能的。

由于无法权衡哪个部门更重要，因此当需要削减预算时，通常的做法是由各部门共同承担，按同样的比例削减各个部门的资金分配。如果这样做还不行，大学将考虑撤销某些院系，它们没有多大的政治影响力，也不会进行强烈抗议，获取校内外经费资助数量最少。另外一个比较受欢迎的方法是责任管理，把预算分配权下放到各个部门。这种方法承认任何核心权力机构都无法权衡各个部门的重要性，各个部门能够更有效地分配使用预算。此外，大学还可以通过实施自愿提前退休计划削减开支，这样教师可以根据自己的情况考虑是否提前退休。但是，这样一来，最优秀的教师和最差的教师都可能选择提前退休。因为大学中心权力部门不知道哪些教师最优秀、哪些教师最差，即使他们了解这些信息，也不能强迫那些最差的教师提前退休，因此大学中心权力部门在这个过程中仍然发挥不了多大作用。

另外一个需要解决的问题就是高等教育对广大社会的作用。在每个时期，社会究竟需要多少专业人才？文化保存以及古典主义者的存在究竟具有什么价值？任何治理结构都不会提出这些问题，但是这些问题是高等教育最基本的活动。当前的预算危机引起了高等教育活动的混乱，但是强调高等教育功能的多重性和高效率的改革方向是相当值得怀疑的。如果从投入和产出的意义上来看，在本质上高等教育是低效率的。它的各个部门的发展如同民主进程一样迟缓、艰难，然而付出这种代价是值得的。

七、财　　政

20世纪60年代，高等教育的收入和开支空前增加，并于70年代停止。在1957年到1967年的10年中，高等教育开支从35亿上升到了185亿。高等教育开支增长的原因并非仅仅因为同期学生入学人数翻了一番。政府投入的研究经费扩大了近3倍，州政府投入到高等教育的资金增长了4倍多。教师开始习惯了年度预算的增加，主要用于提高教职工薪水，购买设备和特别项目投入，以及设备改进的费用。对于那些在15年前高校大肆招聘教师的时代进入高校的教师来说，他们似乎从不知道高校财政的艰难。那些在高校工作时间比较长的人也忘记了他们曾经经历了怎样的困难。

20世纪70年代中期出现的一些出版物提醒人们，这种现象正在改变，高等教育迅速发展时期聘用的那批建设者现在已经过时。新型管理者必须知道如何应对政府投入减少以及18岁人口数量逐步递减的形势。然而，少数评论家的呼吁以及进行人口发展规划，并不足以改变这种现象。高等教育改革并不容易，它的传统已经根深蒂固。到目前为止，高等教育的大部分开支很难调整，就像法律已经规定了一样不能改变。70年代末，两位数的通货膨胀率导致高校各个方面经费开支剧增，从基础设施费用到购买图书的费用，大学对此也无能为力。他们还必须购买计算机，因为计算机对于现代管理系统已是必不可少的，通过计算机可以向州和联邦机构提供他们需要的数据。他们也不得不提高教师工资，至少部分抵消通货膨胀对教师收入造成的损失。同时，虽然前景渺茫，他们还是希望能够筹集到他们需要的资金，勉强渡过难关。

从每个院校的总体收入或生均费用的角度来看，高校收入来源与以前相比变化不大。联邦学生资助从助学金向助学贷款转变。州政府经费增长的速度远远赶不上入学人数增长的需要。学费大幅上涨，导致学生和家长分担的教育成本逐步上升。慈善基金会提供的资助从以前的普通奖学金转变为具有明确目的的奖学金。企业捐赠基金越来越要求附加明确的服务协议。高校能够自主决定用途的资金越来越少。幸运的是,大学校长能够适应这些变化。

1. 收入

在探讨收入来源之前有一点需要注意:大学总是经费不足。这是由大学财政结构的性质决定的。公立院校的经费不能有盈余。大学的行政管理者知道当年拨款没有用完就意味着下一年度将削减同等数量的拨款。然而,如果大学花完了所有经费,一旦削减了拨款,大学将陷入危机。总之,这是一场不会赢的游戏,大学要么破产,要么经费短缺。在私立院校,除非盈余资金有指定的用途或者征得大学各个团体的同意——后者似乎不会发生,否则这些经费都将充作捐赠资金。如果大学获得了不限制用途的捐款,所有的员工都马上要求加薪,每个院系突然提出要求增加新教师,要求学校增加学费折扣的指标,总有建筑物需要粉刷。不管公立还是私立院校,最终的结局是一样的,大学最好关门大吉。

考察1976年至1995年间高等教育机构流动资金收入的情况,可以反映出高等教育收入来源的变化(表5.11)。联邦学生资助包含在学费上。表5.11显示随着联邦经费逐步减少,学费收入逐渐成为高等教育机构的主要收入来源。公、私立院校收入来源所占比例的差异见表5.12。

1978年,加利福尼亚州开始实行限税政策,导致州政府的拨款大幅下降,而州政府的其他机构不断要求增加经费。州监狱是最主要的竞争者。加利福尼亚州在1994年通过的“三次重罪,你就完蛋了”的法案规定:任何人第二次犯重罪将要接受2倍于平时刑期的惩罚;第三次犯重罪,如果前两次是暴力或重罪,将接受3倍于平时刑期的惩罚,至少25年的刑期。

表 5.11　高等教育机构收入来源(1975—1976 年,1994—1995 年)

收入来源	1975—1976 年		1994—1995 年	
	收入(千美元)	占总收入的比例(%)	收入(千美元)	占总收入的比例(%)
学杂费	8 171 942	21	51 506 876	27
联邦政府经费	6 477 178	16	23 243 172	12
州政府经费	12 260 885	31	44 343 012	23
地方政府经费	1 616 975	4	5 165 961	3
捐赠收入	687 470	2	3 988 217	2
私人赠品与助学金收入	1 917 036	5	10 866 749	6
销售与服务收入	7 687 382	19	43 039 561	23
其他收入	884 298	2	6 967 023	4
合计	39 703 166	100	189 120 570	100

资料来源：NCES,1997g,p.343。

表 5.12　公、私立院校收入来源所占比例(1994—1995 年)

收入来源	公立院校(%)	私立院校(%)
学杂费	18	42
联邦政府经费	11	14
州政府经费	36	2
地方政府经费	4	1
私人赠品、助学金和合同收入	4	9
捐赠收入	1	5
销售和服务收入	23	22
其他收入	3	5

资料来源：NCES,1997e,pp.4,6。

这样就使监狱犯人剧增,也增加了州政府在犯人劳教方面的开支。这样一来用于州政府其他服务方面的资金相应就减少了,州政府不得不大幅削减对大学的经费投入。20 世纪 80 年代早期,加利福尼亚州高等教育获得了约 9%的州一般资金,仅仅 2%多一点用于犯人劳教;到了1997年,投向监狱的资金比例超过了投入到高等教育的资金比例。

其他州的情况稍微好一点。在南部地区教育委员会(Southern Regional Education Board)管辖的那些州,1960年以来,人均个人收入从占国家平均水平的79%上升到了90%,但是投入到大学的经费比例依然是全国最低的,州政府和当地政府投入到高等教育的经费持续下跌。考虑通货膨胀的因素,20世纪90年代中期高等教育的经费仅仅相当于1984年的经费,但是大学生入学率已经上升了16%。州政府资金在公立院校收入中所占的比例大幅下降,超过了全国的平均下降水平。在这里,各州之间的差异非常显著:佐治亚州提供一些资助,包括为所有本科生提供无条件的资助,但是这个地区1/3的州没有安排这些方面的经费。全国范围来看,虽然自20世纪90年代初期以来,各州学生资助资金一直在增长,到中期时已经保持稳定。但是,从总体来讲,雄厚的经济实力允许各州在1996年和1997年每年资助大学的经费比例达到了6%(Nespoli and Gilroy,1998)。

2. 联邦资助

联邦经费,作为高等教育机构第二大收入来源,在高等教育机构总体收入中的比重也减少了。在1980年,联邦经费占高等教育经费的18%,到1997年下降到了14%以下。如果再考虑到通货膨胀的因素,联邦经费减少了28%。按照定值美元计算,大学的研究经费增长了41%,但是大部分增长发生在20世纪80年代。在1990年到1997年间,联邦研究经费只增长了3%。此外,预算外资金也应该考虑在内。几乎所有的预算外资金包括贷款和勤工俭学资金,要求参与大学必须配套相应的资金。在1980年到1997年间,按照定值美元计算,预算外资金扩大了3倍,表明联邦资助不断从提供助学金向提供贷款转变。联邦资助贷款或担保贷款主要采取以下项目：联邦家庭教育贷款（Federal Family Education Loans），由联邦政府偿还贷款利息，学生家庭负责偿还本金；联邦学生直接贷款（Federal Direct Student Loans），占到了20世纪90年代中期新建立的贷款项目的1/3，学生不需要通过中介银行贷款，而是直接向联邦政府贷款；联邦学生奖学金（State Student Incentive Grants，简称SSIG），资金来源于联邦捐赠；教育机会补偿奖学金（Supplemental Educational Opportunity Grants，简称SEOG），为那些经济困难的本科生提供经费资助（Hoffman，1997，pp. 12－13）。

其他几个法案通过追加资金，或者提高经费的方式，影响到学校的经费。1978年通过了《部族社区学院援助法案》（The Tribally Controlled Community College Assistance Act），在1990年该法再次获得批准，为印第安社区学院的学生提供经费资助。1978年《中等收入学生援助法案》（Middle Income Student Assistance Act）调整了经费资助计划，不仅包括中等收入学生，也包括低收入学生。1983年的《挑战奖学金修正案》（Challenge Grants Amendments）向那些愿意提供配套资金的院校提供经费支持。1984年《卡尔·帕金斯职业教育法案》（Carl D. Perkins Act）取代了1963年的《职业教育法案》，继续为职业教育提供联邦资助。1985年《退伍军人权利法案》经过修订继续为此后服役的退伍军人提供资助。1990年的法案增加了数学、科学、工程学科的奖学金计划，同年的《学生知情权和校园安全法案》要求学校提供学生毕业率方面的信息，以及保证学校采取了校园安全的措施。1991的《民权法案》对于《美国残疾人法案》、《1964年民权法案》和《1965年年龄歧视法案》进行了修订。每隔几年就对《1965年高等教育法案》的各个方面进行修订和重新颁布。例如，1994 年，对于那些学生贷款还款率极低的院校进行处罚的日期推迟了，因为这些院校主要是历史上的黑人学院和大学以及部族社区学院。

许多联邦法案出台的目的不仅是为了扩大那些以前享受助学金和贷款的学生上大学的机会，而且也是为了扩大那些过去受到歧视的群体上大学的机会。联邦政府继续为高等教育研究提供资助的原因在于：虽然“冷战”已经结束了，但是美国与世界其他各国的经济竞争是永远存在的。在小的范围内，联邦政府威胁要削减那些反对校园征兵院校的学生资助。高等教育和联邦政府不仅密切联系在一起，而且这种联系将永远保持下去，尽管他们偶尔也会发生分歧。那些反对政府干预高等教育以及主张精英高等教育的人，通常是同一个群体，他们也无法改变这种关系。

联邦政府的研究经费占高等教育机构收入的比例从 1987 年的 8.7％提高到 1995 年的 9.3％。公立高等教育机构的联邦研究经费增加了，而私立高等教育机构的联邦研究经费减少了，尽管获得联邦经费最多的 5 所大学是私立大学：加州理工学院、约翰·霍普金斯大学、芝加哥大学、麻省理工学院、斯坦福大学，它们获得的联邦经费占了联邦高等教育经费总数的 1/6。而获得联邦经费最多的 5 所公立大学是：华盛顿大学、密歇根大学、威斯康星大学、加利福尼亚大学圣地亚哥校区、加利福尼亚大学洛杉矶校区，它们获得的联邦经费占了联邦高等教育经费总数的 1/16。从总体来看，在获得联邦经费最多的 25 所大学中，公、私立大学各半。联邦资金，主要是研究经费，每年在每所研究型大学的平均经费为 3.4 亿美元，此外还包括来自慈善基金会和其他捐助者提供的赞助和研究合同经费。联邦经费投入非常集中。100 所大学获得了 80％的联邦经费。联邦重点资助医学、生物学、物理学的研究，但是天文学、海洋科学、社会科学也得到了联邦资助。教育研究，从来不是联邦政府重点资助的领域，在1980年到1997年间持续下降。但是，国防部实施的研究项目的经费增长了19%。NASA资助的研究经费增幅最大，达到了3倍，大部分是在20世纪80年代以后。联邦生命科学研究经费投入也提高了，但是工程学研究经费减少了。联邦研究发展经费中的5/8投入到了国防研究，远远高于排在第二和第三的医疗卫生和空间研究。

资助原则是强调研究项目。到1987年，美国科学基金会资助建立了14个工程研究中心，目的是为了鼓励开展与工业相关的跨学科研究。国防部逐步削减对基础研究的资助，虽然在1978年到1983年的5年中，它投入到学术研究的经费总量翻了一番。私人捐赠同样倾向于资助具有特殊目的的研究项目。盖格公布“在1970年大约1/3的私人捐赠没有限制资金用途，比20世纪80年代晚期要低20%。对于研究型大学来说，这一比例将近10%”(Geiger,1993,p. 314)。私人捐赠在商学和工程学院增长幅度最大。

大学校长力求不断争取更多的校外资金资助，甚至不惜建立精致的科学研究园区。到1995年，除了1975年已经建立的10个科学园区以外，又增加了25个。同时还建立了工业孵化器，帮助发展新型产业，组建跨行业的研究中心。尽管这些年大学的知识产权保护费用远远超过了知识产权的收入，大学还是制定了知识产权申请的程序。

随着经济发展和技术转让变得越来越重要，必须多渠道筹措研究经费。要想稳步提高各个研究领域的经费，不能仅仅依靠联邦政府的投入。1975年到1996年间，联邦年均大学研究经费从34亿美元提高到90亿美元，但这些经费并不是在各个院校之间进行平均分配。20年来，联邦住宅和城市发展部、司法部、国务院削减了经费，其他机构经费高低不同：教育部在1984年到1985年的一年内经费从1.6亿美元下降到2900万，经过8年的时间才恢复到1984年的水平；商务部在1986年到1988年间，经费从6200万下降到了3600万，直到1991年才恢复到1986年的水平；国防部的经费在1994年达到顶点，两年后减少了18%；交通部的经费在1995年到1996年间减少了28%。卫生与公众服务部是始终每年保持经费上升的机构，从刚开始的13亿美元提高到68亿美元(NCES,1996b,pp.390-391)。即使是在这些数据中，联邦资助研究的种类也不一样，因为各种疾病或社会危机容易引起国会议员的关注。

3. 学费

大学学费接受了相当多的检查，特别是在20世纪90年代公立院校学费大幅上涨。从高等教育大众化开始直到20世纪70年代，学费增长的平均水平略微高于通货膨胀的水平，但是家庭收入也增长了，因此大多数家庭还能承受上大学的费用。这期间，在学费比较低的公立院校，学生资助计划得到了发展，因此公、私立院校都能够招收到足够数量的学生。到了20世纪80年代，情况发生了变化。学费增长速度远远超过了通货膨胀或家庭收入的增长速度，公、私立院校的学费以每年10%的速度增长。而同期平均家庭收入增长了50%，但是学费增长了90%。除去通货膨胀的影响，家庭收入增长了6%，学费增长了30%。即使考虑到家庭成员的数量、可支配的收入、家庭主要成员的年龄或其他相关因素，学费开支仍然增长比较快。

1991年以来的3年中，公立四年制大学的学费分别增长了12%、10%、8%，公立两年制学院的学费分别增长了13%、10%、

10%。公立两年制学费增长主要受到了加利福尼亚州的影响，该州的学费翻了三番，并且该州是社区学院学生人数最多的一个州。全国所有院校的平均学费从1977年的924美元上涨到1996年的4 312美元。公立大学从479美元上涨到2 176美元。私立大学从2 467美元上涨到11 858美元（NCES，1996d，pp.320，321）。公立两年制学院，一直以能够保持低廉的学费政策而自豪，直到1983年年均学费低于500美元，10年后年均学费也突破了1 000美元。

学费的大幅上涨导致一些院校和州实行预付学费计划，允许学生家长在录取时支付4年的大学学费，从而避免学生入学后学费的上涨。1985年又实行了另一种预付学费的方法，当时，杜肯大学（Duquesne University）宣布：家长可以为他们的子女预付大学学费，如果若干年后他们的子女未能被录取，可以退还学费，但是没有利息。不到3年，杜肯大学就不再实行这种做法。但是许多其他院校开始引进这一做法。政府机构也开始借鉴这种做法。1986年，密歇根州允许家庭把钱存入州管理的投资基金，当他们的子女准备上大学的时候，这笔钱可以用作本州任何一所公立院校的学费。如果他们的子女选择到私立院校或其他州的院校上学，同样可以从基金中支付同等额度的学费，就如同他们在本州公立大学上学一样。他们的投资基金可以从州的收入所得税中扣除，而且美国国税局规定：投资收入可以连续滚动4年，并根据他们子女的税率收税。“到1988年11月，大约27 000个家庭签订了协议，投资近2亿美元”（Hauptman，1990，p.23）。

其他的州采取了不同的激励措施。对于预存大学学费，密苏里州允许减免其州收入所得税。伊利诺伊州出售了价值几百万美元的无息债券，如果家庭入股时间达5年，并将收益用于支付大学学费，州将支付追加的利息。到1998年，25个州都通过了立法允许预付学费或预存学费计划，家庭预存大学学费可以享受州税收减免优惠。所有计划都是为了鼓励家庭为他们的子女教育存款。那些最富裕的家庭，他们最有可能采取预付大学学费的方式，实际上通过买保险来减少学费上涨带来的损失。而那些低收入的家庭，他们很少采取预付大学学费的方式，他们只是希望他们的子女不至于因为高昂的学费而退学。

联邦政府实行了各种税收减免的措施，例如：允许父母每年从他们的基金收入中给每个孩子10000美元，只按孩子较低税率收税。其他一些减税措施遇到了困难，因为任何与收入所得税相关的措施总是对富裕家庭更有利。作为一个迂回的办法，《1997年的减税法案》中的条款允许中低收入家庭的学费税收减免提高到1500美元。这个条款主要是为了资助那些大学一、二年级的学生。

4. 学生资助

学生资助来自于联邦政府、州政府以及大学，自20世纪60年代以来，学生资助的数量迅速上升(见表5.13)。1964年，各种学生资助不到5.5亿美元，到了1971年达到了45亿美元，1976年达到了105亿美元，到20世纪80年代末期达到了266亿美元。即使按照定值美元计算，25年以来，学生资助增长了10倍多。学生资助增长主要是学生借款增加的结果。总体上看，20世纪70年代中期，奖学金占所有学生资助的83%，但是到了80年代末期这一比例减少到了51%。1976年，奖学金占联邦资助经费的80%，到了1980年，这一比例下降到了61%。

表 5.13　1975—1976 年至 1994—1995 年间中等后教育学生助学金(美元)

年度	助学金种类					
	联邦担保贷款	联邦奖学金	联邦助学金总额	州奖学金	院校和其他奖学金	州、联邦、院校助学金总额
1975—1976	4 604	17 888	22 492	1 273	3 036	26 801
1977—1978	5 508	15 222	20 730	1 558	2 825	25 113
1979—1980	8 565	13 363	21 928	1 463	2 710	26 100
1981—1982	12 106	10 789	22 895	1 410	2 674	26 979
1983—1984	12 091	7 964	20 055	1 566	3 229	24 850
1985—1986	13 523	8 160	21 683	1 788	4 040	27 511
1987—1988	16 033	7 775	23 778	1 926	4 878	30 582
1989—1990	15 671	8 425	24 096	2 008	5 784	31 888
1991—1992	16 345	9 149	25 494	2 112	7 166	34 772
1993—1994	22 784	8 948	31 822	2 408	8 349	42 579
1994—1995(估计)	25 683	8 926	34 609	2 628	8 929	46 166

资料来源：Gladieux and Hauptman，1995，pp. 10 - 11。

注：联邦贷款包括：帕金斯贷款、家庭教育贷款、福特直接贷款以及其他特别的直接贷款；联邦奖学金包括：Pell、SEOG、SSIG、CWS 奖学金，社会安全、退伍军人和军人助学金以及其他特别的直接贷款。

不同类型的学生和院校，资助模式不一样。全日制学生比非全日制学生、四年制学院的学生比两年制学院的学生、研究生比本科生、私立院校的学生比公立院校的学生、私营学校的学生比其他学校的学生，更可能获得资助。到 1992 年，52％的公立院校学生、70％的私立非盈利性机构的学生、76％的私营学校学生，接受了各种形式的资助（NCES，1996b，p. 325）。在研究生水平，68％的学生获得了资助。

学生资助种类经过了长期的变化。担保学生贷款（Guaranteed Student Loans）开始于 1965 年。到了 20 世纪 80 年代，贷款达到了 1 000 亿美元，占学生资助的最大份额。担保贷款计划由联邦提供担保,学生向银行贷款负担上大学的费用。这个计划出于这样一种考虑:大学对于个人和社会来说都是一项有益的投资。即将进入大学的学生信贷风险极大,因此他们很难通过借款方式进行这种投资。由于学生不能按期偿还贷款,所以银行一般不愿意贷款给学生,除非他们能够获得较高的利息以弥补这种损失。尤其是,通过向学生提供担保贷款,学生再把贷款交给那些愿意接受自己的大学,这样就可以回避教会院校的资助问题。

随着进入大学的大龄学生数量日益增多,以及非全日制学生的比例的扩大,各种资助计划的复杂性也相应增加了。1972 年《教育修正案》建立了"基本教育机会奖学金计划"(佩尔奖学金),保留了"教育机会补偿奖学金计划",批准了"联邦学生奖学金",为联邦奖学金计划提供配套资金,还建立了学生贷款推销联合会(Student Loan Marketing Association),这是一个政府资助建立的机构,目的是为学生贷款提供资金。随着这个机构规定了限制条件,因而这个计划变得越来越复杂。私营学校的学生从中获益最大,因为 1965 年建立的学生资助计划在 1968 年与担保贷款计划合并了,到了 1972 年这个资助计划基本覆盖了整个高等教育。到 1989 年,赢利性学校的学生获得了 26% 的佩尔奖学金以及 35% 的担保贷款。

1978 年对学生资助计划进一步进行调整。最大的变化是取消了限制条件,这样一来所有学生,无论他们收入高低,都可以申请担保学生贷款。因为学生贷款利率低于商业贷款的利率,尤其在 20 世纪 80 年代早期商业贷款利率极高的情况下,学生贷款利率就相当低了——"任何有孩子上大学的家庭如果不贷全额的学生贷款,那肯定是不够聪明……难怪年度学生贷款总额从 1977 年的大约 17 亿美元上升到 1981 年的近 72 亿美元"(Breneman, 1991, p.9)。担保学生贷款作为一项获得批准的计划，因此不需要经过年度国会预算的直接审查。尽管其他联邦资助计划如：勤工俭学助学金、联邦奖学金都在减少，但是担保学生贷款却大幅上涨。不过，联邦政府并非不重视这项工作。1976年联邦奖学金计划提供的学生资助总额达到了5亿美元，但是到了1989年，超过了16亿美元，在1995年达到了近25亿美元。联邦政府在各种不同性质和层次的院校为各种类型学生提供的奖学金、助学金成为美国高等教育的主要依靠。

仅仅考察联邦政府提供的奖学金、助学金的数量并不能充分说明问题。为了显示上大学的净费用，必须把奖学金、助学金放在大学学费和生活费的背景下加以考虑(见表5.14)。

表5.14　佩尔助学金和斯坦福贷款(担保学生贷款)占上大学费用的比例

(以1975—1987年的现值美元计算)

类型	年份	最高数额（美元）	平均数额（美元）	占上大学费用最高比例(%)		占上大学费用平均比例(%)	
				公立	私立	公立	私立
佩尔助学金	1975	1 400	761	61.8	32.8	33.6	17.8
	1980	1 750	882	53.2	27.4	26.8	13.8
	1985	2 100	1 279	43.4	20.9	26.4	12.7
	1987	2 100	1 350	39.7	18.2	25.5	11.7
斯坦福贷款(GSL)	1975	2 500	1 312	110.3	58.6	57.9	30.8
	1980	2 500	2 086	76.0	39.1	63.4	32.7
	1985	2 500	2 307	51.7	24.8	47.7	22.9
	1987	2 625*	2 466	49.6	22.7	46.6	21.4

* 主要是大学一、二年级学生，对于高年级学生，贷款最高额度为4 000美元。

资料来源：Hauptman,1990, pp.12-13。

在1993年，公立四年制院校全日制学生获得的奖学金占大学平均学费总额的30%，这一比例10年来一直保持不变。相比较，高等教育进入大众化时代以前，学生所获得的各种资助经费大约占上大学的所有花费的比例不到10％,《退伍军人权利法案》资助越南战争退伍军人上大学之后,这一比例上升到了40％,这是在当代初期大学生资助经费占上大学所有花费的比例。大学生资助包括:助学金、贷款、各种勤工俭学活动和大学提供的资助、奖学金以及大多数私立院校提供的学费打折。在20世纪80年代,大学生获得的贷款资助形式的比例上升。到了20世纪80年代末期,助学金占上大学费用的比例下降到了13％左右,而退伍军人资助经费以及勤工俭学经费从1975年占上大学费用的20％下降到了2％。同期,1975年贷款占上大学所有费用的比例为7％,到20世纪80年代初期上升到15％,并且不断上升。

对于公立院校来说,学费上涨弥补了大学因为州政府投入经费降低而带来的收入减少;私立院校学费的上涨弥补了大学因为联邦政府投入经费降低而带来的收入减少。总之,年度学费涨幅最大的是20世纪80年代、90年代,1988年到1993年,公立院校学费每年上涨比例超过了10％,在1991年到1992年间,学费涨幅达到了14％。私立院校学费的涨幅相对平稳一些,这期间只有2年超过了10％,当然私立院校学费的起点比较高。

一些公立院校学费上涨幅度确实非常大。在1987年到1994年,加利福尼亚大学对居住在本州的本科生收取的学费从不到1500美元提高到4000美元,几乎只有密歇根州和华盛顿的公立大学学费涨幅才能达到这个水平。而且普通专业学生与专业学院学生之间的学费差距更大,因为联邦不愿意资助那些毕业后可能进入报酬优厚职业的学生。法律、医学、商业学院学生的学费常常是普通学院学生学费的2倍。学生之所以愿意缴纳更高的学费进入声望极高的院校接受本科教育,是因为他们认为这样就可以有机会进入选拔性极强的专业学院,因此在他们进入这些院校之后,往往要缴纳更高的学费。

5. 开支与成本控制

院校开支的增长反映了当时通货膨胀的情况。1976 至 1994 年，按照 1994 年的定值美元计算，每个学生的开支增长了 30%。四年制学院受到的影响最大，每个学生开支增长了 34%。而两年制学院学生开支增长了 18%。按照定值美元计算，公立四年制学院每个学生开支增长了 27%，私立四年制学院每个学生的开支增长了 40%。私立四年制学院学生开支增长的主要原因是私立院校提供了奖学金和助学金，到 1995 年，奖学金和助学金已经占到学生开支的 11%。高等教育物价指数在 1960 年比消费者物价指数低 4%，到了 1966 年二者持平。在当代初期，高等教育物价指数比消费者物价指数高 2%，到了 1994 年则高达 17%。可见，这个时期高等教育开支增长速度比消费者物价增长速度快得多。

削减开支成为一个口号。在高等教育收入增长时期，可以增设新的课程计划，即使各个院校预算增长没有达到课程设计者所预期的水平，但是学校仍然能够容纳大多数学生。但是，当高等教育收入增长远远低于高等教育开支的增长时，整个教育活动就可能受到影响。究竟哪些方面的开支应该被裁减？权衡高等教育的相对价值向来比较困难。联邦关于《美国中等后教育评价机构》(State Postsecondary Review Entities)的规定被认为是院校的指导方针，院校扩大或削减课程计划的主要标准是毕业学生数与入学人数之间的比例即毕业率。然而，高等教育机构不会遵循联邦制定的意欲区分哪些教育活动是值得保留、哪些是不值得保留的一套规定。这势必遭到高等教育人士的反对，因此在这些规定付诸实施之前就注定会失败。

州一级鼓励削减开支的措施取得了极大的成效。有些州对那些保持较高毕业率和就业率的专业增加资金。其他一些州实行严格的限制措施,即采取大棒而不是胡萝卜政策。在这种情况下,州制定了明确的规定:对于副学士学位超过60学分以上,以及学士学位超过120学分以上的课程学习不得进行资助。对于那些学生必须达到最基本学习要求的课程可以获得一定程度的补偿。院校的校长对此也不赞成,他们认为这种规定没有看到院校的差异性,而且对于那些提供非学位课程的补习教育的院校不公平。

有些特殊原因使得控制高等教育开支十分困难。其中之一就是与教师工作效率相关的教师工资方面的成本控制问题。由于大学之外的专业人员的工资比较高,因此必须提高大学教师的工资,否则高等教育将退回到教授沦落为低薪工人的时代。但是,除非提高生师比,否则,真正的教学成本会增加,然而这种主张往往遭到掌权教师的抵制。高等教育开支的增长也因为缺乏一个公认的评价教师工作效率的方法。大学的声望——大学追求的最高目标——的提高与大学获得更多的资源联系在一起。聘请著名教授,新建气派的大楼,都会导致办学成本的增加。大学实行的固定工资制度即无论大学教师教多少学生,他们所拿的工资一样,这也增加了控制开支的难度。即使大学教师争取到的研究经费也无法缓解大学的经费紧张。那些在研究方面投入时间较多的教师并不希望减少他们的教学课时。另外一个影响高等教育开支增长的因素是大学不断增加的课程(几十年来如此)。课程目录中的课程越多,开设这些课程所需要的专业教师就越多,能够选修课程的学生数量就越少。这些新课程中哪些课程是不值得保留的呢?

为了减少这个时期高等教育的开支,各种性质的院校采取了一些非常明确的措施。其中之一就是改善学校的建筑设施,学校大量开设暑期课程,延长教学时间。另一个措施就是鼓励长期聘用的教师自愿提前退休。在 1990 年到 1994 年间，加利福尼亚大学实行了 3 个这方面的计划，导致大约 2 000 名教师退休，从而节省 2 亿美元的工资。虽然提前退休空出来的 2/3 的岗位补充了新教师，但是大多数新聘教师都是初级教师岗位。

其他在课程方面所采取的措施包括扩大班级规模，特别是在社区学院，平均班级规模从 1994 年前的 27 人增长到目前的 31 人。虽然图书和期刊的开支增加了，但是图书馆的预算却削减了。研究经费投入比例提高了，因为研究活动主要得到了校外研究资金的支持。由于学校聘用了低薪的教师以及削减了入学率低的专业，因此教学经费下降了。但是，高等教育在控制开支方面所采取措施的成效远远没有它在开拓资源方面的成效显著。

6. 慈善事业

虽然高校从企业和个人那里募集到的资金并不足以弥补州政府投入减少带来的经费紧张，但是高校除了继续通过多种渠道筹集经费以外别无选择。1968 年至 1974 年间，扣除通货膨胀率，私人捐赠资金下降了 20%，但是到了 20 世纪 70 年代末期私人捐赠资金开始增长，并在 20 世纪 80 年代持续快速增长。到了 20 世纪 90 年代，大约 80%的私人捐赠资金限制了资金的用途，主要用于大学的研究或建筑。商业学院和工程学院在争取资金资助方面特别成功，因为它们往往在企业界有校友和朋友。博物馆、捐赠教席、美术馆也获得了私人捐赠资金。虽然这些机构不能提高大学的生产力，但是它们提高了有幸拥有这些机构的大学的声望，同时还获得了足够的私人捐赠资金保证这些机构的继续发展。从总体上看，20 世纪 90 年代中期，大学接受私人捐赠资金的情况如下：27%来自校友，23%来自其他个体，21%来自公司企业，20%来自基金会，2%来自宗教团体，7%来自其他方面。资金总数超过 110 亿美元(Eaton，1995)。

公立大学不断重视寻求私人资金的支持，使它们置于与其对手私立大学直接竞争的境地。20世纪90年代早期，美国大学联合会(AAU)70%的会员院校开展或计划开展募集1亿美元私人资金的活动。到1994年，公立院校筹集到45亿美元的私人捐赠和资助，相比之下，私立院校获得了57亿美元。在此方面公立研究型大学做得特别好。密歇根大学、明尼苏达大学、加利福尼亚大学，以及俄亥俄州立大学、宾夕法尼亚州立大学，成为极具开拓性的资金募集者。1994年，仅仅是加利福尼亚大学就募集到5亿美元的私人捐赠。

为了能够募集到更多的私人资金，公、私立院校都大力配备工作人员。对于一所著名大学来说，大学发展办公室拥有300名工作人员并不奇怪。此外，还包括校长以及大批擅长募集资金的人员。大学发展办公室官员制定周密计划，盯准那些富裕的捐赠者，尽可能与他们建立私人关系。他们注重宣传自己学校的声望、教育活动的范围以及学校服务公众的方式。他们谨慎地调整自己的请求以满足某些捐赠者的需要。筹集资金在公、私立院校变得如此重要，以至于它影响到大学校长的选举。一个没有风格和个性魅力的候选人即使具有较高的学术声望也会被拒绝。而大学更愿意选择那些能够与私人捐赠者、公司和基金会官员建立良好人际关系的大学校长。

20世纪90年代末期经济发展比较好，大学接受的捐赠资金比较多。1997年，235所院校中每所学校获得了价值超过1亿美元的捐赠资金("Fact File",1998)。虽然位居捐赠资金数量榜首的是几所公立大学，但是私立大学仍然占主导地位。在25所获得价值10亿美元以上捐赠的院校中，私立院校占了19所。只有以得克萨斯大学、加利福尼亚大学、弗吉尼亚大学、得州农工大学(Texas A

& M)大学为首的35所院校进入了捐赠资金数量排行榜的前50名。股票市场的繁荣导致大学获得的捐赠收入成倍增长。实际上,哈佛大学从捐赠中获得了近110亿美元的预算收入,远远高于它收取的学费收入。1996年前的5年中,埃默里大学位居捐赠资金榜首,它超过22%的预算收入来自于它所拥有的大量的可口可乐公司股票。但是,耶鲁大学获得的捐赠收入占到了17%,哈佛大学占16%,另外6所大学紧随其后,占到了15%(“Harvard’s Men”,1996)。

捐赠收入来源不断发生变化,许多院校尽力获取更多的资源,但是高等教育控制开支的能力仍然有限。高等教育系统存在的主要问题是在获得大量资源的时候,如何合理进行资源分配才能节省开支。这就是为什么大多数投资方式依赖于那些与教育活动无关的资源分配方法即根据项目活动开支分配资金。按照这种逻辑,项目活动所需要的开支越多,投入的经费应该越多,而不管它是否具有社会价值或教育价值。从政治上看,虽然教育者几乎不可能公开讨论高等教育系统内部资源分配的基本原则,但是他们能够团结起来,共同为高等教育争取更多的外来资源。这也是为什么每当全国性的高等教育联合会花力气为它们的会员制定了节省预算的具体指导方针后,它们必须投入10倍的精力去游说国会、州议会以及公众,要求他们提高资助经费。

可见,虽然当代的前20年高等教育收入来源发生了一些变化,但是高等教育系统内部的资金分配方式并没有发生多大变化。整个20世纪70年代,大学学费保持了相对稳定,但是1980年以后,按照定值美元计算,学费以每年3%—6%的比例上涨。同期,按照定值美元计算,家庭平均收入实际上减少了,因此,大学学费开支与家庭能够承受的能力之间的差距逐渐扩大。

每名全日制(FTE)学生的学费收入提高了,到1992年,私立大学每名学生的学费收入超过了30000美元,相比较而言,公立大学的学费收入为17000美元,私立四年制学院的学费收入为15000美元,公立四年制学院的学费收入为12000美元,公立两年制学院的学费收入为不到6000美元。私立大学的学费收入占学校收入的45%,占其他私立四年制学院收入的69%。各种公立院校的收入中22%来自学费收入。按照定值美元计算,大学总收入中的学费收入已经从5%提高到了8%,表明高等教育开支逐步转嫁给个人及其家庭。尽管如此,四年制院校中的47%的本科生,以及两年制非盈利学院的所有学生每年缴纳的学费不到3000美元(NCES,1997a)。

学生经费资助抵消了部分大学学费。全日制学生平均获得的资助经费大约占学费总数的29%,由于低收入家庭的学生获得的资助经费更高,因此资助经费占学费的比例会更高一些。大学也提高了奖学金的标准,按照定值美元计算,在1980年到1992年间,私立大学和四年制学院的奖学金金额翻了一番。

总之,高等教育在很大程度上仍然与建国初期一样为人们提供受教育的机会。尽管学费不断上涨,但是学生缴纳的学费仍然远远低于他们的教育成本。学生似乎更愿意进入那些学费昂贵的院校,他们认为所花的学费物有所值,无论所花的是他们自己的钱或者资助的经费。他们以前的收入都被用来支付大学费用,尽管大学高昂的学费超出了学生能够承受的范围,但是高等教育对于年轻人来说是如此重要,以至于他们如果不接受高等教育就不可能获得高薪的工作,他们将被排斥在许多需要高等教育学历的专业工作和职业之外。用一句流行的广告语来说,他们比任何时候都不敢离家半步,如果他们没有接受高等教育。

八、成　　效

每个时期的突出特点就是高等教育目标的调整，进而引起了高等教育的变革。每次高等教育目标的变化都引起了高等教育的质量危机、高等教育基本原则的背叛以及高等教育系统赖以存在的基础的破坏。大学转型时期的两代人开始重视大学研究的职能，主张建立专业学院，以及大学要为商业服务，但是许多学者仍然因为大学偏离了重视古典文科、宗教信仰、等级观念的轨道而惋惜。高等教育大众化时期，由于大学的数量和规模扩大，职业教育课程迅速发展，一部人抱怨大学招收了大量不合格的新生，大学不应该成为商业学校，大学往日亲密无间的师生关系已经荡然无存。在当代，高等教育系统朝着学生来源多元化的目标发展，注重满足所有的人接受高等教育的需要，因为任何人如果没有大学学位，他们的前景将是暗淡的；公、私立院校的收入来源越来越依靠学生的学费。

1．批评与评论

高等教育不能实现所有的承诺，也从来不知道如何从这些承诺中摆脱出来。它许下了太多的诺言。如果花费了几十亿的资金研究社会问题，结果却似乎并没有减少社会的痼疾，这时大学的代表不是尽量少发表一些言论，反而提出他们需要更多的经费或者认为其他院校有问题，需要解决。他们从来不吝啬说“把你们的年轻人送到学校来，我们将把他们培养成为合格的公民和具有较强生产能力的工人”，他们还承诺改进社会弊端，治疗疾病，促进经济发展，减少失业率，教育人们彼此之间相互友善。此外，他们还承担着批评其他院校或那些似乎没有价值的观点的道德责任。如果学生没有做好接受大学教育的准备，他们就批评高中；如果大学生退学率太高，他们就提出因为没有足够的校外经费资助，学生不得不离开学校而就业。开放入学是整个高等教育大众化时期的目标，对这个目标也进行了调整，以便使学生来源多元化成为高等教育的目标，学生来源多元化被认为是整个社会的缩影。

高等教育通过许多方式扩大了与广大社会的联系。大学的科学研究与经济发展、工业发明的联系越来越密切；大学的专业学院通过参与专业合作开发扩大了它们直接服务公众的范围；大学的医院向更多的人开放；大学向公众提供法律援助，大学还影响政府从环境到经济等各方面的政策；大学教育内容的不断发展带来了各方面的成效。虽然大学没有增加多少新的学位，但是大学提出了许多满足现有学位要求的措施。

正如上个世纪一样，大学内外不断提出对高等教育的批评。在当代初期有些问题似乎已经得到了明确的解释。有些人认为大学的注意力应该转向内部，致力于他们自己的学术和研究，通过发展基础知识和培养有能力的学生，大学只能间接为社会服务。显然，这种看法不可能实现，高等教育已经做出了太多的妥协。从另一方面来看，有些批评家声称高等教育一直保持中立的立场，导致迎合社会的现状，特别是社会阶层的等级观点。无论高校采取了多少措施资助低收入家庭的学生，社会阶层的收入差距越来越大。为什么高等教育不投入更多的资源来缩小这种差距？高等教育还因为没有全力进行道德教育而受到批评。还有些人批评高等教育没能有效阻止道德标准的崩溃，表现在政府丑闻、毒品泛滥、性滥交，以及藐视权威等方面。无论大学采取何种措施降低失业率、缓解种族矛盾、解决城市基本问题，但是解决这些问题远远不够。尽管大学员工可以开展研究，提供咨询，组织法律援助活动，提供卫生和牙科门诊，送学生到贫穷社区去工作，但是这些问题仍然存在。

卡内基教学促进基金会主席博耶和哈佛大学校长博克，这两位德高望重的批评家多次重申高等教育应该加强与广大社会的联系，并努力反映广大社会的要求。博耶认为只有当高等教育能够满足广泛的目的，即高等教育参与"建设一个更加公正的社会"以及一个"更加文明和稳固的"国家，高等教育才达到了最佳的境界(Boyer，1996，p. 13)。他为学者的看法感到痛惜，因为他们把大学看成是"一个学生获得毕业文凭、教师获得终身教职的场所，而大学开展的所有工作似乎与国家最紧迫的公民教育，社会、经济发展以及道德教育问题没有特别的关系"(Boyer，1996，p. 14)。因此他提出了各种不同类型的学术活动：开展能够不断促进人类知识发展的研究活动；参与综合性或跨学科性的研究活动，通过知识交流，不仅与学生分享知识，而且与同事以及广大的公众分享知识；运用知识帮助解决社会问题。

博耶的观点引起了博克的共鸣。博克(Bok，1982)提出社会需要从高等教育获取比以前更多的东西。大学应该直接解决基本的社会问题，培养更多更好的教师，采取措施减少贫困、流浪汉以及毒品滥用等问题，培养学生成为国际贸易方面的人才，更加重视培养每个学生的道德品质。此外，大学还存在机会主义的倾向：大学追逐金钱，只要有机构愿意提供资金，他们愿意开展任何研究项目。大学陷于有关招生条件、课程重点、教师晋升标准问题的争论之中。对于这样一个始终比较庞大的高等教育系统来说，那种认为高等教育可以进行自我革新或坚持自己的目标和发展道路的看法完全是陈词滥调。

2. 研究

研究一直是大学的主要功能。自 20 世纪 50 年代以来，研究经费持续快速增长。在 1975 年至 1994 年间,有组织的研究的经费投入增长了 5 倍。此外,还应该包括大学与其他组织开展合作研究获得的经费以及大学教师自己获得的研究经费,这些经费通常被列入其他类型的预算。即便如此,研究经费与教学开支所占的比例相当,占流动资金开支总数的比例始终保持在 9%。

私人工业与大学研究之间的关系发生了变化。几十年来,这两个系统之间一直保持着联系,因为工业依靠大学为它们的实验室培养科学家,以及开展基础研究促进工业生产。进入高等教育大众化时期,工业开展了大部分产品的自主研发工作。在 20 世纪 80 年代,工业对大学基础研究投资增长迅速,主要原因是 20 年来工业对于大学的认识不断发生变化。过去,联邦政府非常支持大学的研究,因此大学不需要发展与工业企业之间的联系。但是由于 20 世纪 70 年代,联邦削减了对大学研究的资助经费,因此工业再次被看成大学研究的赞助商。而且,由于联邦政府不断提高资助经费用于抗癌研究以及社会问题研究领域,进而改进因为贫穷、种族和环境恶化等方面产生的不良后果,所以引起了有计划的研究性质的变化。基础研究和应用研究之间的界限也越来越模糊。例如:在生物技术、基因工程、免疫学以及其他跨学科领域的研究开辟了广阔的前景,但是由于这些研究实验和产品开发需要花费很长时间才能进入商业阶段,因此对这些研究的资助不得不持续多年的时间。

工业和大学联合参与生物技术和电子技术研发的方式之一就是建立由工业、风险投资家和大学共同参与的新企业。大学研究人员不必离开他们的工作岗位,可以利用各方面的资金开展研发工作,所有的参与者可以共享任何研发成果。据盖格统计,"1980 年至 1984 年间,大约建立了 200 家生物技术公司",其中许多公司都是风险投资家和大学科学家联合的产物，他们彼此相互合作，开展产品研发和基础研究(Geiger，1993，p. 303)。大学的分子生物学系与公司企业的联合被认为是十分正常的事情，因为这个领域的产品研发周期长、耗资大。大型制药公司的经理认识到如果公司要发展，就必须通过大学和建立的生物技术公司进行科学研发，进而使用这些研发成果。在20世纪80年代早期，经常经过协商签订生物技术研究合同。“初步估计，1984年，工业资助大学开展生物技术研究的经费总计为1.2亿美元”(Geiger，1993，p. 304)。

工业和大学的关系是共生性的。风险合作，对于大学来说是一种利用其他资源开展自己的科学研究计划的有效方式，对于公司企业来说是一种使用最新科研成果的便利途径。联邦政府通过修订专利法鼓励合作研究，保障大学对于利用联邦研究经费发明的成果享有专利权。联邦政府其他支持研究和合作的法规包括：税收激励政策、减少政府干预、公正的经费资助制度。许多州提高了税收减免的额度，鼓励工业投资开展与大学合作研究的项目。即使那些因为还没有产生效益所以没有享受任何税收减免优惠的小公司，如果州立大学的研究人员愿意与他们合作开展研究和进行融资，那么他们也将得到州的支持。对于那些毕业后愿意留在本州工作以及从事技术转让工作的大学毕业生，州政府同样给予优惠政策。

大学与工业企业之间的合作遭到一些人的批评，他们认为这种做法使大学陷于与上个世纪所形成的大学理念相抵触的境地。一些人认为大学“心甘情愿地让特洛伊木马进入学术的殿堂”，以至于“研究经费的流入破坏了大学的独立性，导致研究凌驾于教学地位之上……促使一些学科凌驾于其他学科之上，推广了州政府所提倡的知识政策，这种政策对学术造成的危害如同州所提倡的工业政策对经济造成的危害一样大”(David,1997,p. 12)。然而,有两点是肯定的:第一,大多数学生或教师不受大学与工业之间关系的影响,因为大学的大部分教育活动与从前一样;第二,工业竞争对于美国保持其生物技术和电子技术在世界范围内的领先地位是非常重要的。不管学生和教师是否支持这种合作关系,大学的高层管理者都会继续开展这种合作,甚至许多一流的大学专门建立管理部门寻求与工业的合作。

大学与工业的合作研究被卡普林与李总结为“复杂的法律问题,涉及合同与公司法、专利权与专利许可、反垄断法、版权和商标法……以及各种不同利益的调整”(Kaplin and Lee,p. 946)。法院往往视研究合同为处理大学与私人企业之间关系的基本依据。如果发生争议,法院主要看合同上的有关条款,重点考虑研究合同关于发明权或专利权、设备所有权以及实质性内容方面的条款。关于那些研究可以申请专利权的问题必须明确说明。在1980年和1981年判决的两个案例中,联邦最高法院在第一个案件判决中规定一种新研制出来的细菌种系可以申请专利,因为虽然它是一种生物,但是它是人造产品。在第二个案件中,联邦最高法院认为从非硫化的合成橡胶研制出硫化合成橡胶可以申请专利,因为这个研发过程不是数学公式的演算过程,数学公式的演算过程是不能申请专利的。其他的争议涉及公司聘用员工的发明专利权归属问题。在大多数州,如果聘用合同没有规定专利权的归属问题,那么雇员享有发明专利权,但是雇主享有专利的商业使用版税权。1996年,131所大学从专利使用许可中获得了3.36亿美元的收入,比上一年增长了23%。其中一半的收入为6所大学拥有,它们是加利福尼亚大学、哥伦比亚大学、斯坦福大学、密歇根州立大学、威斯康星大学、芝加哥大学(Blumenstyk,1998)。

大学与工业的联系对大学产生了离心力。文理科曾经是大学知识的核心，现在由于学生进入专业学院的比例增加了，导致文理科开始萎缩。到20世纪80年代，由于在许多需要开展跨学科合作的领域建立了有组织的研究中心，工程学和理科遭受了进一步的打击。这些研究中心的研究人员来自各个学系，具有自己的研究任务和特别指定的中心主任，通常还拥有自己的研究设施。研究中心聘用了大量的毕业生、博士后研究人员、兼职教师和全职教师，他们的工资由中心掌控的独立资金支付。研究中心的主任一般比系主任的权力更大，他们基本不受大学权力中心的控制。斯塔勒与塔什(Stahler and Tash，1994)断定在主要研究型大学，这些研究中心的经费占学校研究经费的1/4，它们的预算平均达到1 500万美元。

美国的科学研究稳步发展。美国发表的科学论文占世界科学论文的将近40%，超过了德国、英国、法国、日本四国总和。在美国，思想交流和人员从大学到商业的流动比世界任何地方都要顺畅。美国的研究型大学通过孵化发明专利和企业促进了经济的发展。一流的研究型大学的毕业生和教师创办公司，其中有些公司发展成为大型的公司。戴维引用一项研究发现"如果把麻省理工学院的毕业生和教师创办的4 000多家公司变成一个独立的国家，他们创造的收入可以使他们跻身于第24个世界最富裕的国家之列。这些公司的年收入达到2 300亿美元，雇用了100多万员工"(David，1997，p. 14)。

3. 入学与学位

大学自从建立以来就作为促进个人发展以及象征社区尊严的机构而存在，并且在殖民地时期大学与主要的教会保持联系，高等教育的目的一直在扩展。在19世纪，大学增加了研究和专业教育的功能，到了20世纪，大学又增加了新的功能：为年轻人提供在低一级学校所不能受到的普通教育，通过产品研发和人力资本开发促进经济发展，提供终身学习的机会，扩大研究和专业教育的范围。因为高等教育不受任何权力中心的限制，因此可以不放弃任何其他的目的完成所有这些任务。各个大学之间的竞争以及他们应对市场需求或消费者需求的能力使他们能够不断寻找其他的群体，通过为他们提供服务扩大自己的服务范围。

高等教育最明显的作用就是提高个人的社会地位和促进个人的发展。NCES大量的文献统计表明：高等教育可以帮助人们找到好的工作，赚取更高的收入，还可以改变人们的态度，培养良好的健康习惯，积极参与社会事务。另一个新兴研究领域试图测算高等教育对经济发展的贡献，不仅考察高等教育促进人力资源开发方面的作用，而且考察高等教育在工业产品及其工艺研发方面的贡献，因为商业的启动和整个工业的发展都离不开高等教育的参与。第三个方面的贡献就是高等教育对社会的影响，即高等教育在减少社会问题、改变民族生活质量方面所起到的作用。

高等教育在促进个人发展方面的作用，表现在它为大量的人提供了接受高等教育的机会。在1975到1995年间，年龄在16—24岁的高中毕业生进入大学的比例迅速上升，从51%提高到62%。此外，还应该包括那些推迟了上大学的年龄，但后来又上了大学的那部分人。1980年高中二年级2/3的学生到1992年上了大学(Adelman，1994)。高等教育招收各个社会阶层的学生。高等教育在各个社会经济阶层的学生录取率提高了，其中高收入家庭学生的入学率提高最快：83%的高收入家庭的学生上了大学，20年前为65%。男生的入学率从53%上升到63%；女生的入学率从46%提高到61%。全国18岁以上年龄人口有1.91亿，其中3800万人曾经上过大学，2700 多万人获得了学士学位，近 900 万人获得了硕士学位，240 万人获得了初级专业学位，170 万人获得了博士学位。

由于美国人口中接受高等教育的比例高，使美国在年轻人的大学入学人数和大学毕业生数量方面居于世界首位。世界所有国家提供的数据显示：在 1985 年到 1991 年间，适龄人口中上大学的平均比例从 14%提高到 17%，但是美国适龄人口中上大学的比例为 29%，远远高于其他国家的比例（NCES，1996d）。因为美国许多学生采取半工半读的方式，完成学位所需要的时间更长，所以美国 22 岁人口中拥有学位的比例为 30%，低于加拿大的 33%，以及挪威的 31%（经济合作与发展组织，简称 OECD，1993，p. 179）。高等教育开支与毕业率之间的关系非常明显，因为那些高等教育公共投入增长最快的国家，大学生毕业率的增长也最快。在美国，1985 年到 1991 年间，高等教育开支占所有公共开支的比例只增长了 0.2%，毕业率增长了 5%。

美国大学授予学位的专业领域以及攻读学位所需的时间发生了一些变化。在 1976 年到 1994 年间，攻读人文学科、计算机和信息科学、工程学与工程技术学、商务管理、健康科学、其他职业技术领域学士学位的学生数量增加了，而攻读社会和行为科学、生命科学、物理学、数学、教育学学士学位的学生数量减少了（NCES，1997a，p. 104）。这些变化受到多方面因素的影响，主要是外界因素的影响。例如，许多州的教师资格条件改变了，仅仅具有教育学专业的学士学位已经不够了，因此导致教育学专业授予的学士学位数量急剧减少。另一个极端是，由于主修商学专业的学生就业率提高了，因此商学专业授予的学位猛增，使商学学位在授予的学士学位总数中的排名从第 4 位上升到第 1 位。

在 1976 年到 1993 年间，各个学科领域的学生完成博士学位所花的时间都延长了。从获得学士学位到获得博士学位所需的时间从 8.8 年延长到 11.2 年。自然科学领域的学生获得学位所花时间最短,但是所需要的时间也从 6.8 年延长到 7.8 年。对于教育学专业来说,所需要的时间从 12.8 年延长到 19.7 年。其他专业如:人文学科、社会和行为学科、其他职业技术领域的学生从获得学士学位到获得博士学位需要 10 年或 10 多年的时间。

有人担心授予的博士学位供过于求。在自然科学领域,大量聘用博士后研究人员,主要因为除了临时性研究任务,无法为毕业生提供固定的工作岗位。然而,盖格(Geiger,1997)指出,学术研究开支的增长要比博士后研究人员聘用开支增长得快,因此博士后研究人员继续留在大学里这种现象,并非因为大学没有足够的研究工作岗位的结果。而且,在 1977 年到 1994 年间,授予外国留学生学位的数量增长了 2/3,而授予美国学生的学位数量只增长了 15%。在 1994 年,外国留学生获得了 12%的硕士学位,27%的博士学位(NCES,1997f)。几乎一半的外国留学生毕业后离开了美国,而那些留下来的外国留学生从人力资本的角度看是一笔经济上的意外之财。

4. 个人收益

个人上大学的收益问题已经被研究了几十年,这是心理学最重要的研究领域。费尔德曼与纽科姆(Feldman and Newcomb,1969)对高等教育大众化时期的许多研究进行了归纳。鲍恩(Bowen,1977)试图研究个体大学学习经历的作用。帕斯卡莱拉与特伦西尼(Pascarella amd Terenzini,1991)对在费尔德曼和纽科姆研究工作之后的 2 500 个左右的研究进行了总结。阿斯廷(Astin,1993)对于大学的各种影响作用进行了研究,尤其是关注高中刚毕业的全日制大学生。可见,关于大学对于各种群体的影响作用的研究文献非常丰富。

大学教育的作用包括不同方面的目标，有些目标已经达到了，许多目标还仍然是理想。鲍恩按照分类学的次序对大学教育目标进行了列举：认知学习目标，包括10个方面的内容，从言语技能和数量技能到智力耐受性以及终身学习的愿望等；情感和道德发展目标，包括6个方面的目标，从自我发现到高雅的品位、行为、举止等；实践能力，包括7个方面的目标，合格的公民、健康的体魄、经济生产能力等；直接从大学教育中获得的满足和快乐；避免消极作用(Bowen，1977，pp. 55－58)。阿斯廷(Astin，1993)列出的内容包括11个方面的情感目标和8个方面的认知目标，他所提出的大学教育目标包括大学期间和大学毕业后个体态度和行为的变化。

分析家通过对他们所发现的成千上万的研究进行总结，发现了一些共同点：

- 大学具有重要的认知作用，对学生的言语能力发展发挥了非常重要的作用；
- 学生在某些专业领域获得了大量的知识；
- 对学生的理性和批判性思维的影响作用比较小；
- 增强了学生的智力耐受性，也在一定程度上提高了学生的智力诚实性、真理的理解力，增长了学生的智慧，培养了学生的审美能力和创造力；
- 消除了学生的宗教倾向性，除非学生在宗教院校；
- 学生的心理健康水平有所提高，特别是学生的自信心和自立意识；
- 受过大学教育的人往往具有较强的进取心，不容易满足现状；

- 高年级学生比大学新生更可能支持公民自由、个人自主,更加反对种族、性别、年龄歧视;
- 大学毕业生较少失业,工作时间可能更长,但是对他们的工作不一定更满意;
- 受过大学教育的父母在他们子女身上投入的时间更多,提高了他们的子女接受高层次教育的可能性,因此发挥了两代之间的影响作用;
- 受过大学教育的成年人更加健康,能够更充分地利用健康服务。

这些共同的发现指出了大学教育发挥的积极社会作用。这些作用的发挥因学生的年龄、种族、大学入学方式,以及许多其他因素和情况的不同而不同,但是把所有这些作用汇集到一起,大学所具有的作用是非常明显的。大学对学生认知发展的影响作用最强,主要表现在发展学生的语言表达和写作能力、抽象思维能力、处理复杂概念的能力。大学对学生态度养成方面的作用是,随着学生获得了审美价值观,他们将脱离专制主义、教条主义的思维方式。学生发生的这些变化与传统评价大学质量的方法没多大关系,当然也与花费的经费数量、图书馆的规模大小,或教师拥有的学位没有多少关系。如果不考虑学生入学带来的那些因素的影响作用,事实证明大学风格的影响作用非常有限。帕斯卡莱拉与特伦西尼认为一所大学的特色只发挥了"很小的,可能是微不足道的作用"(Pascarella and Terenzini,1991,pp.108–109)。阿斯廷(Astin,1993)指出了为什么学生参与大学生活的程度是最重要的原因,特别是当学生住校,以及学生既参加自己发起的活动,也参加某些特别的活动时。

5. 收入和就业

大学教育所具有的经济价值问题也被研究了几十年,所有的研究都表明个人的收入增长与受教育年限密切相关。没有完成高中教育带来的损失非常大，因为随着人们年龄的增长，对没有高中文凭的人越来越不利：在25—34岁年龄段，具有高中学历的男性就业率为86%，相对而言，没有高中学历的就业率只有75%；在同一年龄段的女性，没有高中学历的女性就业率不到一半，而具有高中学历的女性就业率达到了66%。没有高中学历的男性年均工资收入是那些具有高中学历的男性年均工资收入的74%；没有高中学历的女性年均工资收入是那些具有高中学历的女性年均工资收入的62%。

上大学的回报也与大学教育具有正相关。年龄在25—34岁的男性和女性大学毕业生比该年龄段相应的没有上过大学的人更容易就业；大学毕业的男性就业率为92%，没有上过大学的男性就业率为86%；大学毕业的女性就业率为84%，没有上过大学的女性就业率为66%。具有学士学位的男性要比那些只有高中文凭的男性收入高，具有学士学位的女性的薪金更高。大学教育带来的最明显收益就是低失业率和高工资。

这种收入上的优势始终是一致的(见表5.15)(NCES，1997a，p.111)。大学教育对于男性的经济收益从20世纪70年代早期到90年代中期始终比较稳定。具有学士或以上学位的男性就业率超过了92%。具有大学文凭的女性就业率也大幅上升，从不到60%提高到近84%(NCES，1997a，p.118)。女性雇员的薪金更高一些，尽管总体上女性比男性的收入要低一些，但是具有学士学位的女性与只有高中学历的女性之间的收入差距在扩大(见表5.16)。在1976年，具有学士学位的女性收入与具有高中学历的女性收入之比为1.58∶1，到了1995年比例达到了1.91∶1。对男性来说，1976年具有学士学位的男性收入与具有高中学历的男性收入之比为1.19∶1，到了1995年达到了1.52∶1。

表 5.15　1975 年、1995 年 25—34 岁工人平均年薪收入

(以 1996 年定值美元计算)

最高学历	1975		1995	
	女性	男性	女性	男性
9—11 年级毕业	9 258	24 493	8 581	16 229
高中毕业	14 405	31 269	13 916	21 965
大学毕业	17 853	33 422	17 866	24 366
学士或以上学历	24 828	36 527	26 611	33 367

资料来源：NCES,1997a,p. 281,1997b,1997c,1997d。

表 5.16　1976 年、1995 年 25—34 岁工人平均年薪收入比率

最高学历	1976		1995	
	女性	男性	女性	男性
9—11 年级毕业	0.61	0.78	0.62	0.74
高中毕业	1.00	1.00	1.00	1.00
大学毕业	1.14	1.03	1.28	1.11
学士或以上学历	1.58	1.19	1.91	1.52

资料来源：NCES,1997a,p. 120。

男女性大学毕业生平均起薪以及不同专业毕业生的平均起薪在当代初期的 20 年中发生了一些变化。按照 1996 年定值美元计算,1993 年大学毕业生平均年薪收入为 23 600 美元,男性大学毕业生的起薪为 26 122 美元,女性大学毕业生为 21 990 美元,全职和兼职之间的年薪差异为 16%。人文学科、社会与行为科学、自然科学、教育学专业的大学毕业生的年收入低于平均水平,而那些毕业于计算机与工程学、工商管理学以及其他职业技术领域的大学生的年收入更高一些。不过,大多数专业领域的收入差距在缩小。例如,1997 年人文学科的大学毕业生的年收入低于平均水平的 20%,到了 1993 年只低于平均水平的 11%(NCES,1997a, p.122)。各个专业大学毕业生之间的收入差距比不同大学同一专业之间的大学毕业生的收入差距大得多。只要人们获得了大学学位，特别是学士学位，无论他们开始就读的学校是否是社区学院，或者他们是否花了4年、5年或6年的时间才获得学位，这都没关系，只要拿到了大学学位就可以了。

从经济学的观点来看，攻读学位的成本即学费以及读书期间的收入损失，是对一个人未来收入的投资。鲍恩(Bowen,1977)计算出，在人的一生中学士学位每年回报率在8%到9%之间，而帕斯卡莱拉与特伦西尼(Pascarella and Terenzini,1991)计算出的回报率为9%到11%。不少人认为拥有大学学位的人要比那些没有大学学位的人占优势，由于越来越多的人拥有大学学位，因此对于那些没有大学学位的人来说非常不利。格林早就预测到这种情况，当几乎所有的人都拥有了某种层次的学历时，那些没有学历的人将遭受巨大的损失。当只有少数学生休学时，学校教育开始承担起保护少数学生免于辍学的责任，“这样就产生了以前所没有的义务教育”(Green,1980,p.101)。由于许多高中毕业生的存在，所以产生了为那些极少数没有高中文凭的人提供的义务教育，从而帮助他们获得高中文凭。这种做法在整个教育系统的学历教育方面是一样的。

虽然拥有学士学位是人们提高收入最有效的方式，但是那些具有副学士学位的学生的收入也得到了提高。桑切斯与拉南(Sanchez and Laanan,1997)考察了那些具有职业证书和副学士学位的社区学院毕业生收入的有关研究，通过分析学历对收入的长期和短期的影响，他们发现从1975年到1994年间，那些具有学士学位的毕业生收入提高了202%，而那些具有副学士学位或接受了某种形式的大学教育的毕业生收入提高了165%。伊利诺伊州的一项关于学历对收入长期影响的研究发现：个人完成职业教育培训后开始两个季度的平均收入提高了10%。北卡罗来纳州的一项研究也发现了同样的现象，一年内同一群体的收入提高了12%。在加利福尼亚州，学生具有职业证书将使他们自社区学院毕业的第一年到第三年之间的工资收入提高47%。从全国情况来看，在1976年到1995年间，接受了大学教育的男性收入勉强能够赶上通货膨胀的增长，那些接受了某种形式的大学教育但没有获得学位的人的收入减少了27%；那些只有高中学历的人的收入减少了30%；那些没有完成高中教育的人的实际收入减少了34%。

大学毕业生进入各种职业的比例在每个时代都不一样。博克指出了为什么在19世纪后期进入教育和商业领域的大学毕业生的数量提高了2.5倍，而进入医学和牧师领域的毕业生数量减少了。这并不意味着医学和牧师职业不重要，而是大量的毕业生进入了其他职业领域。在20世纪60年代，当职业相对稳定、收入增长比较平稳时，“各个职业对于年轻有为的大学毕业生的需求与供给是平衡的”(Bok，1993，p. 40)。在1970年到1990年间，商学专业的本科生和研究生的数量显著增长，法律专业的毕业生数量也增长很快。

虽然，人们一直批评大学在招生的时候忽视就业市场的需求，但是就业市场是无法预测的。每当大量的毕业生来到就业市场，各个商业、工厂、机构对毕业生提出了不同的应聘条件，经过短期的市场磨合后剩余的毕业生也很快被消化掉。在1994年，78%的学士学位毕业生应聘的工作与他们所学的专业对口，60%的人认为他们的工作要求有大学学位。虽然在1970年到1993年间，博士在高等教育中就业的比例从68%下降到了52%，但是新获得的博士学位数量仍然大幅增长。大多数物理学和工程学的毕业生在工业领域就业，而人文学科或社会科学的毕业生主要到公共服务机构和政府机构就职。但是，似乎没有人能够反驳人力资本理论：在其他各方面相同的情况下，那些受到了更多、更好教育的人收入更高，生活质量也更高。虽然这些变量之间的关系并非十分完美，但是过度教育的概念并不是相当准确的。

对高等教育的影响中包括一种流行的观念，即高等教育对于一个人的发展影响最大，高等教育是人们走向成功的主要途径，即使不是唯一的途径。这种看法与当代主张的平等主义的看法之间的冲突导致产生了一些不一致的结论。一部分评论家反对知识精英，即那些高智商的人群，他们借助在最有声望的大学接受教育而获得了权力。然而，有相当一部分高收入人群是通过自己的努力而不是借助职业声望获得了财富。实际上，拥有工商管理硕士学位一般可以成为商业和银行系统的中层管理者，但不足以成为公司的董事会主席或公司首席执行官。教育硕士学位，仍然是非常受欢迎的学位，但这种学位肯定不可能使一个人发大财。商学和教育学占到了授予的硕士学位的一半，学习这些专业的主要是那些不愿意冒险的学生，他们的这种生活方式使他们很少有机会进入超级富翁的行列（Lemann，1996）。教育最基本的制度就是平等主义：教育可以使人们的收入达到较高的水平，但不是达到最高收入水平，而是使大多数的人收入达到一个较高的水平。教育不是通向富裕的唯一途径，但教育已经成为大多数人获得中等收入工作的主要途径，除了那些最有进取心的、最幸运的人或那些生在富裕家庭的天生聪颖的人。

人们选择进入不同的专业院校受到许多因素的影响，包括：对将来收入的预期，对未来工作的希望，对未来社会地位和生活方式的预期。高等教育系统似乎能够满足各个学院和学系以及学生的需要，使各个学院和学系竞争最优秀的学生和教师，争取最大的经费预算，以及各个学生根据自己的意愿选择进入哪些专业学习。美国或其他国家的经验表明：按照大学以外机构强制分配的方式分配学生学习专业的做法不可能取得好的效果。

收入差异在探讨教育机会问题时经常被提出来。让每一个人进入同等质量的学校，防止造成人们之间收入的差距，这仍然是一个有待实现的目标。对于高等教育来说，即使大学像初等教育一样实行免费教育，也不是所有的人都会上大学。在20世纪70年代中期，大约1/5的接受中等义务教育的适龄学生退学，即使在有些州公立院校学费非常低，仍然有大约一半的高中毕业生没有上大学。20年后，中等教育的辍学率降低到约1/8，80%的高中生上了大学。由于接受大学教育的机会变得更为平等，越来越多的人开始接受大学教育。但是，大学教育的结果并不是完全一样的，因为学生的智力水平、抱负大小、努力程度存在差异，因此虽然每个学生具有平等的受教育机会，但是一部分学生实现了他们的目标，另一些学生没有达到自己的目标。机会平等并不保证结果平等。因此，有些人看到教育结果不平等，就认为一定是教育机会不平等造成的结果，对于这些人是无法让他们满意的。他们看到教育结果不平等，就设法寻找存在的极少数教育机会不平等现象，结果发现歧视是普遍存在的现象。

对于人们一生所发生的大多数事情，整个社会是无法改变的。让人们接受同等程度的学校教育，并不能解决一部分人的收入高于其他人的收入的现象。从经济竞争的角度看，一部分人工作更努力或工作时间更长，或对他们的雇主更有价值。还有一部分人创办和经营了自己的企业。这一切与他们就读大学的类型没有多少关系。教育文凭并不是决定一个人未来发展的唯一因素，可能也不是最重要的因素。人们接受了更多的教育可能赚更多的钱，在很大程度上是因为许多报酬丰厚的职业不接受那些没有受过多少教育的人。但是人们的智商是存在差异的，两个在同一专业学习并以同样的平均成绩毕业的学生，他们未来的职业发展仍然可能不同。正如亨利所说，"我们是一个精英主义社会，因为没有什么是不可能发生的……我们是平等主义者，因为没有什么是需要运用外交手段的"（Henry，1994，p. 31）。学校教育是精英教育，通过学校教育一部分人进入上层社会。学校教育把年轻人划分为不同的等级，推广学习更多知识的观念。这本身就是一种精英主义的思想。

6. 社会效益

对于教育的支持，主要因为教育是国家利益的需要。"冷战"期间，要求联邦为教育提供经费支持就是因为这方面的原因。当前，人们认为高等教育有助于维护社会秩序，减少犯罪率，提高公众的身体和心理健康，以及促进人力资本的发展服务于经济发展的需要。研究者一直在探索如何评价高等教育所具有的广泛的社会影响。此外，还探究了高等教育对于个人福利的影响。难怪25—34岁年龄群体中接受政府援助的比例与他们的受教育年限成反比。在1992年，在受过9～11年学校教育的人群中，有17％的人接受政府援助，而那些受过16年以及16年以上学校教育的人群中只有8.5％的人接受政府援助（NCES，1995）。然而，随着教育程度的提高，人们的公共服务和自愿服务意识增强了。那些接受过一定程度的中等后教育的成年人花在自愿服务方面的时间以及投资在慈善捐赠方面的资金的数量，可能是其他没有受过这种教育的人的两倍（NCES，1996a）。专业院校的毕业生往往具有高收入的工作，这也就说明他们通过自己的工作直接提高了社会生活条件。经过专业教育的人担任公民领导者的比例也比较高。与大学教育相联系的价值观,如:社会责任、关爱环境、较少偏见,这所有的一切都是高等教育社会效益的体现。

此外,希望高等教育投入和高等教育入学率无限提高的想法也是不合理的。研究显示受过大学教育的人生产效率更高,社会也非常需要大量受过大学教育的人才。但是一些经济分析学家发现对大学招生和开支进行限制的好处,他们认为有些时候培养学生的成本大大超过了其经济收益。对于多数劳动力来说,激发他们的工作积极性和养成他们良好的工作习惯,要比让他们接受高等教育更重要。他们还认为,通过技术投资可以提高国家的生产力。如果高等教育的主要作用是提高个人的经济收入,那么让个人负担高等教育的开支。

人们不断要求提高高等教育经费投入基于多方面的理由,主要包括:高等教育能够直接促进经济发展,通过教育提高劳动生产率,通过为每个人提供高等教育机会促进社会公平的发展。从经济学角度看,从高等教育对学生具有内在的教育价值角度提出应该支持高等教育的理由最不充分。因为从高等教育自身目的来看,高等教育被看作是一项消费事业。从高等教育自身目的或内在教育价值方面提出的理由,没有从高等教育具有的可以估量的经济价值和社会效益方面的理由充分。许多学者提出高等教育不仅是经济发展的发动机,更是人类思想的家园,人类文化知识的宝库。但是这些看法极少得到立法者的赞同。高等教育是文化知识的宝库,是快乐体验的场所,是社会平等的推动者,这一切代表了一股强大的潮流,但是这种潮流最终被经济至上的漩涡所吞噬。此外,正如经济学家所言,“如果教育所能够回报学生的仅仅是将来获得高收入的工作,那么政府没有理由像以往一样为高等教育提供资助”(Baumol, Blackman, and Wolff, 1989, p. 199)。

7. 评价

人们不断提出要对高等教育所发挥的实实在在的作用进行评价，以此来说明高等教育投入的合理性，这种要求丝毫没有减少的迹象。各个州建立了各种委员会，试图寻求节省开支和展示高等教育价值的方法。无论大学校长是否认识到这种做法有损大学尊严和大学自治，也无法阻止这种做法。委员会提出实施建议，州政府部门授权实施，大学常常不得不遵照执行。

考察一下20世纪90年代一些州所实施的计划就可以发现这些计划的强制性和连贯性。纽约州教育治理委员会要求州的各个大学要对自己的教育结果负责任，通过运用反映毕业率和雇主满意度等绩效指标评价自己的教育成效(The University of the State of New York, 1996)。肯塔基州议会(Kentucky General Assembly)要求高等教育对整个教育过程负责，包括：本科校友访谈、毕业生访谈、补习教育的追踪分析、职业证书考试的通过率、学生的保持率和毕业率(Kentucky Council on Higher Education, 1996)。西弗吉尼亚议会建立了高等教育报告单(Higher Education Report Card)，发布高等教育各方面的年度数据，包括：毕业生数、毕业生收入和就业情况、校园安全、毕业率(State College and University Systems of West Virginia, 1997)。在许多不存在明显的集权管理的州，大学自己也公布类似的数据。亚利桑那大学制定了自己的关于学生保持率、毕业率、完成学士学位的平均年限等方面指标，以及一些特殊指标，如本科生参与研究的情况、高级职务的教师讲授专业基础课程的比例(University of Arizona, 1996)。

一些全国性的组织也制订了教育产出的分类指标。宾夕法尼亚大学的高等教育研究中心运用阿斯廷所推广的投入—环境—产出模型制定了一套评价指标体系。他们把投入分成入学人数、经费承受能力、经费资助、学生入学基础；环境或过程方面的指标包括：大学绩效、校园气候和设施，教师的生产效率、技术；产出指标必须包括：终身学习、公共服务、教育成效、研究生和专业教育、职业培训和就业(NCES，1997i，p. 5)。然而，这些以大学为主体的组织至多是建议性的。美国教育统计中心继续广泛搜集各项指标数据，各州的组织继续设计它们自己的评价指标体系。

从广义上看，高等教育结果评价热潮的兴起源于高等教育的成功。当高等教育只招收少量的学生，只花费了少量的公共经费的时候，高等教育没有引起人们的广泛关注。但是，当高等教育促进了工业的发展，提高了美国在新技术领域的竞争力，并且招收了大量的不同类型的学生，它开始被看成重要的公共事业。公众开始对高等教育抱有极大的期望。实际上各个州都希望本州拥有一流的大学。大多数年轻人都希望通过接受高等教育进入高薪行业。进而大学用来发展的时间被压缩，大学不敢再奢望经过几个世纪的时间发展成为著名大学。大学也不能拒绝政府的资助。在20世纪90年代中期以前的40年间，按照定值美元计算，联邦政府的研究资助经费增长了50倍，大学培养博士的能力提高了10多倍。美国高等教育投入占GDP的比例超过了除加拿大以外的所有其他国家(NCES，1997a，p. 176)。虽然当代以来美国高等教育投入占GDP的比例几乎没有增长，但是高等教育投入总量之大足以引起公众的关注。

高等教育界的大多数人士反对用量化的方式评价大学。许多分析人士认为由于人类知识经验的本质特性，因此不能用产出成果或有形收益的形式来评价大学。大学对人们许多方面的影响是潜在的，是不容易被量化的，对大学所产生的社会效益的评价更加困难。但是所有这些有关教育影响的理性看法很难得到大学以外多数人士的认同。如果教职工愿意回到过去的时代，他们的工资与教区牧师一样少，他们的大学招收的几个学生住在供暖设施极差的宿舍楼里，他们也许能够不受绩效、工作效率和教育成效等方面要求的限制。然而，他们已为他们所取得的成功所束缚。几十年来，他们一直承诺如果有足够的资金，他们将促进教育平等，培养优秀的公民，减少社会问题，培养任何新兴行业需要的劳动力，促进工业发展，丰富广大社会的文化生活。现在应该是他们兑现承诺的时候了。

结　语

问题与展望

没有人知道高等教育未来是什么样子。尽管它会延续过去350年发展历史中所有的优点，但我们可以确信，这个开放的系统将不断改革其内容和形式，促进知识发展和更新。大学作为社会组织的一部分，充分体现了美国的特点，美国人民从中获益良多。

本书叙述了自殖民地时代以来高等教育发展的主要趋势：大学的规模越来越大，大学的类型越来越多样化；受过高等教育的学生越来越多；教师的专业化程度越来越高；课程越来越多，尤其是职业教育方面的课程；大学管理也变得世俗化、综合化，并日益成为政府的一个组成部分；学校的财政来源多元化，公共资金占据主导地位；科学研究及其成果也开始为个人、公众、职业和经济发展服务。

自从建国以来，高等教育应该向哪个方向发展？大学是大而万能的吗？不是，因为大多数职业要求入职者必须接受过多年大学教育，以及经济的快速发展允许青年人进入劳动力市场的年龄可以推迟到20多岁，这种时代还没有到来。所有的学生都能够上大学吗？是的，因为这体现了建国以来的平等和民主思想。教师必须专业化吗？不是，那得等到19世纪德国大学提出教授自由的理念和其他职业团体专业化之后，才能实现。课程必须直接反映职业的需要吗？也许是吧。在殖民地末期，这种趋势非常明显。当时，新成立的学院尝试着开设一些满足各种商业需要的课程。大学的财政来源必须多元化吗？是的，因为从一开始，在州政府还没有为大学提供经费资助的时候，大学的资金来源就包括了公共资金、学费和捐赠。大学管理必须由世俗人士管理吗？是的，因为大学管理涉及各个教派的利益，因此早期大学规定大学管理必须包括世俗的领导人。但是，这对于州一级管理的大学和多学院体制的大学来说很难想象，因为早期的学院分布在不同的地方，实行自主管理。是否可以寄希望于高等教育解决社会问题和加速经济发展？不能，因为早期的学院主要培养具有影响力的政府公务员，但是经济的发展主要不是依靠大学的科学发明或高等教育机构培养的劳动力。

哪些趋势将会完整地延续到下个世纪？在当代，新建的大学的增速将大大减缓，未来几年也不再会大量建立新的校园。虽然州政府、联邦政府和私人慈善机构可能提供经费资助校园设施建设，但不会提供大量的经费用于新建大学，除了不需要校园实体结构的虚拟大学。开放式大学的概念，由于在高等教育大众时代已经深入人心，所以很难改变。然而，只有小部分学生能够享受到全日制大学生的校园生活。由于大学雇用临时工节省成本的愿望依然很强烈，所以进一步提高教师的专业化水平也有难度。由于学术研究促使不断产生新的分支学科，以及其他一些职业群体试图借助高等教育的作用提高其职业地位，所以课程仍在继续扩充。影响课程设置的各种外部力量主张职业化，并且非常有效。大学的世俗化管理仍然占主导地位，只有在那些迅速发展的私营学校里，私人团体才能够或倾向反对实行这种管理制度。州政府对大学的控制也在加强，公立大学的完全自治已经变成了梦想。高等教育的作用继续体现在服务于个人流动、经济发展以及为工业服务的科学研究。

本章简要地概括了未来若干年可能出现的一些问题。因为不可预知的事件并不比有见识的推测更能说明问题的实质，所以只可以预测那些最有影响的发展趋势。国民经济能否维持 1997 年末的模式：低通货膨胀率、低失业率和收支平衡？在一两年内，这种情况可能完全发生变化。通货膨胀、经济危机和其他一些灾难性事件都可能影响对高等教育提供的资助经费。然而，学院和大学作为社会必不可少的机构的地位是安全的。尽管经济发展瞬息万变，但是高等教育将永远存在，因为它可以帮助提高个人的社会和经济地位。自从高等教育产生以来，它就具备这个功能，除了军队，高等教育所发挥的作用是任何其他社会机构所不能比拟的。

当然，高等教育的作用更大，尤其是当高等教育同政府和私人工业联系起来时，是从事科学研究，培训工人，研发现代经济发展的必需品。高等教育所具有的不可量化的社会和文化价值同样具有十分重要的意义。

高等教育展示给外界的方式显示了它的生机与活力。欧洲对美国高等教育的影响有两方面：一是学院模式，尤其是课程和寄宿制模式，这是借鉴英国的。另一个是德国模式，强调研究、学术自由和社会服务。但是所有这些都发生在100年之前。现在，欧洲把美国作为他们改革高等教育的典范。他们钦佩美国高等教育系统的效率，既收取学生的学费，同时又向所有希望接受高等教育的学生开放；他们还钦佩美国的高等教育能够把研究与服务、学术课程与职业教育课程、研究生教育与本科生教育结合起来，而这一切都在发生同一所大学中；他们还钦佩美国高等教育形式的多样化，学生能够自由选择不同类型的大学，以及高等教育能够及时调整结构和重新分配职责，而很少受到来自市政当局官僚体制的干扰。欧洲人知道美国高等教育复杂的、高度成功的体制的许多方面将是他们高等教育未来发展的方向。

一、社会背景

高等教育发展的背景包含了各种群体不断寻求公平。长期以来致力于实现经济社会平等的努力，即减少穷人同富人之间的差距，已经被种族群体寻求更大利益的竞争所取代。种族主义者通过种族或民族来区分人。在高等教育中应该尽量避免这种做法，尤其是在那些致力于建设国际化的大学。但是，种族主义在大学中尤其盛行,超过了其他大多数社会机构。这引起了高等教育内部的冲突,同时也引起了高等教育与它的大多数支持者之间的冲突,高等教育的支持者通过促使它认识到自身所承担的社会正义的责任——在高等教育的大部分历史中这并不是它应该承担的主要责任,有效地推动了高等教育的发展。此外,高等教育还带来了其他资源,为特殊人群提供特殊教育所需要的资金,以及具有新的思想和态度的人才。

实行平权行动的最初目的是为了防止歧视,但是现在已扩张到各个领域。因为法院规定只有个体能够证明他们确实受到了伤害,那么个体声称受到了歧视才会得到法院的支持。由于平权行动的支持者拓宽了它的目的,导致校园群体多样性,即大学校园里各种群体的代表性,也成为平权行动的目标。但是即使大学为了照顾各个群体的代表性,招收了一定比例的少数群体的学生,也不可能在所有专业都招收同等比例的少数群体学生。亚群体所取得的进展仍然十分缓慢。黑人男性比不上黑人女性,美籍菲律宾人比不上美籍华人,美籍墨西哥人比不上美籍古巴移民。平权行动的对象仍在变化。根据什么来决定大学中各个群体代表的比例?从表面上看,按照各个群体在总体人口中的数量来分配他们在大学中的比例的想法是荒谬的。如果根据这种目标来判断平权行动的成败,它终究注定会失败。但是,只要每个群体继续施加压力,就可以充分发动大学的法律顾问、研究所所长、课程设置者,以及民权律师、美国教育部督导专家等方面的力量,进而取得平权行动的胜利。

虽然,寻求种族、性别和民族平等的运动得到了政治开明团体和联邦立法的支持,但是不可能永远保持同样的力度。在学生群体中女性的数量已经与男性不相上下,在各级教师职务中女性教师的数量也直逼男性教师。因此，这方面的压力将会减弱。但是随着在其他方面人们之间出现不平等的现象，相应地产生了不同的社会阶层。200年前，高等教育观察员会关心某些宗教团体获取各种利益的问题。到了19世纪中期，我们会发现外来移民被排除在高等教育之外。100年前，发现富人和穷人接受高等教育的机会存在巨大差距。50年前，主要问题是天才短缺，于是建立了教育制度以便让所有聪明的年轻人可以进入大学。20年前，残障人士成为焦点。所有这些阶层的划分都有其特殊的社会背景，是为了解决当时的突出问题。这些阶层在公众视野中沉浮。没有谁能够避免。

二、学生和教师

几个人口统计学方面的因素导致大学生数量增长。NCES通过计算人口中18岁青年的数量（比较准确），估计移民率（不太准确），统计高中生毕业率，大学生毕业率，以及成人大学生等方面的情况，然后，再根据每一项指标的权重，做出了高、中、低三级预测方案，制定了未来十年大学的招生计划。例如：根据NCES制定的中级预测方案，2008年美国有1 600万学生，10年中每年学生的增长速度为1%。尽管由于学费上涨，政府财政资助方式从提供奖学金变为提供助学贷款，以及各个高等教育机构之间的广泛竞争，这些因素可能导致影响这些数据的准确性。但是，有一种影响是肯定的：每年超过35万的18岁到24岁的年轻人将给高等教育带来巨大的压力，尤其是西部和南部人口增长最快的地区。大部分年轻人都要接受大学教育，他们住校或走读，而不是过田园式的农民生活。自从他们进入小学的大门，他们就一直被告诫在学校要努力学习考出好成绩，以便可以考入大学。他们的曾祖父不可能像20世纪中叶那些人那样幸运，能够接受大学教育。他们这一代人也根本无法想象通过计算机学习课程。

预测教师需求的数量比较困难，因为除了要考虑招生计划外，还有其他一些未知因素。因为大部分院校都规定了强制退休年龄，所以教师减少的数量容易估算。然而，从1994年开始，联邦法律禁止强制退休的规定，大家并没有完全认识到它所产生的后果。1993年，全国高校教师调查（NCES，1999c）发现，6%的全职教职员工离开了一年前他们所工作的学校，其中退休的占到了37%。但是，这个比例好多年保持不变。没有人知道，这个比例是否会继续保持下去。而且，如果班级平均规模继续扩大，让教授给更多班级上课的措施见效的话，老师与学生应该保持怎样的比例？20世纪90年代中期，估计未来10年或15年，每年需要新聘用15 000—40 000名教职工。舒斯特（Schuster，1995）多年来一直研究劳动力市场，在考虑了各方面的因素之后认为，每年需要新聘用18 000名教职工，这个数字同每年获得研究生学位的人数和寻求大学教师岗位的人数非常吻合。

在很大程度上，大学所需教师的数量取决于学术机构与行政管理机构之间的博弈，学术机构认为教学岗位必须是全职教师，而大学行政管理机构更愿意雇用廉价的兼职教师。由于没有足够的证据证明究竟聘用哪种类型的教师效率更高，这个问题将要由当地政府或州政府决定。如果大学校长认为必须迅速适应新的需要，或他们存在经费紧张的问题，他们就会极力提倡聘用兼职教师，宣称让受过专业教育的新教师讲授新课程比培训老教师更容易。如果教师群体抵制这种做法，那么大学行政管理者就会像过去一样，成立类似于临时分支机构的新机构，并聘用所需的临时教师。无论如何，一直以来针对终身教授制度的大量抨击，将会随着全职教师的减少而销声匿迹。在1991年至1995年间，高校全职教师下降了1%，兼职教师增加了18%（NCES，1998，p. iii）。由于雇用的兼职教师和非终身教职教师的人数越来越多，因此大学没有必要正面攻击教授。他们仅仅在教授退休后取消终身教授岗位。

三、课　程

课程继续演变，通常是渐进的演变，而且很少引起那些不受课程改革影响的人的关注。但是，课程组织者在多元文化主义课程方面引起了一场大辩论。一些评论员认为学习其他国家的文化破坏美国的统一性，标语“合众为一”（E Pluribus Unum），即多产生一，正在被“化一为众”（Ex Uno Plura），即一产生多，所代替。他们看到美国文化中最基本的理智、推理和逻辑方面的教育受到忽视而懊悔不已，并声称：“在我们的学生现在受到的教育中，诸如‘非裔美国人’、‘女性’或‘有色人种’等概念比美国人这一概念更重要、更有用，更不要说培养理智的人。”（Glynn，1993，p. 24）这些看法似乎过于夸张，但是与那些种族主义的极端推崇者的夸张言论相比也就算不得什么了，他们声称：以西方经验和亡故的白种男性的文献为基础的课程，以及高等教育教学所使用的语言和前提，是一种压迫工具。这些批评和指控的激烈程度远远超过任何一个时期，包括在世纪之交古典课程丧失了在核心课程中的地位的时候，以及当有人提出职业教育课程将被从文理学院中清理出去的时候。

一些极端主义者利用多元文化主义课程问题掩盖他们企图否定文学、历史、艺术以及科学课程的有效性的图谋。通常所称的“解构”——这种虚无主义哲学产生于本世纪早期——其理论依据是所有文学作品实际上都只是作者观点和情感的反映，因此学习文学作品不是为了掌握其内容，而是为了揭示作品所反映出来的作者动机。同样，随着时间的流逝，历史也会经常发生变化，因此只能从作者的观点以及写作时间的角度学习历史。所有的艺术都是由个人体验和政治声明所构成的，不存在艺术学派，只有个人表达。科学也是政治的和个人主义的，三个世纪以来科学所依赖的实验、理论抽象、验证方法应该被看作是科学的风格，而不能被看作是产生真理的方法。

多元文化主义和解构主义是临时的伙伴关系，但是它们联合起来共同批评以西方思想为中心的核心课程。人文学科受到的冲击最大，对于何谓经典的问题展开了无休止的争论。一些社会科学家发现，虽然社会科学提出的普适原则不存在致命的错误，但这种观点确实也存在缺陷。虽然关于人文学科的逻辑性和理性的争论较少，但是多元文化主义的倡导者总是提出一些令人愤慨的观点，尤其是他们提出的理性论本身就是压迫工具的观点。阿德森的观点真可谓一语中的，他预言学生激进主义运动时期比较突出的反理性主义和反智主义“可能被证明是20世纪60年代最可悲的遗产”(Adelson，1974，p. 57)。

极端的多元文化主义者发现他们只取得了暂时的胜利。他们必须面对广大社会的抵制与每年入学的大学新生的冲击，因为学生们需要的是传统的大学教育，而不是争论。对于18世纪宗教信仰自由和19世纪古典课程的捍卫者来说，大学的历史是站在他们一边的，虽然他们也进行了激烈的反击，但是他们最终仍然被当代思想所征服。多元文化主义者抵制外界的传统以及时代的潮流，因此不具备这样的基础。人类行为学研究揭露了群体同一性的荒谬。各种智力和性向测验都表明种群内部之间的差异远远大于种群间的平均差异。然而，争论仍然会十分激烈，因为这种争论挑战了科学伦理，这恰恰是现代大学所依赖的知识基础。

有些分析家试图调和目前的分歧。凯尔纳把多元文化主义与媒介素养、批判教育学结合起来，形成了他所说的“批判性的媒介素养”，教育的一个“新的前沿阵地”（Kellner，1998，p. 15）。爱德华·威尔逊（Edward Wilson）提出了知识“一体化”（consilience）模式作为调和基础科学哲学、人文学科以及其他知识建构方式之间关系的途径。他认为后现代主义，即不可知论的观点，是“极端违背启蒙运动的思想”，“这种哲学观不仅使我们更加困惑，而且关闭了我们继续探究的大门，因此是错误的”（Wilson，1998，pp. 58－59）。知识一体化能够统一自然科学，把各种完全不同的学科融于综合课程体系，把人文学科与创造艺术结合起来，形成“21世纪两个庞大的课程分支。社会科学将分化……一部分融入生物学或者成为生物学的相近学科，另一部分融于人文学科”。大学课程不会继续分化成一些分支学科。如果学生可教，“课程改革的方向应该是把自然科学与社会科学课程统一起来、人文学科课程的教学和研究结合起来”（Wilson，1998，p. 62）。威尔逊建议回归通识教育课程，这是自20世纪初选修制流行以来课程改革者所忽视的课程目标。这次由后现代主义者、解构主义者、多元文化主义者发起的抨击激起了这种呼声，当然这种呼声不一定能够受到重视。

其他形式的课程改革将要步入正轨。随着大学的专业学院、技术推广部、医院和附属机构的继续发展，以及大学与工业的联合，研究型大学的本科生课程的作用和影响相对在减弱。综合性大学将继续扩大其专业教育以及社区服务活动。在社区学院,职业教育仍然是主要任务,同时也开展商业和企业培训课程,这通常与社区机构共同完成。大学生补习课程的发展前景不太明确,并非因为越来越多的学生做好了上大学的准备,而且因为私人企业为此展开了激烈的竞争。

从长远眼光来看,培养劳动力和周期性的人才储备仍然是影响课程发展方向的主要因素。课程设置的目的就是培养和提高学生的能力以适应新型职业的迅速发展对人才的需要。那些能够运用到各种不同职业中去的课程内容特别受重视。信息化时代的新技术迫切需要灵活的、受过高等教育的知识工作者,即雷克所说的"符号分析师"(Reich,1992)。那些依靠自己的知识、人脉、经济实力进行自主创业的企业家将创造大量的工作机会。课程消费将会受到影响。因为学生完成学业的花费增加了,他们将集中精力学习学业所必需的课程。对大多数学生来说,享受舒适的大学生活环境的费用太昂贵了。如果教授希望在自己十分感兴趣的某个狭小的专业领域开设课程,这些内容深奥的课程,特别是在任何一所大学都只有少数学生选修的课程,通常只能通过电子媒介的方式进行授课,以便有足够数量的学生听课。

某些课程领域比其他课程领域受到的冲击更大。20 世纪 60 年代、70 年代,新闻学、语言学、科学教育和家政学急剧下降。20 世纪 80 年代、90 年代,社会福利、公共卫生、图书馆研究、城市规划专业的境况也不好。各方面的力量都要求压缩这些课程。那些希望成为研究型大学的院校减少了社区服务学校的数量。学生要求开设基础文学研究课程,这种课程占用了学校的许多资源。学校经费紧张,影响了开设课程的数量。然而,大多数大学课程改革进行得十分缓慢。大学规模如此之大,因此能够保留某些课程直到这些课程过时。几个世纪以来,古典课程、希腊语和拉丁语课程仍然在课程体系中占据很大的比例,即使在主流的美国思想开始进入到各个完全不同的领域之后。

教学。许多分析家发现大学入学人数增幅大大高于预算,提出了节省教学成本的方法。扩大教师教学班级的规模、延长工作时间是比较流行的建议,因为它符合最简单的生产总值模式。还有许多其他建议,例如:重新规定教师的职责,让教师少搞点研究,多花点时间同学生在一起;取消课程的重复开设,通过建立州际或地区性课程共享协商机制,在某个课程领域实力比较强的大学,可以吸引其他不能提供这方面课程的大学的学生;一个州的公立和私立大学可以共享教职工资源;通过提高毕业率,包括缩短攻读学位的时间的方式,提高教学效率。

教育技术最具有吸引力。它的支持者观察到科学技术已经广泛应用于工业、工厂和家庭,提出如果高等教育采取教学自动化手段,可以为更多的学生服务,节省资金,取得更好的教学效果。因为学校采用信息技术使这一愿望逐步实现。1997 年大学校园计算机使用情况调查发现:1/3 的大学课程使用电子邮件,1/4 的课程使用因特网,1/8 的课程采用了“某种形式的多媒体资源”(Green,1997a,p.3),同过去相比,各个方面都有大幅度的攀升。2/3 的大学要求他们的本科生必须掌握计算机教学或信息技术方面的能力。

由于大学广泛开展远程教育,从而节省了大量经费。远程教育即通过音频、视频或计算机技术把课程传输到校园以外很远的地方。1995 年,1/3 的学院和大学为超过 75 万的学生——大约占高等院校新生的 1/5——提供了超过 25 000 门不同的课程。其中,

61％是本科生的课程，29％是研究生课程，7％是职业继续教育课程。课程主要通过双向互动视频、单向预先录制的录像带和各种以计算机为基础的技术，传输到学生的家庭或者大学其他机构。如果这种方式被证明能够节省学生到学校学习的成本，那么就可以采取这种方式提供更多的课程。由于远程教育可以节省课程成本，缓解预算紧张，因此具有良好的发展前景。

高等教育更新教育思想、确立以学生学习为中心的教学模式，获得了很多人的支持。虽然这种想法由来已久，但是直到新教育技术的发展为其提供了可行性时，它才取得了很大的进展。教师能够引导学生自己建构知识吗？教师能够帮助学生自己制定学习目标和确定学习方法吗？高等教育获得经费支持的依据究竟是以促进学生知识水平的发展为依据，还是以提高学生的职业技能为依据？欧班宁（O'Banion，1997）认为，由于在旧的教育体制中无法解决的问题越来越多（高入学率、预算减少、盈利机构的竞争），高等教育朝着以学生学习为中心的方向发展的可能性越来越大。当然这需要时间。

在教学中最有意思的话题集中于自学主义论。年轻人在多大程度上可以指导自己的学习？在过去的几百年间，越来越多的人通过各种形式的印刷品、有声媒体、书籍和报纸、收音机、电视和因特网，获得了大量的信息。任何人都享有获取信息的权利。如果不考虑质量的话，信息量非常大。即使如此，只有世上最天真的人，才会相信有了计算机和调制解调器就等于全部的教育。大部分人都不会怀疑教育在提高人们理解力和分析能力方面仍然是必不可少的，因为人们并非天生就具有区分真伪的能力。无论教育所处的环境、评价手段、收费方式将会如何变化，但是人们始终离不开教育。

总体来说,有几方面因素影响课程和教学的发展。最主要的因素是传统的力量,它使古典文科课程在本科生教育中长期保持核心地位。精通古代经典的重要程度取决于它们在广阔社会中的价值。古代经典具有提高人们文化素养的作用,表现在以下几个方面:增强批评意识,提高个人修养和知识水平,促进人际交流与沟通能力,更好地选择人生道路。其他提高人们文化素养的方式也许会比学习古典文科更好。在一个偏离理智主义的社会,文化素养不会受到重视。

高等教育开始遭遇医疗卫生行业曾经面临的困境。在20世纪70年代,由于医院的化验费、住院费和医生诊疗费上涨,引起医疗卫生行业占GDP的比例大幅上涨。80年代,国家迅速加强了对医疗卫生行业的管理,医疗成本得到了控制,因为对大多数病人来说,住院治疗和诊疗的时间缩短了。高等教育所采取的控制成本日益增长的措施,以及容纳不断增多的大学生的措施,同样导致大部分学生同教授待在一起的时间更少,而在技术和自学上占据的时间更多。同时,正如格林所说,"逃出瓶子的魔鬼不会再进去——成年人的入学率在增加,而不是减少;技术需求不断扩大,而不是减少;远程教育或网络教育在增长,而不是退化"(Green,1997b,p.j9)。

四、院校、管理、财政

当代,只有虚拟大学和私立学校这种类型的院校在大规模地扩张。传统的大学主要通过在分校开课和延长每天和每周授课的时间来招收更多的学生。在那些社区学院占高等教育主体的州,大学的扩张较慢。在20世纪60年代到90年代之间,佛罗里达州、加利福尼亚州和亚利桑那州的人口翻了一番,然而几乎没有建立新的大学。

远程教育的发展仍然引人注目,在一些州(缅因州、科罗拉多州、衣阿华州、俄勒冈州、加利福尼亚州、肯塔基州、威斯康星州)、地区(西部地区教育通信协作会,Western Cooperative for Education Telecommunication)和协会(院校合作委员会,Committee on Institutional Cooperation,由东部和中西部12所大型院校组成)建立了组织,并提供课程。15个州和关岛的州长计划建设西部州长大学(western governors university),其目的是通过开展远程学分课程,满足不断增长的学生需求。虽然在1995年接受远程教育的学生中只有不到3500名学生获得了学位和2000名学生获得了毕业证书,但这些数字肯定会增长。

私立学校致力于革新教育模式。凤凰大学(University of Phoenix)声称:1997年的6万名学生都采取半工半读的学习方式,由兼职教师授课,教学地点是在31个州租用的写字楼或者教学点。德锐有限公司(DeVry,Inc.)为48000名学生提供了商科和技术教育培训;斯瑞尔教育有限公司(Strayer Education,Inc.)为9400名学生提供培训;教育管理公司(Education Management Corp.)致力于艺术和烹饪培训。这4家公司以及其他几家公司都是上市公司,在1995年募集了“35亿美元用于私立中等后教育”(Strosnider,1998,p. A36)。

远程教育和私立学校发展的规模越大,高等教育与中等后教育的界限就越模糊。琼斯网络教育公司(Jones Education Connection),另一家营利性公司,通过有线电视和卫星传输向全世界的学生提供大学课程。在大多数情况下,传统大学负责开发课程,然后从学员交给私立学校的学费中获得版税。但是,当那些教授看到自己开发的课程被广泛传播时,他们是怎么想的呢?迄今为止,人们对专利与版权的看法不同。专利是有价值的,大学声称享有课程的专利权,但是教授享有自己产品的版权。现在,课程这种资源越来越市场化,不仅仅为课程开发者所在的学校使用。知识产权的案件肯定会增加。

新型信息技术的运用,来自于非传统院校的竞争,大学与公司合作开展的远程教育,以及大学使用的新的教学设计,导致将来大学的教学投入的前景变化无常。大学在技术方面所投资的数十亿美元并不能缓解学校的经费紧张。有一半的学院和大学强制征收技术使用费以减少教学开支,表明大学在技术方面的投入不仅没有减少教学开支,反而会增加教学开支。大学把40%的信息技术预算投入到了大学的计算机技术方面,由于这一技术更新非常快,因此预示着在不远的将来,教学成本仍然会非常高。

显然,政策分析家非常欢迎各式各样的私立学校、合作教育中心,以及远程教育机构,因为它们的兴起满足了更多具有不同兴趣的学生的需求,而且还不会给州政府的财政预算带来负担。质量控制和知识产权问题一直困扰着大学。特别是认证协会将继续面临压力。认证协会过去强调办学过程的评价,现在则努力朝着检测大学产品的方向转变。如果办学主体没有校园、图书馆、实验室和长期聘用的教师,那么就必须制定其他重要的评价指标。认证标准将重视测试,保证办学主体采取不同于传统大学使用的考试类型和成绩评定标准。州级认证协会也将面临一些棘手的问题,主要是在州内没有校园和办公室的远程教育造成的,目前,州级认证协会无权处理这些问题。同一门课程,无论是由传统大学提供还是任何网络教育者提供,学生都可以获得学分,这种做法已经得到 1997 年得克萨斯州通过的一项法律的认可。

大学总体财政方面面临的主要问题是如何增加联邦经费的投入,因为联邦的减税政策,以及增加公共设施投入等方面的需求影响了公共财政对高等教育的投入。20 世纪 90 年代早期,公立院校学费大幅增长的速度放慢了,而且没有出现反弹的迹象。“谁用谁付费”的论调将会盛极一时,因为过路费、州及国家公园门票费以及各类公共设施费用在增长。虽然一些学生抱怨学费负担过重,许多观察家也认为将会导致大学入学人数减少,但是政府担保贷款和预算外资金减轻学生的大部分负担。

早在 20 世纪 30 年代联邦开始提供家庭住房贷款,到了 20 世纪 90 年代实行大学生资助从助学金向贷款的转变。当联邦住房管理局开始提供住房担保贷款的时候,人们买房可以享受低首付款、低利息和长期还款期限的待遇。这一原则被应用于上大学。虽然,可以应用的佩尔助学金的提供的资金数量从 1997 年的 59 亿美元增长到 1998 年的 73 亿,最高奖金也从 2 700 美元增加到 3 000 美元,但是高昂的学费和学生数量的增加使贷款的需求越来越大。1996 年,公立四年制学校 60% 的毕业生至少有一次贷款。他们的平均贷款数量从三年前毕业生的 8 500 美元,增加到现在的 11 500 美元,而那些专业学院的毕业生的平均贷款数量将近 60 000 美元(Basinger,1998)。

联邦直接资助给个人而不是给高校的资金份额好像在增加。更加确定的是政府并没有为高校提供足够的资金来满足所有学生接受高等教育的需要。如果严格按照某个新框架对那些上过大学的人与没有上过大学的人进行比较,就可以了解到许多不同方面的情况。阿斯廷(Astin,1993)用大量文献证明,有过大学学习经历的人与没有大学学习经历的人之间存在本质的不同。那些接受过传统教育的人都会尝试着有所作为。

高等教育起初都是私立院校，然后州建立了公立大学。随着高等教育的发展，联邦不断增加对公、私立高等教育的经费投入。现在高等教育朝着营利性的私有化机构方向发展。只要企业和政府部门愿意给学生提供助学金或贷款，只要让消费者承担学费的趋势持续下去，私立学校就会发展下去。获得办学执照非常容易，为特殊职业的入职培训或者再培训设计的短期课程也非常容易开发。

大学在与一些大型技术公司合作的过程中产生了不同的结局，这些公司包括微软（Microsoft）、燃气轮机研究所（Gas Turbine Establishment，GTE）和休斯电子（Hughes Electronics）。有些合作承诺为大学提供标准化技术，以前的合作主要是扩大销售或捐赠计算机设备。但是，现在合作的目的则是扩大他们产品的销售额。还有一些合作是同传统大学一起开发远程教育网络，大学校长认为这样可以不必建设自己的网络就能够招收更多的学生。尽管有些人抱怨这种教育发展模式是不健康的，他们抱怨把高等教育交给了那些公司的经理们，而他们对大学教师管理根本不感兴趣，但是这种抱怨并没有什么作用。这种发展趋势看来是不可阻挡的。

五、成　　效

要求建立高等教育成效的评价指标贯穿于整个20世纪90年代。联邦政府2000年的目标揭开了这一序幕。大多数州都鼓励大学制定自己的评价指标，但是由于数据不统一，故很难统计。此后，大学开始向那些负责公布全州信息的机构提供统一数据，特别是关于授予的学位和教育开支方面的数据。截至 20 世纪 90 年代中期，这些做法已经相当普遍，大部分州在一些大的领域研制出全州范围的评价指标。这些指标由州教育委员会总结如下（Charting Higher Education Accountability，1994）。

- 教学起点：大学新生入学考试成绩；补习学生的数量和成绩
- 教学过程：攻读学位所需的时间；班级规模；教师工作量
- 教学结果：毕业率；学生毕业考试成绩
- 教学效率：生师比；教育成本
- 教学环境：研究活动；合格课程的比例；校园设施
- 招生：根据学生种族划分的入学率、保持率和毕业率
- 课程的衔接：学生转学率
- 同州政府之间的关系：毕业生的就业率和薪水

虽然这些方面的指标逐渐成形，但把这些数据应用到高等教育改革的方法还不完备。不过仍然特别强调要提供信息。最有趣的是出现了试图把高等教育成效的评价与获得资金以及高等教育所发挥的功能结合到一起的现象。

不同受教育程度的收入水平仍然是衡量研究高等教育成效的一项主要措施。在 1997 年，教育资助委员会（Council for Aid to Education）得出结论，20 年来收入差距扩大了，以后的 20 年收入差距会更大。薪水最高的工人的实际收入增长缓慢，但是中等收入的工人在 1976 年到 1995 年之间的实际收入减少了 14%，而到 2015 年，他的收入要比 1976 年减少 25%。至于那些收入最低的 10%的工人，他们的收入将减少 44%。也就是说，在 1976 年，10%家庭的收入是 90%家庭收入的 9 倍，而到了 1993 年，差距就增长

到了12倍。以这种速度来计算,到2015年,收入差距会扩大到16倍。因此,受教育程度变得日益重要。

总之,采用广泛使用的评价方法,高等教育将继续从以下几个方面给个人和社会带来益处:

- 它可以提升个人的社会地位。教育或者受教育程度是决定个人社会地位的主要因素。
- 它可以促进社会阶层的分化。学生就读的学校以及他们的教育经历可以使他们进入不同阶层。换句话说,虽然那些每年从法学院毕业的学生家境贫寒,他们的家庭也没有变化,但是因为教育提高了他们的社会地位,使他们进入社会的上层。
- 它可以通过研究提高产品质量和促进人力资本。
- 它可以增进社会福利。大学毕业生不太可能从事危害社会的活动,更可能支持文化活动或者积极参与社会事务。
- 它有利于经济发展。一个区域的工业发展不仅与熟练劳动力有关,而且与大学教师和企业家共同创立的工商业的辐射效应密切相关。
- 它可以增加个人收入。一个人受教育程度越高,挣钱就越多,他们失业或者接受社会救济的概率越低。
- 它可以培养有文化的人。社区学院和综合性大学一直开展外来移民的语言培训或提高高中毕业生的基本技能。
- 它是经济发展的动力,它每年解决200多万人员的就业,同时要花掉1900亿美元。
- 它促进人力资本的发展,提高人们的技能和能力,从而提高社会生产力,减少人们的不良行为。

- 它促进个人的发展。年轻人更加成熟，视野更加开阔。他们懂得了积极进取和承认人的多样性。他们积极融入社会，做对社会有用的公民。

分析家一直试图用经济效益指标来衡量高等教育每个方面的成效，但是他们经常因为这种评价指标违背初衷而大失所望。由于州政府要求制定高等教育成效评价指标，他们一直尝试根据这些经济效益评价指标来衡量高等教育的成效。但是，由于高等教育的精髓是复杂多变的，因此不可能用这些简单的评价指标加以衡量。高等教育具有多方面的功能，它可以提供人们所需要的东西，它是国家的无价之宝。虽然与50年前相比，高等教育投入资金在国家GDP中已经占了很大的比重，但是仍然赶不上接受高等教育人口增长的比例。从全世界的角度来看，高等教育的效率已经有了很大的提高。

只要高等教育现有开支模式不变，节约成本的措施似乎注定不会有多大进展。由于教育技术引进的成本非常高，而且不一定能够立马见效，所以这种节约成本的方法也不可靠，而且，提高高等教育效率并非仅仅就是扩大毕业生的数量，还要考虑高等教育所发挥的作用。沃豪斯指出其不同之处："把大学毕业生等同于工厂产品的看法，完全缺乏对于大学的价值、大学文化以及大学在社会中的作用的认识……高等教育的成效远远没有制造业生产的产品或者其他服务业提供的服务那样容易定义和测量。"（Wallhaus，1996，p. 3）。高等教育最终的成果可能是学生自己需要学习的一切，但是，这种看法与人类教育发展的历史相矛盾。老一辈人始终承担了教育年轻人的责任，并将不断延续下去，尽管受教育者必须负担越来越昂贵的教育开支。

凭借高等教育的传统价值和力量，它在国民生活中的地位无可替代。也许，现在它最重要的功能是改变人们的现状。没有人知道高等教育未来是个什么样子。尽管它会延续过去 350 年发展历史中的所有优点，但我们可以确信这个开放的系统将不断改革其内容和形式，促进知识发展和更新。大学作为社会组织的一部分，充分体现了美国的特点，美国人民从中获益良多。

参考文献

Adams, J. T. *The Epic of America*. New York: Blue Ribbon Books, 1931.

Adelman, C. *Lessons of a Generation: Education and Work in the Lives of the High School Class of 1972*. San Francisco: Jossey-Bass, 1994.

Adelson, J. "Looking Back." *Daedalus*, 1974, *103*(4), 54–57.

Ambrose, S. E. *Undaunted Courage: Meriwether Lewis, Thomas Jefferson, and the Opening of the American West*. New York: Simon & Schuster, 1996.

American Council on Education. *The Student Personnel Point of View: A Report of a Conference on the Philosophy and Development of Student Personnel Work in the College and University*. American Council on Education Studies, 1937, Series I, *1*(3). Washington, D.C.: American Council on Education.

Angelo, T. A., and Cross, K. P. *Classroom Assessment Techniques: A Handbook for College Teachers*. (2nd ed.) San Francisco: Jossey-Bass, 1993.

Astin, A. W. *Four Critical Years: Effects of College on Beliefs, Attitudes, and Knowledge*. San Francisco: Jossey-Bass, 1977.

Astin, A. W. *What Matters in College? Four Critical Years Revisited*. San Francisco: Jossey-Bass, 1993.

Astin, A. W., and Chang, M. J. "Colleges That Emphasize Research and Teaching: Can You Have Your Cake and Eat It Too?" *Change*, Sept.–Oct. 1995, *27*(5), 44–49.

Basinger, J. "GAO Reports Big Jump in Student Loans." *Chronicle of Higher Education*, Feb. 1998, *44*(25), A37.

Bate, W. J. *Samuel Johnson*. Orlando: Harcourt Brace, 1975.

Baumol, W. J., Blackman, S.A.B., and Wolff, E. N. *Productivity and American Leadership*. Cambridge, Mass.: MIT Press, 1989.

Betts, J. R., and McFarland, L. L. "Safe Port in the Storm: Impact of Labor Market Conditions on Community College Enrollments." *Journal of Human Resources*, Fall 1969, *30*(4), 741–765.

Bledstein, B. J. *The Culture of Professionalism: The Middle Class and the Development of Higher Education in America*. New York: Norton, 1976.

Bloom, A. "The Failure of the University." *Daedalus*, 1974, *103*(4), 58–66.

Blumenstyk, K. G. "Royalties on Inventions Bring $336-Million to Top U.S. Research Universities." *Chronicle of Higher Education*, Feb. 1998, *44*(25), A44.

Bok, D. *Beyond the Ivory Tower: Social Responsibilities of the Modern University*. Cambridge, Mass.: Harvard University Press, 1982.

Bok, D. *The Cost of Talent*. New York: Free Press, 1993.

Boorstin, D. J. *The Americans: The Colonial Experience*. London: Sphere Books, 1991.

Bowen, H. *Investment in Learning*. San Francisco: Jossey-Bass, 1977.

Bowen, H. *The Costs of Higher Education*. San Francisco: Jossey-Bass, 1980.

Bowen, H., and Schuster, J. *American Professors: A National Resource Imperiled*. New York: Oxford University Press, 1986.

Boyer, E. L. *Scholarship Reconsidered: Priorities of the Professoriate*. Princeton, N.J.: The Carnegie Foundation for the Advancement of Teaching, 1990.

Boyer, E. L. "The Scholarship of Engagement." *Journal of Public Service and Outreach*, 1996, *1*(1), 11–20.

Breneman, D. W. *GSLs: Great Success or Dismal Failure?* Fishers, Ind.: United Student Aid Funds, May 1991.

Breneman, D. W. *Liberal Arts Colleges: Thriving, Surviving, or Endangered?* Washington, D.C.: Brookings Institution, 1994.

Broome, E. C. *A Historical and Critical Discussion of College Admission Requirements*. New York: Columbia University Press, 1903.

Brubacher, J. S., and Rudy, W. *Higher Education in Transition: A History of American Colleges and Universities, 1636–1976*. (3rd ed.) New York: HarperCollins, 1976.

Burke, C. B. *American Collegiate Populations: A Test of the Traditional View*. New York: University Press, 1982.

Butts, R. F. *The College Charts Its Course*. New York: McGraw-Hill, 1939.

Campbell, J. R., Voelkl, K., and Donahue, P. L. *Report in Brief: NAEP 1996 Trends in Academic Progress*. Washington, D.C.: National Center for Education Statistics, Sept. 1997.

Carnegie Commission on Higher Education. *A Classification of Institutions of Higher Education*. Berkeley, Calif.: Carnegie Commission on Higher Education, 1973a.

Carnegie Commission on Higher Education. *The Purposes and Performance of Higher Education in the U.S.: Approaching the Year 2000. A Report and Recommendations*. New York: McGraw-Hill, 1973b.

Carnegie Council on Policy Studies in Higher Education. *A Summary of Reports and Recommendations*. San Francisco: Jossey-Bass, 1980.

The Carnegie Foundation for the Advancement of Teaching. *Missions of the College Curriculum: A Contemporary Review with Suggestions: A Commentary*. San Francisco: Jossey-Bass, 1977.

The Carnegie Foundation for the Advancement of Teaching. *The Control of the Campus: A Report on the Governance of Higher Education*. Lawrenceville, N.J.: Princeton University Press, 1982.

The Carnegie Foundation for the Advancement of Teaching. *A Classification of Institutions of Higher Education*. Princeton, N.J.: The Carnegie Foundation for the Advancement of Teaching, 1994.

Chapman, G. "Will Technology Commercialize Higher Learning?" *Los Angeles Times*, Jan. 19, 1998, pp. D1, D6.

Charting Higher Education Accountability: A Sourcebook on State-Level Performance Indicators. Denver, Colo.: Education Commission of the States, 1994.

Clark, B. R. *Places of Inquiry: Research and Advanced Education in Modern Universities*. Berkeley: University of California Press, 1995.

Clark, B. R. Substantive Growth and Innovative Organization: New Categories for Higher Education Research. *Higher Education*, 1996, *32*, 417–430.

Clark, B. R. "The Modern Integration of Research Activities with Teaching and Learning." *Journal of Higher Education*, May–June 1997, 68(3), 241–255.

Cohen, A. M., and Brawer, F. B. *The American Community College*. (3rd ed.) San Francisco: Jossey-Bass, 1996.

"College Attrition Rates Are on the Rise." *Activity*, Winter 1997, *35*(1), 4.

Committee on the Objectives of a General Education in a Free Society. *General Education in a Free Society: A Report of the Harvard Committee*. Cambridge, Mass.: Harvard University Press, 1945.

Committee on Veterans Affairs, United States Senate. *Final Report on Educational Assistance to Veterans: A Comparative Study of Three G.I. Bills*. Senate Committee Print No. 18. Washington, D.C.: U.S. Government Printing Office, 1973.

Council for Aid to Education. *Breaking the Social Contract: The Fiscal Crisis in Higher Education*. New York: Council for Aid to Education, May 1997.

Cuban, L. *Teachers and Machines: The Classroom Use of Technology Since 1920*. New York: Teachers College, Columbia University, 1986.

David, P. "The Knowledge Factory." *Economist*, Oct. 1997, 345(8037), 1–22.

Dexter, F. B. *Biographical Sketches of the Graduates of Yale College with Annals of the College History*. Vol. 2. *1745–1763*. New York: Henry Holt, 1986.

Eaton, J. S. *Investing in American Higher Education: An Argument for Restructuring*. Paper prepared for the Commission on National Investment in Higher Education, Jan. 5, 1995. (Available from Council for Aid to Education, 342 Madison Avenue, Suite 1532, New York, N.Y., 10173.)

Eiseley, L. *The Firmament of Time*. New York: Athenaeum, 1970.

Ellis, J. M. *Literature Lost: Social Agendas and the Corruption of the Humanities*. New Haven, Conn.: Yale University, 1997.

Emerson, R. W. *An Oration Delivered Before the Phi Beta Kappa Society at Cambridge, August 31, 1837*. (2nd ed.) Boston: Munroe, 1838.

"Fact File: 495 College and University Endowments." *Chronicle of Higher Education*, Feb. 1998, 44(24), A49.

Feldman, K. A., and Newcomb, T. M. *The Impact of College on Students*. San Francisco: Jossey-Bass, 1969.

Finkelstein, M. "From Tutor to Academic Scholar: Academic Professionalization in Eighteenth and Nineteenth Century America." *History of Higher Education Annual*, 1983, 3, 99–121.

Finkelstein, M. *The American Academic Profession: A Synthesis of Scientific Inquiry Since World War II*. Columbus: Ohio State University Press, 1984.

Flexner, A. *The American College: A Criticism*. New York: Century, 1908.

Flexner, A. *Medical Education in the United States and Canada: A Report to The Carnegie Foundation for the Advancement of Teaching*. New York: The Carnegie Foundation for the Advancement of Teaching, 1910.

Flexner, A. *Universities: American, English, German*. New York: Oxford University Press, 1930.

Franklin, B. *Benjamin Franklin's Proposals for the Education of Youth in Pennsylvania*. Philadelphia.: University of Pennsylvania Press, 1931. (Originally published 1749 as *Proposals Relating to the Education of Youth in Pensilvania*.)

Freire, P. *Pedagogy of the Oppressed*. New York: Continuum, 1970.

Gallick, S. "Technology in Higher Education: Opportunities and Threats." *UCLA Faculty Association Newsletter*, Feb. 1998, pp. 1–6.

Garbarino, J. W., with Aussieker, B. *Faculty Bargaining: Change and Conflict*. Report prepared for the Carnegie Commission on Higher Education and the Ford Foundation. New York: McGraw-Hill, 1975.

Garbarino, J. W. "State Experience in Collective Bargaining." In *Faculty Bargaining in Public Higher Education: A Report and Two Essays*. San Francisco: Jossey-Bass, 1977.

Geiger, R. L. *Private Sector in Higher Education: Structure, Function, and Change in Eight Countries*. Ann Arbor: University of Michigan Press, 1986a.

Geiger, R. L. *To Advance Knowledge: The Growth of American Research Universities, 1900–1940*. New York: Oxford University Press, 1986b.

Geiger, R. L. *Research and Relevant Knowledge: American Research Universities Since World War II*. New York: Oxford University Press, 1993.

Geiger, R. "The Ten Generations of American Higher Education." In P. T. Altbach, R. O. Berdahl, and P. T. Gumport (eds.), *American Higher Education in the 21st Century: Social, Political, and Economic Challenges*. Chestnut Hill, Mass.: Boston College, Center for International Higher Education, School of Education, 1996 (preliminary edition). (Also, Johns Hopkins Press, 1998.)

Geiger, R. L. "Doctoral Education: The Short-Term Crisis vs. Long-Term Challenge." *Review of Higher Education*, Spring 1997, *20*(3), 239–251.

Giele, J. Z. "Two Paths to Women's Equality." *Temperance, Suffrage, and the Origins of Modern Feminism*. New York: Twayne, 1995.

Gladieux, L. E., and Hauptman, A. M. *The College Aid Quandary: Access, Quality, and the Federal Role*. Washington, D.C., and New York: Brookings Institution and College Board, 1995.

Glynn, P. "The Age of Balkanization." *Commentary*, July 1993, 96(1), 21–24.

Goodchild, L. F., and Stanton, C. M. (eds.). "History of Higher Education Newsletter." *History of Higher Education*, Spring–Fall 1987, 8(1–2). (ED 303 974)

Goodchild, L. F., and Wechsler, H. S. (eds.). *ASHE Reader on the History of Higher Education*. (2nd ed.) Needham Heights, Mass.: Simon & Schuster Custom Publishing, 1997.

Grant, G., and Riesman, D. *The Perpetual Dream: Reform and Experiment in the American College*. Chicago: University of Chicago Press, 1978.

Green, K. C. *Campus Computing 1997*. Encino, Calif.: Campus Computing, 1997a.

Green, K. C. "Drawn to the Light, Burned by the Flame? Money, Technology, and Distance Education." *ED, Education at a Distance*, 1997b, *11*(5), J1–J9.

Green, T. *Predicting the Behavior of the Educational System*. Syracuse, N.Y.: Syracuse University, 1980.

Hamlin, A. T. *The University Library in the United States*. Philadelphia: University of Pennsylvania Press, 1981.

Handlin, O., and Handlin, M. F. *Facing Life: Youth and the Family in American History*. Boston: Little, Brown, 1971.

Hansen, W. L., and Weisbrod, B. A. "The Distribution of Costs and Direct Benefits of Public Higher Education: The Case of California." *Journal of Human Resources*, Spring 1969, *4*(2), 176–191.

Harcleroad, F. F. "The Hidden Hand: External Constituencies and Their Impact." In P. T. Altbach, R. O. Berdahl, and P. T. Gumport (eds.), *American Higher Education in the 21st Century: Social, Political, and Economic Challenges*. Chestnut Hill, Mass.: Boston College, Center for International Higher Education, School of Education, 1996 (preliminary edition). (Also, Johns Hopkins Press, 1998.)

Harris, S. *A Statistical Portrait of Higher Education*. Report prepared for the Carnegie Commission on Higher Education. New York: McGraw-Hill, 1972.

"Harvard's Men." *Barron's*, Dec. 2, 1996, pp. 31, 38.

Hauptman, A. M. *The Tuition Dilemma*. Washington, D.C.: Brookings Institution, 1990.

Henry, W. A., III. *In Defense of Elitism*. New York: Doubleday, 1994.

Herbst, J. "The Institutional Diversification of Higher Education in the New Nation: 1780–1820." *Review of Higher Education*, Spring 1980, *3*(3), 15–18.

Herbst, J. "Church, State and Higher Education: College Government in the American Colonies and States Before 1820." *History of Higher Education Annual*, 1981, *1*, 42–54.

Herbst, J. *From Crisis to Crisis: American College Government 1636–1819*. Cambridge, Mass.: Harvard University Press, 1982.

Herzberg, F., Mausner, B., and Snyderman, B. D. *The Motivation to Work*. New York: Wiley, 1959.

Hesburgh, T. M. "The 'Events': A Retrospective View." *Daedalus*, 1974, *103*(4), 67–71.

Hoffman, C. M. *Federal Support for Education: Fiscal Years 1980 to 1997*. National Council for Educational Statistics, 97–383. Washington, D.C.: U.S. Department of Education, Sept. 1997.

Hofstadter, R. *The Development and Scope of Higher Education in the United States*. New York: Columbia University Press for the Commission on Financing Higher Education, 1952.

Hofstadter, R., and Smith, W. (eds.). *American Higher Education: A Documentary History*. 2 vols. Chicago: University of Chicago Press, 1961.

Hutchins, R. M. *The Higher Learning in America*. New Haven, Conn.: Yale University Press, 1936.

Illich, I. *Deschooling Society*. New York: HarperCollins, 1970.

Jencks, C. *Inequality*. New York: Basic Books, 1972.

Jencks, C., and Riesman, D. *The Academic Revolution*. New York: Doubleday, 1968.

Jordan, D. S. *The Call of the Twentieth Century: An Address to Young Men*. Boston: American Unitarian Association, 1903.

Jordan, W. D., and Litwack, L. F. *The United States*. (7th ed.) Upper Saddle River, N.J.: Prentice Hall, 1994.

Kaplin, W. A. *The Law of Higher Education: A Comprehensive Guide to Legal Implications of Administrative Decision Making*. San Francisco: Jossey-Bass, 1985.

Kaplin, W. A. *The Law of Higher Education: A Comprehensive Guide to Legal Implications of Administrative Decision Making*. (2nd ed.) San Francisco: Jossey-Bass, 1990.

Kaplin, W. A., and Lee, B. A. *The Law of Higher Education: A Comprehensive Guide to Legal Implications of Administrative Decision Making*. (3rd ed.) San Francisco: Jossey-Bass, 1995.

Kellner, D. "Multiple Literacies and Critical Pedagogy in a Multicultural Society. *Educational Theory*, Winter 1998, *48*(1), 103–122.

Kentucky Council on Higher Education. *Annual Accountability Report Series for Kentucky Higher Education*. [http://www.che.state.ky.us/brochure.htm]. 1996.

Kerr, C. *The Uses of the University*. The Godkin Lectures at Harvard University. Cambridge, Mass.: Harvard University Press, 1963.

Kett, J. F. *Rites of Passage: Adolescence in America, 1790 to the Present*. New York: Basic Books, 1977.

Kreger, J. L. "An Industrial Designer in Academe: Albert Kahn and the Design of Angell Hall." *LSAmagazine*, Spring 1998, *21*(2), 4–12.

Kuttner, R. *Everything for Sale*. New York: Knopf, 1997.

Ladd, E. C., and Lipset, S. M. *The Divided Academy: Professor and Politics*. New York: McGraw-Hill, 1975.

Lederman, D., and Mooney, C. J. "Lifting the Cloak of Secrecy from Tenure." *Chronicle of Higher Education*, Apr. 1995, *41*(31), 17–18.

Lemann, N. "The Great Sorting." *Atlantic Monthly*, Sept. 1995, *276*, 84–100.

Lemann, N. "A Cartoon Elite." *Atlantic Monthly*, Nov. 1996, *278*, 109–112, 114–116.

Lovett, C. M. "American Professors & Their Society." *Change*, July–Aug. 1993, *25*(4), 26–37.

Lucas, C. J. *American Higher Education: A History*. New York: St. Martin's Press, 1994.

Lyman, R. W. "In Defense of the Private Sector." *Daedalus*, 1975, *104*(1), 156–159.

MacDonald, G. B. (ed.). *Five Experimental Colleges*. New York: HarperCollins, 1973.

MacIntyre, A. *Whose Justice? Which Rationality?* Notre Dame, Ind.: University of Notre Dame Press, 1988.

Magner, D. K. "Increases in Faculty Salaries Fail to Keep Pace with Inflation." *Chronicle of Higher Education*, July 1, 1997, *43*(43), A8–A9.

"Making America Rich." *Wall Street Journal*, Mar. 26, 1998, p. A22.

Maldonado, C. *SYRIT Computer School Systems*. Office of the State Comptrollers Audit Report 95-T-8. New York, Office of the State Comptrollers, Feb. 5, 1998.

Marchese, T. "Student Evaluations of Teaching." *Change*, Sept.–Oct. 1997, *29*(5), 4.

Marcus, L. R. "Restructuring State Higher Education Governance Patterns." *Review of Higher Education*, Summer 1997, *20*(4), 399–418.

McGuinness, A. C., Jr. *Restructuring State Roles in Higher Education: A Case Study of the 1994 New Jersey Higher Education Restructuring Act*. Dec. 1995. (Available from Education Commission of the States, 707 17th Street, Suite 2700, Denver, CO 80202–3427.)

McKeachie, W. J. "Research on Teaching at the College and University Level." In N. L. Gage (ed.), *Handbook on Teaching*. Skokie, Ill.: Rand McNally, 1963.

McLachlan, J. "The Choice of Hercules: American Student Societies in the Early 19th Century." In L. Stone (ed.), *The University in Society*. Vol. 2. Princeton, N.J.: Princeton University Press, 1974.

McMaster, J. B. *A Brief History of the United States*. Sacramento: California State Series, 1909.

McPherson, M. S., and Schapiro, M. O. *Keeping College Affordable: Government and Educational Opportunities*. Washington, D.C.: Brookings Institution, 1991.

Meriwether, C. *Our Colonial Curriculum, 1607–1776*. Washington, D.C.: Capital, 1907.

Miller, M. T., and Nelson, G. M. (eds.). *Graduate Programs in the Study of Higher*

Education: Selected Syllabi. Lincoln: Nebraska University, Lincoln Department of Educational Administration, 1993. (ED 363 238)

Mills, C. W. *The Sociological Imagination*. New York: Oxford University Press, 1959.

Moynihan, D. P. "The Politics of Higher Education." *Daedalus*, 1975, *104*(1), 128–147.

Nash, G. B., Crabtree, C., and Dunn, R. E. *History on Trial: Culture Wars and the Teaching of the Past*. New York: Knopf, 1997.

National Center for Education Statistics. *Digest of Education Statistics*. Washington, D.C.: U.S. Department of Education, 1992.

National Center for Education Statistics. "Welfare Recipiency, by Educational Attainment." In *Indicator of the Month*. NCES 95–787. Washington, D.C.: U.S. Department of Education, July 1995.

National Center for Education Statistics. "Community Service and Volunteerism." In *Indicator of the Month*. NCES 96–795. Washington, D.C.: U.S. Department of Education, Mar. 1996a.

National Center for Education Statistics. *Digest of Education Statistics*. Washington, D.C.: U.S. Department of Education, 1996b.

National Center for Education Statistics. "Institutional Policies and Practices Regarding Faculty in Higher Education." In *Statistical Analysis Report*. NCES 97–080. Washington, D.C.: U.S. Department of Education, Nov. 1996c.

National Center for Education Statistics. *International Education Indicators: A Time Series Perspective*. Washington, D.C.: U.S. Department of Education, 1996d.

National Center for Education Statistics. "Remedial Education at Higher Education Institutions in Fall 1995." In *Statistical Analysis Report*. NCES 97–584. Washington, D.C.: U.S. Department of Education, Oct. 1996e.

National Center for Education Statistics. *The Condition of Education*. Washington, D.C.: U.S. Department of Education, 1997a.

National Center for Education Statistics. "The Condition of Education 1997—Supplemental Table: Table 33–2." [http://nces.ed.gov/pub/ce/c9733d02.html]. 1997b.

National Center for Education Statistics. "The Condition of Education 1997—Supplemental Table: Table 33–3." [http://nces.ed.gov/pub/ce/c9733d03.html]. 1997c.

National Center for Education Statistics. "The Condition of Education 1997—Supplemental Table: Table 33–4." [http://nces.ed.gov/pub/ce/c9733d04.html]. 1997d.

National Center for Education Statistics. *Current Fund Revenues and Expenditures of Institutions of Higher Education: Fiscal Years 1987 Through 1995*, NCES 97–441. Washington, D.C.: U.S. Department of Education, Sept. 1997e.

National Center for Education Statistics. "Degrees Earned by Foreign Graduate Students: Fields of Study and Plans After Graduation." In *Issue Brief*, NCES 98–042. Washington, D.C.: U.S. Department of Education, Nov. 1997f.

National Center for Education Statistics. *Digest of Education Statistics*. Washington, D.C.: U.S. Department of Education, 1997g.

National Center for Education Statistics. "Distance Education in Higher Education Institutions." *Statistical Analysis Report*, NCES 98–062. Washington, D.C.: U.S. Department of Education, Oct. 1997h.

National Center for Education Statistics. *Enhancing the Quality and Use of Student Outcomes Data*, NCES 97–992, prepared by Patrick Terenzini for the Council of the National Postsecondary Education Cooperative Working Group on Student Outcomes from a Policy Perspective. Washington, D.C.: U.S. Department of Education, Sept. 1997i.

National Center for Education Statistics. *Enrollment in Higher Education: Fall 1995*, NCES 97–440. Washington, D.C.: U.S. Department of Education, 1997j.

National Center for Education Statistics. *Instructional Faculty and Staff in Higher Education Institutions: Fall 1987 and Fall 1992*, NCES 97–441. Washington, D.C.: U.S. Department of Education, 1997k.

National Center for Education Statistics. *Fall Staff in Postsecondary Institutions, 1995*, NCES 98–228. Washington, D.C.: U.S. Department of Education, Mar. 1998.

National Center for the Study of Collective Bargaining in Higher Education and the Professions. *Directory of Faculty Contracts and Bargaining Agents in Institutions of Higher Education*. Vols. 1–22. New York: National Center for the Study of Collective Bargaining in Higher Education and the Professions (annual), 1974–1996.

National Education Association of the United States. *Salaries Paid and Salary Practices in Universities, Colleges, and Junior Colleges, 1957–58, Third Biennial Study*. Research Report 1958–R1. Washington, D.C.: National Education Association of the United States, May 1958.

Nespoli, L. A., and Gilroy, H. A. "Lobbying for Funds." *Community College Journal*, Feb.–Mar. 1998, 68(4), 10–14.

Nevins, A. *The Origins of the Land-Grant Colleges and State Universities*. Washington, D.C.: Civil War Centennial Commission, 1962.

Nisbet, R. A. *The Degradation of the Academic Dogma: The University in America, 1945–1970*. New York: Basic Books, 1971.

O'Banion, T. *A Learning College for the 21st Century*. Phoenix, Ariz.: American Council on Education and Oryx Press, 1997.

Oettinger, A. G. *Run, Computer, Run: The Mythology of Educational Innovation*. Cambridge, Mass.: Harvard University Press, 1969.

Organisation for Economic Co-operation and Development. *Higher Education and Employment: The Case of Humanities and Social Sciences*. Paris: Organization for Economic Cooperation and Development, 1993.

Orlans, H. *The Effects of Federal Programs on Higher Education: A Study of 36 Universities and Colleges*. Washington, D.C.: Brookings Institution, 1962.

Ortega y Gasset, J. *Misión de la Universidad* [Mission of the university]. (Translated with an introduction by H. L. Nostrand.) Princeton, N.J.: Princeton University Press, 1944.

Pace, C. R. *Measuring Outcomes of College: Fifty Years of Findings and Recommendations for the Future*. San Francisco: Jossey-Bass, 1979.

Park, R. "Some Considerations on Higher Education of Women." In H. Astin and W. Z. Hirsch (eds.), *The Higher Education of Women: Essays in Honor of Rosemary Park*. New York: Praeger, 1978.

Pascarella, E. T., and Terenzini, P. T. *How College Affects Students: Findings and Insights from Twenty Years of Research*. San Francisco: Jossey-Bass, 1991.

Peters, W. E. *Legal History of the Ohio University, Athens, Ohio: Compiled from Legislative Enactments, Judicial Decisions, Trustee's Proceedings, etc*. Cincinnati, Ohio: Press of the Western Methodist Book Concern, 1910.

Rashdall, H. *The Universities of Europe in the Middle Ages*. (New ed.; M. Powicke, and A. B. Emden, eds.) Oxford: Clarendon Press, 1936.

Reich, R. B. *The Work of Nations: Preparing Ourselves for 21st Century Capitalism*. New York: Vintage Books, 1992.

Rodenhouse, M. P. (ed.). *1997 Higher Education Directory*. Falls Church, Va.: Higher Education Publications, 1997.

Rogers, C. *Freedom to Learn*. Columbus, Ohio: Merrill, 1969.

Rothstein, W. G. "Medical Education." In B. R. Clark and G. Neave (eds.), *The Encyclopedia of Higher Education*. New York: Pergamon Press, 1992.

Rudolph, F. *The American College and University: A History*. New York: Knopf, 1962.

Rudolph, F. *Curriculum: A History of the American Undergraduate Course of Study Since 1636*. San Francisco: Jossey-Bass, 1977.

Sanchez, J. R., and Laanan, F. S. "Economic Returns to Community College Education." *Community College Review*, Winter 1997, *25*(3), 73–87.

Schneider, H., and Schneider, C. (eds.). *Samuel Johnson: His Career and Writings*. New York: Columbia University Press, 1929.

Schuster, J. H. "Whither the Faculty? The Changing Academic Labor Market." *Educational Record*, Fall 1995, *76*(4), 28–33.

Shils, E. "Universities: Since 1900." In B. R. Clark and G. Neave (eds.), *The Encyclopedia of Higher Education*. New York: Pergamon Press, 1992.

Shores, L. *Origins of the American College Library, 1638–1800*. Nashville, Tenn.: George Peabody College, 1966.

Sinclair, U. *The Goose-Step: A Study of American Education*. (2nd ed.) Pasadena, Calif.: Upton Sinclair, 1923.

Sloan, D. "Harmony, Chaos, and Consensus: The American College Curriculum." *Teachers College Record*, 1971, *73*(2), 221–251.

Snow, L. F. *The College Curriculum in the U.S.* New York: Teachers College, 1907.

Snyder, T. D. (ed.). *120 Years of American Education: A Statistical Portrait*. Washington, D.C.: National Center for Education Statistics, Jan. 1993.

Stahler, G. J., and Tash, W. R. "Centers and Institutes in the Research University: Issues, Problems and Prospects." *Journal of Higher Education*, Sept.–Oct. 1994, *65*(4), 540–555.

State College and University Systems of West Virginia. *West Virginia Higher Education Report Card*. [http://www.scusco.wvnet.edu/www/reportcr.htm]. 1997.

Strosnider, K. "For-Profit Higher Education Sees Booming Enrollments and Revenues." *Chronicle of Higher Education*, Jan. 1998, *44*(20), A36–A37.

Ten Brook, A. *American State Universities, Their Origin and Progress; A History of Congressional University Land-Grants*. Cincinnati, Ohio: Robert Clarke, 1875.

Thelin, J. R. *Foundations/History/Philosophy*. Prepared as part of the ASHE-ERIC Clearinghouse for Course Syllabi in Higher Education Project. Washington, D.C.: ERIC Clearinghouse for Higher Education, 1986. (ED 272 124)

Thiederman, S. "Creating Victims to Compensate Victims." *Los Angeles Times*, Nov. 27, 1996, p. B9.

Thurow, L. C. "One World, Ready or Not: The Manic Logic of Global Capitalism." *Atlantic Monthly*, Mar. 1997, *279*(3), 97–100.

Thwing, C. F. *A History of Education in the United States Since the Civil War*. Boston: Houghton Mifflin, 1910.

Tollett, K. "Community and Higher Education." *Daedalus*, 1975, *104*(1), 278–297.

Trilling, L. *Mind in the Modern World*. New York: Viking Press, 1972.

Trow, M. A. "The Public and Private Lives of Higher Education." *Daedalus*, 1975, *104*(1), 113–127.

Trow, M. A. "American Higher Education: Past, Present, Future." *Studies in Higher Education*, 1989, *14*, 1, 5–22.

U.S. Office of Education. *Annual Report, Federal Security Agency*. Washington, D.C.: U.S. Government Printing Office, 1945.

University of Arizona. *Measurable Goals for Undergraduate Education*. [http://pubrec.oir.arizona.edu/daps/pubrec/reports/measgoals_rptcrd.htm]. 1996.

University of California Academic Senate Academic Council. "Senate Committee Proposes Adding Step IX to Professor Scale." *Notice*, Apr. 1996, *20*(6), 2.

The University of the State of New York. *Leadership and Learning*. [http://www.nysed.gov/regents/strategy.html]. 1996.

Veblen, T. *The Higher Learning in America: A Memorandum on the Conduct of Universities by Businessmen*. New York: Sagamore Press, 1957. (Originally published 1918.)

Veysey, L. R. *The Emergence of the American University*. Chicago: University of Chicago Press, 1965.

Vine, P. "The Social Function of 18th Century Higher Education." *History of Education Quarterly*, Winter 1997, *16*, 409–424.

Wallace, A. "Search for CSU Chief to Be Done in Secrecy." *Los Angeles Times*, Aug. 5, 1997, pp. A3, A18.

Wallhaus, R. A. *Priorities, Quality and Productivity in Higher Education: The Illinois P-Q-P Initiative*. Denver, Colo.: Education Commission of the States, Sept. 1996.

Wayland, F. *Report to the Corporation of Brown University on Changes in the System of Collegiate Education*. Providence, R.I., Mar. 28, 1850.

Weiner, S. S. *The Tangled Thicket: Sham Academic Degrees in California and the Problem of State Regulation*. Oakland, Calif.: Western College Association, Mar. 1989.

Weiss, K. R. "Loan Defaults Fall Amid Crackdown." *Los Angeles Times*, Nov. 26, 1997, p. B2.

Wessel, D. "The Wealth Factor." *Wall Street Journal*, Apr. 2, 1998, p. A1.

Wilson, E. O. "Back from Chaos." *Atlantic Monthly*, 1998, *281*(3), 41–62.

Wilson, R. "A Subversive Sympathy." *Atlantic Monthly*, 1997, *280*(3), 108–110, 112.

Wolfle, D. *America's Resources of Specialized Talent. Report of the Commission on Human Resources and Advanced Training*. New York: HarperCollins, 1954.

Wolfle, D. *The Home of Science: The Role of the University*. New York: McGraw-Hill, 1972.

Ziomek, R. L., and Svec, J. C. "High School Grades and Achievement: Evidence of Grade Inflation." ACT Research Report Series, 95–3. Iowa City, Iowa: American College Testing Program, Nov. 1995.

译后记

自2004年北京师范大学教育学院外国教育史专业博士毕业以来，我一直在北京师范大学教育学院从事高等教育学、高等教育史的教学和研究工作。几年来，我先后为本科生和研究生开设外国高等教育史课程。在教学过程中，我除了介绍外国高等教育发展历史的总体脉络以外，更注重介绍国别高等教育史。而在国别高等教育史研究方面，美国自20世纪六七十年代以来就出版了大量高等教育史方面的经典著作。因此，在教学过程中，我有意识地推荐学生阅读这些著作，并选择了部分著作作为研究生教材，取得了较好的教学效果。为了适应我国高等教育理论研究和研究生教学对高等教育史的需要，2006年在北京师范大学教育学院张斌贤教授的建议下，我们初步制订了翻译美国高等教育史经典著作的计划，并得到了北京大学出版社教育出版中心的大力支持，本书就是其中之一。

本书由北京师范大学教育学院李子江博士翻译，教育学院高等教育学研究生王宁、刘佳、柳飞也参与了部分章节的初译工作，李子江审校了全书。本书曾经作为北师大教育学院外国高等教育史课程教材使用，教育学院2006级、2007级高等教育学专业研究生参与了本书的学习和讨论，在此一并表示感谢。

由于译者水平和时间有限，本书翻译中若有不当之处，恳请读者批评指正。

北京师范大学教育学院　李子江

好书分享

大学之道丛书

大学之用
教师的道与德
高等教育何以为高
哈佛大学通识教育红皮书
哈佛，谁说了算
营利性大学的崛起
学术部落与学术领地
高等教育的未来
知识社会中的大学
教育的终结
美国高等教育通史
后现代大学来临?
学术资本主义
德国古典大学观及其对中国的影响
美国大学之魂（第二版）
大学理念重审
大学的理念
现代大学及其图新
美国文理学院的兴衰
大学的逻辑（第三版）
废墟中的大学
美国如何培养硕士研究生
美国高等教育史（第二版）
麻省理工学院如何追求卓越
美国高等教育质量认证与评估
高等教育理念
印度理工学院的精英们
21 世纪的大学
美国公立大学的未来
美国现代大学的崛起
公司文化中的大学
大学与市场的悖论
高等教育市场化的底线
美国大学时代的学术自由
理性捍卫大学
美国的大学治理
世界一流大学的管理之道（增订本）

21 世纪高校教师职业发展读本

如何成为卓越的大学教师（第二版）
如何提高学生学习质量
学术界的生存智慧（第二版）
给研究生导师的建议（第二版）
给大学新教员的建议（第二版）
教授是怎样炼成的

学术规范与研究方法丛书

如何进行跨学科研究
如何查找文献（第二版）
如何撰写与发表社会科学论文：国际刊物指南
如何利用互联网做研究
社会科学研究方法 100 问
社会科学研究的基本规则（第四版）
参加国际学术会议必须要做的那些事
——给华人作者的特别忠告
如何成为学术论文写作高手
——针对华人作者的 18 周技能强化训练
给研究生的学术建议（第一版）
生命科学论文写作指南
如何撰写和发表科技论文（第六版）
法律实证研究方法（第二版）
传播学定性研究方法（第二版）
学位论文写作与学术规范
如何写好科研项目申请书
如何为学术刊物撰稿（影印第二版）
如何成为优秀的研究生（影印版）
教育研究方法：实用指南（第六版）
高等教育研究：进展与方法
做好社会研究的 10 个关键

科学元典丛书

天体运行论 〔波兰〕哥白尼
关于托勒密和哥白尼两大世界体系的对话 〔意〕伽利略
心血运动论 〔英〕威廉·哈维
薛定谔讲演录 〔奥地利〕薛定谔
自然哲学之数学原理 〔英〕牛顿
牛顿光学 〔英〕牛顿
惠更斯光论（附《惠更斯评传》）〔荷兰〕惠更斯
怀疑的化学家 〔英〕波义耳
化学哲学新体系 〔英〕道尔顿
控制论 〔美〕维纳
海陆的起源 〔德〕魏格纳
物种起源（增订版）〔英〕达尔文
热的解析理论 〔法〕傅立叶
化学基础论 〔法〕拉瓦锡
笛卡儿几何 〔法〕笛卡儿
狭义与广义相对论浅说 〔美〕爱因斯坦
人类在自然界的位置（全译本）〔英〕赫胥黎
基因论 〔美〕摩尔根
进化论与伦理学（全译本）（附《天演论》）〔英〕赫胥黎
从存在到演化 〔比利时〕普里戈金
地质学原理 〔英〕莱伊尔
人类的由来及性选择 〔英〕达尔文
希尔伯特几何基础 〔俄〕希尔伯特
人类和动物的表情 〔英〕达尔文
条件反射：动物高级神经活动 〔俄〕巴甫洛夫
电磁通论 〔英〕麦克斯韦
居里夫人文选 〔法〕玛丽·居里
计算机与人脑 〔美〕冯·诺伊曼
人有人的用处：控制论与社会 〔美〕维纳
李比希文选 〔德〕李比希
世界的和谐 〔德〕开普勒
遗传学经典文选 〔奥地利〕孟德尔 等

德布罗意文选 〔法〕德布罗意
行为主义 〔美〕华生
人类与动物心理学讲义 〔德〕冯特
心理学原理 〔美〕詹姆斯
大脑两半球机能讲义 〔俄〕巴甫洛夫
相对论的意义 〔美〕爱因斯坦
关于两门新科学的对谈 〔意大利〕伽利略
玻尔讲演录 〔丹麦〕玻尔
动物和植物在家养下的变异 〔英〕达尔文
攀援植物的运动和习性 〔英〕达尔文
食虫植物 〔英〕达尔文
宇宙发展史概论 〔德〕康德
兰科植物的受精 〔英〕达尔文
星云世界 〔美〕哈勃
费米讲演录 〔美〕费米
宇宙体系 〔英〕牛顿
对称 〔德〕外尔
植物的运动本领 〔英〕达尔文
博弈论与经济行为（60周年纪念版） 〔美〕冯·诺伊曼
生命是什么（附《我的世界观》）〔奥地利〕薛定谔

跟着名家读经典丛书

先秦文学名作欣赏 吴小如等著
两汉文学名作欣赏 王运熙等著
魏晋南北朝文学名作欣赏 施蛰存等著
隋唐五代文学名作欣赏 叶嘉莹等著
宋元文学名作欣赏 袁行霈等著
明清文学名作欣赏 梁归智等著
中国现当代诗歌名作欣赏 谢冕等著
中国现当代小说名作欣赏 陈思和等著
中国现当代散文戏剧名作欣赏 余光中等著
外国诗歌名作欣赏 飞白等著
外国小说名作欣赏 萧乾等著
外国散文戏剧名作欣赏 方平等著

博物文库

无痕山林
大地的窗口
探险途上的情书
风吹草木动
亚马逊河上的非凡之旅
大卫·爱登堡的天堂鸟故事
蘑菇博物馆
贝壳博物馆
甲虫博物馆
蛙类博物馆
兰花博物馆
飞鸟记
奥杜邦手绘鸟类高清大图
日益寂静的大自然
垃圾魔法书
世界上最老最老的生命
村童野径
大自然小侦探
与大自然捉迷藏
鳞甲有灵
天堂飞鸟
寻芳天堂鸟
休伊森手绘蝶类图谱
布洛赫手绘鱼类图谱
自然界的艺术形态
雷杜德手绘花卉图谱
果色花香：圣伊莱尔手绘花果图志
玛蒂尔达手绘木本植物
手绘喜马拉雅植物

西方心理学名著译丛

记忆 〔德〕艾宾浩斯
格式塔心理学原理 〔美〕考夫卡
实验心理学（上、下册） 〔美〕伍德沃斯 等
思维与语言 〔俄〕维果茨基
儿童的人格形成及其培养 〔奥地利〕阿德勒
社会心理学导论 〔英〕麦独孤
系统心理学：绪论 〔美〕铁钦纳
幼儿的感觉与意志 〔德〕蒲莱尔
人类的学习 〔美〕桑代克
基础与应用心理学 〔德〕闵斯特伯格
荣格心理学七讲 〔美〕霍尔 等

其他图书

如何成为卓越的大学生 〔美〕贝恩
世界上最美最美的图书馆 〔法〕博塞 等
中国社会科学离科学有多远 乔晓春
国际政治学学科地图 陈岳 等
战略管理学科地图 金占明
文学理论学科地图 王先霈
大学章程（1—5卷） 张国有
道德机器：如何让机器人明辨是非 〔美〕瓦拉赫 等
科学的旅程（珍藏版） 〔美〕斯潘根贝格 等
科学与中国（套装） 白春礼 等
彩绘唐诗画谱 （明）黄凤池
彩绘宋词画谱 （明）汪氏
如何临摹历代名家山水画 刘松岩
芥子园画谱临摹技法 刘松岩
南画十六家技法详解 刘松岩
明清文人山水画小品临习步骤详解 刘松岩
我读天下无字书 丁学良
教育究竟是什么？〔英〕帕尔默 等
教育，让人成为人 杨自伍
透视澳大利亚教育 耿华
游戏的人——文化的游戏要素研究 〔荷兰〕赫伊津哈
中世纪的衰落 〔荷兰〕赫伊津哈
苏格拉底之道 〔美〕格罗斯
全球化时代的大学通识教育 黄俊杰
美国大学的通识教育 黄坤锦
大学与学术 韩水法
国立西南联合大学校史（修订版） 西南联合大学北京校友会
发展中国家的高等教育 〔美〕查普曼 等